세계의 대통령기록관과
의회기록(관)
지식정보원

세계의 대통령기록관과 의회기록(관) 지식정보원

노영희 · 한미경 공저

머리말

    기록의 역사는 인류의 역사와 함께한다. 이렇듯 기록은 기관이나 개인의 업무 수행이나 활동 진행과 더불어 생산 또는 형성된 기록을 접수·수집하여 체계적으로 관리됨으로써 과거를 오늘에 있게 하고 미래로의 전진을 가능케 한다. 또한 기록은 종이에 기록되고, 인쇄의 발명과 더불어 시공을 초월하여 유통되었고, 이제는 종이와 전자매체뿐만 아니라 웹상에 기록되어 전 세계에서 실시간으로 이용하기에 이르렀다.

    2006년 공중파 방송의 한 프로그램을 통하여 진주대첩 영웅으로 널리 알려진 김시민 장군과 2007년 8월 처음으로 공개되는 이순신 장군의 '선무 공신교서'들은 당시 역사의 산 증거이자 오늘의 우리를 있게 하는 중요기록이기도 하며, 관련 연구에도 매우 큰 보탬이 될 것이다. 한편, 기존의 역사적 사건이나 이에 대한 주장과 학설 관련 새로운 기록이 발견되면서 인류의 문명이나 문화와 관련된 중요 내용이 반전 또는 역전되기도 한다. 이처럼 기록은 작지만 그 가치와 영향력이 가히 무한하다 할 수 있다.

    기록은 기록되면서부터 어떠한 방식으로든 관리되었다고 할 수 있다. 다만 근대적인 기록관리는 1789년 프랑스혁명의 발발로 시작되었고, 현대적인 기록관리는 1920년 미국의 '국립기록관(National Archives) 설치법안' 통과와 제1차 세계대전 이후 공공기록물 관리에 주력하면서 시작되었다. 유구한 기록의 역사를 지닌 우리나라의 현대적인 기록관리는 1999년 '공공기관의기록물관리에관한법률(2006년 '공공기록물관리에관한법률'로 전부 개정)'이 제정되면서 본격화되었다. 현재 각종

기록관리 관련 법률이 제정 및 개정되고, 지방기록물관리기관인 시·도 기록관의 설립이 본격화되면서, 민간기록물의 집중적인 수집과 관리가 계획·진행되고 있다. 따라서 전문적인 각종 기록관에서의 실무와 교육기관에서의 기록전문가 교육을 위하여 기록관리 관련 각종 지식정보원에 대한 조사와 연구의 필요성이 대두되고 있다.

이러한 필요성에 따라 기획된 '기록·기록관리 지식정보원 시리즈'는 기록 관련 세계의 기구·단체 및 기록관, 다양한 기록류 그리고 각종 관련 정보와 정보원을 대상으로 조사한 것이다. 구체적인 발간 목적과 조사방법 및 내용 등은 다음과 같다.

첫째, 기록과 기록관리학에 관심이 있는 일반인과 학생들 그리고 실무종사자에게 유용한 기록 및 기록관리 관련 지식정보원 제공을 목적으로 하였다.

둘째, 해당 내용은 관련 기구와 단체 및 기록관의 안내서와 보고서, 홈페이지, 홍보자료, 통계자료 등을 통하여 조사하였다. 일부 필요한 경우 전화나 전자우편을 통한 의뢰와 상담을 통하여 보충 조사하였다.

셋째, 기록 및 기록관리 관련 기구, 기관, 단체 그리고 기록관을 대상으로 조사하였다. 구체적인 관련 정보는 성격, 목적, 연혁, 특성, 기능, 주요 사업과 최근 사업, 한국과의 관계 등을 대상으로 하였다.

넷째, 기록 및 기록관리 관련 기구, 기관, 단체 그리고 기록관에서 생산 또는 제공하는 정보원에 대하여 조사하였다. 구체적인 관련 정보원은 출판물(Publications) 및 문서류(Documentations), 연속간행물, 보고 및 보도 자료, 데이터베이스 등을 대상으로 하였다.

본 시리즈의 정보자료 수집과 편집 등에 노고를 아끼지 않은 지식콘텐츠연구소의 김혜민 연구원, 박소연 연구원, 홍수지 연구원에게 지면을 빌려 감사드린다.

2012. 6. 1.

노영희·한미경

일러두기

1. 기록관의 선정

행정부기록 중 가장 중요한 것은 대통령기록이며, 입법부기록 중 가장 중요한 것은 의회(국회)기록이다. 따라서 본서는 세계의 대통령기록관과 의회기록(관)을 대상으로 조사하였으며, 제3언어를 기반으로 한 기록(관)을 제외한 33개의 대통령기록관과 17개의 의회기록(관)으로 총 12개국의 50개 기록(관)을 선정하여 각 기록관과 정보원에 대하여 상세하게 조사하였다.

2. 기록관의 구분

1) 대통령기록관

이는 한 나라의 대통령기록물 관리기관으로 각국의 정부형태에 따라 대통령기록관 또는 수상기록관이 있다. 우리나라와 미국, 프랑스, 핀란드와 같이 의회로부터 독립하고 의회에 대해 책임을 지지 않는 대통령을 중심으로 국정이 운영되는 정부형태의 대통령제(Presidential System) 국가의 경우 대통령기록관을 대상으로 하였다. 반면, 내각 즉 행정부의 대표인 수상이 의회에서 선출되고 의회에 대해 정치적 책임을 지는 내각을 중심으로 국정이 운영되는 정부 형태의 의원내각제 (Parliamentary Cabinet System) 국가인 영국, 캐나다, 일본, 독일 등의 국가의 경

우 수상기록관을 대상으로 하였다. 참고로 일부 대통령이나 수상의 개인 홈페이지
나 도서관 및 기타 기관 등으로 대통령기록물을 수집·관리하는 곳과 영부인기록
관도 포함하였다.

2) 의회기록(관)

　의회란 민선의원으로 구성되고 입법 및 기타 중요한 국가 작용에 참여하는 권
능을 가진 합의체로서 입법작용을 담당하는 것이 본래의 임무이므로 입법부라고
도 한다. 이런 의회의 기록은 국가에 따라 의회에서 또는 국가도서관이나 의회도
서관 그리고 국가기록관에서 관리하기도 하고 별도의 의회기록관을 설립하여 전
문적으로 관리하기도 한다. 따라서 의회기록 또는 의회기록관을 대상으로 하였으
며, 표기 또한 이를 반영하여 의회기록(관)으로 하였다. 참고로 일부 도서관이나
기관 그리고 개인 홈페이지나 의회기록을 수집 관리하는 곳, 입법관련기구, 정당
기록관 그리고 국제기구도 포함하였다.

3. 수록 순서

　수록순서의 기준은 기본적으로 각 대통령 및 의회기록관의 영문 약어명의 알파
벳순으로 하였으며, 영문명이 없을 때는 해당 언어명의 한글 발음 가나다순으로
하였다. 한편, 각 주요 대통령 및 의회기록(관) 소개부분에서 명칭의 수록순서는
영문 약어명, 영문명, 해당 언어명(해당 기록관의 경우), 한글명의 순으로 하였다.

4. 수록 내용

　본서는 세계의 주요 대통령과 의회기록(관)에 대한 소개 및 생산·소장 및 관
리·제공되는 기록물 및 정보원에 대한 내용을 대상으로 소개하고 있다. 구체적

으로 다음과 같은 내용을 소개하고 있으며, 각국의 기록 또는 기록관의 상황에 따라 일부 특징적인 내용은 항목을 추가하거나 해당되지 않는 항목은 생략하였다.

첫째, 기록(관) 관련 내용은 (1) 소재사항(주소, 전화번호, 팩스번호, 전자우편, 홈페이지 등), (2) 성격, (3) 설립연혁, (4) 설립목적, (5) 운영지침, (6) 조직, (7) 주요 업무, (8) 주요 활동, (9) 관련 법률, (10) 주요 사업, (11) 주요 프로그램, (12) 주요 서비스, (13) 관련기관, (14) 관련링크 정보 등을 수록하였다. 그 외에 기록관의 마크와 기록(관) 홈페이지 메인화면을 수록하여 참고에 제공하고자 한다.

둘째, 주요 기록물 및 정보원 관련 내용은 (1) 정보원 열람 및 배포 정책, (2) 소장기록물, (3) 기록물군(fond, group), (4) 기록물(정보원) 검색, (5) 기록물(정보원) 종류, (6) 정보원 관련 서비스, (7) 출판물, (8) 문서류, (9) 데이터베이스, (10) 보고자료, (11) 보도자료, (12) 산하 도서관과 기록관 등에 대하여 소개하였다. 일부 제공 정보원의 언어가 영어가 아닌 특정 언어의 경우 해당 제공언어를 관련 부분에 특기하였다.

5. 약어표 및 색인

본서는 독자의 이해를 돕기 위하여 약어표와 색인을 수록하였다. 약어표의 경우 본서 수록대상의 대통령 및 의회기록(관)에 대한 약어표는 권두부분에, 그 외에 본 기록·기록관리 정보원 시리즈인 ① 국제기구, ② 주요 기구, ③ 국가기록관 그리고 ④ 주요 기록관의 약어표의 경우 권말부분에 실었다. 색인의 경우 국문색인과 영문색인으로 구분하여 권말부분에 수록하였다.

세계의 대통령기록관과 의회기록(관) 약어표

APM	Autralia's Prime Ministers National Archives of Australia 호주국가기록관호주수상들
APP	The American Presidency Project 미국대통령직프로젝트
CAC	Churchil Archive Centre 처칠아카이브센터
DDEPLM	Dwight D. Eisenhower Presidential Library & Museum 드와이트아이젠하워대통령도서관·박물관
FDRPLM	Franklin D. Roosevelt Presidential Library & Museum 프랭클린루스벨트대통령도서관·박물관
GRFPLM	Gerald R. Ford Presidential Library & Museum 제럴드포드대통령도서관·박물관
GBPLM	George Bush Presidential Library & Museum 조지부시대통령도서관·박물관
GWBPL	George W. Bush Presidential Library 조지W부시대통령도서관
HHPLM	Herbert Hoover Presidential Library & Museum 허버트후버대통령도서관·박물관
HSTLM	Harry S. Truman Library & Museum 해리트루먼도서관·박물관
JCLM	Jimmy Carter Library & Museum 지미카터도서관·박물관

JCPML	John Curtin Prime Ministerial Library
	존커틴수상도서관
JFKPLM	John F. Kennedy Presidential Library & Museum
	존케네디대통령도서관·박물관
KDJHALL	Kim Dae Jung Cyberhall
	김대중사이버기념관
KDJPLM	Kim Dae-Jung Presidential Library and Museum
	김대중도서관
KYSPAEH	Kim Young Sam Presidential Archives and Exhibit Hall
	김영삼대통령기록전시관
LBJLM	Lyndon Baines Johnson Library & Museum
	린든존슨도서관·박물관
MC	The Miller Center
	밀러센터
MTF	Margaret Thatcher Foundation
	마가렛대처재단
NFLL	Natinoal First Ladies' Library
	국립영부인도서관
NMP	The Nelson Mandela Page, Afria National Congress
	아프리카민족회의넬슨만델라페이지
NPLM	Nixon Presidential Library & Museum
	닉슨대통령도서관·박물관
OTB	The Office of Tony Blair
	토니블레어오피스
PA	Presidential Archives
	대통령기록관

PI	The President of India
	인도대통령
PL	Presidential Libraries
	대통령도서관
PMJHC	Prime Minister of Japan and His Cabinet
	首相官邸
	수상관저
PPC	President Park Chunghee
	사이버박정희기념관
RRPLM	Ronald Reagan Presidential Library & Museum
	로널드레이건대통령도서관·박물관
WJCPLM	William J. Clinton Presidential Library & Museum
	윌리엄클린턴대통령도서관·박물관
WWICS	Woodrow Wilson International Center for Scholars
	학자를위한우드로윌슨국제센터
ICA/SPP	International Council on Archives/Section of Archives of Parliaments and Political Parties
	국제아카이브스협의회의회및정당기록관부
IPU	Inter-Parliamentary Union
	국제의회연맹
CACCA	Carl Albert Center Congressional Archives
	칼알버트센터의회기록관
CLA	The Center for Legislative Archives
	입법기록센터
CPA	The Conservative Party Archive
	보수당기록관

CPA/BL	Conservative Party Archive, Bodleian Library
	보들리언도서관보수당기록관
FAE	First Among Equals: The Prime Minister in Canadian Life and Politics
	평등한이들의선구자: 캐나다수상의삶과정치
GRS	Goverment Records Service of Hong Kong
	홍콩정부기록서비스
HCPP	House of Commons Parliamentary Papers
	영국하원의회기록관
LPA	London School of Economics and Political Science Library, The Liberal Party Archives
	런던정치경제대학교도서관자유당아카이브
NA	National Assembly of the Republic Korea
	대한민국국회
NAL	National Assembly Library
	한국국회도서관
PA	Parliamentary Archives
	의회기록관
PD	Parlaments Dokumentation
	하원기록
PMA	Parliamentary Museum and Archives
	인도의회박물관·기록관
PNSW	Parliament of New South Wales
	뉴사우스웨일스주의회
PPPAG	Political Parties and Parliamentary Archives Group, UK
	영국정당및의회기록

박정희전자도서관

목 차

제1부 대통령기록관과 주요 정보원

Ⅰ. 대통령기록물과 대통령기록관_19

Ⅱ. 주요 대통령기록관과 정보원 소개_45

제2부 의회기록(관)과 주요 정보원

제1부

대통령기록관과 주요 정보원

Ⅰ. 대통령기록물과 대통령기록관

1. 대통령기록물

1.1 대통령기록물의 의미

대통령(大統領, President)이란 외국에 대하여 국가를 대표하고 행정권의 수반 (首班)이 되는 최고의 통치권자를 의미한다. 대통령중심제하에서 대통령기록물은 정부기록 중 특별한 중요성을 갖는다. 그에 따라 관리체계도 구별하는데, 대표적 으로 미국의 대통령기록관리제도가 그 예이다. 미국의 경우 대통령기록물은 국립 보존기록관과 별개로 '대통령도서관'이라고 부르는 대통령별 보존기록관에 이관되 어 보존·관리된다. 정보공개에 있어서도 임기 후 일정기간(12년) 동안 비공개 상 태에서 보호된다.

대통령기록물(Presidential Records)이란 '대통령기록물관리에관한법률' 제2조 정 의에 의하면 '대통령기록물'이란 대통령의 직무수행과 관련하여 1) 대통령, 2) 대 통령의 보좌기관·자문기관 및 경호업무를 수행하는 기관, 3) '대통령직인수에관 한법률' 제6조에 따른 대통령직인수위원회가 생산·접수하여 보유하고 있는 기록 물 및 물품을 말한다. 대통령기록물에는 대통령이 사적으로 작성했거나 다른 신분 으로 생산한 기록은 포함되지 않는다. 참고로 이때 대통령이란 우리나라의 경우 '대한민국헌법' 제71조에 따른 대통령권한대행과 동법 제67조 및 '공직선거법' 제 187조에 따른 대통령당선인을 포함한다.

미국 대통령기록관법에 따르면 대통령기록물이란 '헌법과 법률에 의해 규정된 대통령의 업무를 수행하는 과정에서 대통령에게 자문을 주거나 보좌하기 위해 대 통령집무실이나 대통령비서실에 속한 개인이나 업무조직에 의해서 혹은 대통령 자신에 의해서 생산되거나 접수된 모든 형태의 정보가 수록된 기록물'을 말한다. 일기나 일지, 개인 메모 중에도 정보업무를 수행하기 위한 목적으로 생산·접수 된 기록물은 모두 대통령기록물에 해당된다.

공공기관에서 생산되는 기록은 모두 소중한 국민의 재산이지만 그중에서도 가장 중요한 것은 역시 대통령기록물이다. 헌법상 대통령제하에서 대통령은 가장 중요한 의사결정권한을 가지고 있고, 고도의 정치적 판단을 요하는 직책으로 인해 가장 민감한 기록들이 대통령의 국가통치 절차 중 생산되기 때문이다. 이러한 기록들은 반드시 보존되어야 하고, 후세에 역사적으로 연구·활용 및 평가되어야 한다.

1.2 대통령기록물 보호제도

대통령기록물의 경우 국가수반기록물로 보호하는 제도가 있다. 일례로 독일과 프랑스는 대통령기록물을 각각 30년, 60년 동안 비공개하도록 법률에 규정하고 있다. 이는 일종의 접근제한(Access Restriction, Access Control)이라는 기록의 이용을 제한하는 법적·행정적 조치를 말한다. 제한의 경우 일정기간 동안 이용을 제한하는 방식으로 규정하거나, 접근 제한을 해야 하는 집단을 규정하는 방식으로 할 수 있다. 또한 특정 기록에 대한 이용방식을 제한하는 식으로 제한할 수도 있다. 즉, 미국의 경우 '접근제한기록제도'를 운영하고 있으며 대통령이 지정하는 경우 12년 동안 접근을 제한하고 있다. 다만 현행업무수행에 필요한 정보의 기록으로 그 외 달리 정보가 없는 경우 현직 대통령의 열람을 한정하고 있다.

우리나라의 경우 '대통령기록물관리에관한법률'을 통하여 '대통령지정기록물제도'를 규정하고 있다. 이 제도의 취지는 정치적인 이유 등으로 민감한 중요기록물을 보존하지 않았던 폐단을 없애고 국가의 중요자산인 대통령기록물을 보존·관리하기 위해 도입한 제도로써 대통령이 지정한 특정기록에 대해 일정기간 열람·사본 제작 등의 금지는 물론, 다른 법률에 의한 자료제출 요구에 응하지 않을 수 있도록 규정한 제도를 말한다. '대통령기록물관리에관한법률' 제17조에서 지정하고 있는 우리나라 대통령지정기록물의 유형은 여섯 가지로 다음과 같다.

1) 법령에 따른 군사·외교·통일에 관한 비밀기록물로서 공개될 경우 국가안전보장에 중대한 위험을 초래할 수 있는 기록물

2) 대내외 경제성책이나 무역거래 및 재정에 관한 기록물로서 공개될 경우 국민경제의 안정을 저해할 수 있는 기록물

3) 정무직공무원 등의 인사에 관한 기록물

4) 개인의 사생활에 관한 기록물로서 공개될 경우 개인 및 관계인의 생명·신체·재산 및 명예에 침해가 발생할 우려가 있는 기록물

5) 대통령과 대통령의 보좌기관 및 자문기관 사이, 대통령의 보좌기관과 자문기관 사이, 대통령의 보좌기관 사이 또는 대통령의 자문기관 사이에 생산된 의사소통기록물로서 공개가 부적절한 기록물

6) 대통령의 정치적 견해나 입장을 표현한 기록물로서 공개될 경우 정치적 혼란을 불러일으킬 우려가 있는 기록물

2. 대통령기록관

2.1 대통령기록관의 의미

'대통령기록관'이란 역대 대통령의 재임 중에 생산된 공문서나 개인기록 등 각종 기록물을 수집, 보관, 정리, 관리하는 시설이다. '대통령도서관', '대통령박물관'이라는 표현은 미국의 독특한 제도인 'Presidential Library & Museum'을 직역한 것이다. 일부에서는 '대통령기념관'으로 번역하는데, 실제 이는 'Presidential Memorial'로서 대통령 관련 기록물을 대상으로 하는 시설과는 내용이 다르다. 대통령기록물을 관리하는 기관의 경우 학계에서는 보통 '대통령기록관'이라고 번역한다.

워싱턴에 있는 토머스 제퍼슨(Thomas Jefferson), 에이브러햄 링컨(Abraham Lincoln), 프랭클린 루스벨트(Franklin D. Roosevelt) 세 대통령의 것은 기념관의 성격이다. 미국의 경우 2백여 년간 43명의 대통령을 배출한 역사를 갖고 있으면

서도 기념관이 3개밖에 없는 것은 오랜 시간에 걸쳐 역사적 평가가 완전히 내려진 대통령으로 그 대상을 제한했기 때문이다. 루스벨트대통령기념관이 세워진 것도 사후 52년째인 1997년이며, 이러한 성격의 대통령기념관은 미국 국립기록청(NARA)이 아닌 국립공원관리소가 건축·관리한다. 기록관도 모든 전직 대통령마다 다 있는 것은 아니며, 제31대 허버트 후버(Herbert Hoover) 대통령부터 가장 최근에 개관한 제43대 조지 부시(George W. Bush Library) 대통령까지 1930년대 이후 지금까지 재임했던 13명의 것만 있다. 이는 대통령기록관 제도가 이후에 시작되었기 때문이다(신동호 2006).

한편, 의원내각제 또는 의회정부제 국가의 경우 입헌군주제를 시행하면서 내각제로 운영되는 국가로는 영국, 캐나다, 덴마크, 일본, 말레이시아, 네덜란드, 뉴질랜드, 노르웨이, 스웨덴, 호주 등이 있다. 왕이 없는 공화제이면서 의원내각제를 채택한 나라는 오스트리아, 독일, 그리스, 헝가리, 인도, 이스라엘, 터키 등이 있다.

의원내각제 또는 의회정부제 국가의 경우에는 내각의 구성원으로서 내각의 수반으로 수상(首相, Prime Minister, Premier)이 있다. 즉, 다수당의 당수가 수상이 되는 것이 원칙이며, 수상은 내각을 통솔하고 행정 각부를 지휘·감독한다. 따라서 이들 나라의 경우 다소 명칭의 차이가 있기는 하나 대통령기록관에 상응하는 기록관으로 '수상기록관'이 있다.

2.2 대통령기록관의 기능

대통령기록관은 대통령 직무수행과 관련되는 대통령기록물을 대상으로 하는 특별기록관이라는 점에서 일반적인 공공기록물을 대상으로 하는 기록관과는 차별되므로 이에 부응하는 기능을 수행해야 할 것이다. 우리나라 대통령기록물관리에관한법률 제22조에 의하면 대통령기록관은 1) 대통령기록물의 관리에 관한 기본계획의 수립·시행, 2) 대통령기록물의 수집·분류·평가·기술(記述)·보존·폐기 및 관련 통계의 작성·관리, 3) 비밀기록물 및 비공개 대통령기록물의 재분류, 4)

내통령시정기록물의 보호조치 해제, 5) 대통령기록물의 공개열람·전시·교육 및 홍보, 6) 대통령기록물 관련 연구 활동의 지원, 7) 제26조에 따른 개인기록물의 수집·관리, 8) 그 밖에 대통령기록물의 관리에 관하여 필요한 업무를 수행한다. 참고로 김성수와 서혜란(2002)은 대통령기록관에 대하여 일곱 가지 기능을 제안 하였으며, 이를 더 자세히 구분 기술하면 다음과 같다.

첫째, 기본적 기능으로 1) 수집기능. 대통령 재임기간의 국가 통치와 관련하여 생산 또는 접수한 모든 기록물은 중요한 대통령기록물로 수집해야 하는 기능이다. 수집대상이 되는 기록으로는 공식적인 직무수행 과정에서 생산된 문서자료, 시청 각자료 및 전자자료 그리고 행정박물 외에 개인자료와 임기 전후의 기록 등을 포 함한다. 2) 관리기능. 이는 재임기간의 현용기록에서부터 최종적으로 대통령기록 관으로 이관되는 비현용기록에 이르기까지 생산단계에서부터 등록, 편철, 정리, 생 산현황 등의 보고, 분류, 기술 등이 적절하고 적법하게 그리고 체계적으로 이루어 져야 함을 말한다. 3) 보존기능. 이는 대통령기록물의 기본적인 생산단계에서부터 재료와 형태 및 매체에 따른 적절한 보존조치를 취해야 할 부분을 말한다. 또한 기록관의 입지선정과 설계, 시공, 건축에 이르기까지의 최적의 보존환경 조성도 포함한다.

둘째, 심층적 기능으로 1) 정보제공기능. 본 기능은 대통령기록관에 수집, 관리, 보존되는 기록의 최종 목적이 되는 기능이라 할 수 있다. 특히 최근의 정보통신 의 발달과 웹 시스템의 발전으로 표준적인 기록물 정리시스템과 검색시스템이 개 발되어 더욱 효율적인 정보제공과 정보검색이 용이해졌다. 2) 연구기능. 대통령기 록관에 수집·보존·관리되는 기록들은 일부 소장자료의 경우 공개기한이라는 제 한이 존재하지만, 기본적으로 다양한 분야의 학술발전과 역사적 연구를 위한 매우 유용한 자료들이다. 실제 본 기능은 루스벨트(Franklin D. Roosevelt) 대통령과 케네디 (John F. Kennedy) 대통령기록관(Presidential Library and Museum) 등의 예에서 볼 수 있듯이 사립재단과의 연계를 통한 연구비지원사업으로 구체화되기도 한다. 3) 박물관기능. 일부 대통령기록관은 박물관의 형태로 존재하기도 한다. 그러나 본 기능은 해당 대통령 관련 각종 박물들 즉, 대통령 재임시절 사용하던 가구, 집기, 의상 등 관련 실물과 표본 모형 등을 제공하여 직접 육안으로 관찰할 수 있도록 제공하는 기능이다.

셋째, 확장적 기능으로 1) 교육기능. 이 기능은 어린이에서부터 학생과 교사 및 일반인에게 역사에 대한 관심을 유발시키고, 실제 각종 전시회와 체험학습 및 활동 프로그램 등을 제공하여 직접 역사연구에 참여하고 공유토록 하는 기능이다. 이는 미국의 존슨(Lyndon Baines Johnson) 대통령과 후버(Herbert Hoover) 대통령기록관 등에서 잘 운영되고 있는 사례이다. 2) 문화기능. 대통령기록관은 해당 대통령 재임기간과 전후기간의 사회, 문화, 정치, 경제 등에 대해 특별하고도 폭넓은 이해의 기반을 제공해 준다. 따라서 대통령기록관에 수집·관리되는 모든 기록물과 박물들은 일정시기의 문화를 대표하는 기능을 지닌다. 3) 관광기능. 대통령기록관은 기본적으로 국내 남녀노소뿐만 아니라 외국인에게도 방문 국가에 대한 흥미와 관심 그리고 이해와 홍보를 위한 관광 프로그램의 일환으로 제공되기에 충분하다.

이상과 같은 대통령기록관의 기능 중 특히 기본적 기능은 대통령기록물의 생산 보장과 폐기절차의 공정성 확보와 밀접하게 관련되어 있다.

2.3 대통령기록관의 설립

대통령기록관의 설립은 미국의 예가 대표적이다. 미국은 대통령도서관시스템이 생기기 전, 대통령 또는 상속인들이 종종 대통령 문서를 임기 후 분산시키곤 하였다. 후버대통령 컬렉션 이전의 자료들이 현재 의회도서관에 보관되어 있기는 하지만, 많은 자료들이 다른 도서관 또는 역사협회 및 개인소장품에 흩어져 있다. 또한 많은 자료들이 없어지거나 영구적으로 파기되었다. 이후 대통령도서관시스템은 공식적으로 1939년 프랭클린 루스벨트(Franklin Roosevelt) 대통령과 그의 어머니인 사라 델라노 루스벨트(Sara Delano Roosevelt) 여사가 개인적 자료 및 대통령 문서를 연방정부에 기증하면서부터 시작되었다. 루스벨트 대통령은 미국 하이드파크의 그의 새산 일부를 기증하였고, 그의 친구가 도서관 및 박물관 건물 증축을 위한 기금마련을 위해 비영리재단을 설립하였던 것이다. 루스벨트의 이러한 결정은 대통령기록물이 국가유산의 중요한 부분이고 또한 대중이 이용할 수 있어야 한다는 강한 믿음에서 비롯되었다. 그는 국가기록관이 그의 문서와 다른 역사적 자료를 보관하도록 하였으며, 그의 도서관을 운영하도록 하였다.

1950년 해리 트루먼(Harry S. Truman) 역시 그의 대통령기록물을 보관할 도서관을 설립할 것을 결심, 의회의 조치를 촉구하였다. 1955년, 의회는 대통령도서관법을 통과시켰고, 이후 개인적으로 도서관을 설립하여 연방에 의해 운영되는 시스템을 개설하였다. 1961년 9월 20일, 존 케네디 대통령이 미국의 기록전문가에게 백악관 직원들과 하버드대학교 대표단과 함께 캠브리지와 매사추세츠에 대통령도서관을 설립할 것을 제안하였다. 이후 후버 대통령, 루스벨트 대통령, 트루먼 대통령, 아이젠하워 대통령의 선례를 따라 그의 기록물과 기념품들을 대통령도서관을 위해 국가기록관에 기증할 것을 발표하였다.

1978년까지 당시 대통령실에 남아 있는 대통령의 개인 재산을 수집하였고 대통령, 학자 및 법적 전문가들이 조지 워싱턴 때부터의 대통령 및 그의 직원들에 의해 만들어진 기록을 바탕으로, 최초의 대통령도서관을 설립하였다. 국립기록청은 대통령들이 그들의 역사적 자료를 정부에 기부하고 대통령도서관에 안치함으로써 국립기록청(NARA)이 관리할 수 있도록 설득하는데 성공하였다.

종합적으로 미국의 경우 모든 대통령도서관은 개인 또는 비연방기금으로 설립된 후 국립기록청에 인도되며, 운영은 연방기금으로 운영된다. 그러나 국립기록청은 설립뿐 아니라, 도서관 자료의 소장 및 보관, 복원, 행사 및 전시회 등에 대한 기금 제공은 하지 않으며 이러한 활동 기금은 연방정부가 아닌 외부기금에 의해 진행된다. 그러므로 모든 대통령도서관은 관련 재단에 의해 재정지원을 받고 있다.

반면, 우리나라의 경우 공공기록물관리에관한법률 제3조와 제15조, 대통령기록물관리에관한법률 제2조와 제5조에 의하면 대통령기록물을 관리하기 위한 전문적인 관리시설로서 중앙기록물 관리기관에 대통령기록관을 두도록 되어 있으며, 대통령기록 관리에 관한 정책 심의를 위하여 국가기록관리위원회 산하에 대통령기록관리위원회를 둘 수 있게 되어 있다.

다만 최초의 대통령 홈페이지는 제14대 김영삼 전 대통령 재임시기인 1995년 12월 25일에 개설되었다. 그러나 김영삼 전 대통령 재임시절의 홈페이지 웹기록은 제도적 미비로 인하여 이관이 이루어지지 않았다가 2000년 1월 1일 '공공기관의기록물관리에관한법률(現. 공공기록물관리에관한법률)'이 시행됨에 따라 제15대 김대중 전 대통령 재임시기의 청와대 홈페이지가 2003년 5월에 최초로 국가기록원으로 이관되었다. 이어 '대통령기록물관리에관한법률(07.7.28. 시행)'에 따라 2007년 8월부터 대통령기록물 생산기관 홈페이지 웹기록 이관 준비작업을 시작하여 2008년 2월 24일 제15대 청와대 홈페이지, 제16대 대통령 당선인 및 청와대 브리핑 등 31개 사이트, 제17대 대통령직인수위원회 등 총 33개 사이트를 국가기록원 대통령기록관(Presidential Archives)에서 이관 받았다. 즉, 우리나라의 경우 이용자들이 편리하게 검색·활용할 수 있도록 하기 위하여 30개 사이트를 하나의 통합 페이지로 구축하였다.

3. 대통령기록관리위원회와 법제화

3.1 대통령기록관리위원회

우리나라의 경우 대통령기록물관리에관한법률 제2장 제5조 제1항에 의하면 대통령기록물의 관리에 관한 사항을 심의하기 위하여 '공공기록물관리에관한법률' 제15조 제1항에 따른 국가기록관리위원회에 '대통령기록관리전문위원회'를 두도록 규정하고 있다. 대통령기록관리위원회의 구성은 국가기록관리위원회 위원, 대통령기록관의 장, 그리고 대통령기록물 관리에 관한 학식과 경험이 풍부한 자 중 국가기록관리위원회 위원상이 임명 또는 위촉하고, 공무원이 아닌 위원의 임기는 3년이다.

대통령기록관리전문위원회는 1) 대통령기록물의 관리 및 전직 대통령의 열람에 관한 기본정책, 2) 대통령기록물의 폐기 및 이관시기 연장의 승인, 3) 대통령기록물관리에관한법률 제17조 제1항에 따른 대통령지정기록물의 보호조치 해제, 4) 비밀기록물 및 비공개 대통령기록물의 재분류, 5) 개별대통령기록관의 설치에 관한 사항, 6) 대통령기록관의 운영에 관한 주요 사항, 7) 그 밖에 대통령기록물의 관리와 관련한 사항의 각 항을 심의하고 있다.

3.2 대통령기록물의 소유권

미국의 경우 대통령기록물의 소유권에 관한 법령은 워터게이트 사건(Watergate Scandal)에 의해 야기되었다. 닉슨(Richard M. Nixon) 대통령의 기록물 파기를 우려한 의회는 1974년 12월 대통령녹취물및대통령자료보존법(PRMPA: Presidential Recordings and Materials Preservation Act)을 제정하였다. 의회는 총무처가 닉슨 대통령의 기록물을 인수하고, 요구에 따라 법정에 제출하며 일반 공개를 위한 시행령을 제정하도록 하였다. 동법에 따라 당시 국립기록보존소는 닉슨 대통령의 기록물을 하나하나 검토하여 사적인 기록물은 공개에서 제외시킬 것을 규정하였으며, 이 규정에 의해 대통령기록물이 무엇인가가 비로소 정의되었다. 닉슨 대통령의 기록물 소유권 분쟁과 공개권 소송을 계기로 1978년 대통령기록물법(PRA: Presidential Records Act)이 제정되어 대통령기록물은 국가소유라는 것이 확정되었으며, 레이건 대통령시기부터 적용되었다. 또한 대통령, 부통령, 백악관 보좌관의 공식 기록물이 모두 미국 정부의 소유로 규정되었다.

우리나라의 경우 대통령기록물관리에관한법률 제3조 소유권 항목에서 '대통령기록물의 소유권은 국가에 있으며, 국가는 대통령기록물을 이 법으로 정하는 바에 따라 관리하여야 한다'고 규정하고 있다.

이처럼 대통령기록물은 한 국가의 대표적인 공공기록물로 국가의 소유이며, 이에 따라 국가적 차원의 체계적 관리조항을 많은 국가에서 법률로 규정하고 있다.

3.3 대통령기록물관리의 법제화

미국의 경우 1950년에 최초로 연방정부의 기록물을 관리하는 '연방기록물법(FRA: Federal Records Act)'이 제정되었고, 이때 대통령기록물을 국립기록보존소에 이관할 수 있게 하는 규정이 삽입되었다. 1955년 국립기록보존소는 연방정부의 대통령기록물 수집을 정례화하고 대통령기록관에 대한 행정관리를 법령화할 필요성을 제기했다. 8월 '대통령도서관법(PLA: Presidential Library Act, 1986년 전부 개정)'이 상·하원에서 만장일치로 통과되었다. 본 법령은 대통령기록물의 접수뿐만 아니라 대통령기록관을 건립하기 위한 토지, 건물, 시설을 연방총무처에서 접수할 수 있도록 규정하고 행정적인 절차를 수립하였다. 특히 당시 국립기록보존소의 상급관할기관이던 총무처 장관이 의회의 별도 승인 없이 대통령기록관을 관리 또는 위탁받아 운영할 수 있게 되었다. 의회는 본 법령 제정의 주된 이유가 미국 대통령기록물의 체계적인 보존과 활용의 기초를 제공하기 위한 것이라고 밝혔다. 본 법에 따라 대통령기록관의 설립과 연방기관으로서의 운영이 정례화되었으며, 국립기록보존소를 체계적으로 보존·활용할 기초를 제공했다. 이는 이후 미국 국립기록청법의 일부로 개정·삽입되었다.

이외에 1974년 12월에 '대통령녹취물및자료보존법(PRMPA)'이 제정되고 1978년에 '대통령도서관법(PRA)'은 대통령기록물이 미국정부의 재산이라는 인식 확립에 성공하였다. 이에 대통령이 임기를 마치면, 미국의 기록전문가들은 기록 보관을 시작하였고, 이 법안은 대통령기록물 보관소로서의 대통령도서관의 지속을 가능하게 하였다. 1981년에 개정된 '대통령기록물법(PRA)'은 대통령도서관에서 대통령기록물 유지와 관련되는 비용으로 개인적 기증이라는 큰 변화를 가져오게 하였다.

우리나라의 경우 2005년 11월 한나라당 정문헌 의원이 대표 발의한 '예문춘추

관법안'을 통합·보완하여 행자위 대안으로 발의되고, 행정자치부 주관의 '대통령기록물관리에관한법률안(의안번호 4613)'이 마련되었다. 2006년 4월 입법예고된 후 2007년 4월 2일 국회 본회의에서 통과, 4월 17일 국무회의 심의를 거쳐 의결되어 2007년 4월 '대통령기록물관리에관한법률'로 제정되었다. 같은 해 7월 동법률 시행령이 제정되었다.

이 법은 대통령기록물의 보호·보존 및 활용 등 대통령기록물의 효율적 관리와 대통령기록관의 설치·운영에 관하여 필요한 사항을 정함으로써 국정운영의 투명성과 책임성을 높이는 것을 목적으로 하고 있다. 1) 대통령기록관리전문위원회, 2) 대통령기록물의 관리, 3) 대통령기록물의 공개·열람, 4) 대통령기록관의 설치·운영 등에 대하여 구체적으로 규정하고 있다. 대통령기록물의 관리에 관하여는 다른 법률에 우선하여 이 법을 적용하되, 이 법에 규정되지 아니한 사항에 관해서는 공공기록물관리에관한법률을 적용하도록 규정하였다.

종합적으로 대통령기록물에관한법률은 대통령기록물에 대한 국가소유를 천명하고, 대통령기록물의 중요성에 대한 인식을 고양시키며, 국정운영의 투명성과 책임감을 높여 국민의 알 권리 증진에 크게 기여할 것으로 기대된다.

4. 세계의 대통령기록관

세계의 대통령기록관 또는 수상기록관, 사립기관의 관련 기록관 그리고 대통령 또는 수상 관련 홈페이지를 대상으로 북미, 아시아·태평양, 유럽의 각 대륙별로 구분하여 국가별로 살펴보면 다음과 같다.

4.1 북미

1) 미국

미국의 대통령기록관은 국가의 중요한 기록물인 대통령기록물을 대통령별로 한 곳에 모아 정리하여 집중적으로 관리·보존한다. 즉, 중앙기록물 관리기관인 국립기록청(NARA)이 대통령기록관을 관리·감독하고, 대통령기록물을 관장하는 법률을 시행하는 기관이다. 국립기록청의 대통령기록국은 대통령기록물 관리제도의 수립, 대통령기록물의 인수인계, 대통령기록물의 정리·계획 수립, 대통령기록관 건립계획 수립 및 실행, 대통령기록관 건물 설비 기준 수립, 각 대통령기록관의 관장 및 전문직원 임명 등의 업무를 수행한다.

미국의 대통령기록관은 전임 대통령 본인과 그를 지지하는 민간기관이 기금을 조성하고 부지를 제공하여 건물을 건설하였다. 재임 시 생산한 기록물과 사유기록물을 1978년 이전의 경우에는 기증하였고, 그 이후에는 연방정부 국립기록청에서 수집하는 방식으로 국가에 그 운영과 관리를 의뢰하였다. 구체적인 설립과정 및 절차는 1955년 제정된 '대통령기록관법'으로 규정되어 있다. 미국의 대통령기록관은 주로 도서관·박물관(Library and Museum)으로 명명하고 있으며 제31대 후버 대통령부터 제43대 부시 대통령까지 2012년 현재 13개가 있다. 다음과 같다.

- 국립기록청 대통령기록관(Presidential Libraries, NARA)
  홈페이지 http://www.archives.gov/presidential－libraries/contact/libraries.html
- 허버트 후버(Herbert Hoover)
  홈페이지 http://www.hoover.archives.gov
- 프랭클린 루스벨트(Franklin D. Roosevelt)
  홈페이지 http://www.fdrlibrary.marist.edu
- 해리 트루먼(Harry S. Truman)

홈페이지 http://www.trumanlibrary.org
- 드와이트 아이젠하워(Dwight D. Eisenhower)
  홈페이지 http://www.eisenhower.archives.gov
- 존 케네디(John F. Kennedy)
  홈페이지 http://www.jfklibrary.org
- 린든 존슨(Lyndon B. Johnson)
  홈페이지 http://www.lbjlibrary.org
- 리처드 닉슨(Richard Nixon)
  홈페이지 http://www.nixonlibrary.gov/index.php
- 제럴드 포드(Gerald R. Ford)
  홈페이지 http://www.fordlibrarymuseum.gov
- 지미 카터(Jimmy Carter Library)
  홈페이지 http://www.jimmycarterlibrary.gov
- 로널드 레이건(Ronald Reagan)
  홈페이지 http://www.reagan.utexas.edu
- 조지 부시(George H. W. Bush)
  홈페이지 http://bushlibrary.tamu.edu
- 윌리엄 클린턴(William J. Clinton)
  홈페이지 http://www.clintonlibrary.gov
- 조지 부시(George W. Bush)
  홈페이지 http://www.georgewbushlibrary.gov

2) 캐나다

캐나다는 연방의회(The Parliament of Canada)로서 상원(Senate)과 하원(House of Common)의 양원제로 구성되어 있다. 실질적인 입법 권한은 하원과 캐나다 국민에 의해 투표로 선출되는 하원의원(MP: Member of Parliament)에 있다. 상원의원은 연방총리가 추천한 인물을 연방총독이 형식적으로 제가하는 방식으로 임명된다. 전통적으로 총리는 하원 내 정당 비율을 바탕으로 각 정당에 인물을 추천하거나 사회기여도가 높은 저명인사를 상원의원으로 발탁하고 있다.

캐나다에서는 수상기록(관)을 국립캐나다도서관·기록관(Library and Archives Canada)이 관리 운영하며, 다음과 같다.

- 국립캐나다도서관·기록관(LAC: Library and Archives Canada)
  홈페이지 http://www.collectionscanada.gc.ca
- 수상기록관(The Prime Minister in Canadian Life and Politics)
  홈페이지 http://www.collectionscanada.gc.ca/primeministers/index－e.html

① 연합국(Confederation)～제1차 세계대전 시기
- 존 맥도날드(John A. Macdonald)
  홈페이지 http://www.collectionscanada.gc.ca/primeministers/h4－3040－e.html
- 알렉산더 매켄지(Alexander Mackenzie)
  홈페이지 http://www.collectionscanada.gc.ca/primeministers/h4－3065－e.html
- 존 조셉 칼드웰 애보트(John Joseph Caldwell Abott)
  홈페이지 http://www.collectionscanada.gc.ca/primeministers/h4－3090－e.html
- 존 스패로우 데이비드 톰슨(John Sparrow David Thompson)
  홈페이지 http://www.collectionscanada.gc.ca/primeministers/h4－3115－e.html
- 매켄지 보웰(Mackenzie Bowell)
  홈페이지 http://www.collectionscanada.gc.ca/primeministers/h4－3140－e.html
- 찰스 투퍼(Charles Tupper)
  홈페이지 http://www.collectionscanada.gc.ca/primeministers/h4－3165－e.html
- 윌프리드 로리어(Wilfrid Laurier)

홈페이지 http://www.collectionscanada.gc.ca/primeministers/h4 - 3190 - e.html
- 로버트 레어드 보덴(Robert Laird Borden)
  홈페이지 http://www.collectionscanada.gc.ca/primeministers/h4 - 3215 - e.html

② 제1차 세계대전 후~제2차 세계대전 시기
- 아서 미언(Arthur Meighen)
  홈페이지 http://www.collectionscanada.gc.ca/primeministers/h4 - 3240 - e.html
- 윌리엄 라이온 매켄지 킹(William Lyon Mackenzie King)
  홈페이지 http://www.collectionscanada.gc.ca/primeministers/h4 - 3265 - e.html
- 리처드 베드포드 베넷(Richard Bedford Bennett)
  홈페이지 http://www.collectionscanada.gc.ca/primeministers/h4 - 3290 - e.html

③ 제2차 세계대전 이후 시기(Post World War II)
- 루이 스티븐 세인트 로랑(Louis Stephen St. Laurent)
  홈페이지 http://www.collectionscanada.gc.ca/primeministers/h4 - 3315 - e.html
- 존 조지 디펜베이커(John George Diefenbaker)
  홈페이지 http://www.collectionscanada.gc.ca/primeministers/h4 - 3340 - e.html
- 레스터 볼스 피어슨(Lester Bowles Pearson)
  홈페이지 http://www.collectionscanada.gc.ca/primeministers/h4 - 3365 - e.html
- 피에르 엘리어트 트루도(Pierre Elliott Trudeau)
  홈페이지 http://www.collectionscanada.gc.ca/primeministers/h4 - 3390 - e.html
- 찰스 조셉 클락(Charles Joseph Clark)
  홈페이지 http://www.collectionscanada.gc.ca/primeministers/h4 - 3415 - e.html
- 존 네이피어 터너(John Napier Turner)
  홈페이지 http://www.collectionscanada.gc.ca/primeministers/h4 - 3440 - e.html
- 마틴 브라이언 멀로니(Martin Brian Mulroney)

홈페이지 http://www.collectionscanada.gc.ca/primeministers/h4 - 3465 - e.html
- 에이 킴 켐벨(A. Kim Campbell)

  홈페이지 http://www.collectionscanada.gc.ca/primeministers/h4 - 3490 - e.html
- 조셉 자크 장 크레티엥(Joseph Jacques Jean Chrétien)

  홈페이지 http://www.collectionscanada.gc.ca/primeministers/h4 - 3515 - e.html

4.2 아시아·태평양

1) 일본

일본은 1873년에 태정관에 설치된 태정대신과 참의로 구성되는 합의체를 가리켜 최초로 '내각'이라는 용어를 사용하였으나, 실제로는 1885년 12월 22일에 이토 히로부미가 '내각관제'에 근거하여 초대 내각총리대신을 조직한 것에서 시작한다. 제2차 세계대전이 끝나고 새 헌법이 제정되어 천황은 국가와 국민의 상징이 되면서 행정권이 분리되었고, 내각이 명실공히 행정권을 행사하는 기관이 되었다. 또한 내각관제를 대체하여 내각법이 제정되었다. 따라서 일본은 내각총리대신(內閣總理大臣 나이카쿠소리다이진, 약자 총리)은 행정부(내각)의 수장이며 내각부(內閣府)의 장이기도 한 국무대신(國務大臣)이다.

일본의 역대 총리대신은 1885년 제1대부터 2013년 현재 제96대까지이다. 이들에 대한 정보와 관련 기록물은 수상관저(首相官邸, Prime Mister and his Cabinet, http://www.kantei.go.jp)의 역대내각(http://www.kantei.go.jp/jp/rekidainaikaku/index.html)부분에서 1) 평성이래, 2) 소화 40년대부터 60년대, 3) 소화 20년대부터 40년대, 3) 소화 20년대 전(전쟁 전), 4) 대정시대, 5) 명치시대로 구분하여 제공하고 있다.

2) 중국

중국은 1949년 건국 후부터 '주석(主席)'이 있었으나, 실제로는 1954년 헌법에서 독립된 중화인민공화국 주석을 설치하였다. 1966년 문화대혁명 이후 주석 직위는 장기간 공석으로 남아 있게 되었고, 1975년 헌법상 주석제도가 소멸하게 되었다. 이후 1982년 헌법에 국가주석제도를 다시 설치하였다.

역대 중국의 국가주석으로는 마오쩌둥(毛澤東), 류샤오치(劉少奇), 리셴녠(李先念), 양상쿤(楊尚昆), 장쩌민(江澤民), 후진타오(胡錦濤)가 있다. 2013년 시진핑(習近平) 총서기가 국가주석으로 올라 10년간 공식 지도체제가 출범하였다. 주석(主席)에 대한 정보와 관련 기록물을 제공하는 도서관 또는 기록관을 살펴보면, 기념관의 성격이 많다. 현재 모택동기념관과 등소평기념관이 운영되고 있으며, 중국 인민일보의 인민망(人民网)의 당사인물기념관(黨史人物紀念館, http://cpc.people.com.cn/GB/69112/index.html)이 온라인상으로 운영하는 모택동온라인기념관(毛澤東網上紀念館, 毛主席紀念堂), 주은래온라인기념관(周恩來網上紀念館), 유소기온라인기념관((劉少奇網上紀念館), 주덕온라인기념관((朱德網上紀念館), 등소평온라인기념관((鄧小平網上紀念館), 진은온라인기념관((陳云網上紀念館)이 구축되어 있다. 그 외 개별적인 기념관은 다음과 같다.

- 모택동기념관(毛澤東紀念館)
  홈페이지 http://www.shaoshan.com.cn
- 등소평기념관(鄧小平紀念館 Deng Xiaoping Memorial Museum)
  홈페이지 http://www.dxp.org.cn

3) 한국

우리나라의 경우 기존의 정부기록보존소에서 일부 대통령기록물을 관리해 명맥을 이어오다가 2006년 국가기록원 조직 개편에 따라 대통령기록관리팀이 신설되어 대통령기록관(Presidential Archives, http://www.pa.go.kr/index.html)에서 구체적으로 관리하기 시작하였다. 즉, 2007년 8월부터 대통령기록물 생산기관 홈페이지 웹기록 이관 준비작업을 시작하여 2008년 2월 24일 제15대 청와대 홈페이지, 제16대 대통령 당선인 및 청와대 브리핑 등 31개 사이트, 제17대 대통령직 인수위원회 등 총 33개 사이트를 국가기록원 대통령기록관에서 이관 받아 하나의 통합 페이지를 통해 이용자들이 편리하게 검색·활용할 수 있도록 하기 위하여 제14대 김영삼 전 대통령부터 제17대 이명박 대통령까지의 웹기록을 구축·운영하고 있다. 한편 이승만 전 대통령부터 노무현 전 대통령에 이르기까지의 역대 대통령의 기본 정보와 주요 기록물 및 활동사진 등을 제공하는 대통령 온라인기록관 또한 운영하고 있다.

국가기록원 대통령기록관 외에도 개별적인 대통령기록관으로 제5~9대 박정희, 제14대 김영삼 및 제15대 김대중 전 대통령의 기록관 등이 있다. 다음과 같다.

- 대통령기록관
  홈페이지 http://www.pa.go.kr/m.pa.go.kr
- 대통령웹기록
  홈페이지 http://www.pa.go.kr/WMS/wms_main.html
- 나라기록포털
  홈페이지 http://contents.archives.go.kr
- 사이버박정희기념관
  홈페이지 http://www.gumi.go.kr/presidentpark/pages/main.jsp
- 박정희전자도서관
  홈페이지 http://parkchunghee.or.kr/introduce.htm
- 김영삼대통령기록전시관(Kim Young Sam Presidential Archives and Exhibit Hall)
  홈페이지 http://www.kysarchives.or.kr

- 연세대학교 김대중도서관(Kim Dae - Jung Presidential Library and Museum)
  홈페이지 http://www.kdjlibrary.org
- 김대중사이버기록관
  홈페이지 http://www.kdjhall.org

이외에 우리나라의 대통령기록물을 소장하고 있는 기관은 다음과 같다.

① 이승만 대통령
  - 이승만박사기념사업회
    홈페이지 http://www.syngmanrhee.or.kr
  - 자유통일홈페이지
    홈페이지 http://www.unifykorea.net
  - 대한민국사랑회
    홈페이지 http://www.loverokorea.org

② 박정희 대통령
  - 박정희대통령인터넷기념관
    홈페이지 http://www.516.co.kr
  - 박정희대통령전자도서관
    홈페이지 http://www.parkchunghee.or.kr
  - 사이버박정희대통령
    홈페이지 http://www.presidentpark.or.kr

③ 김영삼 대통령
  - 김영삼대통령기록전시관
    홈페이지 http://www.kysarchives.or.kr

④ 김대중 대통령
- 김대중사이버기념관
  홈페이지 http://www.kdjhall.org
- 김대중평화센터
  홈페이지 http://www.kdjpeace.com
- 김대중도서관
  홈페이지 http://www.kdjlibrary.org
- DJ‐Road
  홈페이지 http://www.djroad.com

⑤ 노무현 대통령
- 사람사는세상
  홈페이지 http://www.knowhow.or.kr
- 노사모
  홈페이지 http://www.nosamo.org

그 외 대통령기록물을 소장하고 있는 기관이나 관련 연구기관은 다음과 같다.

- 국사편찬위원회
  홈페이지 http://www.history.go.kr
- 국립중앙도서관
  홈페이지 http://www.nl.go.kr
- 국회도서관
  홈페이지 http://www.nanet.go.kr
- 외교통상부 외교사료관
  홈페이지 http://cafe.naver.com/diplomaticarchives

- 독립기념관

  홈페이지 http://www.i815.or.kr

- 국방부 군사편찬연구소

  홈페이지 http://www.imhc.mil.kr

- 한국영상자료원

  홈페이지 http://www.koreafilm.or.kr

- 한국국가기록연구원

  홈페이지 http://www.rikar.org

- e - 영상역사관

  홈페이지 http://film.ktv.go.kr

4) 호주

호주는 내각제로서 호주 수상에 대한 정보와 기록을 제공하는 도서관과 기관
등은 다음과 같다.

- 호주수상센터(Australian Prime Ministers Centre)

  홈페이지 http://moadoph.gov.au/prime - ministers

- 알프레드 디컨 수상 도서관(Alfred Deakin Prime Ministerial Library)

  홈페이지 http://www.deakin.edu.au/alfreddeakin

- 밥 호크 수상 도서관(Bob Hawke Prime Ministerial Library)

  홈페이지 http://www.library.unisa.edu.au/BHPML

- 존 커틴 수상 도서관(John Curtin Prime Ministerial Library)

  홈페이지 http://john.curtin.edu.au

- 멜버른대학교 말콘 프레이 컬렉션(Malcolm Fraser Collection at the University
  of Melbourne)

홈페이지 http://www.unimelb.edu.au/malcolmfraser
- 호주국가도서관(National Library of Australia)
  홈페이지 http://primeministers.naa.gov.au/about

호주 수상들의 호주국가도서관링크는 다음과 같다.

- 에드먼드 바튼(Edmund Barton)(1901 - 3)
  홈페이지 http://primeministers.naa.gov.au/primeministers/barton
- 알프레드 디킨(Alfred Deakin)(1903 - 4; 1905 - 8; 1909 - 10)
  홈페이지 http://primeministers.naa.gov.au/primeministers/deakin
- 크리스 왓슨(Chris Watson)(1904)
  홈페이지 http://primeministers.naa.gov.au/primeministers/watson
- 저지 레이드(George Reid)(1904 - 5)
  홈페이지 http://primeministers.naa.gov.au/primeministers/reid
- 앤드류 피셔(Andrew Fisher)(1908 - 9, 1910 - 3,1914 - 5)
  홈페이지 http://primeministers.naa.gov.au/primeministers/fisher
- 조셉 쿡(Joseph Cook)(1913 - 4)
  홈페이지 http://primeministers.naa.gov.au/primeministers/cook
- 윌리엄 모리스 휴즈(William Morris Hughes)(1915 - 23)
  홈페이지 http://primeministers.naa.gov.au/primeministers/hughes
- 스탠리 멜버른 브루스(Stanley Melbourne Bruce)(1923 - 9)
  홈페이지 http://primeministers.naa.gov.au/primeministers/bruce
- 제임스 스컬린(James Scullin)(1929 - 32)
  홈페이지 http://primeministers.naa.gov.au/primeministers/scullin
- 조셉 라이온즈(Joseph Lyons)(1932 - 9)
  홈페이지 http://primeministers.naa.gov.au/primeministers/lyons

- 얼 페이지(Earle Page)(1939)

  홈페이지 http://primeministers.naa.gov.au/primeministers/page

- 로버트 멘지스(Robert Menzies)(1939‐41, 1949‐66)

  홈페이지 http://primeministers.naa.gov.au/primeministers/menzies

- 아서 패든(Arthur Fadden)(1941)

  홈페이지 http://primeministers.naa.gov.au/primeministers/fadden

- 존 커틴(John Curtin)(1941‐5)

  홈페이지 http://primeministers.naa.gov.au/primeministers/curtin

- 프랜시스 포르디(Francis Forde)(1945)

  홈페이지 http://primeministers.naa.gov.au/primeministers/forde

- 벤 치플리(Ben Chifley)(1945‐9)

  홈페이지 http://primeministers.naa.gov.au/primeministers/chifley

- 해롤드 홀트(Harold Holt)(1966‐7)

  홈페이지 http://primeministers.naa.gov.au/primeministers/holt

- 존 맥이언(John McEwen)(1967‐8)

  홈페이지 http://primeministers.naa.gov.au/primeministers/mcewen

- 존 고튼(John Gorton)(1968‐71)

  홈페이지 http://primeministers.naa.gov.au/primeministers/gorton

- 윌리엄 맥머흔(William McMahon)(1971‐2)

  홈페이지 http://primeministers.naa.gov.au/primeministers/mcmahon

- 거프 위트럼(Gough Whitlam)(1972‐5)

  홈페이지 http://primeministers.naa.gov.au/primeministers/whitlam

- 말콤 프레이저(Malcolm Fraser)(1975‐83)

  홈페이지 http://primeministers.naa.gov.au/primeministers/fraser

- 로버트 호크(Robert Hawke)(1983‐91)

  홈페이지 http://primeministers.naa.gov.au/primeministers/hawke

- 폴 키팅(Paul Keating)(1991‐6)
  홈페이지 http://primeministers.naa.gov.au/primeministers/keating
- 존 하워드(John Howard(1996‐2007)
  홈페이지 http://primeministers.naa.gov.au/primeministers/howard
- 케빈 러드(Kevin Rudd)(2007‐10)
  홈페이지 http://primeministers.naa.gov.au/primeministers/rudd
- 줄리아 길라드(Julia Gillard)(2010‐)
  홈페이지 http://primeministers.naa.gov.au/primeministers/gillard

4.3 유럽

유럽의 경우 영국, 프랑스, 이탈리아 등 다수의 국가가 내각제로 운영되고 있다. 그중 독일은 정치적 의사를 표현하지 않는 인격과 권위의 상징으로서 대통령이 존재하며, 영국은 입헌군주제의 내각제로서 총리를 두고 있다. 다음과 같다.

1) 독일

- 연방대통령(Bundespräsident)
  홈페이지 http://www.bundespraesident.de
- 연방수상(Bundeskanzler)
  홈페이지 http://www.bundeskanzler.de
- 연방정부(Bundesregierung)
  홈페이지 http://www.bundesregierung.de

2) 영국

- Archives Hub

  홈페이지 http://archiveshub.ac.uk

- A2A(Access to Archives)

  홈페이지 http://www.nationalarchives.gov.uk/a2a

- Institute of Historical Research

  홈페이지 http://www.history.ac.uk

- The Møller Centre

  홈페이지 http://www.mollercentre.co.uk

- 옥스퍼드국가자서전 사전(ODNB: Oxford Dictionary of National Biography)

  홈페이지 http://www.oxforddnb.com/index.jsp

- 군주제(The Monarchy)

  홈페이지 http://www.royal.gov.uk/Home.aspx

- 수상집무실(Prime Minister's Office)

  홈페이지 http://www.number10.gov.uk

- 처칠아카이브센터(CAC: Churchill Archive Centre)

  홈페이지 http://www.chu.cam.ac.uk

- 마거릿 대처재단(MTF: Margaret Thatcher Foundation)

  홈페이지 http://www.margaretthatcher.org

- 토니블레어오피스(The Office of Tony Blair)

  홈페이지 http://www.tonyblairoffice.org

Ⅱ. 주요 대통령기록관과 정보원 소개

APM

Autralia's Prime Ministers National Archives of Australia
호주국가기록관호주수상들

① 기록관

1) 소재사항

소재국가	호주
주 소	The National Archives of Australia, Canberra is Queen Victoria Terrace, Parkes ACT 2600, Australia
전 화	+61 2 6212 3600
팩 스	+61 1300 886 882
홈페이지	http://www.naa.gov.au http://primeministers.naa.gov.au

2) 성격

- 호주국가기록관(NAA: National Archives of Australia)은 호주 정부기관들의 기록을 관리한다. 또한 호주 국가기관들에 의해 생산된 기록 중 가장 가치 있는 것들을 선별해 국가기록물 컬렉션을 구축한다. 즉, 국가기록물을 관장하고 있으며 규정에 의거하여 공개기록물 제공의 중요 역할을 한다.
- 호주국가기록관호주수상들(APM: Australia's Prime Ministers National Archives of Australia)은 역대 호주수상들의 기록물 관련 서비스를 제공한다.

3) 설립연혁

1983년 기록물법에 의거하여 협력 프로젝트의 일환으로 호주국가기록관(The National Archives)이 개설되었다. 이후 호주 수상들에 대한 주요 기록과 자료들의 수집·관리에 주력하고 있다.

4) 설립목적

호주 수상들에 대한 기록과 자료들을 관리하기 위하여 설립되었다. 또한 이러한 자료를 필요에 따라 제공함으로써 호주 정치사에 대한 식견을 키우는 역할을 수행하기 위해 호주기록관에서 여러 서비스를 제공하고 있다.

5) 비전 및 임무

① 호주의 국가적 리더십과 정치사에 대한 이해 제고
② 호주 27명 수상기록물을 통하여 국가 정치사에 대한 개괄적 정보 제공

③ 이용자에게 중요한 원본자료들 제공
④ 원본 음성기록의 제공

6) 조직

국가기록관 행정팀은 총책임자(Directorate - General)인 스티븐 엘리스(Stephen Ellis)의 지휘 아래 운영되고 있으며, 다양한 팀으로 조직되어 있다. 각 리더와 관련 팀은 다음과 같다.

① 마거릿 찰커: 국가정보관리(Margaret Chalker, Government Information Management)
② 캐런 그리피스: 국가조합(Karen Griffith, National Coordination)
③ 코넬 플래처: 운영과 보존(Cornel Platzer, Operations and Preservation)
④ 앤 리온스: 접근성과 커뮤니케이션(Anne Lyons, Access and Communication)
⑤ 셰릴 왓슨: 기업서비스(Cheryl Watson, Corporate Services)
⑥ 운영과 보존 부서(Staff of the Operations and Preservation branch)
⑥ 접근성과 커뮤니케이션 부서(Staff of the Access and Communication branch)
⑦ 국가정보관리 부서(Staff of the Government Information Management branch)

7) 포털 파트너(Portal Partners)

① 호주수상센터(Australian Prime Ministers Centre)
   홈페이지 http://moadoph.gov.au/prime - ministers
   • 호주수상센터는 구의회의 호주민주주의박물관(Museum of Australian Democracy at Old Parliament House)의 주요 구성 요소 중 하나이다. 센터는 호주 수상 역사에 대한 연구와 장학금 제공을 목적으로 하고 있으며, 호주 수상직과 역대 수상들의 삶, 성과, 정부에 대한 정보를 제공하고자 한다.

- 센터의 컬렉션에는 호주 정치사를 다루는 많은 출판물이 포함되어 있으며, 이 중에는 수상들의 전기와 커먼웰스 의회 토론기록(Commonwealth Parliamentary Debates(Hansards)) 및 의회 문서들이 포함된다.

② 알프레드 디킨 수상 도서관(Alfred Deakin Prime Ministerial Library)
  홈페이지 http://www.deakin.edu.au/alfreddeakin
- 알프레드 디킨 수상 도서관은 디킨대학(Deakin University) 내에 위치하여 있으며 호주 수상들과 정치인 알프레드 디킨에 대한 연구 및 학습 기회와 장학금을 제공하고 있다.
- 도서관은 디킨과 그가 삶을 영위했던 시대의 정치, 사회, 국가적 맥락에 대한 연구를 지원하는 자료들을 제공하고 있다.

③ 호주전쟁기념관(Australian War Memorial)
  홈페이지 http://www.awm.gov.au
- 호주전쟁기념관은 개인 문서 및 공식 기록, 사진, 필름, 녹음 기록들을 보유하고 있다.
- 그 외에도 호주 수상들과 관련된 군부대 기록 및 기술 아이템 등을 보관 중에 있다.

④ 밥 호크 수상 도서관(Bob Hawke Prime Ministerial Library)
  홈페이지 http://www.library.unisa.edu.au/BHPML
- 밥 호크 수상 도서관은 호크 집권 기간과 관련된 아카이브 기록, 도서와 수집품 등을 보유하고 있다.
- 도서관 자료의 대부분은 문서이며 그중에는 일기, 서신, 연설, 신문 스크랩 등이 포함된다. 도서관은 이 외에도 포스터 사진, 녹음 기록, 비디오테이프 외 다양한 수집품을 보관하고 있다.

⑤ 존 커틴 수상 도서관(John Curtin Prime Ministerial Library)

홈페이지 http://john.curtin.edu.au

- 존 커틴 수상 도서관은 퍼스(Perth)에 위치한 커틴기술대학교(Curtin University of Technology) 도서관의 일부이다.
- 도서관은 커틴과 관련된 호주의 역사 및 정치에 대한 기록에 중점을 두고 있다. 커틴과 그의 부인 엘시(Elsie)와 관련된 기록들에는 개인문서, 구술사, 사진, 물품, 연설, 출판물, 뉴스릴(newsreel) 기록들 외 공식문서의 복사본들이 소장되어 있다.

⑥ 멜버른대학교 말콤 프레이저 컬렉션(Malcolm Fraser Collection at the University of Melbourne)

홈페이지 http://www.unimelb.edu.au/malcolmfraser

- 멜버른대학교에 보관되어 있는 말콤 프레이저 컬렉션(The Malcolm Fraser Collection)은 1975년부터 1983년까지 호주 수상 임기를 지낸 말콤 프레이저의 컬렉션이다.
- 컬렉션은 말콤 프레이저의 삶, 경력, 가족 등과 관련된 문서, 사진, 도서 및 기타 자료로 이루어져 있다.

⑦ 국립필름및음향기록관(National Film and Sound Archive)

홈페이지 http://www.nfsa.gov.au

- 국립필름및음향기록관(National Film and Sound Archive)은 호주 역사 관련 사건들을 자료화하고 분석하는 주 역할을 수행하고 있다.
- 호주 문화와 관련된 자료를 수집, 보관, 관리, 보급하여 호주의 오디오 비주얼 산업에 지속적으로 기여하고 있다.

⑧ 호주국가도서관(National Library of Australia)

홈페이지 http://primeministers.naa.gov.au/about

- 호주국가도서관의 장서는 호주의 문화유산의 문서화와 관련하여 가장 중요한 자료원이다.
- 도서관이 보유하고 있는 자료에는 호주 수상에 대한 서신, 일기, 필기, 연설대본, 사진, 구술사 기록 및 출판물 등 풍부한 일차적 자료가 포함된다.
- 도서관은 에드먼드 바튼(Edmund Barton)부터 윌리엄 맥머흔(William McMahon)까지 16명의 호주 수상들에 대한 기록을 보유하고 있다. 자료는 호주 국가도서관 홈페이지를 통해 검색 가능하다.

⑨ 위트럼문고(Whitlam Institute)

홈페이지 http://www.whitlam.org/whitlam

- 위트럼문고는 웨스턴시드니대학교(University of Western Sydney)에 보관되어 있는 위트럼 수상 컬렉션(Whitlam Prime Ministerial Collection)이다.
- 이는 현대 호주 민주주의를 조명할 수 있는 풍부한 자료로 구성되어 있으며, 거프 위트럼(Gough Whitlam)은 지속적으로 도서관의 규정과 운영에 50년 넘게 기여하고 있다.
- 1940년부터 호주의 정치적·사회적 역사에 대해 풍부하고 다양한 자료를 제공하고 있는 본 도서관은 연설, 오디오, 비디오, 사진, 뉴스 클리핑, 수집품 등을 보유하고 있다.

② 정보원

1) 정보원 배포 및 열람정책

- 호주국가기록관호주수상들(APM: Australia's Prime Ministers National Archives of Australia)은 호주의 27명의 수상 관련 자료를 제공하며 각 수상관련 주요 기록물을 수집·관리·제공한다.
- 각 수상별로 링크가 구축되어 있으며, 프로필·간단정보 등이 체계적으로 구축되어 역대 수상들과 관련된 다양한 기록이 공개되어 있다.

2) 도서관

다음과 같은 조회 및 검색 서비스가 제공되고 있다.
- 기록물(Original Documents) 조회
- 역사적 사실 확인
- 흥미로운 이야기 발견
- 호주의 각 수상들에 대한 자료가 포함된 컬렉션 검색

3) 호주의 수상들 링크

- 에드먼드 바튼(Edmund Barton)(1901 - 3)
  홈페이지 http://primeministers.naa.gov.au/primeministers/barton
- 알프레드 디킨(Alfred Deakin)(1903 - 4, 1905 - 8, 1909 - 10)
  홈페이지 http://primeministers.naa.gov.au/primeministers/deakin
- 크리스 왓슨(Chris Watson)(1904)
  홈페이지 http://primeministers.naa.gov.au/primeministers/watson
- 저지 레이드(George Reid)(1904 - 5)

홈페이지 http://primeministers.naa.gov.au/primeministers/reid

- 앤드류 피셔(Andrew Fisher)(1908 - 9, 1910 - 3, 1914 - 5)

  홈페이지 http://primeministers.naa.gov.au/primeministers/fisher

- 조셉 쿡(Joseph Cook)(1913 - 4)

  홈페이지 http://primeministers.naa.gov.au/primeministers/cook

- 윌리엄 모리스 휴스(William Morris Hughes)(1915 - 23)

  홈페이지 http://primeministers.naa.gov.au/primeministers/hughes

- 스탠리 멜버른 브루스(Stanley Melbourne Bruce)(1923 - 9)

  홈페이지 http://primeministers.naa.gov.au/primeministers/bruce

- 제임스 스컬린(James Scullin)(1929 - 32)

  홈페이지 http://primeministers.naa.gov.au/primeministers/scullin

- 조셉 라이온즈(Joseph Lyons)(1932 - 9)

  홈페이지 http://primeministers.naa.gov.au/primeministers/lyons

- 얼 페이지(Earle Page)(1939)

  홈페이지 http://primeministers.naa.gov.au/primeministers/page

- 로버트 멘지스(Robert Menzies)(1939 - 41, 1949 - 66)

  홈페이지 http://primeministers.naa.gov.au/primeministers/menzies

- 아서 패든(Arthur Fadden)(1941)

  홈페이지 http://primeministers.naa.gov.au/primeministers/fadden

- 존 커틴(John Curtin)(1941 - 5)

  홈페이지 http://primeministers.naa.gov.au/primeministers/curtin

- 프랜시스 포르디(Francis Forde)(1945)

  홈페이지 http://primeministers.naa.gov.au/primeministers/forde

- 벤 치플리(Ben Chifley)(1945 - 9)

  홈페이지 http://primeministers.naa.gov.au/primeministers/chifley

- 해롤드 홀트(Harold Holt)(1966 - 7)

    홈페이지 http://primeministers.naa.gov.au/primeministers/holt
- 존 맥이언(John McEwen)(1967 - 8)

  홈페이지 http://primeministers.naa.gov.au/primeministers/mcewen
- 존 고튼(John Gorton)(1968 - 71)

  홈페이지 http://primeministers.naa.gov.au/primeministers/gorton
- 윌리엄 맥머흔(William McMahon)(1971 - 2)

  홈페이지 http://primeministers.naa.gov.au/primeministers/mcmahon
- 거프 위트럼(Gough Whitlam)(1972 - 5)

  홈페이지 http://primeministers.naa.gov.au/primeministers/whitlam
- 말콤 프레이저(Malcolm Fraser)(1975 - 83

  홈페이지 http://primeministers.naa.gov.au/primeministers/fraser
- 로버트 호크(Robert Hawke)(1983 - 91)

  홈페이지 http://primeministers.naa.gov.au/primeministers/hawke
- 폴 키팅(Paul Keating)(1991 - 6)

  홈페이지 http://primeministers.naa.gov.au/primeministers/keating
- 존 하워드(John Howard)(1996 - 2007)

  홈페이지 http://primeministers.naa.gov.au/primeministers/howard
- 케빈 러드(Kevin Rudd)(2007 - 10)

  홈페이지 http://primeministers.naa.gov.au/primeministers/rudd
- 줄리아 길라드(Julia Gillard)(2010 -   )

  홈페이지 http://primeministers.naa.gov.au/primeministers/gillard

4) 호주 수상들의 프로필(Profiles of Australia's 27 Prime Ministers)

호주 수상들의 초상화와 임기 기간을 담은 갤러리를 시작으로 수상들에 대한 링크를 연결하여 다음과 같은 일곱 가지 정보를 제공한다.

① 수상에 대하여(About)

　　수상으로서의 역할에 대한 전반적 정보를 다루고 있다.

② 임기 전(Before Office)

　　수상직을 맡기 전의 삶과 정치적 경력을 그리고 있다.

③ 선거(Elections)

　　선거의 대결구도와 전자통계정보를 제공하고 있다.

④ 임기(In Office)

　　수상직 임기 동안의 기록을 담고 있다.

⑤ 수상의 아내(Prime Ministerial Wife)

　　수상 아내의 역할 수행을 설명하고 있다.

⑥ 임기 후(After Office)

　　수상의 임기 후 삶에 대한 개요를 제공하고 있다.

⑦ 주요 인물(Key People)

　　수상에게 있어 중요한 영향을 끼친 인물들의 목록을 제공하며, 인물들에 대한 정보는 이름을 선택해서 조회가능하다.

5) 수상 관련 간략정보

수상들의 개인적·정치적인 삶에 대해 요약된 정보를 빠르게 검색할 수 있도록 돕는 검색 도구이다. 구체적 제공 정보는 다음과 같다.

① 교육(Education)

　　수상들의 최고 학위 수여 학교와 더불어 취득한 기타 학위들에 대한 정보를 제공한다.

② 결혼(Marriage)

　　수상의 아내에 대한 상세한 설명을 담고 있다(수상의 아내 외 다른 결혼들에 대한 정보는 괄호에 표시되어 있다).

③ 명예 학위(Honours)

보통 국내에서 수상한 경력만 적고 있다. 영국과 오스트리아의 학위 제도와 관련해서는 '커다란 영광(It's an Honour)' 페이지를 조회해야 한다.

④ 임기 기간(Terms in office)

총독이 수상에 대해 선서를 거행하고 취임한 날부터 총독이 수상의 사임이나 죽음을 확인한 날까지이다.

⑤ 하원의원 임기 기간(Term as MP)

의원이 선서를 거행하고 취임한 날부터 선거에서 자리를 잃거나 사임을 한 날, 또는 의원의 죽음을 확인한 날까지이다.

⑥ 흥미로운 사실들(Fascinating facts)

수상들 삶중 흥미로운 사실들을 제공하고 있다.

6) 연대기표

① 호주 정치사의 중요한 사건들을 나열해 놓았다. HTML 혹은 플래시로 볼 수 있으며, 전자 포맷의 경우 사건들을 카테고리별로 조회할 수 있다.

② 검색 방식으로는 시기 및 수상을 지정할 수 있으며, 이를 통해 호주 수상들의 재임 기간 중 어떤 중요한 일이 있었는지 검색할 수 있다. 하단의 주제를 선택하여 타임라인 항목의 조회가 가능하며, 수상 선택은 복수로도 가능하다.

- 수상들(Prime Ministers)
- 통치자들(Governors – General)
- 연방선거(Federal Elections)
- 국민투표(Referendums)
- 법률(Acts)

- 호주헌법(Australian Constitution)
- 의회(Parliament)
- 호주정당(Australian Political Parties)
- 호주국보(Australian Territories)
- 분쟁(Conflicts/disputes)
- 국가간활동(International Events)
- 민주활동(Domestic Events)
- 호주이민(Migration to Australia)
- 국가관계(International Relations)
- 영국(British Royalty)
- 여성(Women)
- 방송·미디어(Broadcasting/Media)
- 기구(Institutions/Government Bodies)
- 국제기구(International Institutions)
- 조약·협정(Treaties/Agreements)

7) 갤러리

- 멜버른대학교(University of Melbourne)의 말콤 프레이저 컬렉션(Malcolm Fraser Collection at the University of Melbourne)의 음성, 비디오, 사진 갤러리
- 존 커틴 수상 도서관(John Curtin Prime Ministerial Library)의 사진 갤러리
- 그 외 다양한 다른 갤러리들이 현재 준비 중이다.

8) 기록검색

이용자들이 호주와 다른 나라들의 컬렉션도 통합검색할 수 있도록 구축되어

있다. 각 수상들에 대한 원본 자료 컬렉션을 확인할 수 있으며 자료를 보관하고 있는 기관의 온라인 목록도 검색 가능하다.

9) 용어사전

호주수상들 홈페이지에서 사용된 일상적이지 않은 어휘들에 대한 정의와 주요 당들과 같은 정치적 기관들에 대한 사전적 정보를 제공한다.

APP

The American Presidency Project

미국대통령직프로젝트

1 기록관

1) 소재사항

소재국가　　미국
전　　화　　+1 866 272 6272
팩　　스　　+1 301 837 3218
홈페이지　　http://www.presidency.ucsb.edu/index.php

2) 성격

- 미국대통령직프로젝트(APP: The American Presidency Project)는 전 현직 대통령에 관련된 자료를 선거 때부터 임기가 끝나는 시기까지 모두 한곳에 모아 간편하게 검색할 수 있도록 제공하고 있는 온라인기록관이다. 이는 산타바바라 소재 캘리포니아주립대학의 정치학 교수 존 울리(John Woolley) 와 게르하르트 피터스(Gerhard Peters)에 의해 설립되었다.

- 미국대통령직프로젝트는 대통령관련기록물을 코드화하여 정리하고 구체화 하여 데이터베이스로 만든 유일한 온라인 자료원이다. 현재 이 아카이브는 96,341여 개의 방대한 수량의 자료를 수록하고 있으며, 정당 강령, 후보의 발언, 행정 정책 선언(Statements of Administration Policy), 공보비서 사무

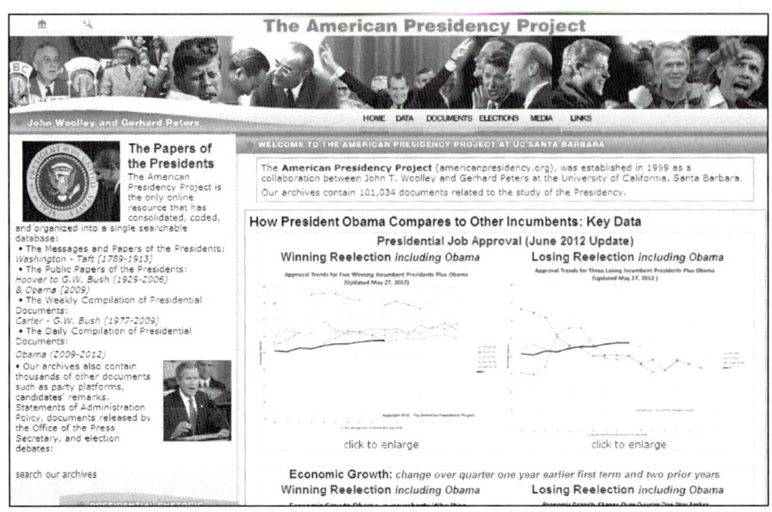

실에서 공식화한 문서들, 선거 토론 등도 대상으로 하고 있다.

3) 설립연혁

1999년 정치학 교수 존 울리(Woolley)와 게르하르트 피터스(Gerhard Peters)의 협력을 통해 산타바바라 소재 캘리포니아주립대학(University of California Santa Barbara)에 설립되었다.

4) 설립목적

① 미국 전 현직 대통령에 대한, 혹은 대통령에 관한 정보를 한 곳에 모아 체계적이면서도 간단한 자료 검색을 가능하게 한다.

② 대통령과 직접적으로 연관된 자료 외 정당 강령, 후보의 발언, 행정정책선언, 언론기록담당 비서실에서 공개한 문서들, 그리고 대통령 선거 토론에 관련된 자료를 모아 공개한다.

5) 비전 및 임무

① 국가의 기록유지 기관으로 모든 미국인들이 민주주의에서 기록 역할의 중
요성을 이해하도록 한다.

② 현대의 기술과 다방면의 파트너십을 통한 국립기록청(NARA)의 프로그램
및 소장기록물들을 이전보다 더 많은 사람들이 이용 가능하도록 한다.

③ 정부의 기록을 보호 및 보존하며 국민들이 기록유산을 발견, 이용 및 학습
할 수 있도록 함으로써 미국의 민주주의에 이바지한다.

④ 주요 기록물과 문서의 지속적인 이용에 대한 미국 시민들의 권리를 보장하
며, 관련 정부의 활동을 보장한다.

⑤ 민주주의를 지속시키고 시민교육을 장려하며 미국의 국가경험에 대한 역사
적 이해를 촉진시킨다.

6) 주요 활동

① 국민들이 국립기록청에 보존되어 있는 기록유산으로부터 원하는 자료를 발
견하고 이용하며 배울 수 있는 것을 보장하고 있다. 이것은 또한 국립기록
청의 전략적 계획인 '미래보호를 위한 과거보존(Preserving the Past to Protect
the Future)'의 초석이기도 하다.

② 정부 주요 기관의 정책 및 운영(administration)과정에 대한 문의 및 문제점
과 관련하여 국회부(Congressional Affairs)가 그 역할을 담당한다.

7) 미국 대통령도서관

• 윌리엄 매킨리 도서관박물관(William McKinley Memorial Library and Museum)
홈페이지 http://www.mckinley.lib.oh.us

• 허버트 후버 대통령 도서관박물관(Herbert Hoover Presidential Library and

Museum)

홈페이지 http://hoover.nara.gov

- 허버트 후버 대통령 도서관협회(Herbert Hoover Presidential Library Association)

  홈페이지 http://www.hooverassociation.org

- 프랭클린 루스벨트 도서관 및 디지털기록관(Franklin D. Roosevelt Library and Digital Archives)

  홈페이지 http://www.fdrlibrary.marist.edu

- 해리 트루먼 도서관박물관(Harry Truman Library and Museum)

  홈페이지 http://www.trumanlibrary.org

- 드와이트 아이젠하워도서관(The Dwight D. Eisenhower Library)

  홈페이지 http://www.eisenhower.utexas.edu

- 존 F. 케네디 도서관박물관(John F. Kennedy Library and Museum)

  홈페이지 http://www.jfklibrary.org

- 린든 존슨 도서관박물관(Lyndon Baines Johnson Library and Museum)

  홈페이지 http://www.lbjlibrary.org

- 리처드 닉슨 도서관박물관(Richard Nixon Library and Museum)

  홈페이지 http://nixon.archives.gov

- 리처드 닉슨 도서관기구(Richard Nixon Library Foundation)

  홈페이지 http://nixonfoundation.org

- 제럴드 포드 도서관박물관(Gerald R. Ford Library and Museum)

  홈페이지 http://www.ford.utexas.edu

- 지미 카터 도서관(Jimmy Carter Library)

  홈페이지 http://www.jimmycarterlibrary.gov

- 로널드 레이건 대통령 기구 및 도서관(Ronald Reagan Presidential Foundation and Library)

홈페이지 http://www.reaganfoundation.org

- 조지 부시 대통령 도서관박물관(George Bush Presidential Library and Museum)
  홈페이지 http://bushlibrary.tamu.edu
- 윌리엄 클린턴 대통령 도서관박물관(William J. Clinton Presidential Library and Museum)
  홈페이지 http://www.clintonlibrary.gov
- 클린턴 대통령센터(Clinton Presidential Center)
  홈페이지 http://www.clintonlibrary.gov
- 조지 부시 대통령도서관(George W. Bush Presidential Library)
  홈페이지 http://www.georgewbushlibrary.gov
- 조지 부시 대통령센터(George W. Bush Presidential Center)
  홈페이지 http://www.bushcenter.com

② 정보원

1) 정보원 열람 및 배포 정책

- 미국대통령직프로젝트(APP: The American Presidency Project)는 96,341여 개의 방대한 수량의 대통령직 관련 자료와 기록물을 관리하고 있다.
- 정보원 검색은 세 가지 형태로 이루어지는데 간략 검색(search), 선택 검색 (select), 그리고 색인 검색(browse)으로 구성되어 있다. 간략 검색의 경우 자료에 대한 상세 기간을 정할 수 있고, 키워드를 세 개까지 입력 가능하며 대통령 이름과 문서 종류를 세분화 할 수 있다. 선택 검색은 공식 문서 번호(Public Papers Document Number), 행정 명령 번호(Executive Order), 선언문 번호(Proclamation Number) 등을 직접적으로 입력해 찾는 방법이

다. 색인 검색은 문서 종류와 대통령 이름, 그리고 특정 날짜를 입력해 검색할 수 있다.

- 그 외 데이터, 문서, 선거, 그리고 미디어와 같은 자료의 종류에 따라 구분되어 있는 탭을 통한 검색 방법 또한 함께 제공되고 있다.
- 대통령직기록물의 경우 데이터기록관, 도큐먼트기록관, 선거기록관, 미디어기록관으로 분류 구성하고, 각 해당 기록물을 다시 소분류하여 주요 정보, 기록물, 데이터 등을 제공하고 있다.

2) 기록관과 기록물

(1) 데이터기록관

대통령과 관련된 정보들을 수량화해서 보존하고 있는 부분이다. 다음과 같이 세분화하여 각 해당 기록물을 정리하고 있다.

① 국회와의 관계(Relations with Congress)

입법 청원부터 비토, 상하원과 대통령의 의견일치, 국회의원 선거에서 여당의 성공률 등의 정보를 다루고 있다.

② 인기도(Popularity)

대통령 지지율을 그래프화해서 보여주고 있다. 프랭클린 루스벨트(Franklin D. Roosevelt)부터 현 대통령인 버락 오바마(Barack H. Obama Ⅱ)의 데이터까지 보유하고 있으며 지지도 랭킹 등의 정보 또한 제공하고 있다.

③ 대외활동(Public Appearances)

대통령이 임기 중 주요 발표, 뉴스 컨퍼런스, 콜롬비아 구역, DC 이외의 국내 장소, 정치적 출연에 몸담았던 횟수를 수치화하여 보관하고 있다. 이를 통한 대통령의 대외활동 레벨을 다룬 정보도 있다.

④ 행정부의 성장(Growth of the Executive Branch)

연방정부 예산과 지출, 행정 명령, 백악관 직원 예산, 대통령 행정

사무실(Executive Office of the President)을 통해 행정부의 규모를 가늠할 수 있는 정보를 제공한다.

⑤ 대통령 선거(Presidential Selection)

선거에 작용하는 여러 요소와 그 영향을 파악해 수치화된 자료로 구축해 놓았다.

⑥ 연두교서와 당선 연설표(State of the Union and Inaugural Address Charts)

대통령 연두교서와 당선 연설에 있는 단어의 길이를 수치화하여 자료로 구축하였다.

⑦ 대통령의 능력 상실(Presidential Disability)

대통령이 불가피하게 그 의무를 다하지 못하는 상황에 처한 경우에 대한 데이터를 제공한다.

(2) 도큐먼트기록관

도큐먼트기록관에는 98,995종의 레코드를 소장하고 있으며, 구체적으로 다음과 같다.

- 대통령령(Executive Orders) 4,841종
- 일반교서(State of the Union Addresses) 91종
- 선언문(Proclamations) 6,008종
- 대통령 연두교서(State of the Union Messages) 138종
- 기자회견(Press Conferences) 1,974종
- 취임 연설(Inaugural Addresses) 59종
- 토요 라디오 연설(Saturday Radio Addresses) 1,331종
- 의회를 대상으로 한 연설(Addresses to Congress, non‑SOU) 49종
- 노변담화(FDR Fireside Chats) 27종
- 국가 연설(Addresses to Nation) 245종
- 비토선언(Veto Messages) 1,141종

- 유엔을 대상으로 하는 선언(Addresses to the United Nations) 43종
- 라디오와 텔레비전 만찬(Radio & TV Correspondents Dinners) 35종
- 해외 입법부를 대상으로 하는 선언(Addresses to Foreign Legislatures) 70종
- 파티 컨벤션 연설(Party Convention Addresses) 36종
- 대학연설(College Commencement Addresses) 149종

한편, 다음과 같이 주제를 소분류하여 관련 문서를 제공하고 있다. 각 자료별로 다루고 있는 대통령을 임기 년도와 함께 명시화하고 있다.
- 대통령의 진술과 문서들(Messages and Papers of the Presidents)
- 대통령의 공식 발표문들(Public Papers of the Presidents)
- 프랭클린 D. 루스벨트 공식 발표문과 연설(Public Papers and Addresses of Franklin D. Roosevelt)
- 대통령 관련 주간 도큐먼트(Weekly Compilation of Presidential Documents)
- 현 대통령 관련 메일 도큐먼트(Daily Compilation of Presidential Documents)
- 연두교서를 통해 대통령이 의회에 전달하는 진술(Annual Messages to Congress on the State of the Union)
- 대통령 당선 연설(Inaugural Addresses)
- 대통령 라디오 토요 연설(Saturday Addresses on Radio)
- 루스벨트의 노변담화(Fireside Chat)
- 뉴스 컨퍼런스(News Conferences)
- 행정명령(Executive Orders)
- 대통령 선언(Proclamations)
- 대통령 서명진술(Presidential Signing Statements)
- 행정정책 관련 진술(Statements of Administration Policy)
- 대통령 당선 수락 연설(Presidential Nomination Acceptance Addresses)

- 대통령 후보 토론(Presidential Candidates Debates)
- 대통령 선거 관련 문서(Documents Related to Presidential Elections)
- 2000년 대통령 선거 논란 관련 문서(Documents Related to the 2000 Election Dispute)
- 대통령 전환기 관련 문서(Documents Related to Presidential Transitions)
- 국가 정당 강령(National Political Party Platforms)

(3) 선거기록관

1789년도부터 2008년도까지의 대통령선거에 대한 정보와 기록을 대상으로 하고 있다. 미국 각 주에서 승리한 당을 표시하는 것과 더불어 각 주에서 획득한 표의 수와 승률, 인기도 등을 종합적인 표를 통해 제시하고 있다.

(4) 미디어기록관

제31대 후버 대통령(Herbert Hoover)에서부터 제42대 클린턴 대통령(William J. Clinton)까지의 각 대통령들의 공식 연설이나 라디오 연설, 기타 발언들을 녹음한 미디어 파일을 제공하고 있다.

3) 대통령 문서(The Papers of the Presidents)

- 대통령 메시지와 문서(The Messages and Papers of the Presidents)
  초대 워싱턴 대통령부터 제27대 태프트 대통령(1789-1913) 관련 문서를 대상으로 하고 있다.
- 대통령 공공 문서(The Public Papers of the Presidents)
  제31대 후버 대통령부터 제41대 부시 대통령(1929 - 2006), 그리고 오바마 대통령(2009) 관련 문서를 대상으로 하고 있다.
- 주간 축적 대통령 문서(The Weekly Compilation of Presidential Documents)

제39대 카터 대통령부터 제41대 부시 대통령(1977 – 2009) 관련 문서를 대상으로 하고 있다.

- 일일 축적 대통령 문서(The Daily Compilation of Presidential Documents)
  현 오바마 대통령(2009 – 2012) 관련 문서를 대상으로 하고 있다.

4) 가장 조회가 많이 되는 문서 10선(The Ten Most Viewed Documents)

2011년 11월 8일 이래의 주요 도큐먼트로서 조회 및 열람이 가장 많이 되는 문서이다.

① 민주당(Democratic Party Platform)
  2008년 민주당 정당 강령이다.

② 공화당(Republican Party Platforms)
  2008년 공화당 정당 강령이다.

③ 존 케네디(John F. Kennedy)
  행정명령(Executive Order) 11,110번부터 10,289번까지에 대한 수정 사안으로, 재무부에 영향을 끼치는 일정 기능들과 관련성을 지니고 있는 기록물이다.

④ 에이브러햄 링컨(Abraham Lincoln)
  링컨의 행정명령이다.

⑤ 존 케네디(John F. Kennedy)
  케네디의 취임 연설이다.

⑥ 공화당 정당 강령(Republican Party Platforms)
  1956년 공화당 정당 강령이다.

⑦ 프랭클린 루스벨트(Franklin D. Roosevelt)
  은행업에 대한 노변대화이다.

⑧ 버락 오바마(Barack Obama)

오바마의 취임 연설이다.

⑨ 프랭클린 루스벨트(Franklin D. Roosevelt)

의회에 대한 일반교서이다.

⑩ 공화당 정당 강령

1876년 정당 강령이다.

5) 미국 대통령직 프로젝트 연두교서 데이터(American Presidency Project State of the Union Data)

- 연두교서 인덱스 페이지(State of the Union Index Page)
- 연두교서 및 연설의 단어 수
- 연두교서와 연설 시간
- 연두교서 중 하우스 갤러리(House Gallery) 초청인사 목록
- 연두교서에 대해 반대하는 반응 목록

CAC
Churchill Archive Centre
처칠아카이브센터

1 기록관

1) 소재사항

소재국가　　영국
주　　소　　Churchill College Cambridge CB3 0DS, Great Britain
전　　화　　+44 1223 336000
팩　　스　　+44 1223 336177
홈페이지　　http://www.chu.cam.ac.uk/archives

2) 성격

- 윈스턴 처칠(Winston Leonard Spencer Churchill, 1874－1965, 이하 처칠)은 영국 정치가로 1953년에 노벨문학상을 수상하였다.
- 처칠아카이브센터(CAC: Churchill Archive Centre)는 처칠대학(Churchill College) 내에 있는 아카이브센터이다. 윈스턴 처칠 경과 여타 현대의 중요한 인물들에 대한 자료를 제공함으로써 현대 역사 연구에 이바지하는 기능을 수행하고 있다. 처칠아카이브센터는 대학 내 아카이브센터 중 몇 안되는 역사메뉴스크립트위원회(Historical Manuscript Commission)의 검증을 받은 기구이다.

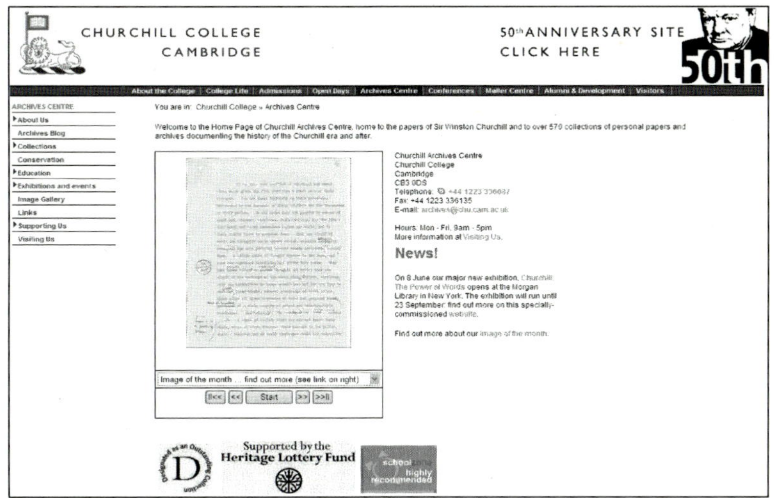

3) 설립연혁

- 1960년 첫 칙허를 받은 처칠대학교는 국가와 영연방이 윈스턴 처칠을 기리는 의미에서 설립하였다.

- 처칠아카이브센터는 윈스턴 처칠의 약 300여 개의 박스 규모에 달하는 편지들과 노벨 평화상을 수상하게 한 전쟁 중의 연설문 등 문서 기록을 보존하기 위해 1973년 개설되었다. 이러한 문서들은 대대적인 처칠아카이브의 설립의 초석이 되었으며, 처칠의 개인적 삶과 관심분야 등 다양한 주제를 아우르는 자료들의 저장소가 되었다.

- 오늘날 처칠아카이브센터는 570명의 인사들에 대한 자료를 보존하고 있으며 그 규모는 계속해서 커지고 있다.

- 처칠아카이브센터는 처칠대학에 위치하고 있으며, 그 자체가 국가와 영연방 처칠기념비(National and Commonwealth Memorial to Sir Winston Churchill)이다. 열람실, 자료실 외 연구소와 더불어 자료 분류실 등의 시설을 구비하고 있다.

- 처칠아카이브센터는 미국 국민들의 지원을 통하여 건립되었으며 이들의 이름은 전시 홀 벽면의 동판에 새겨져 있다. 또한 처칠센터의 활동은 처칠대학아카이브연합(Churchill College Archives Trust), 윈스턴처칠재단(Winston Churchill Foundation of the United States), 헤리티지로터리기금(Heritage Lottery Fund), 처칠대학과 기타 후원자의 지원을 받아 이루어진다.
- 2002년 자료 보관 공간의 부족으로 새로운 건물을 건축하였다.

4) 비전 및 임무

① 처칠아카이브센터는 윈스턴 처칠 경과 바로네스 대처(Baroness Thatcher)를 포함한 600여 명의 인물들, 정치인, 외교인, 공무원, 군인, 과학자와 기술자들에 대한 자료를 소장하고 있다.
② 현대 역사의 기록에 기여할 수 있도록 자료의 지속적 수집과 사적인 컬렉션의 보존을 목표로 한다.
③ 센터는 아카이브 자료(필사본과 다른 형태의 기록들)를 안전한 환경에서 보존하고 목록기술하며 현대의 전문적인 요구에 부합하도록 한다.
④ 센터는 아카이브의 자료를 학생부터 대학교수들까지 모든 학구적 수준의 연구자들에게 제공할 수 있도록 한다.
⑤ 센터는 대학의 모토에 따라 윈스턴 처칠 경의 정신을 받들어 앞으로 나아가기 위해 노력하며 건립된 기반 위에 새로운 업적을 건설하며 최고 상태의 자료 보존과 최대로 확대된 자료 보급을 함께 달성한다.

5) 전시(Exhibition)

처칠아카이브센터는 처칠 문서 외에도 다양한 형태의 자료 및 장서를 구비하고 있다. 또한 처칠센터는 대학 내의 다양한 전시 및 공연들을 주최한다. 이와 관련된 정보는 홈페이지에서 찾아볼 수 있으며 온라인 전시의 경우 이미지 갤러리 내에서 확인할 수 있다.

6) 관련기관

(1) 주요 기관

- 블렌하임궁전(Blenheim Palace)

  홈페이지 http://www.blenheimpalace.com
- 블레츨리공원(Bletchley Park)

  홈페이지 http://www.bletchleypark.org.uk
- 처칠기록물(The Churchill Archive)

  'The Churchill Papers'는 2012년 봄부터 온라인 서비스가 예정되어 있다.

  홈페이지 http://www.churchillarchive.com
- 처칠: 증거(Churchill: The Evidence)

  이는 학교 체험프로그램의 일환으로 구축된 가상전시이다.

  홈페이지 http://digital.nls.uk/churchill
- 처칠센터 및 학회(Churchill Centre and Societies)

  홈페이지 http://www.winstonchurchill.org
- 처칠전쟁기념실(The Churchill War Rooms)

  홈페이지 http://www.iwm.org.uk/search/global?query=cabinet
- 의회민주주의 진보를 위한 처칠학회(Churchill Society for the Advancement of Parliamentary Democracy)

  홈페이지 http://churchillsociety.org
- 하벤고어(The Havengore)

  홈페이지 http://www.havengore.com
- 국가트러스트(The National Trust)

  홈페이지 http://www.nationaltrust.org.uk

- 포트만 갤러리(The Portman Gallery)
  홈페이지 http://www.portmanart.com
- 윈스턴 처칠기념관·도서관(The Winston Churchill Memorial and Library)
  홈페이지 http://www.churchillmemorial.org/Pages/default.aspx

(2) 관련기관과 정보원

- 아카이브허브(Archives Hub)
  홈페이지 http://archiveshub.ac.uk
- 영국 및 아일랜드 역사서지(Bibliography of British and Irish History)
  홈페이지 http://www.history.ac.uk/projects/bbih
- 캠브리지대학역사교직원(Faculty of History)
  홈페이지 http://www.hist.cam.ac.uk
- 캠브리지대학역사여행(Take a Journey Into History)
  홈페이지 http://www.historycambridge.com
- 캠브리지대학도서관(Cambridge University Library)
  홈페이지 http://www.lib.cam.ac.uk
- 모두를 위한 캠브리지(Cambridge for All)
  홈페이지 http://www.cam.ac.uk/community
- 제국전쟁박물관(Imperial War Museum)
  홈페이지 http://www.iwm.org.uk
- 역사연구원(Institute of Historical Research)
  홈페이지 http://www.history.ac.uk
- 야누스(Janus)
  홈페이지 http://janus.lib.cam.ac.uk
- 국가기록관(The National Archives)
  홈페이지 http://www.nationalarchives.gov.uk

- 국가해양박물관(National Maritime Museum)

  홈페이지 http://www.rmg.co.uk
- 제2차세계대전경험센터(The Second World War Experience Centre)

  홈페이지 http://www.war－experience.org
- 영국교육네트워크(UK Educationalist Network)

  홈페이지 http://www.educationalists.co.uk
- 윈스턴 처칠 기념트러스트(The Winston Churchill Memorial Trust)

  홈페이지 http://www.wcmt.org.uk
- 처칠대학웹사이트(Churchill College)

  홈페이지 http://www.chu.cam.ac.uk
- 처칠시대(The Churchill Era)

  홈페이지 http://www.chu.cam.ac.uk/archives/collections/churchill_papers
- 몰러센터(The Møller Centre)

  홈페이지 http://www.mollercentre.co.uk

② 정보원

1) 정보원 열람 및 배포 정책

- 처칠아카이브센터(CAC: Churchill Archive Centre)는 570건이 넘는 처칠의 개인 문서와 처칠 시대 이후의 역사기록물의 저장 공간이다.
- 자료 조회를 위한 방에서 기록들을 조회할 수 있도록 하며 연구를 돕기 위한 여러 서비스와 자료 보급 프로그램을 제공하고 있다.
- 자료의 열람은 '자료열람청원'의 허가 절차를 필요로 한다. 이는 '정보자유법(Freedom of Information Act)'에 의거하며 대학교에서 소장하고 있는

자료 중 아직 비공개기록물에 대한 사용을 의뢰할 수 있다.

- '자료열람청원'은 전자우편이나 편지로 청구해야 하며 청구인의 주소가 필요하고, 회답은 20일 내로 받아볼 수 있다. 도서관은 합당한 이유 하에 자료열람 청원을 거절할 수 있다.

- 만약 자료를 제공하는 데에 있어 450달러 이상의 비용을 지급해야 할 경우 도서관은 청원을 거절하거나 상황을 설명한다. 10장 이하의 자료는 무료로 제공되지만 이외의 경우 20장마다 유료 비용이 청구된다.

2) 컬렉션(Collection)

처칠아카이브센터는 주요 인사들의 개인 문서와 더불어 주요 사건을 주도한 인물들의 자료를 보관하고 있는 고유의 컬렉션으로 공공기록보존소(PRO: Public Record Office)의 허가 절차가 반드시 필요하다. 주요 컬렉션의 구성은 다음과 같다.

① 전체 안내(The Full Guide)
   모든 컬렉션은 알파벳 순서로 배열되어 있으며, 조회 가능한 목록의 링크를 제공하고 있다.
② 할리샴문서안내(Guide to the papers of Lord Hailsham)
   할리샴 정치기록(Hailsham's Political Diaries)의 내용 일부를 디지털화하여 안내하고 있다.
③ 주제 안내 리스트(The Subject Guide lists)
   컬렉션의 주제별 분류이다.
④ 바로니스 대처 문서안내(Guide to the Papers of Baroness Thatcher)
⑤ 새로운 컬렉션 리스트(What's New Lists)
   새로 컬렉션에 추가 공개된 자료에 대한 설명을 제공한다.

3) 목록(Catalogues)

① 영국교구구술역사프로그램(The British Diplomatic Oral History Programme)
전 외교관들과의 인터뷰 대본으로, 대본들의 색인 목록은 '야누스웹서버(The Janus webserver)'에서 검색 가능하다.

② 처칠문서온라인목록(The Online Catalogue of the Churchill Papers)
윈스턴 처칠 경의 문서들을 온라인상에서 제공한다.

③ 야누스웹서버(The Janus webserver)
목록과 검색 기능을 통하여 케임브리지의 기록물, 메뉴스크립트 등을 검색할 수 있다.

4) 장서정책(Collections Policy)

① 처칠아카이브센터는 다양한 일차 자료(primary source) 중 특별한 의미의 자료 위주로 기증받고 있다. 기증 대상 주제는 다음과 같다.
- 스펜서 처칠 가족(The Spencer-Churchill Family)
- 1900~현재까지의 정치적 삶과 정부정책(Political Life and Government Policy, 1900 to the Present)
- 군사전략과 대외정책(Military Strategy and Foreign Policy, 1900 to the present)
- 과학, 기술 그리고 엔지니어링(Science, Technology and Engineering, 1900 to the present)
- 처칠대학 역사로서 처칠대학 관련 특출 인물의 개인문서(The History of Churchill College, Especially the Personal Papers of Prominent Figures Connected with Churchill College)

② 처칠아카이브센터의 장서정책은 처칠아카이브위원회에서 책정한 방대한 주

제를 다루고 있다. 처칠센터의 일부로 인정되는 문서들은 매우 중요한 가치를 갖고 있어야 하는 것이 기본 조건이며, 해당 여부는 센터의 이사(Director)와 그의 팀에 의해 판단되며 필요에 따라 관련 분야 전문가들의 자문을 구하기도 한다.

5) 이미지갤러리

특정 주제들에 대한 문서들을 선별하여 이미지 파일로 이미지 갤러리 내에서 제공하고 있다. 주제는 다음과 같다.

① 처칠: 그의 삶과 자세(Churchill: His Life and Times)
- 처칠: 증거(Churchill: The Evidence)
- 처칠과 대공화국(Churchill and the Great Republic)
- 처칠과 러시아: 온라인 전시(Churchill and Russia: An Online Exhibition)

② 전쟁에서 전쟁까지(From war to war)
- 영·독 간 해군경쟁, 1905 – 13(The Naval Race between Britain and Germany, 1905 – 1913)
- 다다넬스 캠페인, 1915 – 16(The Dardanelles Campaign, 1915 – 1916)
- 제1차 세계대전 서부전선(The Western Front in the First World War)
- 1920년대 정치와 계급갈등(Politics and class conflict in the 1920's)
- 전쟁 간 기간, 1919 – 39(The inter – war years, 1919 – 1939)
- 처칠, 루스벨트, 스탈린 그리고 대연합, 1940 – 45(Churchill, Roosevelt, Stalin and the Grand Alliance, 1940 – 1945)
- 버뮤다정상, 1953(The Bermuda Summit, 1953)

DDEPLM

DDEPLM

Dwight D. Eisenhower Presidential Library & Museum
드와이트아이젠하워대통령도서관 · 박물관

① 기록관

1) 소재사항

소재국가	미국
주 소	200 S.E. 4th Street PO Box 339 Abilene, KS 67410
전 화	+1 785 263 6700
팩 스	+1 785 263 6715
전자우편	eisenhower.library@nara.gov
홈페이지	http://eisenhower.archives.gov

2) 성격

- 드와이트 아이젠하워(Dwight D. Eisenhower, 1890 – 1969, 이하 아이젠하워)는 미국의 제34대 대통령(1953 – 61)이다.
- 드와이트아이젠하워대통령도서관 · 박물관(DDEPLM: Dwight D. Eisenhower Presidential Library & Museum, 이하 아이젠하워대통령도서관 · 박물관)은 국립기록청(NARA)에 의해 운영되는 대통령도서관 시스템의 일부이며, 본 도서관 · 박물관의 웹사이트는 1995년 7월에 구축되었다.

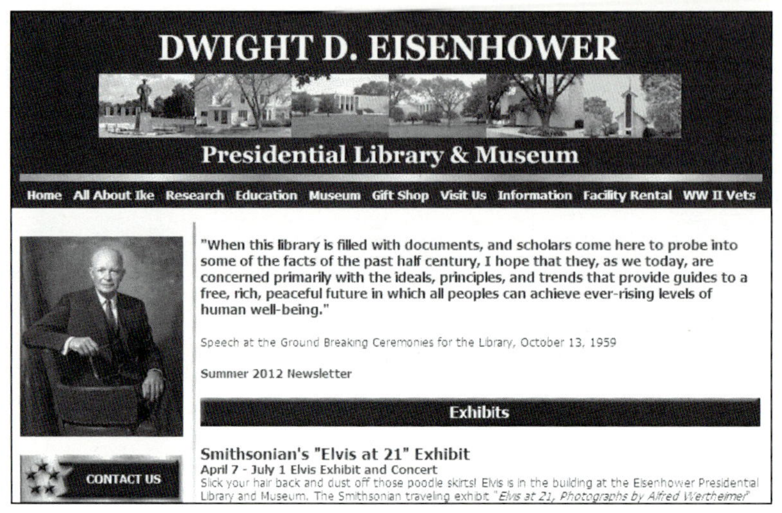

3) 설립연혁

- 아이젠하워센터는 총 5개의 빌딩으로 이루어져 있으며, 아이젠하워의 고향인 캔자스(Kansas) 애빌린(Abilene)에 위치해 있다.
- 1946년 아이젠하워 전 대통령의 어머니인 이다 아이젠하워가 사망하자 아이젠하워의 생가가 아이젠하워재단에 넘겨졌으며, 1년 후 대중에게 공개되었다.
- 1952년 1층에 박물관 공사에 들어가 1954년 완공되었다. 1971년 새로운 건물이 증축되었으며, 1962년 아이젠하워 대통령도서관이 완공된 후 4년 후인 1966년 연구원들을 위해 공개되었다.
- 같은 해 '명상의 장소(Place of Meditation)'가 완공되었고, 마지막 빌딩인 방문센터가 1975년 완공되었다.
- 1995년 홈페이지를 구축, 개설하였다.

4) 비전 및 임무

아이젠하워대통령도서관은 아이젠하워의 역사와 관련 기록 및 자료를 연구, 전시, 대중프로그램, 출판, 복지활동 등을 통해 습득, 보존 및 배포하고자 한다.

5) 대중프로그램(Public Program)

1990년에서 1998년까지 본 대통령도서관·박물관을 통해 학자를 위한 세미나 및 강연, 대중공연, 특별전시회, 특별교육과정, 대학생 및 교수진을 위한 연구 세미나 등의 200개가 넘는 프로그램이 실시되었다.

6) 박물관

① 아이젠하워대통령박물관의 유물 수집은 대통령가족의 개인 소장품을 비롯하여 대통령이 받은 선물, 예술품, 대통령과 영부인의 개인수납장 등을 포함하고 있다. 본 박물관의 소장품은 군, 정치, 예술, 패션역사 등을 전공하는 학생들에게 특히 높은 연구공간을 제공한다.

② 공공기금을 바탕으로 한 아이젠하워재단에 의해 설립된 아이젠하워박물관은 캔자스 라임스톤(Kansas limestone)에 위치해 있다. 원래 1954년 재향군인의 날을 기념한 본 박물관은 아이젠하원의 일생과 관련된 자료 및 물품을 보관하기 위해 지어졌다. 본 박물관의 3만 스퀘어피트에 달하는 갤러리 공간은 아이젠하워와 아이젠하워에게 기여된 예술품뿐 아니라 그의 군 리더 및 미국 대통령으로서의 업적 관련 전시회로 제공되고 있다.

③ 본 박물관은 소개갤러리(Introductory Gallery), 임시갤러리(Temporary Gallery,) 마미아이젠하워갤러리(Mamie Eisenhower Mamie Gallery), 군사갤러리(Military Gallery), 대통령갤러리(Presidential Gallery)로 구성되어 있다. 특별하거나 중요한 내용의 전시회는 임시갤러리에서 열린다. 다른 종류의 전시회를 정기적

으로 개최하여 여러 번 방문하는 방문객들이 항상 새로운 것을 접할 수 있도록 기획하고 있다.

7) 인턴십

- 본 도서관의 인턴십은 대부분의 국립기록청이 운영하는 도서관의 인턴십 기준을 따른다. 국립기록청에 의한 인턴십은 대학 학점의 일부로 등록되어야 하며, 학점 대체를 원하지 않는 학생들은 인턴십이 아닌 자원봉사로 신청해야 한다.
- 대부분의 인턴십은 보상이 따르지 않으나, 아이젠하워센터의 인턴십은 대중역사 인턴 후원금으로 1명에게 재정적 지원을 한다.
- 본 도서관의 인턴들은 지문검사를 비롯한 일정의 배경심사를 거친다. 인턴은 대학에 등록되어 있는 학생이어야 하고, 5개월 이상 휴학하지 않은 상태여야 하며, 인턴십이 끝난 후 복학해야 한다.

8) 교육프로그램

본 도서관은 일반 대중, 학생, 교사, 학자 및 모든 관심이 있는 시민들이 아이젠하워 장군 및 아이젠하워 대통령의 역사에 대한 기록을 보다 쉽게 이용할 수 있도록 교육프로그램을 운영하고 있다. 교육프로그램에 대한 자세한 정보가 필요한 경우 전자우편(kim.barbieri@nara.gov)을 통해 문의 가능하다.

9) 관련기관

(1) 아이젠하워재단(Eisenhower Foundation)

홈페이지 http://www.dwightdeisenhower.com
아이젠하워재단은 아이젠하워 및 그의 중요한 유산을 기리기 위해 설립되었다. 본 재단은 시민의 교육 활동을 장려 및 지원하며, 아이젠하워대통령 도서관·박물관의 비연방기금에 의한 운영을 지원하고 있다.

(2) 드와이트 아이젠하워 기념위원회(Dwight D. Eisenhower Memorial Commission)

홈페이지 http://www.eisenhowermemorial.org
드와이트 아이젠하워 기념위원회는 현재 기획단계에 있다.

(3) 아이젠하워 국립유적지(Eisenhower National Historic Site)

홈페이지 http://www.nps.gov/eise/index.htm
아이젠하워 국립유적지는 1950년 아이젠하워가 구입한 아이젠하워와 마미 아이젠하워(Mamie Eisenhower)의 대통령 퇴직 사가이다.

(4) 아이젠하워 생가 주 유적지(Eisenhower Birthplace State Historic Site)

홈페이지 http://www.visiteisenhowerbirthplace.com/index.aspx?page=5
아이젠하워 생가주유적지는 데니슨(Denison)에 위치하며, 1890년 아이젠하워가 태어난 2층으로 된 그의 생가이다.

(5) 뉴올리언스대학교(The University of New Orleans)의 미국학을 위한 아이젠하워센터(The Eisenhower Center for American Studies)

- 본 센터의 임무는 미국의 국가안보정책의 원인, 수행, 결과 그리고 20세기의 정책 도구로의 군사력 이용에 대한 연구이다.
- 연구기간은 아이젠하워 장군 및 대통령에 대한 삶(1890 – 1969)과 공적 경력(1911 – 61) 기간을 대상으로 한다.
- 또한 북미를 넘어선 미국권력의 확장, 1898 – 1916년, 유럽 헤게모니의 붕괴, 1914 – 45년, 두 차례의 세계대전, 냉전시대의 미국·소련의 경쟁과 세계 비식민화 과정에 대한 주요 역사적 시대를 포함하고 있다.

(6) 루이지애나 주립대학 신문(Louisiana State University Press)의 전쟁과 평
화에 대한 아이젠하워센터 연구시리즈(The Eisenhower Center Studies on
War and Peace Series)

홈페이지 http://www.lsu.edu/lsupress/series_ecs.html

10) 관련기관

- 대통령도서관(Presidential Libraries)
홈페이지 http://www.archives.gov/presidential-libraries
- 미국 대통령생애초상(American Presidents Life Portraits)
홈페이지 http://www.americanpresidents.org
- 아이젠하워출생지: 국가역사공원(Eisenhower Birthplace: State Historical Park)
홈페이지 http://www.visiteisenhowerbirthplace.com/index.aspx?page=5
- 아이젠하워게티스버그농장(Eisenhower Gettysburg Farm)
홈페이지 http://www.nps.gov/eise/index.htm
- 사람대사람인터내셔널(People to People International)
홈페이지 http://www.ptpi.org

② 정보원

1) 정보원 열람 및 배포 정책

- 아이젠하워대통령도서관·박물관(DDEPLM: Dwight D. Eisenhower Presidential
Library & Museum)의 소장기록물은 주제별로 분류하고 각 기록그룹별 정보를
PDF로 탑재하여 제공하고 있다. 메뉴스크립트의 경우 알파벳순으로 구분하여

PDF로 원문을 공개 및 제공하고 있으며, 아이젠하워의 군 시절부터 대통령 시절까지 등의 기록물과 최근 보도자료가 공개열람에 제공되고 있다.

- 한편 구술기록물의 경우 자체인터뷰와 콜롬비아대학구술역사프로젝트로 구성하여 필기록을 주제별로 구축, 제공하고 있다. 시청각기록물의 필름리스트가 PDF로 제공되고 있고 사진앨범이 별도로 구축되어 검색이 용이하다.

2) 소장기록물

- 480점의 메뉴스크립트 컬렉션, 약 2천여장의 메뉴스크립트, 317,500점의 스틸사진, 760,000피트의 동영상필름, 1,100시간의 오디오테이프 및 디스크, 31,700페이지의 구술역사 필기록, 25,500권의 도서, 36,565점의 박물관 자료를 포함한다.
- 본 도서관의 연구센터는 약 23백만 페이지에 달하는 아이젠하워 및 450명의 동료들 메뉴스크립트 원본을 소장하고 있다. 이 원본자료들 중 3백5십만 페이지는 대통령 임기 이전의 자료들이고, 천3백5십만 페이지는 백악관 시절, 그리고 5백만 페이지는 그의 대통령 임기 이후의 자료들이다. 연구자료의 경우 아이젠하워의 군 생활 시절 및 군역사와 관련된 자료들이 대부분이다.

3) 주제분류

아이젠하워대통령도서관·박물관은 '의회예술화(Artising Council)', '농업(Agriculture)' 등에서부터 '여성: 1950년대 정치(Women: 1950s Politics)', '여성연구(Women's Studies)' 등에 이르기까지 주제별로 분류되어 있으며 관련 기록물 그룹에 대한 정보를 PDF로 제공하고 있다. 한편, 그중 제2차 세계대전 부분의 경우 '제2차세계대전중흑인미국인(African Americans in World War Ⅱ)'에서부터 '폭스트룸히틀러청년동맹(Volksstrum Hitler Youth)'에 이르기까지 27개로 분류하고 관련 기록물 그룹에 대한 정보를 PDF로 제공하고 있다.

4) 메뉴스크립트

'셔먼 아담스: 기록물(Adams, Sherman)', '청년과 공화당: 아이젠하워지지시민단 체기록물(Young & Rubicam, Inc.: Records of "Citizens for Eisenhower")'에 이르기까지 소장 메뉴스크립트의 기술(記述)이 알파벳순으로 구축되어 있으며, 대부분 PDF로 원문을 제공하고 있다.

5) 온라인 도큐먼트(Online Documents)

본 도서관의 메뉴스크립트 및 시청각기록관은 역사관련 논문을 쓰는 학생, 전시 프로젝트, 미디어 또는 연기 활동종사자에게 유용한 많은 문서 및 사진을 포함하고 있다. 본 섹션에 포함된 도큐먼트 및 사진은 군사시절(Military Era), 대통령 재임시절(Pre-presidential Era), 대통령시절(Presidential Era), 공개 도큐먼트(Declassified Documents), 대통령 메모장(Presidential Appointment Books)의 다섯 부분의 주제로 구성되어 있으며, 홈페이지에 탑재되어 공개열람에 제공되고 있다.

(1) 군 시절(Military Era)

- 1919년 대륙간차량호송(The 1919 Transcontinental Motor Convoy)
- 제2차세계대전: 노르만침공 D-데이(WWII: D-Day, The Invasion of Normandy)
- 제2차세계대전: 재앙: 유럽계유대인들(WWII: Holocaust: The Extermination of European Jews)
- 잭클린 코추란과 여성공군조종사들 복무(Jacqueline Cochran & the Women's Air Force Service Pilots(WASPs))

(2) 대통령 임기 이전(Pre-presidential Era)

- 한국분쟁(The Korean Conflict)

(3) 대통령시절(Presidential Era)

- 냉전중공항공정찰(Aerial Intelligence during the Cold War)
- 알라스카주 지위(Alaskan Statehood)
- 평화용 원자(Atoms For Peace)
- 캠프 데이비스(Camp David)
- 시민권: 브라운대교육위원회(Civil Rights: Brown vs Board of Education)
- 1957년 시민권법(Civil Rights Act of 1957)
- 시민권: 리틀 락 학교 통합(Civil Rights: Little Rock School Integration)
- 시민권: 아이젠하워와 아이젠하워행정부(Civil Rights: Eisenhower & the Eisenhower Administration)
- 시민권: 에미트 털 사건Civil Rights: Emmett Till Case)
- 고별사(Farewell Address)
- 국기: 49년 디자인과 50년 성조기(Flag: Design of the 49- and 50-Star Flag)
- 하아이주 지위(Hawaiian Statehood)
- 국제지구물리해(International Geophysical Year)
- 주간고속도로시스템(Interstate Highway System)
- 맥가시즘(McCarthyism)
- 국가항공우주국(National Aeronautics and Space Agency)
- 사람대사람(People To People)
- 로젠버그(Rosenbergs)
- 소크 폴리오 백신(Salk Polio Vaccine)

- 세인트 로렌스 해로(St. Lawrence Seaway)
- 스푸트니크와 우주경쟁(Sputnik & the Space Race)
- U-2 스파이 항공기사건(U-2 Spy Plane Incident)
- 미국군 노티러스호(USS Nautilus)
- 1950년대 여성(Women in the 1950s)

(4) 그 외의 문서

- ***Fiscal Year 2011***
- ***Fiscal Year 2010***
- ***Prior to Fiscal Year 2010***
- ***Presidential Appointment Books***

6) 구술기록물(Oral Histories)

(1) 구술역사컬렉션

구술역사컬렉션은 아이젠하워대통령도서관 자체인터뷰와 콜롬비아대학(Columbia University) 구술역사 프로젝트(Oral History Project)와의 협력 과정을 통해 인수한 필기록으로 구성되어 있다. 그중 다양한 기관 및 개인에 의해 도서관에 기증된 구술역사 인터뷰들도 포함되어 있다.

(2) 구술역사필기록목록

목록은 인터뷰된 사람들의 이름, 아이젠하워 행정부 당시의 주요 직위 또는 아이젠하워와의 개인적 관계를 바탕으로 한 기록, 인터뷰 날짜, 필기록(transcript) 의 페이지 수를 포함한다. 기증자에 의해 공개되지 않거나, 기증자에게 서면으로 미리 허가를 받아야 하는 필기록은 주석에 표시되어 있다.

(3) 검색도구(Finding Aids)

아이젠하워대통령도서관은 500개 이상의 구술역사 필기록을 보유하고 있다. 검색도구는 도서관 직원에 의해 작성된 간단한 설명으로 이루어진다. 각각의 설명은 각 구술역사 내용의 주제별로 정리되어 있다.

7) 시청각연구(Audiovisual Research)

(1) 음성기록물(Audio)

1953년 1월 20일에서 1961년 1월 20일 사이의 아이젠하워행정부(Eisenhower Administration) 시절 백악관에 의해 공개된 미국 대통령의 대부분의 공공메시지와 성명의 본문은 아이젠하워대통령 공개문서 8권에서 찾아볼 수 있다. 이 책의 내용은 연대순으로 작성되어 있으며, '미국 대통령공문서축차색인(The Cumulated Indexes to the Public Papers)'에 의해 각 권별 주제를 따라 분류되어 있다. 아이젠하워의 선별 연설문과 관련된 서비스는 다음과 같다.

① 열람가능 비디오자료
② 열람가능 오디오자료
- 일정(Order of the Day, June 6, 1944)
- 한국분쟁 종식관련 미시간 주 디트로이트 시에서의 선거유세연설(Campaign speech in Detroit, Michigan Regarding Ending the Korean Conflict, October 24, 1952)
- 아칸소 주 리틀락 시 상황 관련한 대미국민 라디오 및 TV연설(Radio and Television Address to the American People on the Situation in Little Rock, Arkansas, September 24, 1957)
- 대미국민고별사(Farewell Address to the American People, January 17, 1961)

③ 대통령 재임 전 언설(Pre‐Presidential Speeches)

　홈페이지 http://eisenhower.archives.gov/All_About_Ike/Speeches/Pre‐Presi
　dential_speeches.pdf

④ 대통령 재임기 연설(Presidential Speeches)

　홈페이지 http://www.presidency.ucsb.edu/index.php

⑤ 대통령 재임 후 연설(Post‐Presidential speeches)

　홈페이지 http://eisenhower.archives.gov/All_About_Ike/Speeches/Post‐Presi
　dential_speeches.pdf

(2) 영화 및 비디오(Film/Video)

- 675,000피트의 동영상필름으로 구성되어 있다. 대통령시절 관련 동영상의 가장 큰 부분은 국가 텔레비전 네트워크 기업들에 의해 대통령에게 기부된 것이다.

- 본 도서관은 또한 제2차 세계대전 관련 수많은 다큐멘터리 필름을 소유하고 있으며, 몰타(Malta)에서의 이태리함대와 독일 항복 등과 관련된 주제를 다루는 원본필름도 소유하고 있다.

- 아이젠도서관시청각기록물공공도메인영화리스트(Eisenhower Library AV Archives Public Domain Film List)가 별도의 PDF로 구축되어 제공되고 있다.
　홈페이지 http://eisenhower.archives.gov/Research/Audiovisual/audiovi
　sual/Public_domain_film_list.pdf

(3) 사진자료

- 아이젠하워도서관의 시청각컬렉션은 아이젠하워의 삶과 당대를 다루는 주요 다큐멘터리 자료와 관련된 방대한 사진의 컬렉션이다. 아이젠하워대통령도서관이 보유하고 있는 대부분의 사진자료는 메뉴스크립트컬렉션의 일부로 인수되었으며, 기증자의 이름별로 분류되어 있다.

- 제2차 세계대전 기간을 다루는 스틸사진컬렉션은 미육군통신대 사진이 주를 이루고 있으며, 코트니 호지스(Courtney H. Hodges) 장군과 플로이드 팍스(Floyd L. Parks) 장군 등의 개인 및 'Des Moines Register Tribune' 신문사와 같은 기업들에 의해 기증된 사진들이 포함되어 있다.
- 대통령시절에 대한 대부분의 사진은 국립공원관리청 또는 미해군사진센터에 의해 촬영된 것이다.
- 또한 다양한 대통령위원회와 제임스 해거티(James C. Hagerty)와 에드워드 비치(Edward L. Beach)와 같은 아이젠하워대통령의 지인들로부터 수집한 방대한 사진을 소유하고 있다.
- 특별주제를 위한 사진앨범의 목록이 제공되고 있으며, 이는 사진앨범온라인(Photograph Albums Online, http://eisenhower.archives.gov/Research/Audiovisvisual/audiovisual/select_of_photographs.html)에서 검색가능하다. 구체적인 사진자료는 대분류 이하 소분류로 구분되어 있으며 다음과 같다.

① 인물
  - 아이젠하워와 도우드 가족 초상화(Eisenhower and Doud Family Portraits)
  - 자전적 사진(Biographical Photographs)
  - 군사 초상화(Military Portraits)
  - 대통령 초상화(Presidential Portraits)
  - 마미 아이젠하워 초상화(Mamie Eisenhower Portraits)

② 군 시절
  - 초기 군대 잡록(Early Military Miscellaneous)
  - 1919년 미군 대륙횡단 차량호송(The U.S. Army 1919 Transcontinental Motor Convoy)

- 뱅크군단(The Tank Corps)
- 파나마(Panama)
- 전투기념위원회(The Battle Monuments Commission)
- 필리핀(The Philippines)
- 워싱턴 루이스 요새(Fort Lewis, Washington)
- 루이지애나 기동훈련(Louisiana Maneuvers)
- 제2차 세계대전(World War II)
- 디지털문서부문 중 공격개시 예정일 사진들(D-Day Photographs among the Digital Documents Section)
- 강제수용소(Concentration Camps)
- 제2차 세계대전 중 여성들(Women in WWII)
- 라임스 항복(Rheims Surrender)
- 참모총장(Chief of Staff)
- 북대서양 조약기구(NATO)

③ 정치캠페인
- 1952년 캠페인(1952 Campaign)
- 한국(Korea)
- 1956년 캠페인(1956 Campaign)

④ 대통령시절
- 1953년 취임(1953 Inauguration)
- 1957년 취임(1957 Inauguration)
- 1953-61년 사진(1953-1961 Photographs)
- 민권(Civil Rights)
- 주간 고속도로 체계(Interstate Highway System)

- 대통령 집무실 내부(Oval Office Interior)
- 리처드 닉슨(Richard Nixon)
- 대통령 집무실과 백악관실 전달 라디오 및 TV 연설(Radio and TV Addresses Delivered from the Oval Office and the White House Broadcast Room)
- 추수감사절 사면(Thanksgiving Pardoning of the Turkey)
- 백악관 – 내부와 외부(The White House – Interior and Exterior)
- 백악관 직원(White House Staff)

8) 보도자료

2008년 11월 6일부터 2011년까지의 보도자료를 홈페이지에 탑재하여 공개열람에 제공하고 있으며, 2011년의 보도자료는 다음과 같다.

- *Recently Declassified Documents Available for Researchers*
- *Farewell Address: 50 Years Later*

FDRPLM

FDRPLM

Franklin D. Roosevelt Presidential Library & Museum
프랭클린루스벨트대통령도서관 · 박물관

① 기록관

1) 소재사항

소재국가   미국
주   소   4079 Albany Post Rd., Hyde Park, NY 12538
전   화   +1 845 486 1142
팩   스   +1 845 486 1147
전자우편   Archives.FDR@nara.gov
홈페이지   http://www.fdrlibrary.marist.edu

2) 성격

- 프랭클린 루스벨트(Franklin D. Roosevelt, 1882 – 1945, 이하 루스벨트)는 미국의 제32대 대통령(1933 – 45)이다.
- 프랭클린루스벨트대통령도서관 · 박물관(FDRPLM: Franklin D. Roosevelt Presidential Library & Museum, 이하 루스벨트대통령도서관 · 박물관)은 미국 최초의 대통령도서관이며, 대통령이 직접 방문한 적이 있는 유일한 대통령도서관이다. 본 도서관은 루스벨트 대통령의 지휘하에 착수되고 시공되었으며, 1941년 대중에게 공개되었다.

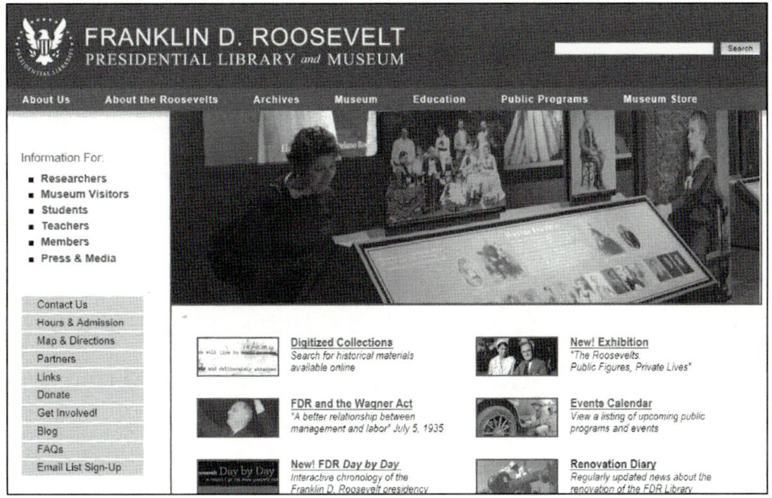

3) 설립연혁

- 루스벨트대통령도서관·박물관은 최초의 대통령도서관이다. 뉴욕의 하이드파크에 위치한 이 도서관은 대통령과 그의 어머니인 사라 루스벨트(Sara Delano Roosevelt) 여사에 의해 기증되었다. 본 도서관은 대통령이 임기기간 동안 그리고 개인적으로 수집한 수많은 역사적 문서, 서적, 기념품 등이 따로 보존되어야 한다는 필요성에 따라 세워졌다.

- 루스벨트대통령 임기 전의 경우 대통령관련 문서들은 개인재산으로 대통령이 임기를 마침과 함께 관련 사무관들이 보관해 왔었다. 일부는 팔리기도 하고 일부는 폐기되면서 자료들은 전국 곳곳으로 흩어졌으며, 일부는 관련자 가족들이 보관하기도 했지만 오랜 시간 비공개로 남겨졌다. 운이 좋은 경우는 일부 자료가 발견된 후 의회도서관 또는 개인보관소에 보관되었다.

- 도서관의 설립과 함께, 루스벨트는 본인의 자료들을 손상 없이 보존 연구할 수 있는 연구소도 함께 설립하였다. 그의 자료들은 비단 대통령 임기기간뿐 아니라 그의 정치생애 전반에 걸친 자료들을 모두 포함하고 있다.

- 루스벨트대통령은 직접 빌딩의 외관을 스케치하였으며, 개인적으로 미화 376,000달러를 기부하여 1940년 연방정부에 인도한 후 현재의 대통령도서관이 국가기록관에 의해 운영되도록 하였다. 이후 그의 문서들이 국가의 자산으로 도서관에 배치되어 학자들이 이용할 수 있도록 하였다.

- 루스벨트대통령의 행동이 선례가 되어, 1955년 의회는 대통령도서관법을 통과시켰으며, 이후 미래의 대통령들의 문서 또한 도서관에 보관되어 연방정부의 관리하에 두도록 하는 법이 설립되었다. 1978년 대통령기록법에 의해 현재 공식적인 대통령기록물들이 대중의 자산이 되었지만, 도서관과 박물관의 기능 및 크기를 제한하는 법령은 루스벨트 자신이 애초에 의도했던 모든 문서가 한곳에 결집되어 국가적 차원의 이용이라는 의도와는 사뭇 다른 것이었다.

- 1941년 6월 본 도서관에 박물관이 더하여졌다. 그러나 제2차 세계대전이 발발하면서 루스벨트의 계획은 변환점을 맞게 되어, 연구시설로서의 도서관을 공식적으로 여는 것에 대한 계획이 지연되었다. 그러나 전쟁 중에도 그는 자주 도서관을 방문하여 그의 기록과 기념품들을 정리하였고, 그가 도서관에 머물며 공부하는 동안 유명한 '노변정담(fireside chat)'과 유명한 라디오 연설문 등을 남겼다.

- 1942년 그는 건물확장을 위한 스케치를 그려나갔고, 루스벨트 여사의 문서 또한 도서관에 보존될 수 있도록 하였다. 1962년 그녀가 사망할 때까지 엘레노어 루스벨트(Eleanor Roosevelt)의 문서는 3백만 페이지를 넘었다. 1972년 새로운 건물이 증축되었고, 루스벨트 여사의 문서들은 남쪽동에 배치되었다. 또한 엘레노어와 그녀의 삶의 업적을 기리기 위한 갤러리가 박물관에 추가되었다.

4) 비전 및 임무

본 도서관의 임무는 프랭클린과 엘레노어 루스벨트의 생애에 관한 연구 및 교육을 장려하는 것이다.

5) 공공프로그램

- 루스벨트대통령도서관·박물관의 공공프로그램부서는 모든 도서관의 공공프로그램, 특별이벤트 그리고 도서관 웹사이트에 대한 관리 및 개발을 담당한다. 본 프로그램 담당자들은 도서관과 박물관과 관련한 미디어 및 언론, 시설이용 및 방문객 서비스에 대한 책임을 맡고 있다.
- 공공프로그램으로 해마다 루스벨트 시절의 USO쇼가 실시되고 전몰장병기념일에는 캠핑 행사를 재연한다. 또한 매년 루스벨트 열람 페스티벌, 아동서적 페스티벌, 연휴 동안의 개방파티 등의 정기행사를 개최한다.

6) 박물관

① 방송매체

매혹적 유물과 역사적으로 보기 드문 도큐먼트를 보여준다.

② 전시회

루스벨트의 1882년 하이드파크(Hyde Park)에서의 출생부터 대통령시절에 이르기까지의 자취를 따라간다.

③ 갤러리

영부인 엘레노어 루스벨트의 삶과 업적을 다루고 있다.

7) 파레로렌츠 영화센터(The Pare Lorentz Film Center)

루스벨트대통령도서관·박물관의 파레로렌츠 영화센터는 교사, 학생 및 일반

대중에게 루스벨트의 대통령임기와 프랭클린과 엘레노어 루스벨트의 삶과 시간에 대한 이해를 강화하기 위한 방송매체 자원을 제공하고 있다. 본 센터는 1930년과 1940년대의 사회환경 및 사회문제를 다룬 루스벨트의 뉴딜정책에 관한 다큐멘터리영화를 만든 선두적 다큐멘터리영화 제작자인 파레 로렌츠의 이름을 따른 것이다.

8) 헨리월리스 방문교육센터(Henry A. Wallace Visitor and Education Center)

2003년 11월 루스벨트대통령도서관·박물관은 국립공원서비스이자 비영리기관인 프랭클린·엘레노어 루스벨트 연구소와의 협력으로 헨리월리스 방문교육센터를 설립하였다. 본 센터는 1941년 도서관이 설립된 이후 루스벨트 사유지에 처음으로 새로이 추가된 설비로서 방문자 교육프로그램을 운영하고 있다.

9) 루스벨트연구소(Roosevelt Institute)

홈페이지 http://www.fdrlibrary.marist.edu/exit.html?link=http://www.rooseveltinstitute.org

프랭클린·엘레노어 루스벨트연구소는 떠오르는 리더들과 더 강화된 진보적 아이디어를 지원해온 루스벨트의 업적을 기리기 위해 설립되었다. 본 연구소는 뉴욕의 하이드파크에 있는 프랭클린루스벨트대통령도서관·박물관과의 긴밀한 협조하에 활동한다.

10) 관련기관

- 국립공원서비스(National Park Service)
  홈페이지 http://www.fdrlibrary.marist.edu/exit.html?link=http://www.nps.gov
    - 프랭클린 루스벨트 생가 국립역사유적지(Home of Franklin D. Roosevelt

National Historic Site)

　　홈페이지 http://www.fdrlibrary.marist.edu/exit.html?link=http://www.nps.gov/hofr

- 엘리노어 루스벨트 국립역사유적지(Eleanor Roosevelt National Historic Site)

　　홈페이지 http://www.fdrlibrary.marist.edu/exit.html?link=http://www.nps.gov/elro

- 밴더빌트맨션 국립역사유적지(Vanderbilt Mansion National Historic Site)

　　홈페이지 http://www.fdrlibrary.marist.edu/exit.html?link=http://www.nps.gov/vama

- 발킬 엘리노어 루스벨트센터(Eleanor Roosevelt Center at Val‑Kill)

　　홈페이지 http://www.fdrlibrary.marist.edu/exit.html?link=http://www.ervk.org

- 역사적 하이드파크(Historic Hyde Park)

　　홈페이지 http://www.fdrlibrary.marist.edu/exit.html?link=http://www.historichydepark.org

- 마리스트대학(Marist College)

　　홈페이지 http://www.marist.edu

- 엘리노어 루스벨트 문서 프로젝트(Eleanor Roosevelt Papers Project)

　　홈페이지 http://www.fdrlibrary.marist.edu/exit.html?link=http://www.gwu.edu/~erpapers

11) 관련 역사 사이트(Related Historic Sites)

- 루스벨트캠포벨로국제공원(Roosevelt Campobello International Park)

　　홈페이지 http://www.fdrlibrary.marist.edu/exit.html?link=http://www.fdr.net

- FDR Suite Restoration Project

　　홈페이지 http://www.fdrlibrary.marist.edu/exit.html?link=http://www.fdrsuiteorg

- 프랭클린루스벨트기념관(Franklin D. Roosevelt Memorial)
  홈페이지 http://www.fdrlibrary.marist.edu/exit.html?link=http://www.nps.govfdrm
- 네덜란드루스벨트연구센터(Roosevelt Study Center, Netherlands)
  홈페이지 http://www.fdrlibrary.marist.edu/exit.html?link=http://www.roosevelt.nl
- 국립영부인도서관(National First Ladies' Library)
  홈페이지 http://www.fdrlibrary.marist.edu/exit.html?link=http://www.firstladies.org
- 백악관역사협회(White House Historical Association)
  홈페이지 http://www.fdrlibrary.marist.edu/exit.html?link=http://www.
  whitehousehistory.org
- 와일더스타인 역사사이트(Wilderstein Historic Site)
  홈페이지 http://www.fdrlibrary.marist.edu/exit.html?link=http://www.wilderstein.org
- 처칠센터·박물관(The Churchill Centre and Museum)
  홈페이지 http://www.fdrlibrary.marist.edu/exit.html?link=http://www.
  winstonchurchill.org
- 미국홀로코스트기념박물관(United States Holocaust Memorial Museum)
  홈페이지 http://www.fdrlibrary.marist.edu/exit.html?link=http://www.ushmm.org
- 국립뉴딜보존협회(National New Deal Preservation Association)
  홈페이지 http://www.fdrlibrary.marist.edu/exit.html?link=http://www.
  newdeallegacy.org

② 정보원

1) 정보원 열람 및 배포 정책

- 루스벨트대통령도서관·박물관(FDRPLM: Franklin D. Roosevelt Presidential

Library & Museum)은 도서관, 기록관, 박물관 및 공공 프로그램으로 구성되어 있으며, 특히 연구자, 학생, 선생님, 회원, 방문자로 구분하여 구체적인 관련 서비스를 제공하고 있다.

- 본 도서관은 문서, 사진, 음성기록, 동영상과 비디오컬렉션을 소장하고 있으며, 프랭클린과 엘레노어 루스벨트의 삶을 다룬 50,000종의 서적과 루스벨트 대통령 본인의 개인수집품 22,000점도 소장하고 있다. 대부분의 자료는 1950년에 대중의 이용이 가능하게 되었다.
- 브로슈어, 랑데부뉴스레터(Rendezvous Newsletter), 도서관 및 교육부 출판물 그리고 보도자료 등의 목록이 홈페이지에 탑재되어 있어 무료로 열람 가능하다.

2) 기록관(Archies)

- 이는 루스벨트의 개인 및 가족문서, 주 및 국가에서의 공공업적 관련 메뉴스크립트, 엘레노어 루스벨트와 루스벨트의 공적 및 사적 삶과 관련된 기록물 영구보관소이다.
- 역사적 사진, 음향 및 동영상 기록, 서적 및 정기간행물 컬렉션을 소장하고 있다.

3) 박물관 소장품

박물관은 프랭클린과 엘레노어 루스벨트 그리고 그들의 친구, 가족 및 관련인들의 삶과 업적과 관련된 자료들을 수집 및 보존하고 있다. 1930년과 1940년대의 미국에서의 정치, 사회, 군, 외교 및 문화를 대변하는 물건들 또한 소장하고 있다. 한편, 프랭클린 루스벨트는 대단한 수집가로서 어렸을 때부터 우표, 모형배, 특이한 책, 프린트, 동전, 그림 등 많은 컬렉션을 수집하였다. 이러한 모든 개인수집품은 그가 1941년 설립한 프랭클린루스벨트도서관에 소장되었고 이 자료들은 박물관의 주 물품으로 현재 34,000종이 넘는다.

4) 도서관(Library)

- 프랭클린루스벨트대통령도서관·박물관은 미국 최초의 대통령도서관이며, 대통령 지시에 의하여 당대에 지어진 유일한 도서관이다. 1941년에 대중의 이용이 가능해졌다.
- 뉴욕의 하이드파크에 위치한 루스벨트대통령도서관은 루스벨트대통령이 대통령직 수행 당시 대통령에 의해서 디자인되고 설립되었다. 소장기록물은 대통령의 개인 및 가족기록, 그의 주 및 국가를 위한 공공업적을 다루는 기록, 엘레노어 루스벨트의 기록 그리고 그들의 친구 및 관련인들의 기록을 포함하고 있다.
- 전체적으로 도서관은 1천7백만 페이지 이상의 도큐먼트를 소장하고 있다. 도서관은 또한 130,000개의 사진, 수백 개의 음향기록, 수천피트의 동영상 필름 그리고 지금도 추가되고 있는 비디오컬렉션을 소장하고 있다. 또한 22,000점이 넘는 루스벨트대통령 본인의 개인컬렉션을 포함한 프랭클린과 엘레노어 루스벨트의 삶과 시간을 다루고 있는 50,000종의 서적도 포함한다. 대부분의 프랭클린 루스벨트의 문서는 대통령 사망 5년 후인 1950년부터 대중의 이용이 가능하게 되었다.

5) 보도자료

2007년부터 2010년까지의 보도자료가 연도별 목록으로 구성되어 있으며, 홈페이지에 탑재되어 있다. 2010년 11월의 주요보도자료는 다음과 같다.

- November 23, 2010. ***Book Talk: Ted Gup***
- November 17, 2010. ***1935 and the Enduring New Deal***

- November 5, 2010. *National Issues Forum: Economic Security*

6) 출판물

(1) 일반정보

① 브로슈어

- *FDR Library and Museum Brochure*
- *Presidential Libraries Booklet*

② 사실보고서

- *FDR Library and Museum Fact Sheet*
- *Henry A. Wallace Center Fact Sheet*

(2) 랑데부 뉴스레터(Rendezvous Newsletter)

- Fall 2009. *Eleanor Roosevelt at 125.* by Allida Black
- Winter 2009. *NYC Exhibition: Treasures of a President: FDR and the Sea*
- Spring 2008. *Special Exhibition: "Action and Action Now": FDR's First 100 Days*
- Fall 2007. *Presidential Libraries Conference: The Presidency and the Supreme Court*
- Winter 2007. *Franklin D. Roosevelt at 125*
- Winter 2006. *60 Years: Home of FDR National Historic Site*
- Summer 2005. *Special Exhibition: "Freedom from Fear": FDR Commander in Chief*
- Winter 2005. *Conference: Documentary Photography of the New Deal: A Legacy of Social Conscience*

- Summer 2004. ***Special Exhibition: "This Great Nation Will Endure": Photographs of the Great Depression***

(3) 도서관출판물

- ***Our Plain Duty: FDR and America's Social Security***
- ***Action and Action Now: FDR's First 100 Days***
- ***"This Great Nation Will Endure" Photographs of the Great Depression***
- ***Freedom From Fear: FDR Commander in Chief***

(4) 교육부출판물

- Programs Brochure. ***Describes the FDR Library's Document: Based Education Programs***
- Curriculum Guide. ***World War II***
- Curriculum Guide. ***The Presidency and the Supreme Court***
- Curriculum Guide. ***Sights and Sounds of the Farm Security Administration***
- Curriculum Guide. ***Red Tailed Angels: The Story of the Tuskegee Airmen***

(5) 국가기록관의 루스벨트대통령 관련자료

- ***Historical Materials in the Franklin D. Roosevelt Presidential Library***

7) 참고자료

- Cynthia M. Koch, "Roosevelt Presidential Library and Museum." ***Encyclopedia of Library and Information Science***. Volume 3(2003)
- Cynthia M. Koch and Lynn A. Bassanese. "Roosevelt and His Library." ***Prologue***. Vol. 33, No. 2(Summer 2001)

8) 관련정보원(Related Resources)

- 공무밀러센터: 스크립트도서관 및 다중매체기록물(The Miller Center of Public Affairs – Scripps Library and Multimedia Archive)
  홈페이지 http://www.fdrlibrary.marist.edu/exit.html?link=http://millercenter.org/scripp

- 프랭클린루스벨트 공공기록물(Public Papers of Franklin D. Roosevelt – The American Presidency Project)

- 뉴딜네트워크(The New Deal Network)
  홈페이지 http://www.fdrlibrary.marist.edu/exit.html?link=http://newdeal.feri.org/

- 의회도서관: 미국의 기억(Library of Congress: American Memory)
  홈페이지 http://www.fdrlibrary.marist.edu/exit.html?link=http://memory.loc.g/ammem/index.html

- 의회도서관: 뉴딜 자원(Library of Congress: New Deal Resources)
  홈페이지 http://www.fdrlibrary.marist.edu/exit.html?link=http://www.loc.gov/rr/program/bib/newdeal

- 대참사컬렉션: 국가기록물 및 각주(The Holocaust Collection – National Archives & Footnote)
  홈페이지 http://go.fold3.com/holocaust

- 루스벨트의 조지아와의 연관성(FDR's Ties to Georgia)
  홈페이지 http://www.fdrlibrary.marist.edu/exit.html?link=http://georgiainfo.galileo.usg.edu/FDRtitle.htm

- 루스벨트시대 정치만화(Political Cartoons of the Roosevelt Era)
  홈페이지 http://www.fdrlibrary.marist.edu/exit.html?link=http://www.nisk.k12.ny.us/fdr

- 엘레노어 루스벨트: 미국의 선지자(Eleanor Roosevelt – American Visionary(NPS)

홈페이지 http://www.fdrlibrary.marist.edu/exit.html?link=http://www.nps.gov/history/museum/exhibits/elro/index.html

- 아서데일 헤리티지사(Arthurdale Heritage, Inc.)

홈페이지 http://www.fdrlibrary.marist.edu/exit.html?link=http://www.arthurdaleheritage.org

- 역사교육국가협의회(National Council for History Education)

홈페이지 http://www.fdrlibrary.marist.edu/exit.html?link=http://www.nche.net

- 사회보장행정: 역사(Social Security Administration - History)

홈페이지 http://www.fdrlibrary.marist.edu/exit.html?link=http://www.ssa.gov/history

GRFPLM

GRFPLM

Gerald R. Ford Presidential Library & Museum

제럴드포드대통령도서관·박물관

1 기록관

1) 소재사항

소재국가 미국

주   소 1000 Beal Avenue, Ann Arbor, MI 48109; Gerald R. Ford
Museum 303

전   화 +1 734 205 0555 / 616 254 0400

팩   스 +1 734 205 0571 / 616 254 0386

홈페이지 http://www.fordlibrarymuseum.gov/default.asp

2) 성격

- 제럴드 포드(Gerald R. Ford, 1931 - , 이하 포드)는 미국의 제38대 대통령
(1974 - 7)이다.

- 제럴드포드대통령도서관·박물관(GRFPLM: Gerald R. Ford Presidential Library
& Museum, 이하 포드대통령도서관·박물관)은 국립기록청의 대통령도서관시스
템의 일부이다. 다른 대통령도서관과 달리, 도서관과 박물관이 지리적으로 분리되
어 있으나 이 두 기관은 같은 관장의 지휘 아래 한 기관으로 운영된다.

3) 설립연혁

- 포드도서관의 소장품, 이용고객, 직원 및 프로그램 등 기본적인 점들은 다른 대통령도서관들과 유사하다. 그러나 본 도서관의 차이점이라 함은 포드대통령은 대통령도서관의 두 가지 주요 기능을 분리한 첫 대통령이라는 것이다. 즉, 기록관은 미시간대학교 캠퍼스가 있는 앤아버(Ann Arbor)에 위치하여 있고, 박물관은 옛 의회구인 그랜드래피즈(Grand Rapids)에 위치하여 각 기능을 수행하고 있다.

- 1976년 12월 13일에 미시간대학교 총장과 미국기록보관인에게 쓴 편지를 통하여 포드대통령은 그의 10년간의 공적생활의 기록물과 다른 역사적 자료들을 미시간 주에 보존하도록 연방정부에 기증하였다. 즉, 포드대통령은 그의 역사적 자료를 그의 임기 중 미국의 시민에게 기증한 첫 대통령이 되었다.

- 1977년 1월 20일 지미 카터의 취임날, 포드의 기록물들은 미시건대학교로 옮겨지기 시작하였다. 다년간의 경험을 갖춘 연방기록전문가인 윌리엄 스

튜어트(William J. Stewart)가 자료 분류작업을 담당하였다.

- 포드대통령도서관·박물관 설립을 위해 미시간대학교의 제럴드포드기념위원회, 미시간주정부, 켄트카운티(Kent County) 그리고 그랜드래피즈(Grand Rapids) 시에서 기금마련을 주도하였다. 또한 14,000명이 넘는 개인 기부자들이 설립 기금 마련에 동참하였다.

- 대학교 북캠퍼스가 도서관부지로 선정되어 1979년부터 포드대통령의 참석을 기점으로 건물 설립이 시작되었다. 후에 미국기록전문가가 된 당시 벤틀리도서관(Bentley Library) 관장인 로버트 워너(Robert M. Warner)가 설립위원회의 위원장이 되어 대통령도서관의 건설을 총괄하였다.

- 1986년 포드도서관은 메뉴스크립트 관리 및 대통령도서관의 문서 참고를 위한 자동화시스템의 시범테스트를 위해 선택되었다. 'PRESNET'라 불린 이 시스템은 기록전문가들이 연구원들에게 분단위로 데이터베이스를 검색하여 자료를 제공할 수 있도록 구축되어 있다. 현재 약 90%의 공개된 기록들이 이 데이터베이스에 포함되어 있다.

- 포드대통령도서관·박물관은 1990년 이후 지속적인 발전을 거듭해오고 있다. 2005년 도서관은 앤아버(Ann Arbor)에서 전시회를 개최하였고, 제럴드 포드 재단의 후원 하에 웅변대회를 개최하기도 하였다. 박물관 또한 1997년 빌딩확장의 일환으로 새로운 디자인이 완성되는 것을 기념하는 전시회를 열었으며, 이는 이후 전시회 및 행사의 성격을 바꾸는 중요한 계기가 되었다. 박물관 확장비용 역시 제럴드포드재단이 후원하였다.

4) 비전 및 임무

포드도서관은 냉전시대의 미국 국내 및 국제 그리고 정치관계와 관련된 풍부한 기록자료의 수집, 보존 및 대중 이용이 가능하도록 하고 있다.

5) 주요 활동

- 제럴드포드재단과 박물관은 학제적 컨퍼런스와 커뮤니티활동에 적극 참여하고 있으며, 미시간대학교나 국내정책협회(Domestic Policy Association)와 같은 다른 기관들과의 협력활동도 하고 있다. 대부분의 활동에 관련된 자금은 비영리기구인 제럴드 포드 재단에 의해 지원받고 있다.
- 또한 도서관과 박물관 모두 봉사프로그램을 운영하고 있다. 박물관에서는 박물관 방문안내원 또는 특별행사 지원 봉사프로그램을 운영하며, 도서관 봉사자들은 메뉴스크립트컬렉션과 관련된 업무와 방문객들을 위한 도서관 안내의 역할을 담당한다.

6) 제럴드포드대통령재단(The Gerald R. Ford Presidential Foundation)

홈페이지 http://www.geraldrfordfoundation.org

제럴드포드대통령재단은 미국 제38대 대통령의 삶, 업적, 가치 및 유산에 대한 인식을 장려하고 있다. 포드대통령의 뛰어난 대중서비스 업적 관련 고결성, 정직, 순결의 높은 이상을 장려하기 위한 활동을 하고 있다. 본 재단은 대중서비스 및 포드 대통령의 역사적 유산으로의 이상, 가치, 책임을 고취시키고, 더 나은 시민참여와 고결성에 대한 인식을 증진시키고자 한다. 역사적 지식을 증진시키는 상설전시회와 단기전시회, 컨퍼런스, 교육홍보활동, 포드대통령도서관·박물관을 포함한 그 외의 프로그램을 후원하고 있다.

2 정보원

1) 정보원 열람 및 배포 정책

- 제럴드포드대통령도서관·박물관(GRFPLM: Gerald R. Ford Presidential Library & Museum)은 현재 2천5백만 페이지가 넘는 메모, 편지, 회의노트, 보고서 및 기타 역사적 문서들 그리고 사진, 비디오 및 오디오테이프 등을 포함한 50만 점의 시청각자료를 소장하고 있다. 시청각자료 중 사진이 45만 점을 차지하며, 3,500시간 분량의 비디오와 3,000시간 분량의 오디오, 약 80만 피트의 동영상 자료를 포함하고 있다.
- 포드도서관은 대통령도서관정보네트워크(PRESNET: Presidential Libraries Information Network)를 구축하여 약 90%의 자료를 공개하고 있다.

2) 기록자동화시스템(PRESNET Archival Automation System)

포드도서관은 1986년 4월 '대통령도서관정보네트워크' 테스트 이후 모든 새로운 설명서 및 기존 검색도구의 회고 전환을 위해 본 시스템을 이용하고 있다. '참고데이터베이스'는 각각의 공개 컬렉션과 시리즈 설명을 포함하고 있다. 약 90%는 공개 자료이며, 포드의회문서의 폴더계층에서 설명되고 있다.

3) 컬렉션가이드 및 검색도구(Collections Guide and Finding Aids)

다음은 모든 포드도서관 컬렉션의 요약설명 링크로 컬렉션명을 클릭하여 자세한 검색도구를 이용할 수 있다.

- 국가안보자문파일(National Security Adviser's Files)
- 백악관중앙파일(White House Central Files)

- 백악관사무소에 의해 그룹화된 텍스트컬렉션(Textual Collections Grouped by White House Office)
- 시청각컬렉션(Audiovisual Collections)

그중 백악관사무소에 의해 그룹화된 텍스트컬렉션은 포드대통령 문서의 일부로 각 사무소의 컬렉션에 대한 내용을 설명하고 있다. 일부 주제별 컬렉션도 리스트화되어 있다. 사무소리스트는 다음과 같으며, '포드대통령기록물(Ford Presidential Papers)'과 '선별연합컬렉션(Selected Associated Collections)'으로 구분하여 해당 원문을 제공하고 있다.

- 의회관계사무소(Conggressional Relations Office)
- 대통령변호인사무소(The Office of Counsel To The President)
- 대통령상담인(Counsellors To The President)
- 내무부직원/국내시의회직원(Domestic Affairs Assistant/Domestic Council Staff)
- 경제업무비서(Economic Affalrs Assistant)
- 사설 및 연설집필직원(Edltorial/Speechwriting Staff)
- 영부인직원(First Lady's Staff)
- 국가안보자문직원(National Security Adviser/Nsc Staff)
- 영구운영사무소(Permanent Operating Offices)
- 대통령인사사무소(Presidential Personnel Office)
- 대통령사무소(President's Office)
- 보도비서사무실/통신사무소(Press Secretary's Office/Communications Office)
- 공공연락사무소(Public Liaison Office)
- 예약 및 업무일정사무소(Scheduling and Advance Office)
- 내각사무처장(Secretary to The Cabinet)
- 직원비서사무실(Staff Secretary's Office)

- 백악관운영사무소(White House Operations Office)

4) 디지털도서관

포드도서관은 2천5백만 페이지 이상의 도큐먼트, 약 45만 개의 사진, 수천 개의 오디오 및 비디오테이프, 필름을 소장하고 있다. 도서관은 인터넷을 통한 이용이 가능하도록 본 기록들은 지속적으로 디지털화하고 있다. 디지털화된 도큐먼트 및 시청각자료로 구분하여 홈페이지에 각 관련 자료들을 목록화하고 있으며, 일부는 웹상의 다른 곳에서도 탐색 가능하다. 관련 자료들의 목록은 다음과 같다.

① 대통령 임기 중 일반자료
② 대통령 임기 중 외교문제와 국가보안자료
③ 대통령 임기 중 국내정세 및 정치자료
④ 제럴드와 베티(Betty) 포드의 초기 생애
⑤ 의회시절
⑥ 부통령시절
⑦ 백악관 이후 시절

5) 구술역사자료

- Cannon, James M. *Research Interviews and Notes for Time and Chance, 1989 – 94*
- *Composite Oral History Accessions, 1978 – Present*
- *Devlin, L. Patrick: Research Interviews, 1976 – 7*
- *Gerald R. Ford Library Oral History Projects: Manuscripts and Audiotapes, 1996 – Present*

- Grand Rapids Oral History Collection
- ***Hyde, James F.C., Jr., and Stephen Wayne: Research Interviews, 1975 − 7***
- 기타 포드 대통령 메뉴스크립트컬렉션 중 구술역사자료
    - ***James Cannon Papers***
    - ***Melvin Laird Papers***
    - ***Wolfgang Lehmann Papers***
    - ***President Ford Committee Records***
    - ***John Robson Papers***
    - ***William Simon Papers***
    - ***H. Guyford Stever Papers***
- ***Peabody, Robert L.: Research Interview Notes, 1964 − 7***
- ***Reichley, A. James: Research Interviews, (1967) 1977 − 81***
- ***Rozell, Mark J.: Research Interviews, 1989 − 90***
- ***Sea − Land Service, INC.: Collected Materials re the Mayaguez, 1975***
- ***Syers, William: Research Interviews, 1984 − 5***
- ***U.S. Marine Corps. History and Museums Division: Copies of Oral Histories on the Mayaguez Action and Related Marine unit Operational Records, 1965 − 77***
- U.S. National Aeronautics and Space Administration. Historical Office: ***Oral Histories and Publications, 1972 − 93***

6) 영상기록물(Audiovisual Materials)

포드도서관은 방대한 시청각자료를 소장하고 있다. 대부분의 아이템은 포드대통령에 의해 미국정부에 기증된 역사적 자료들이나 다른 출처의 자료들도 있다.

(1) 제럴드 포드 대통령자료(Gerald R. Ford Presidential Materials)

- 백악관 포토그래픽사무소(White House Photographic Office)(290,000개
  의 사진)
- 네트워크 뉴스 비디오테이프(Network News Videotapes)(765개의 테이프)
- 백악관 통신기관 오디오테이프(White House Communications Agency
  Audiotapes)(2,600개의 테이프)
- 해군 포토그래픽 센터필름(Naval Photographic Center Film) (710,000
  피트의 필름)

(2) 다른 시청각 소장품(Other Audiovisual Holdings)

- 기증 시청각컬렉션(Audiovisual Collections Donated)
- 제럴드 포드 컬렉션(Gerald R. Ford Collections)
  사진, 오디오테이프, 동영상필름, 비디오테이프, 필름스트립으로 포드대
  통령 임기 외의 자료들이다.
- 제럴드포드도서관·박물관 행사컬렉션(Gerald R. Ford Library and
  Museum Events Collection)
  도서관·박물관이 또는 도서관·박물관을 위해 제작된 오디오 및 비디
  오테이프, 스틸사진을 포함하고 있다. 이 자료들은 도서관·박물관과
  직접적으로 관련되거나 도서관·박물관에서 열린 컨퍼런스 등의 행사
  관련 기록물이다.
- 문서, 기록, 인터뷰 컬렉션에서 이전된 아이템(Items Transferred From Collections
  of Papers, Records, and Interviews)
  개인문서, 기관기록물, 연구인터뷰 필기록의 컬렉션은 종종 시청각 아이템
  을 포함하고 있다.
- 포드대통령위원회자료(President Ford Committee Materials)

7) 텍스트컬렉션 주제안내(Textual Collection Subject Guides)

주제별 컬렉션 요약으로 날짜별로 목록화하고 있다.

- 경제정책(Economic Policy)(2007)
- 에너지정책(Energy Policy)(2008)
- 국가보안자문파일(National Security Adviser Files)(2008)
- 1976년 대통령캠페인(1976 Presidential Campaign)(2007)
- 리처드 닉슨 대통령임기(Richard Nixon Presidency)(2007)
- 과학 및 기술(Science and Technology)(2005)
- 미국 - 중국관계(U.S. - China Relations)(2008)
- 베트남전쟁(Vietnam War)(2007)
- 여성의 권리: 1970년대의 이슈(Women's Rights/Issues in the 1970s)(2007)

GBPLM

GBPLM

George Bush Presidential Library & Museum

조지부시대통령도서관 · 박물관

1 기록관

1) 소재사항

소재국가	미국
주 소	1000 George Bush Drive West, College Station, Texas 77845
전 화	+1 979 691 4000
팩 스	+1 979 691 4050
전자우편	Library.Bush@nara.gov
홈페이지	http://bushlibrary.tamu.edu

2) 성격

- 조지 부시(George Bush, 1924- , 이하 부시)는 미국의 제41대 대통령 (1989-93)이다.
- 조지부시대통령도서관 · 박물관(GBPLM: George Bush Presidential Library & Museum, 이하 부시대통령도서관 · 박물관)은 부시대통령의 공식기록, 개인 문서, 박물관 공예품의 보존, 번영, 연구 및 전시에 대한 책임을 갖는다.
- 알렌빌딩(Allen Building)과 아넨베르그 컨퍼런스센터(Annenberg Conference

Center) 부근에 위치한 부시대통령도서관·박물관은 텍사스 A&M 대학(Texas A&M University)과 정부와 공공서비스 부시학교(Bush School of Government and Public Service)의 학구적 환경내에 위치한 연구소이기도 하다.

3) 설립연혁

부시대통령도서관·박물관은 1997년 11월에 설립되었다.

4) 비전 및 임무

본 도서관·박물관은 부시 대통령의 삶과 시대에 대한 이야기 집중화 기관으로 설립되었다.

5) 전시회

최근에 개최된 전시회는 다음과 같다.

- 암 정복기: 우리가 사랑하는 이들을 위한 책임
- 레드 드레스와 진실한 마음(Heart Truth's Red Dress) 컬렉션과 영부인의 레드 드레스 컬렉션

6) 주요 행사

최근에 개최된 주요 행사는 다음과 같다.
- 레드 드레스와 진실한 마음(Heart Truth's Red Dress) 컬렉션
- 고전영화 시리즈
- 대통령의 날 기념식
- 심장건강 전시회
- 버팔로 군인들의 삶
- 심장건강포럼
- 영양과 비만
- 부활절 행사

7) 교육프로그램(Interactive Learning Programs)

부시대통령도서관·박물관의 위닉가족재단교육프로그램은 미취학 아동 및 초등학생을 위한 다양한 교육활동을 제공하고 있다. 이 프로그램은 백악관, 대통령직, 미국 및 지방정부 그리고 미국 역사를 중점으로 한 전시회 주제 및 주정부 교과과정의 강화를 목적으로 하고 있다. 다음과 같은 학습프로그램을 제공하고 있다.
- 백악관에 대해 알기
- 대통령직의 도전
- 살아남는 법: 시민법
- 고등학교 시절

- 역사 여름프로그램 경험기
- 연합프로그램
- 베를린장벽의 형성과 몰락
- 보이스카우트 및 걸스카우트 프로그램
- 여름프로그램

8) 부시재단(Bush Foundation)

홈페이지 http://www.georgebushfoundation.org

부시대통령도서관재단은 비영리 교육재단으로써 텍사스 A&M 대학교에 위치한 부시대통령도서관·박물관의 디자인, 설립 및 후원을 위해 1991년에 설립되었다. 본 재단은 재단 자체의 프로그램 및 활동에 대한 후원뿐 아니라 도서관 프로그램 및 재정적 지원을 제공한다. 또한 공공서비스와 부시대학에 대한 지원도 하고 있으며, 해마다 열리는 국내외 정책컨퍼런스, 백악관 강연 및 전시회 시리즈를 비롯한 다양한 강연 및 프로그램들을 후원해오고 있다.

9) 정부및공공서비스부시학교(The Bush School of Government and Public Service)

홈페이지 http://bush.tamu.edu

정부및공공서비스부시학교는 창시자인 부시의 비전 현실화와 공공 및 국제문제의 주요 리더들 교육, 연구 활동, 서비스 실행을 목적으로 한다. 미국의 여섯 번째로 큰 국립대학인 텍사스 A&M 대학교에 위치하고 있다.

10) 관련기관

- 부시정부및공공서비스학교(Bush School of Government and Public Service)

홈페이지 http://bush.tamu.edu

- 국립기록청(National Archives and Records Administration)
  홈페이지 http://www.archives.gov
- 대통령도서관(Presidential Libraries)
  홈페이지 http://www.archives.gov/presidential - libraries
- 백악관(The White House)
  홈페이지 http://www.whitehouse.gov
- 바바라부시 가족문맹퇴치재단(The Barbara Bush Foundation for Family Literacy)
  홈페이지 http://www.barbarabushfoundation.com
- 대통령회랑(The Presidential Corridor)
  홈페이지 http://www.rtis.com/corridor
- 대통령회랑가이드(Presidential Corridor Guide)
  홈페이지 http://www.rtis.com/corridor
- CVN - 77 USS George H.W. Bush
- 부시/클린턴재난재단(Bush/Clinton Disaster Fund)
- 엠디앤더슨 암센터(M. D. Anderson Cancer Center)
- 대통령공원(Presidents Park)
- 국립헌법센터(National Constitution Center)
  홈페이지 http://www.constitutioncenter.org
- C - SPAN의 대통령도서관(C - SPAN's Presidential Libraries)
  홈페이지 http://www.c - span.org/presidentiallibraries
- 지역뉴스및일기예보(Local News & Weather)
  홈페이지 http://www.kbtx.com
- 메시나호프포도원(Messina Hof Winery)

② 정보원

1) 정보원 열람 및 배포 정책

조지부시 대통령도서관·박물관(GBPLM: George Bush Presidential Library & Museum)은 대표자료와 중국문서 외에 공공기록물과 시청각기록물로 구분하여 관리하고 있다. 특히 기존 대외비도큐먼트, 차관급회의자료, 국가보안리뷰자료 그리고 국가보안지침자료 등에 대한 정보가 홈페이지에 공개되어 있다. 부시 대통령의 임기시작인 1981년 이전의 일부 자료도 열람이 가능하다. 공개기록물은 PDF로 홈페이지에 탑재하여 열람에 제공하고 있으며, 추가적 정보를 위한 전화 또는 전자우편서비스도 시행하고 있다. 장서가이드(Guide to Holdings)가 홈페이지에 PDF(http://bushlibrary.tamu.edu/research/guide_to_holdings.pdf)로 제공되고 있다.

2) 소장기록물

도서관장서에는 부시대통령 및 부통령의 문서들로 3,800만 페이지에 달하는 공식문서 및 개인문서, 100만 개의 사진, 2,500시간의 비디오테이프, 8만 개의 박물관 물품 등을 포함되어 있다. 이들은 하원의원, 유엔대사, 중국의 미국연락사무소장, 공화당 전국위원회 의장, CIA국장, 부통령 그리고 대통령으로서의 부시의 공공업적 증거물이라 할 수 있다.

3) 박물관

(1) 전시회

부시박물관의 주요 전시는 1920년대의 아동기부터 제2차 세계대전 시 수뢰폭격기조정사로서의 군 시절과 1945년에서 1965년까지의 비즈니스 업적 등으로 부시의 삶의 발자취를 보여준다. 또한 그의 첫 공적활동의 시작인 미국하원의원 시절, 공화당전국위원회(Republican National Committee)의 수장, 유엔으로의 미국대사, CIA(Central Intelligence Agency)국장, 레이건대통령의 부통령, 그리고 1989년에서 1993년에 이르는 미국 대통령의 시절도 포함하고 있다. 이러한 전시회들은 부시의 삶과 대통령직을 형성한 특별한 영향과 문제점 등을 강조하고 있다.

(2) 미술관 공예품

미술관 공예품들은 부시가 제2차 세계대전 당시 비행했던 비행기와 유사한 미국어뢰폭격기, 부시가 코네티컷(Connecticut)에서 텍사스(Texas)로 몰고 간 1947년형 스투드베이커(Studebaker), 베를린벽의 가장 큰 조각, 그리고 부시의 캠프데이비드와 에어포스원 집무실과 흡사한 복제품 등이 포함되어 있다. 또한 독일 통일, 제1차 페르시아만 전쟁, 소련의 붕괴 등의 국제위기 동안의 조지부시의 리더십을 다룬 대통령전시회도 포함되어 있다.

(3) 윙박물관(The Museum Wing)

윙박물관은 17,000스퀘어피트의 상설전시회 공간과 3천 스퀘어피트의 비상설전시회 공간을 가지고 있다. 상설전시회는 부시의 삶과 공공서비스 업적의 핵심을 다루는 박물관컬렉션의 최상위 부분을 차지하며, 또한 부시대통령 재임 기간 동안의 미국의 역사적 사건들을 다루고 있다. 비상설전시회는 부시행정부, 미국역사, 미국대통령 등의 주제를 다루고 있다.

4) 대표자료

자주 요청되는 문서들을 디지털화한 전자컬렉션을 통하여 대중의 이용이 가능하게 되어 있다. 일반적으로 이 문서들은 유일한 자료들로 다음과 같다.

- ***George H. W. Bush's Acceptance Speech at the Republican National Convention,*** August 18, 1988
- ***National Security Strategy Report 1990***
- ***President George Bush Self Typed Letter to Family,*** December 31, 1990
- ***Americans With Disablities Act 20th Anniversary***

5) 중국문서

엄선된 중국문서는 미국과 중국 관계에 관한 수많은 주제를 다룬 몇백 페이지의 기록물로 구성되어 있다. 탐색에 어려움이 있으면 전화 또는 이메일을 통해 특정 문서에 관한 더 많은 정보를 문의할 수 있다. 이하 기록물은 PDF로 홈페이지에 제공되고 있다.

- ***Freedom of Information Act(FOIA) Number 1998 – 0397 – F***
  이는 달라이라마와 그의 미국과 중국과의 관계로 구성되어 있다.
- ***Freedom of Information Act(FOIA) Number 1999 – 0182 – F***
  이는 장개석 부인(Madame Chiang Kai – shek)과의 서신을 포함한 대만 관련 자료로 구성되어 있다.

6) 공공기록물(Public Papers)

공공기록물은 부시대통령의 1989년 1월 20일에서 1993년 1월 19일에 이르는 연설문과 일부 기록물들로 이루어져 있다. 8개의 책자(약 9천 페이지)로 열람 가능하며, 대표적으로 다음과 같다.

- [1993 – 01 – 01] ***Statement by Press Secretary Fitzwater on Recognition of the Czech and Slovak Republics***

- [1993-01-02] ***Remarks at a State Dinner Hosted by President Boris Yeltsin of Russia in Moscow***
- [1993-01-03] ***The President's News Conference With President Boris Yeltsin of Russia in Moscow***
- [1993-01-04] ***Recess Appointment of Gregory Stewart Walden as a Member of the Interstate Commerce Commission***
- [1993-01-05] ***Remarks at the United States Military Academy in West Point, New York***

7) 시청각기록물(The Audio-Visual Archives)

현재 부시도서관은 부통령(1981-9)과 대통령(1989-93)으로서의 업적에 관한 2백만 개 이상의 스틸사진, 만 개의 비디오테이프, 천 개의 오디오테이프를 소장하고 있다. 1981년 이전 부시의 대통령 이전 시절의 공공서비스와 관련된 사진도 찾아볼 수 있으며, 또한 부시의 부통령 및 대통령 시절의 바바라 부시의 사진도 포함하고 있다.

8) 이전대외비도큐먼트(Formerly Withheld Documents)

- 대통령기록법(Presidential Records Act) 제한 P-2(연방사무소예약)와 P-5(대통령과 그의 조언자 또는 조언자들 간의 비밀조언)에 의해 이전에 대외비였던 도큐먼트의 공개정보가 제공되고 있다. 부시도서관은 이 도큐먼트들을 몇 달에 걸쳐 교대로 공개할 예정이며, 이후 업데이트될 예정에 있다.
- 현재 'Release #1: February 18, 2005(9,727 pages/4,060 documents)'에서부터 'Release #13: January 19, 2009(495 documents/1,448 pages)'까지 공개정보로 제공되고 있으며, 주제파일 카테고리에 대한 자세한 설명은 홈페이지(http://bushlibrary.tamu.edu/research/finding_aids/whorm)에서 검색가능하다.

9) 차관급위원회회의자료(NSC/DC(Deputies Committee Meetings)

NSC 차관급위원회(Deputies Committee)는 1989년 2월 8일에서 1993년 1월 6일까지 433번에 걸쳐 만난후 선택된 NSC 멤버들로 구성된다. 이 문서는 세 번의 회의를 날짜순으로 PDF로 제공하고 있으며, 각 회의에 대한 간단한 주제문이 제공되고 있다. 일부 주제는 비공개로 열람제한이 되고 있다. 회의의 날짜와 주제를 안다면 정보자유법(FOIA: Freedom of Information Act) 또는 필수검토요청(MR: Mandatory Review)에 의거하여 정보공개 청구가 가능하다. 만약 주제를 모르는 경우 최소한 날짜는 필요하며, 만약 요청된 파일이 이미 공개된 파일일 경우 도서관측은 홈페이지상의 검색도구에서 찾을 수 있는 정보를 제공할 것이다.

10) 국가보안리뷰자료(National Security Reviews)

부시행정부는 1989년에서 1993년 사이 서른 차례의 국가보안리뷰를 가졌다. 이 리뷰들은 국가안보 및 미국대외정책에 관한 일반주제를 다루고 있으며, PDF로 구축된 국가보안리뷰의 공개자료가 이곳에서 열람가능하다. 이곳에서 열람 불가능한 국가보안리뷰는 정보자유법(FOIA: Freedom of Information Act) 또는 필수검토요청(MR: Mandatory Review)에 의거하여 조지부시대통령도서관에 정보공개 청구가 가능하다. 추가정보를 위해서 전화 또는 전자우편으로도 문의 가능하다.

11) 국가보안지침자료(National Security Directives)

부시행정부는 1989년에서 1993년까지의 79개의 국가보안지침을 발표하였다. 국가보안리뷰와는 달리, 국가보안지침은 국가보안 및 미국대외정책에 관한 특정한 이슈를 다루는 것이다. 국가보안지침의 공개자료는 이곳에서 열람가능하며, 이곳에서 열람 불가능한 국가보안지침은 정보자유법(FOIA: Freedom of Information Act) 또는 필수검토요청(MR: Mandatory Review)에 의거하여 조지 부시 대통령도서관에 정보공개 청구가 가능하다. 추가정보를 위해서 전화 또는 전자우편으로도 문의 가능하다.

GWBPL

GWBPL

George W. Bush Presidential Library

조지W부시대통령도서관

① 기록관

1) 소재사항

소재국가	미국
주　　소	1725 Lakepointe Drive Lewisville, TX 75057
전　　화	+1 972 353 0545
팩　　스	+1 972 353 0599
홈페이지	http://www.georgewbushlibrary.gov

2) 성격

- 조지 W. 부시(George W. Bush, 1964 - , 이하 조지부시)는 미국의 제43대 대통령(2001 - 8)이다.
- 조지W부시대통령도서관(GWBPL: George W. Bush Presidential Library)은 미국의 국립기록청(NARA)에 의해 관리되는 미국 내 13번째 대통령도서관이다.
- 이는 국립기록청이 설립한 미국 대통령도서관 시스템의 일부로서 독립적인 국가기관의 성격을 띠고 있다.

George W. Bush Presidential Library

The George W. Bush Presidential Library, the nation's thirteenth presidential library, is administered by the National Archives and Records Administration (NARA). It is temporarily located in Lewisville, Texas. The permanent Presidential Center will be located on the campus of Southern Methodist University (SMU) in Dallas, Texas.

Contact Information

George W. Bush Presidential Library
1725 Lakepointe Drive
Lewisville, TX 75057

Phone: 972-353-0545
Fax: 972-353-0599
General Inquiries: gwbush.library@nara.gov
Audiovisual Inquiries: photos.gwbush@nara.gov
Museum Inquiries: museum.gwbush@nara.gov

The George W. Bush Library holds millions of pages of official records documenting the two-term administration (2001-2009) of the nation's forty-third president. In addition to these textual records, the Library will also receive millions of electronic records through NARA's Electronic Record Archives (ERA). The George W. Bush Library also has an extensive audiovisual collection containing photographs and videotapes, as well as an extensive artifact collection containing presidential domestic and foreign gifts.

This page contains links to historic materials, including a "snapshot" of the White House.gov web site from the end of President George W. Bush's administration. There are also answers to questions that visitors to this site may have concerning the George W. Bush Presidential Library. If more detailed information is needed, please feel free to contact the library.

3) 설립연혁

- 프랭클린 루스벨트(Franklin D. Roosevelt)가 사적인 기금을 모아 대통령도서관을 설립한 후 기록물들을 국가기록관(NA)으로 이전하고 1955년 대통령도서관법이 통과되면서 국가 차원관리라는 사적인 건물 건립과 도서관시스템을 마련하였다.
- 1978년 대통령기록법은 헌법, 법령, 관습에 대한 대통령 관련 기록들과 문서들이 미국 정부의 소유라고 판명 지었다. 이는 대통령도서관에 이 권한을 위임하는 것을 가능하게 하였다.
- 1986년 대통령기록법은 도서관에서 일하는 직원의 숫자만큼 사적 기금을 지원하도록 하였다.
- 2010년 11월 서던 메소디스트대학교(Southern Methodist University)에서의 조지W부시도서관 기공식이 이루어졌다.
- 2013년에 도서관 시설이 완공된 후 대중에게 공개될 예정이며, 연구를 위한 자료 열람은 2014년 1월부터 가능할 예정이다.

4) 설립목적

조지W부시대통령도서관의 가장 큰 목적은 조지부시대통령 임기 동안의 여러 문서들과 자료들의 보존과 제공(활용)을 위한 것이다. 그중 정보의 제공과 활용은 정보공개법에 의해 2014년부터 실행될 것이다.

5) 비전 및 임무

① 여타 도서관과는 다른 목적으로 설립된 기록관이자 박물관으로 한 곳에 대통령과 정부에 관련된 문서들과 자료들을 보관하고자 한다.

② 대통령과 그의 정부가 연구와 토론의 대상이 될 경우에 정치적인 편견이 개입되지 않은 정보를 제공하고자 한다.

③ 보관하고 있는 자료가 미국 국민의 것임을 표방한다.

6) 조직

- 조지W부시대통령도서관은 국립기록청의 대통령도서관부의 관리하에 있으며, 이러한 체계는 제31대 대통령인 허버트 후버(Herbert Hoover) 이후부터 지속적으로 적용되어 왔다. 미국 전역의 대통령도서관 네트워크는 대통령도서관부에서 관장하고 있다.

- 대통령도서관부는 대통령도서관과 관련된 정책과 관련해 자료의 수집, 보관, 사용과 관련된 프로그램과 새로운 대통령도서관들의 개발을 책임진다. 또한 대통령도서관의 총체적 예산, 직원, 도서관들의 미션과 목표를 관리하는 역할도 수행하고 있다. 대통령도서관부는 국립기록청의 경영진과 여타 국립기록청 관련자, 현직과 전 정부와의 협력을 통해 대통령 관련 자료를 담당하고 있다.

7) 주요 서비스

- 조지 부시대통령 관련 자료를 보관, 보존하여 열람하고자 하는 이들에게 간단한 절차를 거쳐 필요한 정보를 제공하고자 한다. 대통령도서관의 자료공개는 전 대통령 임기 당시에 민주주의가 정상적으로 기능을 수행하고 있었다는 증거와 전 대통령의 결정들을 현재에 비추어 보아도 지속적으로 관련성을 지니고 있다는 사실을 검증하는 기능을 수행한다.
- 대통령직에 대한 이해와 미국적 경험(American experience)의 이해를 돕는다. 이러한 목적을 위해 대통령도서관은 역사적 자료를 제공, 대통령도서관과 전 대통령에 대한 연구를 지원하며 이외 여러 상호적 프로그램을 구성한다.

8) 관련기관

(1) 역사적 기관

- 백악관(The White House)

    홈페이지 http://www.georgewbushlibrary.gov/white - house
- 미국청소년지원(Helping America's Youth)

    홈페이지 http://www.georgewbushlibrary.gov/includes/hay - exit.html?link=
    http://georgewbush - whitehouse.archives.gov/firstlady/helping - youth.html
    http://georgewbush - whitehouse.archives.gov/firstlady/helping - youth.html
- 미국자유군단(USA Freedom Corps)

    홈페이지 http://www.georgewbushlibrary.gov/includes/fc - exit.html?link=ht
    http://georgewbush - whitehouse.archives.gov/infocus/bushrecord/

　　　　　factsheets/needs.html

　　　　　http://georgewbush－whitehouse.archives.gov/infocus/bushrecord/
　　　　　factsheets/needs.html

- 백악관 세계 문해율 제고 심포지움(The White House Symposium on Advancing Global Literacy)
　홈페이지 http://www.georgewbushlibrary.gov/includes/glexit.html?link=
　　　　　　http://georgewbushwhitehouse.archives.gov/firstlady/global.html
　　　　　　http://georgewbushwhitehouse.archives.gov/firstlady/global.html

(2) 연구정보

- 조지부시대통령서명행정명령(Executive Orders Signed by President George W. Bush)
　홈페이지 http://www.archives.gov/federalregister/executiveorders/ wbuwbush.
　　　　　　html
- 조지부시대통령공공문서(Public Papers of President George W. Bush)
　홈페이지 http://www.gpoaccess.gov/pubpapers/gwbush.htm
- 일반정보브로슈어(General Information Brochure)
　홈페이지 http://www.georgewbushlibrary.gov/pdfs/smuhandout.pdf

② 정보원

1) 정보원 열람 및 배포 정책

- 조지W부시대통령도서관(GWBPL: George W. Bush Presidential Library)은 연구 목적을 위한 자료 열람이 허가되지 않으며, 도서관 완공은 2013년에 이루어질 예정이다.
- 현재 조지W부시대통령도서관 홈페이지를 통해 제공되는 정보는 언론에 제공하는 보도자료, 조지부시 대통령이 임기 중 서명하였던 행정명령, 공공기록물 그리고 도서관에 대한 간략한 정보 등이다. 그중 공공기록물의 경우 ASCII 또는 PDF파일로 구축되어 있어 공개열람에 제공되고 있다.
- 홈페이지에 조지부시대통령 정권의 임기 막바지의 'White House.gov' 스냅샷을 포함한 자료들에 대한 링크를 제공하고 있다. 또한 사이트 이용 관련 질문에 대한 답변을 제공하는 페이지도 개설하였다.
- 보다 더 자세한 정보가 필요할 경우 도서관 전자우편(gwbush. library@nara.gov)으로 연락 가능하다.
- 현재 일반적인 사항(gwbush.library@nara.gov), 시청각자료 관련 사항(photos.gwbush@nara.gov), 박물관 관련 사항(museum.gwbush@nara.gov)에 대한 문의가 있는 경우에는 각 부서별 전자우편으로 질의 가능하다.

2) 컬렉션

- 정보 중에는 조지부시 임기인 2001년부터 2009년까지의 공식적인 문서들은 물론 국립기록청(NASA)에서 시사받은 전자 레코드 정보 역시 수록되어 있다. 또한 비디오 테이프들과 사진을 포함한 시청각 자료도 다수 보유하고 있다.
- 조지부시대통령의 임기 동안 국내외에서 대통령 앞으로 보낸 다양한 선물

들이 보관되어 있다.

3) 보존기록물

- 조지W부시대통령도서관은 2001－8년에 걸친 두 번의 임기 동안 축적된 100만여 페이지에 달하는 공식기록들을 포함한 자료를 보존하고 있다.
- 종이기록물 외에도 도서관은 NARA의 '전자기록아카이브(ERA: Electronic Record Archives)'를 통해 전자기록을 이전받을 예정이다.
- 조지W부시대통령도서관은 또한 사진, 비디오테이프 등을 포함한 시청각자료와 더불어 대통령이 임기 동안 받은 국내외 선물 등의 물품 또한 보존하고 있다.

4) 조지 부시대통령 서명행정명령(Executive Orders Signed by President George W. Bush)

조지부시대통령이 임기 중 서명한 행정명령을 다음과 같은 방법으로 검색 가능하도록 구축하였다.

(1) 연도별 검색

조지부시대통령이 임기 중이었던 2001년부터 2009년 초까지의 행정명령을 연대기적 순서로 검색 가능하다.

(2) 주제별 검색

조지부시대통령이 임기 중 서명했던 행정명령이 주제별 이하 알파벳 순서로 체계적으로 정리되어 있어 디렉토리 방식으로 검색 가능하다.

5) 조지부시대통령 공공기록물(Public Papers of President George W. Bush)

공공기록물(Public Papers)의 각 호는 언론 담당 비서에 의해 보존되어왔으며, 미국 대통령들의 연설들과 문서들이다. 이는 연대순으로 정리되어 있으며 자료의 서두에 기록된 날짜는 일정이 거행되었던 날짜이다. 예외적으로 문서가 발행된 날짜와 작성된 날짜가 일치하지 않는 경우도 존재하는데, 이는 ASCII 또는 PDF파일로 다운로드 받을 수 있다.

HHPLM

HHPLM
Herbert Hoover Presidential Library & Museum
허버트후버대통령도서관 · 박물관

① 기록관

1) 소재사항

소재국가	미국
주　　소	210 Parkside Drive P.O. Box 488 West Branch, Iowa 52358
전　　화	+1 319 643 5301
팩　　스	+1 319 643 6045
전자우편	hoover.library@nara.gov
홈페이지	http://hoover.archives.gov

2) 성격

- 허버트 후버(Herbert Hoover, 1874 – 1964, 이하 후버)는 미국의 제31대 대통령(1929 – 33)이다.
- 허버트후버대통령도서관 · 박물관(HHPLM: Herbert Hoover Presidential Library & Museum. 이하 후버대통령도서관 · 박물관)은 국립기록청이 운영하는 13개 대통령도서관 중 하나이다. 후버대통령도서관 · 박물관은 문화기관으로 아이오와 주에 위치하고 있으며, 아메리칸드림을 갖고 자란 한 고아소년이 백만장자의 엔지니어가 되어 미국의 제31대 대통령이 된 특별한 이야기를 들려주고 있다. 이 이야기는 세계경제대공황이라는 비극으로 이어지며, 또

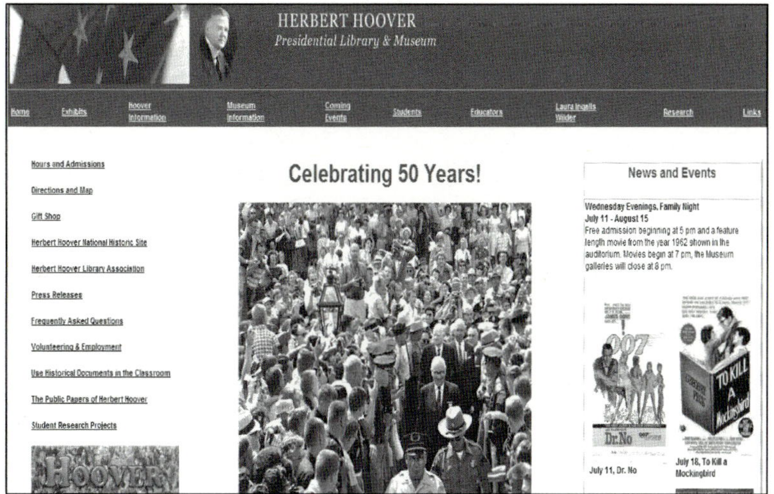

한 대중의 삶으로 연결된다.

3) 전시회

허버트후버갤러리는 후버박물관의 영구적 전시행사이며, 그 외 다음과 같은
전시회를 개최해왔다.

- 미국의 여성이여!(American Women!). 2000년 4 - 10월
- 백악관의 크리스마스(Christmas at the White House). 2000년 11월 - 2001
  년 1월
- 독수리와 용: 미국과 중국의 관계(The Eagle and the Dragon: U.S. Relations
  with China). 2001년 4 - 10월
- 혁명적 미국 1763 - 1789년(Revolutionary America 1763 - 1789). 2002년 4
  - 11월
- 노인의 강: 미시시피 강을 따른 역사(Old Man River: History Along the
  Mississippi River). 2003년 4 - 11월

- 전 세계의 크리스마스(Christmas Around the World). 2003년 11월-2004년 1월
- 미국흑인을 찾아서: 한 수집가의 경험(In Search of African America: One Collector's Experience). 2004년 1-3월
- 작은 산장과 성: 우리 대통령의 집(Cottages and Castles: Homes of our Presidents). 2004년 4-10월
- 큰 천막 아래: 미국의 서커스(Under the Big Top: The Circus in America). 2005년 1-10월
- 60년대: 그들이 변화하고 있던 그때(The Sixties: The Times they are a-Changin'). 2006년 4-10월
- 과거의 무늬: 미국 퀼트의 한 세기(Patterns of the Past: A Century of American Quilting). 2010년 1-3월

또한 2011년에 계획된 행사는 다음과 같다.

- 옥스퍼드프로젝트(The Oxford Project). 2011년 1-3월
- 가정학교에서 백악관으로(School House to White House). 2011년 4-10월

4) 허버트후버대통령도서관협회(Herbert Hoover Presidential Library Association)

주   소   Hoover Association P.O. Box 696, 2 Parkside Drive, West Branch, IA 52358
전   화   +1 319 643 5327
무료전화   +1 800 828 0475
팩   스   +1 319 643 2391
전자우편   info@hooverassociation.org
홈페이지   http://www.hooverassociation.org/index.php

(1) 성격

허버트후버대통령도서관협회는 후버대통령도서관·박물관과 아이오와 시의 동쪽에 있는 아이오와 주 웨스트브랜치의 국립유적지를 지원하는 비영리 그룹이다. 1939년 후버생가협회로 시작된 본 협회는 현재 회원제로 운영되고 있다.

(2) 임무

- 미국의 제31대 대통령인 후버의 삶, 아이디어, 가치 및 당대의 역사적 자원의 수집, 해석 및 보존 장려
- 허버트 후버를 기리고 허버트 후버에 관한 공공교육 촉진
- 후버대통령도서관·박물관 및 아이오와 웨스트브랜치에 위치한 국립유적지 지원
- 협회 자원의 신중한 관리와 효과적 수집
- 협회 회원을 위한 활동

(3) 활동

후버축제와 8월마다 열리는 아이오와 출신의 유일한 대통령인 후버 탄생 기념 연간행사 등의 행사를 지원해오고 있다. 그 외 행사에는 여름에 열리는 '1880년대의 게임', '크래프터스', '시대복장을 한 해설가와 함께하는 행사' 등이 있다.

5) 관련기관

- 주 브루셀 미국대사관 허버트 후버 기억하기(Remembering Herbert Hoover, U.S. Embassy Brussels)

홈페이지 http://www.rememberinghoover.be/index.htm
- 스탠포드대학교 후버연구소(Hoover Institution, Stanford University)
  홈페이지 http://www‒hoover.stanford.edu/default.htm
- 미국상업부 허버트 후버 빌딩(Herbert C. Hoover Building, U.S. Department of Commerce)
  홈페이지 http://2001‒2009.commerce.gov/opa/photo/DOC_100/HCHB_Gallery.htm
- 후버댐(Hoover Dam, Nevada)
  홈페이지 http://www.usbr.gov/lc/hooverdam
- 후버도서관협회(Hoover Library Association, West Branch, Iowa)
  홈페이지 http://www.hooverassociation.org
- 허버트후버국가역사비(Herbert Hoover National Historic Site, West Branch, Iowa)
  홈페이지 http://www.nps.gov/heho/index.htm
- 웨스트브랜치도시(City of West Branch, Iowa)
  홈페이지 http://westbranchiowa.org/index.html
- 웨스트브랜치 타임즈(West Branch Times, West Branch's Weekly Newspaper)
  홈페이지 http://www.hoover.archives.gov/links

② 정보원

1) 정보원 열람 및 배포 정책

허버트후버대통령도서관·박물관(HHPLM: Herbert Hoover Presidential Library & Museum)의 정보원은 후버출판물 외에 학생을 위한 자료, 교육자를 위한 자료, 로라 와일더(Laura Ingalls Wilder) 자료 그리고 연구원을 위한 자료로 구분하고 있다. 그중 학생과 교육자를 위한 자료의 경우 대부분 교육프로그램의 일환으로 관련 자료를 홈페이지에 공개적으로 제공하고 있다. 연구원을 위한 자료의 경우 후버의 저술, 구술기록물, 역사적 기록물, 논문자료와 사진기록물 등 여덟 부분으로 구분하여 관련 정보를 PDF로 제공하고 있다. 특히 논문자료의 경우 각 기관별로 허버트 후버 대통령의 기록물을 상세하고 체계적으로 분류·제공하고 있다.

2) 후버정보(Hoover Information)

후버대통령에 대한 개인정보가 다음과 같이 분류되어 제공되고 있다.
- 후버대통령 임기 정보
- 사진기록물
- 후버출판물 리스트
- 후버 이름을 적용한 학교 목록
- 로 헨리 후버(Lou Henry Hoover)의 전기(傳記)스케치
- 허버트 후버 국가사적(Historic Site)

3) 후버출판물(Publications by Herbert Hoover)

1909년(*Principles of Mining*. New York, Hill.)부터 1977년(*Public Papers of the Presidents of the U.S.: Herbert Hoover*. Vol. 4. 1932-3. Washington, D. C.: U.S. Government Printing Office.)까지의 48종의 후버 출판물 목록이 홈페이지에 제공되고 있다.

4) 학생을 위한 자료

학생들을 위한 교육적 성격의 자료들이 홈페이지에 제공되고 있으며, 대표적

으로 다음과 같다.

- *Powerpoint Presentation on the Life and Times of Herbert Hoover*
- *Powerpoint Presentation on Lou Henry Hoover*
- *Hoover Wore Many Hats*
- *Hoover Online Digital Archives*
- *Presidential TimeLine*
- *Laura Ingalls Wilder*
- *A Chronology of Herbert Hoover*
- *Hoover Information Station*
- *Presidential Cartoons*

5) 교육자를 위한 자료

교육자를 위한 교과과정에 관련 참고자료들이 제공되고 있으며, 대표적으로
다음과 같다.

- *Plan a School Field Trip*
- *Pre and Post Visit Activities for Elementary School Field Trips*
- *"Using Political Cartoons to Understand Historical Events"*
- *Hoover Online Digital Archives*
- *2009 Lesson Plans*
- *Biographical Sketch of Herbert Hoover, 1874 – 1964*
- *Biographical Sketch of Lou Henry Hoover*
- *Hoovers in China*
- *Hoover Wore Many Hats*
- *Hoover's Cross: Country Adventure*
- *Herbert Hoover: A Life of Service*(교육자 가이드 자료)

- ***A Biographical Sketch of Herbert Hoover***(중고등 학생자료)
- ***A Biographical Sketch of Lou Henry Hoover***(중고등 학생자료)
- ***A Chronology of Herbert Hoover Sequences***
- ***Reading List***
- ***Hoover Library Resources***

6) 로라 와일더(Laura Ingalls Wilder)

(1) 학생을 위한 자료

- 잉걸스 가족의 선구자적 여행(Pioneering Journeys of the Ingalls Family)
- 1880년대 사우스다코타 주 디 스멧(De Smet, South Dakota in the 1880s)
- 농부 소년(Farmer Boy)
- 선구자 집계 서적(Pioneer Counting Book)
- 주요 활동자료
- 연대기
- 출판목록

(2) 교육자를 위한 자료

- 허버드후버대통령도서관: 로스 윌더 레인 선집 도서관(Herbert Hoover Presidential Library: Museum Rose Wilder Lane Collection)
- 로라 잉걸스 윌더 교육단(Laura Ingalls Wilder Teaching Unit)
- 주요 활동자료
- 출판목록

(3) 활동

- 타임라인활동(Timeline Activity)
- 잉걸스 가족 여행 지도제작(Mapping the Journeys of the Ingalls Family)
- 선구자 마을 건설 유형(Patterns for Constructing a Pioneer Town)
- 사우스 다코타 디 스멧 지도 관련 활동(Activities Relating to a Map of De Smet, South Dakota)
- 선구자적 삶의 하나, 둘, 셋: 집계(The One, Two, Threes of Pioneer Life: A Counting Book)
- 9개 조각을 이어 만든 퀼트 이불 만들기(Making a Ninepatch Quilt Activit)
- 에드 사촌의 밀짚모자 활동(Cousin Ed's Straw Hat Activity)
- 미니 할머니의 햇볕 가리기 활동(Grandma Minnie's Sunbonnet Activity)
- 야생화 씨 꾸러미 활동(Wildflower Seed Packet Activity)

7) 연구원을 위한 자료

연구원을 위한 연구컬렉션의 목록은 다음과 같이 여덟 부분으로 분류하고 있으며, 각 해당부분의 대표적인 자료는 다음과 같다.

(1) 허버트 후버의 출판저술들(Published Writings of Herbert Hoover)

- 회고록(The Memoirs of Herbert Hoover)
  - Vol. One. *Years of Adventure 1874-1920*. The Macmillan Company, 1951.
  - Vol. Two. *The Cabinet and the Presidency 1920-1933*. The Macmillan Company, 1951.
  - Vol. Three. *The Great Depression 1929-1941*. The Macmillan Company, 1951.

- 공공기록물(Public Papers of the Presidents of the United States: Herbert Hoover)
  - Vol. 1: 1929. U.S. Government Printing Office, 1974.
  - Vol. 2: 1930. U.S. Government Printing Office, 1976.
  - Vol. 3: 1931. U.S. Government Printing Office, 1976.
  - Vol. 4: 1932 – 3. U.S. Government Printing Office, 1977.

(2) 후버대통령도서관 엄선 구술기록물(Selected Oral Histories from the Hoover Presidential Library)

1966년 12월 6일의 찰스 에디슨(Charles Edison)부터 1982년 8월 11일의 윌리엄 하르만(William Harrmann)에 이르기까지의 구술기록물로서, 대표적으로 다음과 같다.

- *William Harrmann August 11, 1982*
- *Clarence Young July 19, 1971*
- *George Aiken July 1, 1971*
- *James Ketchum June 16, 1971*
- *Lillian Parks February 12, 1971*
- *Sallie MacCracken September 1, 1970*
- *David Ingalls November 5, 1969*
- *Joseph Binns October 10, 1968*
- *Joseph Davis October 11, 1967*

(3) 허버트 후버의 일상계획 1917 – 1974년(Herbert Hoover's Daily Calendar, 1917 – 1974)

(4) 학생연구프로젝트(Student Research Projects)

- 2009년 11월

  홈페이지 http://classprojects.cornellcollege.edu/HIS240_2009/index.html
- 2007년 11월

  홈페이지 http://classprojects.cornellcollege.edu/stewart
- 2006년 11월

  홈페이지 http://cornellcollege.edu/history/courses/stewart/HIS260-3-2006

(5) 학술 논문 데이터베이스(Scholarly Articles Database)

검색도구를 통해 원하는 논문을 찾아볼 수 있다.

(6) 후버대통령도서관의 역사기록물(Historical Materials in the Herbert Hoover Presidential Library)

후버대통령 관련 역사기록물들로서 다음과 같이 주요 형태별로 분류하여 소장하고 있다.

- 허버트 후버의 문서
- 연방정부의 기록
- 기타 관련 메뉴스크립트 컬렉션
- 마이크로필름
- 마이크로피시
- 신문
- 구술역사필기록
- 지도 및 여행정보

(7) 허버트 후버의 논문자료(Papers of Herbert Hoover)

다음과 같이 상무부 기간에서부터 대통령 재임 후 특별장서에 이르기까지 여섯 단계로 상위 구분하고 하위 주제별로 재분류하여 논문자료를 제공하고 있다.

① 상무부 이전 기간(1895 - 1921)
- 상무부 이전 서한(1895 - 1921 Hoover Pre - commerce Correspondence)
- 상무부 이전 주제 파일(1913 - 24 Hoover Pre - commerce Subject File)
- 상무부 이전 식품행정(1917 - 9 Hoover Pre - commerce Food Administration)
- 오스트리아 헝가리 간 및 헝가리 내무 관계 기록(Records Relating to Internal Affairs of Austria - Hungary and Hungary)
- 벨기에 내무 관련 기록(Records Relating to Internal Affairs of Belgium)

② 상무부 기간(1921 - 9)
- 상무부: 공식적 및 개인적 후버 상무부 주제 파일(Commerce Department: Official and Personal Papers Hoover Commerce Subject File)
- 미국아동건강협회, 1921 - 35 후버 상무 미국 아동 건강(American Child Health Association, 1921 - 35 Hoover Commerce American Child Health)
- 콜로라도 하천위원회, 1921 - 54 후버 상무 콜로라도 하천 위원회(Colorado River Commission, 1921 - 54 Hoover Commerce Colorado River Commission)

③ 캠페인 및 과도기 기간(1928 - 9)
- 후버 캠페인 서한(Hoover Campaign Correspondence)
- 후버 캠페인 주제 파일(Hoover Campaign Subject File)

- 국가조직에 대한 감사(Appreciation to State Organizations)
- 각료 선임(Cabinet Appointments)
- 축하(Congratulations)
- 라틴 아메리카 출장(Latin America Trip)
- 후버 캠페인 문서 파일(Hoover Campaign Literature Files)

④ 대통령재임기간(1923 - 33)
- 후버대통령 내각집무실(Hoover Presidential Cabinet Offices)
- 후버대통령 주제파일(Hoover Presidential Subject Files)
- 후버대통령 비서관파일(Hoover Presidential Secretary's Files)
- 후버대통령 국무파일(Hoover Presidential States Files)
- 후버대통령 외무파일(Hoover Presidential Foreign Affairs Files)
- 후버대통령 개인파일(Hoover Presidential Individuals Files)
- 후버대통령 행정명령파일(Hoover Presidential Executive Orders Files)
- 후버대통령 언론관계파일(Hoover Presidential Press Relations Files)
- 후버대통령 개인파일(Hoover Presidential Personal File)
- 후버대통령 테일러게이트파일(Hoover Presidential Taylor Gates Files)
- 연방농업이사회 의사록(Federal Farm Board Minutes)
- 아이티파일관련 아이티 후버대통령위원회 조건에 대한 연구심의위원회(President's Commission for Study and Review of Conditions in Haiti Hoover Presidential commission on Haiti Files)
- 공공영역파일에 대한 공공영역 후버대통령위원회 보존과 관리 대통령위원회(President's Commission on Conservation and Administration of the Public Domain Hoover Presidential Commission on Public Domain Files)
- 백악관저 기록(White House Office Records)

⑤ 대통령 재임 후 기간(1933 - 64)
- 후버대통령 이후 시기 일반파일(Hoover Post - Presidential General Files)
- 후버대통령 이후 개인파일(Hoover Post - Presidential Individuals Files)
- 후버대통령 이전 주제파일(Hoover Post - Presidential Subject Files)
- 정부행정부조직위원회(Commissions on the Organization of the Executive Branch of the Government, 1947 - 49; 1953 - 5)
- 후버대통령 이후 시기 상무부 I 파일(Hoover Post - Presidential Hoover Comm. I Files)
- 후버대통령 이후 상무부 II 파일(Hoover Post - Presidential Hoover Comm. II Files)

⑥ 특별장서(1750 - 현재)
- 농무부 데이터베이스(Agricola, 1905 - 61)
- 약속 일정(Appointments Calendar, 1917 - 64)
- 기사, 주소, 성명서(Articles, Addresses, and Public Statements, 1915 - 64)
- 서적 원고물(Book Manuscript Material, 1934 - 64)
- 클리핑 파일(Clippings File, 1920 - 64)
- 족보(Genealogy, 1750 - 1964)
- 후버 스크랩북(Hoover Scrapbooks, 1866 - 1966)
- 허위진술파일(Misrepresentations File, 1917 - 61)
- 재출판파일(Reprint File, 1853 - present)

(8) 허버트와 로 후버의 사진기록물(Photos of Herbert and Lou Hoover)

- 모험의 시기(Years of Adventure, 1874 - 1914)
- 인도주의적 시기(The Humanitarian Years, 1914 - 23)

- 노호의 20년대(The Roaring Twenties, 1920 – 29)
- 신비의 소년(The Wonder Boy, 1921 – 28)
- 논리적 후보(The Logical Candidate, 1928 – 29)
- 대공황(The Great Depression, 1929 – 31)
- 영웅에서 희생양까지(From Hero to Scapegoat, 1932 – 33)
- 비범한 여성(An Uncommon Woman, 1874 – 1944)
- 공화국 고문(Counselor to the Republic, 1938 – 64)

HSTLM

HSTLM

Harry S. Truman Library & Museum

해리트루먼도서관 · 박물관

① 기록관

1) 소재사항

소재국가   미국
주   소   500 W Us Highway 24, Independence, MO 64050 - 2481
전   화   +1 816 268 8200 / 800 833 1225
팩   스   +1 816 268 8295
전자우편   truman.library@nara.gov
홈페이지   http://www.trumanlibrary.org/index.php

2) 성격

- 해리 트루먼(Harry S. Truman, 1884 - 1972, 이하 트루먼)은 미국 제33대 대통령(1945 - 1953)이다.
- 해리트루먼도서관 · 박물관(HSTLM: Harry S. Truman Library & Museum)은 국립기록청에 의하여 운영되는 대통령도서관시스템의 일부이다. 이는 1955년 대통령도서관법 조항에 의거하여 설립된 첫 번째 대통령도서관이다.

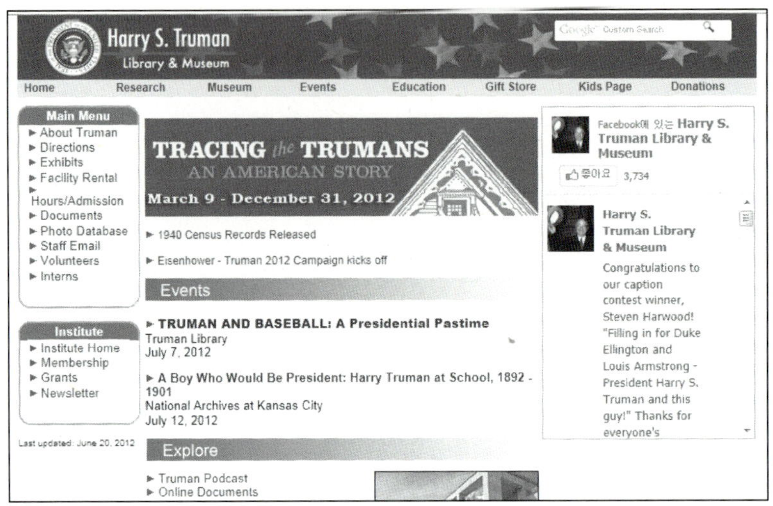

3) 설립연혁

- 트루먼도서관 건물은 미국 전역의 17,000명의 개인 및 기관들이 기부한 기금을 바탕으로 설립된 개인회사 해리트루먼도서관주식회사에 의해 미화 1,750,000달러의 비용으로 건축되었다. 도서관 건물과 트루먼대통령의 문서들은 1957년 7월 6일에 열린 헌정식에서 정부에 양도되었다.

- 도서관은 트루먼 대통령의 고향인 미주리(Missouri) 주의 인디펜던스(Independence) 시에 위치해 있으며, 건물이 위치한 대지는 인디펜던스 시가 기증하였다. 1968년과 1980년 각 미화 310,000달러와 2,800,000달러에 이르는 증축이 이루어졌다. 현재의 도서관 건물은 메뉴스크립트, 서적과 시청각자료를 보관하고 있는 보존실, 연구실, 직원사무실, 강당, 컨퍼런스 및 세미나실, 박물관과 창고로 이루어져 있다. 트루먼대통령 부부와 유일한 혈육인 마거릿 다니엘(Margaret Daniel)과 남편인 클립튼 다니엘(Clifton Daniel) 모두 도서관 안마당에 안장되었다.

- 트루먼도서관은 1961년 구술역사프로젝트를 시작하여 문서기록의 부족한 부분을 채우고자 하였다. 특히 트루먼 대통령의 초기업적과 트루먼행정의

백악관 직원들의 업무, 임기 동안의 미국의 외교정책에 대한 부분이 강조되었다. 현재 500개가 넘는 구술역사 인터뷰 필사본이 도서관에 배치되어 있다.

- 1959년부터 현재까지 총 13,000명이 넘는 연구원들이 본 도서관의 연구시설을 이용해왔다. 이 중 절반 정도의 연구원들은 역사 및 정치학 분야의 학자 및 대학원생들이며, 그 외 방문자들은 대학생, 고등학생, 작가, 영화감독, 기자, 계보학자 및 트루먼의 생애와 업적에 관심이 있는 개인들이다.

4) 비전 및 임무

트루먼도서관은 트루먼대통령 관련 문서, 서적 및 기타 역사자료들을 보존하고, 전시회나 연구를 위한 대중의 이용이 가능하도록 하기 위해 설립되었다.

5) 주요활동

본 도서관의 주요활동은 박물관 전시프로그램에서 찾아볼 수 있다. 도서관은 28,000개의 박물관컬렉션을 보유하고 있으며, 그중 일부만이 박물관에 일정기간 전시된다. 대부분의 박물관 소장품은 트루먼대통령 임기기간 중 그가 받은 물품들이다. 또한 일부는 다른 주의 주지사 및 미국 국민들이 기부한 물품들이다. 박물관의 전시회는 트루먼의 업적과 트루먼 행정의 역사를 강조한다.

6) 공공프로그램

본 도서관은 공공프로그램을 통해서 컨퍼런스 및 연구세미나를 지원하여 인간 및 기관의 다양성을 다룰 수 있도록 노력한다. 또한 학교 수업의 일환으로 도서관·박물관 견학 프로그램을 운영한다.

7) 트루먼도서관연구소(Truman Library Institute)

주　　　소　500 W. US Hwy. 24. Independence MO 64050
팩 스 번 호　+1 816 268 8299

- 1957년 연구를 위한 국가의 중심으로 도서관의 성장과 개발 지원 및 촉진을 위하여 해리트루먼도서관연구소가 비영리기관으로 설립되었다.
- 연구소의 목적은 학회 지원, 연구비 지원 등을 통해 트루먼 행정에 관한 연구 촉진에 있다.
- 연구소는 박물관과 공공프로그램 개발을 지원하며, 정부예산 대신 대중의 기부와 유산으로 운영된다.
- 트루먼도서관연구소는 트루먼도서관의 비영리 파트너기관이다. 40년 이상 동안 트루먼도서관과 트루먼도서관연구소는 트루먼도서관의 연구 및 교육의 목적을 달성하기 위해 함께 일해 왔다.

② 정보원

1) 정보원 열람 및 배포 정책

- 해리트루먼도서관·박물관(HSTLM: Harry S. Truman Library & Museum)은 약 1천5백만 페이지에 달하는 메뉴스크립트를 보유하고 있다. 그중 약 6백5십만 개는 백악관파일이다. 또한 112,000점의 사진, 1,000시간분의 오디오 디스크와 테이프 기록, 400점의 동영상과 75시간의 비디오테이프 기록 등의 시청각기록물을 소장하고 있다.
- 인쇄기록물은 30,000개 이상의 서적, 10,000개의 시리즈물, 1,400개의 마이크로필름 사본으로 구성되어 있다. 트루먼도서관은 트루먼행정의 역사 또는

해리 트루먼의 업적과 관련된 새로운 서적을 지속적으로 구입하고 있다.

- 트루먼도서관연구소의 중심은 해리 트루먼 종이기록물이다. 트루먼행정의 백악관파일들이 주를 이룬다. 또한 기록물들은 트루먼의 생애 및 농부, 군인, 사업가, 지역정치가, 미국 상원위원, 부통령 그리고 대통령으로서의 그의 업적을 기록하고 있다.

2) 소장기록물

다음과 같이 연방기록물, 개인 및 기관기록물, 온라인기록물, 시청각기록물 등으로 분류하여 이용에 제공하고 있다.

(1) 연방기록물(Federal Records)

트루먼도서관은 소장하고 있는 연방기록들은 미국정부의 공공기록물이다. 대부분 다음의 세 기록그룹으로 구분된다.

- 기록그룹 87(Record Group 87)
  미국비밀서비스기록(Records of the U.S. Secret Service)
- 기록그룹 130(Record Group 130)
  백악관사무소기록(Records of the White House Office)
- 기록그룹 220(Record Group 220)
  임시위원회·의회·이사회기록(Records of Temporary Committees, Commissions and Boards)

(2) 개인 및 기관기록물(Personal Papers and Organizational Records)

트루먼도서관은 트루먼대통령의 친척, 친구 그리고 관련된 자들에 관한 약 400개의 컬렉션을 소장하고 있다. 딘 애치슨(Acheson, Dean, Assistant Secretary of State, 1941－5)에서부터 베네딕트 조브리스트(Benedict K. Zobrist: Director,

Harry S. Truman Library, 1971 – 94)에 이르기까지 알파벳 성명 순으로 개인 및 기관기록물들이 홈페이지에 제공되고 있다.

(3) 해리트루먼 기록물(Harry S. Truman Papers)

트루먼대통령은 1957년 2월 12일의 편지와 1959년 1월 14일의 유언을 통해 그의 문서를 미국정부에 기증하였다. 다만 트루먼의 잭슨 카운티(Jackon county)에서의 농부, 사업가, 군인, 커뮤니티 리더, 정치가, 지역정부 관료로서의 삶과 업적은 그의 문서에 기록되어 있지 않다. 대부분의 트루먼의 상원위원 문서는 그의 첫 임기인 1935년 1월부터 1941년 1월까지의 기록이며, 트루먼 사무실에서 상원사무실 빌딩 내 보관소로 이전되면서 대부분 손상되었다. 트루먼의 부통령 시절 문서는 그의 두 번째 상원시기부터 기록되었다. 다음과 같이 구분하여 제공하고 있다.

- 대통령 재임 전 전문서(Prepresidential Papers)
- 대통령 재임기 문서(Presidential Papers)
- 대통령 재임 이후 문서(Post – Presidential Paper, 1953 – 72)

3) 공식도큐먼트(Official Documents)

(1) 대통령령(Executive Orders)

대통령령은 미국대통령이 연방정부의 활동을 관리하는 공식 도큐먼트이다. 기간 및 키워드로 검색 가능하다.

(2) 발표문(Proclamations)

발표문 또한 미국대통령이 연방정부의 활동을 관리하는 공식문서이다. 대통령령은 정부 내 개인을 위한 것이고, 발표문은 정부 밖의 개인을 위한 것이다. 기간 및 키워드로 검색 가능하다.

(3) 공공기록물(Public Papers)

공공기록물은 트루먼대통령의 대중메시지, 연설, 성명서, 뉴스컨퍼런스 등을 포함하고 있다. 반면, 발표문과 대통령명령 그리고 연방정부등록 및 연방규정코드에 의해 출판된 도큐먼트처럼 법에 의거하여 요구되는 문서들은 포함되지 않는다. 연도순으로 정리되어 있으며, 연월 및 키워드로 검색 가능하다.

4) 온라인기록물

홈페이지를 통하여 온라인상에 공개되어 있는 기록그룹은 다음과 같다.

- 베를린 공수작전(Berlin Airlift)
- 냉전(Cold War)
- 원자탄 투하 결정(Decision to Drop the Atomic Bomb)
- 군대 인종차별 폐지(Desegregation of the Armed Forces)
- 엘레노어 루스벨트와 해리 트루먼(Eleanor Roosevelt & Harry Truman)
- 1948년 선거유세(Election Campaign of 1948)
- 허버트 후버와 해리 트루먼(Herbert Hoover & Harry Truman)
- 한국전쟁(Korean War)
- 제2차 세계대전 기간 일미 관계(Japanese – Americans During WWII)
- 마샬계획(Marshall Plan)
- 북대서양조약기구(NATO)
- 뉘른베르크와 도쿄 전범 재판(Nuremberg and Tokyo War Crimes Trials)
- 트루먼독트린(Truman Doctrine)
- 트루먼고별사(Truman's Farewell Address, January 15, 1953.)

- 이스라엘 국가 승인(Recognition of the State of Israel)
- 국제연합(United Nations)
- 제1차 세계대전(World War I)

5) 시청각기록물

다음과 같이 네 부분으로 분류하여 제공되고 있다.

(1) 사진기록물

27,185개의 사진기록물이 현재 이용가능하며, 데이터베이스로 구축되어 있다. 알파벳순으로 정리되어 있는 주제별 검색, 트루먼관련 주제어 검색, 이름별 검색, 날짜별 검색 등의 경로를 통해서 검색할 수 있다.

(2) 오디오컬렉션(Audio Collection)

1945년 이전부터 1953년까지의 영상기록물이 온라인으로 제공되어 있다.

(3) 음성기록물(Sound Recordings)

시청각컬렉션의 주요 음향기록 시리즈는 1934년에서 1968년에 이르는 900점 이상의 해리 트루먼 연설문과 비평으로 구성되어 있다.

(4) 만화컬렉션

- *1948 Campaign Political Cartoons*
- *Lighter Side of the Berlin Airlift*
- *The Story of Harry S. Truman: A Campaign Comic Book*
- *Truman Balcony Cartoons*
- *Political Cartoon Classroom Unit, by Roy Keeland*

- *Analyzing a Political Comic Book Prepared for the 1948 Campaign*
- *Developing Questioning Skills*
- *Summarizing Political Cartoons by Using Standard Parts of Speech*
- *Political Cartoons: Introduction to Symbols*

6) 구술역사인터뷰(Oral History Interviews)

트루먼도서관은 트루먼의 삶과 시간에 대한 약 500개의 인터뷰 자료를 소장하고 있다. 해리 애봇(Harry L. Abbot)의 '미주리 인디펜던스의 1922년 캠페인의 민주당 참여(Democratic Party participant in the 1922 campaign in Independence, Missouri. 28pages.)'에서부터 유진 주커트(Eugene Zuckert)의 '회원, 과잉재산위원회, 1945-6년(Member, Surplus Property Board, 1945-6)', 상공전쟁 차관특별보자관(Special Assistant to the Assistant Secretary of War for Air, 1946-7), 공군보좌관(Assistant Secretary of the Air Force, 1947-52), 회원, 원자력위원회(member, Atomic Energy Commission, 1952-4. 83 pages)에 이르기까지 제공하고 있다.

7) 인쇄자료(Printed Materials)

트루먼도서관은 원래 트루먼이 기부한 개인기록물과 기타 역사기록물들로서 정부기록물이었던 수천 종의 인쇄자료를 소장하고 있다.

8) 연속간행물

연속간행물의 형태는 기본적으로 인쇄 또는 마이크로필름으로 구성되어 있으며, 다음과 같다.

- *Amerasia*(1937 − 47)
- *Commentary*(1945 − 57)
- *Congressional Digest*(1946 − 52)
- *Democratic Digest*(1926 − 61)
- *Democratic National Committee, Capital Comment*(1947 − 51)
- *The Department of State Bulletin*(1942 − 53)
- *The Department of State, The Record*(1945 − 51)
- *The Economist*(1950 − 2)
- *The Film Daily/The Hollywood Reporter*(1947)
- *Foreign Policy Bulletin*(1946 − 52)
- *Life*(1945 − 53)
- *the Kansas City Star*
- *Kansas City Times*(microfilm, 1920 − 45)
- *Military Government of the Ryukyu Islands, Ryukyu Statistical Bulletins*(1950 − 3)
- *the New York Times*(index and microfilm, 1933 − 90)
- *Office of the Military Government for Germany, Monthly Reports of the Military Governor*(1945 − 9)
- *Office of the United States Commissioner for Germany Information Bulletins*(1949 − 53)
- *the St. Louis Post − Dispatch*(index and microfilm, 1934 − 53)
- *Supreme Commander for Allied Powers, Summation of Non − Military Activities in Japan and Korea*(1945 − 8)
- *Time*(1945 − 53)
- *U.S. Element Allied Commissioner for Austria, Reports of the High Commissioner*(1945 − 51)

9) 박물관컬렉션(The Museum Collection)

박물관컬렉션은 대부분이 종이 및 캔버스에 그려진 미술품으로 약 30,000종이다. 대부분의 물품들은 다음과 같이 다섯 부분의 카테고리 중 하나에 분류되어 있으며, 다음과 같다.
(1) 대통령과 영부인에게 다른 주의 수장들이 준 선물
(2) 미국과 외국을 포함한 개개 시민들이 트루먼에게 준 선물
(3) 트루먼 가족의 개인소장품
(4) 트루먼대통령 임기 및 일반적으로 미국대통령 임기와 관련된 정치언행록
(5) 트루먼의 업적 특히 대통령직과 관련된 역사적 행사와 관련된 물건

10) 온라인전시회(Online Exhibits)

- 1948전시회(1948 Exhibit)
- 미국 대통령직: 영광스러운 부담(American Presidency: Glorious Burden)
- 베스에게: 대통령이 쓴 사랑 편지(Dear Bess: Love Letters from the President)
- 순간을 포착하라: 퓰리처 수상 사진들(Capture the Moment: Pulitzer Prize Photographs)
- 크라이슬러 전시회(Chryslers Exhibit)
- 민권(Civil Rights)
- 4년 주기: 대통령 선출(Every 4 Years: Electing a President)
- 해리 트루먼: 그의 생애와 시대(Harry S. Truman: His Life and Times)
- 한국전쟁(Korean War)
- 미국 한 세기 회고(Looking Back on the American Century)
- 50주년 북대서양조약기구(NATO at 50)
- 대통령 집무실(Oval Office)
- 제2차 세계대전 포스터 예술(Poster Art of World War II)

- 이스라엘 승인(Recognition of Israel)
- 백악관 재건(Restoring the White House, 1948 – 52)
- 트루먼 125주년(Truman at 125)
- 트루먼 족보(Truman Family Tree)
- 트루먼 대통령 재임시기(Truman Presidential Years)
- 백악관 축소판(White House in Miniature)
- 포스터로 본 제2차 세계대전(World War II in Posters)

JCLM

Jimmy Carter Library & Museum

지미카터도서관·박물관

1 기록관

1) 소재사항

소재국가   미국
주   소   441 Freedom Parkway, Atlanta, Georgia 30307 – 1498
전   화   +1 404 865 7100
팩   스   +1 404 865 7102
홈페이지   http://www.jimmycarterlibrary.gov

2) 성격

- 지미 카터(Jimmy Cater, 1924 – , 이하 카터)는 미국의 제39대 대통령(1977 – 81)이다.
- 지미카터도서관·박물관(JCLM: Jimmy Carter Library & Museum, 이하 카터도서관·박물관)은 애틀랜타(Atlanta) 조지아(Georgia)에 위치하고 있으며 국립기록청에 의해 운영되는 대통령도서관 시스템의 일부이다.
- 지미카터도서관은 카터와 로잘린 카터(Rosalynn Carter)의 자료, 카터행정부와 카터의 정치동료 및 개인친구들의 주요 자료, 카터행정부 중요인물들의 자료 그리고 카터대통령 가족의 자료를 소장하고 있다.

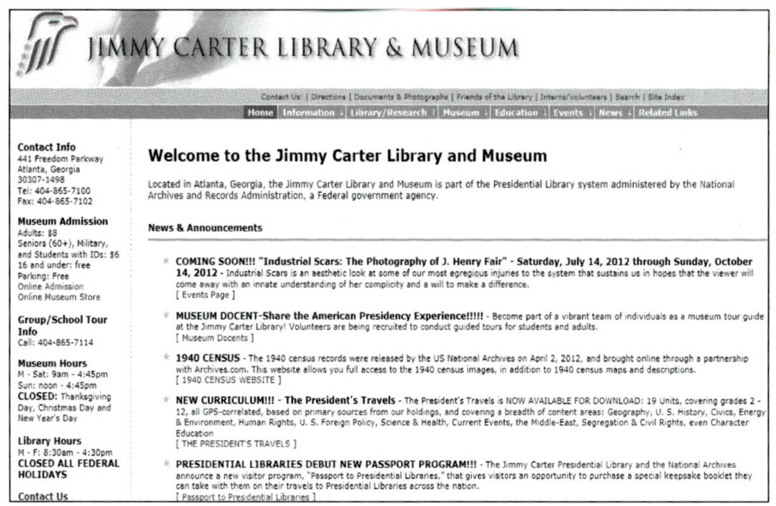

3) 설립연혁

- 대통령 임기를 시작 후 얼마 지나지 않아, 카터는 대통령도서관이 조지아
(Georgia)의 한 부분에 설립되는 것에 대한 관심을 표명하였다. 국가기록관
은 옛 행정부건물에 사무실을 마련하도록 하였으며, 기록전문가들이 배치
되어 자료의 보존 및 분류에 대한 조언을 하였다.

- 1980년 12월 카터도서관 건물 위치선정에 대한 조사가 이루어졌고, 설문조
사를 통하여 애틀랜타(Atlanta) 시내의 한 부분이 선정되었다. 원래 주를
연결하는 고속도로 설립을 위해 정해졌던 조지아 주 소유의 이 대지는 카
터주지사에 의해 프로젝트가 취소되었고, 카터가 대통령이 된 후 도서관
장소로 변경되었다.

- 카터대통령도서관 주식회사가 조지아 주와 함께 건물 설립을 위한 기금마
련에 나섰으며, 건물은 대통령도서관뿐 아니라 연방정부에 일부가 기증되
었다. 또한 카터대통령의 사적 공간, 집무실, 에모리대학교의 카터센터 등
이 함께 자리 잡게 되었다.

- 1984년 10월 2일 모든 설비가 완성되었으며 카터대통령의 전 세계 친구들의 기부에 의해 설립되었다. 1986년 10월 1일 박물관도 대중에게 이용가능하도록 공개되었으며, 1987년 1월 28일 연구실 이용이 시작되었다.

4) 인턴 및 봉사프로그램

- 본 도서관은 대학생 및 대학원생들이 의미 있고 진정한 업무경험을 가질 수 있도록 도서관학, 정치학, 박물관 학생, 교육학 및 마케팅 전공자들에게 한 학기에 최소 135시간 동안의 인턴십프로그램을 제공하고 있다.
- 본 도서관에서 자원봉사를 원하는 봉사자들은 오후 또는 주말 워크샵 지원, 프로그램 안내업무, 저녁행사 지원, 방문안내, 웹사이트 및 출판업무 그리고 연구실 업무와 관련한 봉사활동을 할 수 있다.

5) 박물관

카터도서관의 박물관은 1976년에서 1981년에 이르는 카터 대통령 시절의 사진과 역사적 기념품을 소장하고 있다. 대통령집무실 복제와 카터가 받은 선물들을 관람할 수 있다. 카터의 생애와 정치적 삶에 있어서 중요한 사건에 대한 사진 및 설명서가 상설 전시되고 있다.

6) 관련기관

(1) 지미 카터의 대통령 재임기(Jimmy Carter's Presidency)

- 지미 카터, 제39대 대통령(Jimmy Carter, Thirty - Ninth President 1977 - 81(White House Web Site))
  홈페이지 http://www.whitehouse.gov/about/presidents/jimmycarter
- 지미 카터 전기(Biography of Jimmy Carter(Carter Center))

　　홈페이지 http://www.cartercenter.org/news/experts/jimmy_carter.html
- 미국 대통령들의 생애 초상(American Presidents Life Portraits, Jimmy Carter(C - SPAN))

　　홈페이지 http://www.americanpresidents.org/presidents/president.asp?PresidentNumber=38
- 외부인 대통령, 지미카터 전기("The Outsider President", Biography of Jimmy Carter(The American President Series, PBS))

　　홈페이지 http://millercenter.org/president/carter/essays/biography/1
- 1976년 대통령 토론(원고)(The 1976 Presidential Debates (transcripts))
- 1980년 대통령 토론(원고)(The 1980 Presidential Debates (transcripts))
- 캠프 데이비드 합의 전시(노스캐롤라이나대학)(Exhibit on Camp David Accords(University of North Carolina))

　　홈페이지 http://www.ibiblio.org/sullivan/CampDavid - Accords - homepage.html
- 헨드릭 헤르츠버그의 지미 카터에 대한 논문(발췌)(Excerpts from Character Above All(Hendrick Hertzberg's essay on Jimmy Carter))

　　홈페이지 http://www.pbs.org/newshour/character/essays/carter.html
- 1977년 1월 올해의 인물(타임지)(Man of the Year Article, January 1977(Time Magazine))

　　홈페이지 http://www.time.com/time/magazine/article/0,9171,947792,00.html
- 지미 카터 연두교서 목차(미국 역사에 관한 하이퍼텍스트)(Index on Jimmy Carter's State of the Union Speeches(A Hypertext on American History))

　　홈페이지 http://odur.let.rug.nl/~usa/P/jc39/jc39.htm
- 제임스 카터 주니어, 미국 39대 대통령(James E. Carter, Jr., 39th President of the United States(Academy of Achievement))

홈페이지 http://www.achievement.org/autodoc/page/car0pro - 1
- 미국의 경험: 지미 카터 - 전기(PBS미국 경험)(American Experience: Jimmy Carter - Biography(PBS American Experience))
  홈페이지 http://www.pbs.org/wgbh/americanexperience/films/carter

(2) 지미 카터의 경력: 백악관 전후(Jimmy Carter's Career: Before and After the White House)

- 카터 센터(조지아, 애틀랜타)(Carter Center(Atlanta, Georgia))
  홈페이지 http://www.cartercenter.org/index.html
- 지미 카터 국가 사적지(조지아, 플레인스)(Jimmy Carter National Historic Site(Plains, Georgia))
  홈페이지 http://www.nps.gov/jica/index.htm
- 교육 프로그램(지미 카터 국가사적지)(Education Program(Jimmy Carter National Historic Site))
  홈페이지 http://www.jimmycarter.info
- 평화 영웅, 지미 카터(핵시대평화재단)(Peace Heroes, Jimmy Carter(Nuclear Age Peace Foundation))
  홈페이지 http://www.wagingpeace.org/menu/programs/youth - outreach/ peace - heroes/carter - jimmy.htm
- 조지아, 플레인즈(Plains, Georgia)
  홈페이지 http://www.plainsgeorgia.com
- 지미 카터의 주일학교 교육 일정(Jimmy Carter's Sunday School Teaching Schedule(Maranatha Baptist Church, Plains, Georgia))
  홈페이지 http://www.mbcplains.org
- 카터/프레슬리 커넥션 - 족보(Carter/Presley Connection - Family Tree(RootsWeb. com))

홈페이지 http://wc.rootsweb.ancestry.com/cgi – bin/igm.cgi?op= AHN&db=
presley&id=I01
- 미국의 경험: 지미 카터(PBS 미국 경험)(American Experience: Jimmy
Carter(PBS American Experience))
홈페이지 http://www.pbs.org/wgbh/americanexperience/films/carter

(3) 로잘린 카터(Rosalynn Carter)

- 로잘린 스미스 카터(백악관 웹 사이트)(Rosalynn Smith Carter (White
House Web Site))
홈페이지 http://www.whitehouse.gov/about/first – ladies
- 로잘린 카터 전기(카터 센터)(Biography of Rosalynn Carter(Carter Center))
홈페이지 http://www.cartercenter.org/news/experts/rosalynn_carter.html
- 로잘린 카터 자선원(조지아 남서부 주 대학, 조지아, 아메리쿠스)(Rosalynn
Carter Institute for Caregiving(Georgia Southwestern State University,
Americus, Georgia))
홈페이지 http://www.rosalynncarter.org

(4) 대통령 재임기 관련 웹사이트(Websites Relating to the Presidency)

- 대통령도서관(국립기록청)(Presidential Libraries(National Archives and
Records Administration))
홈페이지 http://www.archives.gov/presidential – libraries/visit
- 백악관(백악관 웹 사이트)(The White House(White House Web Site))
홈페이지 http://www.whitehouse.gov
- 미국 대통령직 프로젝트(캘리포니아, 산타바바라, 캘리포니아대학)(The
American Presidency Project(University of California, Santa Barbara,
California))

홈페이지 http://www.presidency.ucsb.edu/index.php
- 미국 대통령들(인터넷공공도서관)(Presidents of the U.S.(Internet Public Library))

  홈페이지 http://www.ipl.org/div/potus
- 미국자유메달(Presidential Medal of Freedom)

  홈페이지 http://www.infoplease.com/ipa/A0002285.html
- 대통령(노스캐롤라이나대학)(PRESIDENT(University of North Carolina))

  홈페이지 http://www.ibiblio.org/lia/president
- 빈센트육성도서관(미국대통령 육성 샘플)(Vincent Voice Library (Sound Samples from U.S. Presidents))

  홈페이지 http://www.lib.msu.edu/vincent/presidents/carter.htm
- 대통령직 연구센터(Center for the Study of the Presidency)

  홈페이지 http://www.thepresidency.org
- 밀러센터 공무(Miller Center of Public Affairs)

  홈페이지 http://millercenter.org
- 중앙정보국 대통령 후보 보고서(CIA Briefings of Presidential Candidates)

  홈페이지 http://www.cia.gov/redirects/ciaredirect.html
- 대통령 해외 순방(미 국무부)(Foreign Travels of the Presidents (US Department of State))

  홈페이지 http://www.state.gov/www/about_state/history/prestravels.html
- 국가안보기록물(조지아워싱턴대학)(National Security Archive (George Washington University))

  홈페이지 http://www.gwu.edu/~nsarchiv
- 국립기록청 전시: 닉슨과 워터게이트(National Archives and Records Administration Exhibit: Nixon and Watergate)

  홈페이지 http://www.archives.gov/exhibits/american_originals/nixon.html

- 신뢰의 위기, 지미 카터 연설(Crisis of Confidence, Jimmy Carter Speech, July 15, 1979(American Experience))

  홈페이지 http://www.pbs.org/wgbh/americanexperience/features/primary‐resources/carter‐crisis

- 발디 사설 만화(조지아 디지털 도서관)(Baldy Editorial Cartoons, 1946‐1982, 1997(Digital Library of Georgia))

  홈페이지 http://dlg.galileo.usg.edu/baldy.html

- 대통령 일정(오스틴 소재 텍사스 대학)(Presidential Timeline (University of Texas at Austin))

  홈페이지 http://www.presidentialtimeline.org

- 백악관 역사 연합 연구 교부금 프로그램(White House Historical Association Research Grants Program)

  홈페이지 http://www.whitehousehistory.org

② 정보원

1) 정보원 열람 및 배포 정책

지미카터도서관·박물관(JCLM: Jimmy Carter Library & Museum)에는 카터 대통령의 백악관 자료와 문서들 외에도 사진, 오디오 및 비디오테이프가 소장되어 있다. 시청각기록물의 경우 ARC를 통해 검색가능하며 최근의 뉴스레터의 경우 홈페이지에 PDF로 무료로 열람할 수 있게 제공되고 있다.

2) 지미 카터와 로잘린 카터 자료

- 지미 카터의 일대기(Biography of Jimmy Carter)(사진 포함)

- 지미 카터의 일대기(Biography of Jimmy Carter)(원문만)
- 계보학정보(Genealogical Information)
- 지미 카터의 발췌사진(Selected Photographs of Jimmy Carter)
- 지미 카터의 해군시절(Jimmy Carter's Naval Service)
- 카터 대통령 연대기(Chronology of the Carter Presidency)
- 카터행정부 내각임원(Cabinet Officers in the Carter Administration)
- 대통령으로서의 국가안보위원회 회의(National Security Council Meetings as President)
- 카터대통령 기자회견(President Carter's Press Conferences)
- 카터대통령에 의한 자유상 메달(Medal of Freedom Awards by President Carter)
- 카터대통령의 여행(President Carter's Trips)
- 대통령으로서의 교회참석(Church Attendance as President)
- 지미와 로잘린 카터와 카터행정부의 출판목록(Bibliography of Jimmy & Rosalynn Carter and the Carter Administration)
- 지미와 로잘린 카터의 대통령 이후 연대기(Post-Presidential Chronology of Jimmy and Rosalynn Carter)
- 지미 카터의 노벨상 강연, 2002년 12월 10일(Jimmy Carter's Nobel Peace Prize Lecture, December 10, 2002)
- 로잘린 카터 일대기(Biography of Rosalynn Carter(사진 포함))
- 로잘린 카터 일대기(Biography of Rosalynn Carter(원문만))
- 로잘린 카터 사진 일부(Selected Photographs of Rosalynn Carter)

3) 문서 및 사진 컬렉션

- ***The Camp David Accords After Twenty-Five Years***

- *Selected Documents from the Jimmy Carter Library, 1977 − 1981*
- *Jimmy Carter's Nobel Peace Prize Lecture, December 10, 2002*
- *Key Legislation During the Carter Administration*
- *Executive Orders Issued by President Jimmy Carter*
- *The NSC Staff and Organization*
- *President's Daily Diary, 1977 − 1981*
- *Presidential Directives*
- *Presidential Review Memorandums*
- *Selected Speeches of Jimmy Carter*
- *The Camp David Accords*
- *The Hostage Crisis in Iran*
- *The Hostages and The Casualties*
- *Iran Hostage's Diary / Robert C. Ode*
- *Panama Canal Treaties*
- *Dr. Samuel Mudd*
- *Human Rights Documents*
- *Alaska Lands*
- *Menus for State Dinners during the Carter Administration*
- *Campaign '74 Source Book DNC Documents*
- *A Message on Justice*
- *Inaugural Address as Governor of Georgia*
- *Jimmy Carter Remembers Gerald Ford*

4) 메뉴스크립트컬렉션

(1) 지미 카터 대통령 자료

- 대통령파일(President's Files)
  백악관서기관파일(Staff Secretary's File), 수잔클로프파일(Susan Clough File), 평원파일(Plains File)
- 백악관중앙파일(White House Central Files)
  백악관중앙파일은 현재 백악관기록관리사무소(White House Office of Records Management)로 알려진 약 25명의 전문직원이 구축한 자료이다.
- 백악관중앙파일주제파일(White House Central Files Subject File)
  주제파일은 백악관중앙파일의 주요 파일링시스템으로 다음과 같이 분류되고 있다.
  - 백악관중앙파일 이름파일(White House Central File Name File)
  - 사회사무소파일(Social Office File)
  - 주간 대통령 서신 샘플(Weekly Presidential Mail Sample)
  - 연대기파일(Chronological File)
  - 서신트래킹(Correspondence Tracking)
  - 대형의 자료(Oversize Materials)

(2) 기증 역사기록물

잭 배스(Jack Bass)에서부터 월터 워펠(Walter Wurfel)에 이르기까지의 각 기증자의 성명 알파벳순으로 목록화하고 있으며, 관련정보를 제공하고 있다.

(3) 연방정부기록물

- 레코드그룹 220, 임시위원회, 위원회, 이사회기록물(Record Group 220, Records of Temporary Committees, Commissions, and Boards)

- 취임위원회기록물(Record Group 274, Records of Inaugural Committees)
- 소기업관리기록물(Record Group 309, Records of the Small Business Administration)

5) 시청각기록물

지미카터도서관은 약 50만 개의 스틸사진을 소장하고 있다. 이들 중 834개의 사진이 '국가기록관정보로케이터(National Archives Information Locator)'에서 제공하고 있는 웹상의 홈페이지에서 이용가능하다. 그리고 이들 834개의 사진은 목록인 ARC(http://www.archives.gov/research_room/arc/index.html)를 통해 검색가능하다.

(1) 백악관컬렉션의 기술(Descriptions of White House Collections)

- 백악관직원사진사(White House Staff Photographers, 1977-81)
- 백악관 통신기관 비디오테이프, 1977-81년(White House Communication Agency Videotapes, 1977-81)
- 백악관 통신기관 오디오테이프, 1977-81년(White House Communication Agency Audiotapes, 1977-81)
- 해군사진센터필름, 1977-81년(Naval Photographic Center Film, 1977-81)

(2) 기타 컬렉션의 기술(Descriptions of Other Collections)

- 로디 밈스 컬렉션, 1976-82년(Roddey Mims Collection, 1976-82)
- 에모리대학 시청각기록 카터센터(Carter Center of Emory University Audiovisual Records)
- 카터가족사진 및 필름컬렉션(Carter Family Photos and Film Collection)

- 맥스 클리랜드 컬렉션(Max Cleland Collection)
- 필립 데이비스 컬렉션(Philip E. Davis Collection)
- 케터(미국 – 중국우정협회)컬렉션(Ketter(US – China Peoples Friendship Association) Collection)
- 제럴드 라프슌 컬렉션(Gerald Rafshoon Collection)
- 로버트 스틸스 컬렉션(Robert Stiles Collection)
- 트로티어 필름컬렉션(A. R. Trottier Film Collection)
- Collection WPBA(카터센터담화, 1992년)컬렉션(WPBA(Conversations at the Carter Center, 1992))

6) 구술역사기록물

구술역사기록물은 다음과 같은 프로젝트별로 구분하여 조사 및 관리되고 있다.

- 카터/스미스 가족 구술역사 프로젝트
- 국립공원서비스 프로젝트 구술역사
- 출구조사 프로젝트
- 화이트 버켓 밀러(White Burkett Miller)센터 지미 카터 프로젝트
- 기타 인터뷰
- 카터도서관 구술역사 프로젝트

7) 뉴스레터(Newsletter)

*The Carter Chronicle*라는 표제로 뉴스레터가 발행되고 있으며, 2010년 9월 창간호(1권 1호)와 겨울호(2권 2호)가 PDF로 제공되어 무료로 열람 가능하다.

JCPML
John Curtin Prime Ministerial Library
존커틴수상도서관

① 기록관

1) 소재사항

소재국가	호주
주　　소	GPO Box U1987 Perth WA Australia 6845
전　　화	+61 08 9266 4205
팩　　스	+61 08 9266 4185
홈페이지	http://www.john.curtin.edu.au

2) 성격

- 존 커틴(John Curtin, 1885 – 1945)은 호주의 제14대(1941 – 45, 이하 커틴) 수상이다.
- 존커틴수상도서관(JCPML: John Curtin Prime Ministrial Library)은 호주 최초의 수상도서관이며, 커틴대학교(Curtin University)의 도서관의 일부를 구성하고 있다. 이 도서관은 특수 자료와 기록물의 안전하고 안정적인 보존을 위한 기록관 용도로 이용되고 있으며, 연구원들을 위한 공간으로 제공되고 있다.

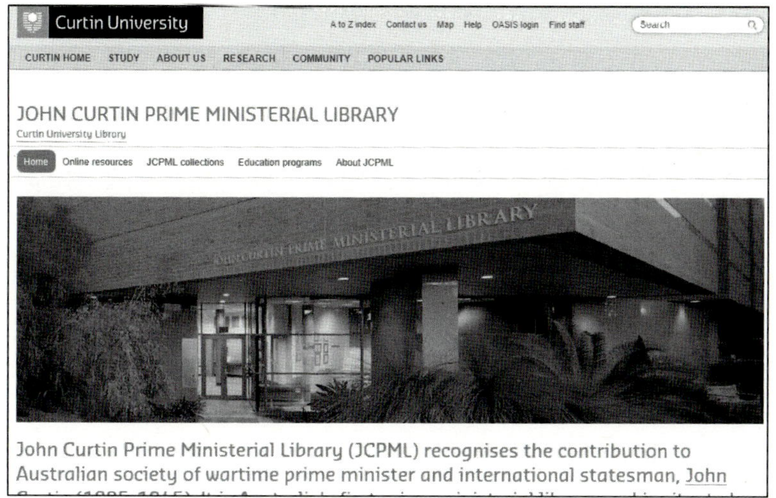

3) 설립연혁

1998년 2월 20일 설립 총 감독 비키 윌리엄슨(Dr. Vicki Williamson) 교수와 캔디제인 헨더슨(Kandy – Jane Henderson) 기록전문가에 의해 건립된 후 대중에 공개되었다.

4) 설립목적

커틴의 삶과 역할에 대해 초점을 맞춘 연구컬렉션 구성을 위하여 설립되었다.

5) 비전 및 임무

① 존커틴수상도서관은 지식과 문화의 발전을 위한 연구 활성화를 도우며, 교육 프로그램을 지원한다.
② 전쟁 중 수상직에 있었으며 국제적인 정치가였던 커틴을 기리는 연구를 촉구한다.

③ 커틴의 생에 대한 자료와 기록들을 도서관과 '전자연구기록관(ERA: Electronic Research Archive)'을 통해 온라인상으로 제공한다.

④ 존커틴수상도서관은 호주국가기록관(NAA)의 장서 중 커틴 관련 기록의 디지털화 작업을 수행하고 있다. 이 자료는 '전자연구기록관'을 통해 호주국가기록관의 온라인 목록인 '레코드서치(RecordSearch)'와 연결된다.

⑤ 연구 자료의 제공뿐만 아니라 연구 컬렉션을 주재하기도 한다.

6) 조직

인적자원의 구성은 다음과 같다.

① 총 감독관(Director)

② 검색 서비스 매니저(Manager, Reasearch Services)

③ 아카이브 기술자(Archives Technician)

④ 존 커틴 수상도서관 사서(JCPML Librarian)

⑤ 교육 담당관(Education Officer)

7) 주요 서비스

- 학자, 교육자, 학생 그리고 커뮤니티의 멤버들은 커틴과 그의 삶, 그가 살아갔던 시대에 대한 정보와 기타 컬렉션과의 링크 제공
- 매년 7월 5일 기념일 이벤트를 통해 학교들과 대중을 대상으로 한 교육 프로그램과 전시 등의 진행
- 온라인프로그램과 방문프로그램 등의 개설로 모든 연령대의 학생과 방문자 등에 교육적 체험의 제공
- 매년 다양한 강연과 전시의 개최

8) 교육 프로그램

존커틴수상도서관은 다양한 현장, 온라인, 그리고 방문 교육 프로그램을 제공하고 있으며, 그 대상은 유치원 학생부터 성인까지 그리고 개인에서 그룹까지 다양하다. 서호주 학생들을 위한 프로그램의 경우 WA 커리큘럼(WA curriculum)에 맞도록 디자인한 역할극, 연극, 기록 공부, 전시 방문 및 개인의 '자율적 보물상자 활동(self－contained treasure box activities)' 등을 포함하고 있다. 또한 교육적 목적을 위한 원문자료(primary sources)를 제공하고 있으며, 관련 사진, 문서, 구전 역사 등 여러 연령대를 위한 다양한 자료를 보유하고 있다. 이러한 자료들 중에는 홈페이지를 통하여 다운로드가 가능한 것도 존재한다. 주요 교육프로그램은 다음과 같다.

(1) 국사에 도전(National History Challenge)

이는 존커틴수상도서관의 특별카테고리(Spacial Category)로서 일종의 연구대회이다. 이는 5세에서 19세까지의 학생들을 대상으로 하고 있다. 존커틴수상도서관은 이 대회를 지지하며 매년 '존 커틴의 생과 시대(The life and times of John Curtin)'부문의 수상을 담당하고 있다.

(2) 찰스 코트 경의 젊은 리더 프로그램(Sir Charles Court Young Leaders' Program)

이는 커틴기술대학교(Curtin University of Technology)와 WA 프로그램의 역사교사협회(History Teachers Association)의 협력 프로그램으로, 찰스 코트 경과 커튼이 중요히 여겼던 비전, 리더십과 커뮤니티라는 가치를 바탕으로 시작되었다. 서호주의 학생들 중 선택된 10명에서 30명의 학생이 4일간 진행되는 숙박 프로그램을 통하여 여러 연설자들의 강연과 도전적인 학습을 경험하게 된다.

9) 관련링크 및 기관

(1) 각 계층 이용자를 위한 정보

- 미래학생

  홈페이지 http://futurestudents.curtin.edu.au
- 국제미래학생

  홈페이지 http://international.curtin.edu.au
- 현재학생

  홈페이지 http://students.curtin.edu.au
- 연구학생과 직원

  홈페이지 http://www.curtin.edu.au/research/currentstudents
- 직원

  홈페이지 http://staff.curtin.edu.au/index.cfm
- 졸업생

  홈페이지 https://alumni.curtin.edu.au
- 매체(Media)

  홈페이지 http://campusnews.curtin.edu.au/media_centre
- 잠재직원

  홈페이지 http://futurestaff.curtin.edu.au
- 학부모와 후견인(Parents & guardians)

  홈페이지 http://futurestudents.curtin.edu.au/parents‒and‒teachers
- 교사와 지도교수

  홈페이지 http://futurestudents.curtin.edu.au/teachers
- 방문객(Visitors)

  홈페이지 http://about.curtin.edu.au/visiting‒curtin.cfm

(2) 학생

- 원주학생센터(Centre for Aboriginal Studies)
  홈페이지 http://karda.curtin.edu.au
- 커틴경영학교(Curtin Business School)
  홈페이지 http://www.business.curtin.edu.au
- 건강학(Health Sciences)
  홈페이지 http://healthsciences.curtin.edu.au
- 인문학(Humanities)
  홈페이지 http://humanities.curtin.edu.au
- 과학과 기술
  홈페이지 http://scieng.curtin.edu.au

(3) 주요 업무

- T&L(Teaching & Learning)
  홈페이지 http://otl.curtin.edu.au
- R&D(Research & Development)
  홈페이지 http://research.curtin.edu.au

(4) 인기사이트

- 도서관
  홈페이지 http://library.curtin.edu.au
- 서점
  홈페이지 http://www.bookshop.curtin.edu.au
- 장학금
  홈페이지 http://scholarships.curtin.edu.au

- OASIS

    홈페이지 https://portal.curtin.edu.au/http://sm-portal.curtin.edu.au:8080/ portal/dt

② 정보원

1) 정보원 배포 및 열람 정책

- 존커틴수상도서관(JCPML: John Curtin Prime Ministerial Library)은 연구와 교육 목적만을 위하여 제공되며, 1968년의 저작권법과 2000년 저작권 개정법에 의해 허용된 범위 내에서만 서비스를 제공한다. 홈페이지의 대다수의 자료들은 호주 저작권법에 의해 보호되고 있으며, 자료의 사용에 있어 이러한 법에 위배되는 바가 없도록 주의해야 한다.
- 전자검색기록관(ERA) 구축으로 기록물 검색 및 열람이 온라인화되어 있으며, 홈페이지에 세계 각국 관련 기관과의 자료에 대한 상호교류의 장이 되고 있다.
- 자료의 장기간 사용보다는 복사하는 것을 더 권장하고 있다.
- 출판물, 오디오 비주얼 자료 및 수집품 등 다양한 자료를 보유 및 판매하고 있으며, 무료로 이용할 수 있는 온라인 자료도 있다.

2) 기록물 취득

- 존커틴수상도서관 컬렉션과 밀접한 연관성이 있지만 다른 기록관 컬렉션의 자료의 경우 복사하여 취득하거나 '전자검색기록관(ERA: Electronic Research Archive, http://espace.library.cur tin.edu.au/R?func=search&local_base=ERA01JCPML)' 을 통해 디지털화한다.

- 자료는 그 형태에 따라 사진 복사물, 마이크로필름, 전자 스캔 중 가장 적합한 상태로 복사 가능하다.
- 자료의 복사를 이행하는 과정은 상호적으로 함께 진행된다.
- 자료에 대한 접근 허용과 복사를 제공하는 상대 기관은 존커틴수상도서관으로부터 그에 상응하는 중요한 자료에 대한 접근 권한을 갖는다.
- 존커틴수상도서관이 목록과 색인을 작성하면, 상대 기관은 이를 제공받을 수 있다.

3) 존커틴수상기록물

존커틴수상기록물은 수상 이전과 수상 시절로 구분하여 관련 전기정보를 제공하고 있다. 대분류 이하 기록그룹은 다음과 같다.

(1) 존 커틴 전기(Biography of John Curtin)

- 데이비드 블랙 교수, JCPML 사학 컨설턴트(Professor David Black, JCPML Historical Consultant)
- 어린 시절(1885 – 1914)
- 제1차 세계대전과 징병제(1914 – 7)
- 웨스트레일리언 워커(Westralian Worker)의 편집자(1917 – 28)
- 삶의 성쇠, Ups and downs(1928 – 35)

(2) 수상 시절(1941 – 5)

- 1941년부터 1943년까지 전쟁 시의 리더
- 국경에서(On the Home Front)
- 1943년 선거(The 1943 Election)
- 1943년에서 1945년

- 삶의 마지막 날들

4) 소장 자료

(1) 도서관 자료

① 존 커틴

'존 커틴' 항목으로 구축된 도서관자료는 다음과 같다.

- 전기와 타임라인(Biography & Timeline)
- 존 커틴의 삶과 시대(John Curtin's Life & Times)
- 정치적 삶과 수상으로서의 임기(Political Life & Prime Ministership)
- 존 커틴의 연설들과 글들(John Curtin's Speeches & Writing)
- 존 커틴: 호주 수상들의 아카이브에 대한 가이드(John Curtin: Guide to Archives of Australia's Prime Ministers)
- 연구와 교육을 위한 자료(Research & Learning Resources)
- 존 커틴과 관련된 전기(Bibliography of Books Relating to John Curtin)
- 존 커틴을 기리며(Commemorating John Curtin)

② 링크

커틴 관련 자료를 검색할 수 있는 다음과 같은 링크가 제공되고 있다.

- 호주의 수상들(호주국립아카이브)
- 서호주 문화유산 포털
- 호주의 사진들(호주국립도서관)
- 호주의 도서관들(호주국립도서관)

(2) 인물정보

존커틴수상도서관은 커틴 외에 그의 아내 엘지 커틴(Elsie Curtin)과 헤이

젤 호크(Hazel Hawke)에 대한 정보도 보관하고 있다. '존커틴수상도서관의 주와 국가에 대한 포털(John Curtin Prime Ministerial Library on State and Nation Portal)' 항목에서 이들 각 사람의 홈페이지를 통해 전기적인 사실과 더불어 도서관의 소장 정보의 샘플을 제공하고 있다.

5) 기록물검색

전자검색기록관(ERA: Electronic Research Archive)에서 커틴의 생애와 시대 관련 기록물을 제공하고 있다. 동시에 세계 각국의 기관들 중 관련 자료를 소장하고 있는 경우도 접근 가능하도록 구축되어 있다.

① 간략검색(Simple Search)
모든 메타데이터 분야(제목, 작성자, 설명 등)와 디지털파일들의 전문 검색이 가능하다.

② 고급검색(Advanced Search)
전체 본문 또는 메타데이터의 등과 같은 특정한 분야에서 사진, 구전기록물 등과 같은 특정 자료를 찾을 수 있도록 상세검색 방법을 제공한다.

6) 주요 보고서

(1) 2011 프로그램 설명(Program Statement 2011)

존커틴수상도서관은 프로그램들을 통한 펀딩으로 운영되며, 다음과 같은 임무를 수행한다.
- 아카이브 컬렉션을 아카이브 원칙에 맞도록 구성 및 관리한다.
- 전시에 적합한 자료를 수집 및 유지한다.

- 컬렉션을 구축하여 존커틴수상도서관의 연구원들에게 제공할 뿐만 아니라 전자연구기록관(ERA)을 통해 국가도서관과 같이 정부기관의 검색 서비스에서 이용할 수 있도록 한다.
- 기록관 자료를 이용하는 고객들에게 전문가의 조언을 받을 수 있도록 한다.
- 방문, 온라인 프로그램을 통해 교육적인 성취를 제공한다.
- 커틴에 대한 집중적인 전시를 기획하며 유지한다.
- 일시적이거나 투어식의 전시를 통해 존커틴수상도서관의 컬렉션을 홍보한다.
- 존커틴수상도서관의 목적에 부합하는 투어 전시를 대학교 캠퍼스에서 실시한다.
- 존커틴수상도서관의 활동을 광범위한 커뮤니티를 대상으로 마케팅을 하며 홍보한다.
- 연구 결과와 도서관 장서 및 프로그램 관련 자료에 대한 정보를 출판한다.
- 알찬 콘텐츠의 홈페이지와 전자연구기록관(ERA)을 통한 정보제공과 이벤트와 여러 프로그램에 대한 정보를 알린다.
- 학술적인 자료와 공적인 자료의 균형을 맞추기 위해 노력한다.
- 존커틴수상도서관의 기념일에 유명 인사를 연설자로 초청하기 위해 노력하며 여타 공공 이벤트를 기획한다.
- 방문 학자 프로그램을 기획한다.
- 존커틴수상도서관과 관련된 회의와 활동들을 조직한다.

(2) 정보 업데이트(Information Update)

1997년부터 한 해에 세 번씩 출간되는 뉴스레터(Newsletter)를 발간하여 최근 소식과 정보를 업데이트한다.

(3) 연례보고서(Annual Review)

1998년부터 2003년까지 매년 발간되었던 보고서이다.

7) 디지털도서관

존커틴수상도서관과 전자검색기록관의 설립 이후 존커틴도서관은 다른 기록물을 통합한 후 디지털기록관을 구축하였다. 이 장서는 도서관에 의해 관리되며 존커틴 수상도서관에 보관되어 있다. 장서와 디지털기록물들의 발전 과정과 배경은 2008년 9월에 개최된 호주도서관과 정보 컨퍼런스에서 개비 하다우(Gaby Haddow)와 레슬리 월리스(Lesley Wallace)가 저술한 '정치, 문학, 민담과 세계를 항해하기: 커틴대학도서관의 디지털 컬렉션의 이모저모(Politics, Literature, Folklore and Circumnavigating the World: the What, Why and How of Digital Collections at Curtin University Library)'를 통해 알 수 있다. 또한 '존 커틴 탐구: 톰 피츠제랄드의 연구서(Investigating John Curtin: the Research Papers of Tom Fitzgerald)' 와 '알렉스 맥칼룸: 특별한 서호주인(Alex McCallum: An Extraordinary Western Australian)'을 통해서 전기적인 사실과 함께 도서관 장서에 대해 알 수 있다. 각 도서관장서와 디지털기록물은 홈페이지에 다음과 같이 구축되어 있다.

- 지오프 갤럽 장서(Geoff Gallop Collection)
- 엘리자베스 졸리 장서(Elizabeth Jolley Collection)
- 카르멘 로렌스 장서(Carmen Lawrence Collection)
- 프로젝트 시도: 존 샌더스의 세계 삼주 장서(Project Endeavour: Jon Sander's Triple Circumnavigation of the World Collection)
- 여성 건강 컬렉션(Women's Health Collection)
  여성의 건강, 그중 특히 결혼, 성과 피임에 관련하여 500편 이상의 도서와 안내서를 수록하고 있다.

8) 분관 및 파트너도서관

존커틴수상도서관은 몇 개의 분관성격의 도서관을 운영하고 있다. 일부 도서관과는 긴밀한 파트너 관계에 있으며, 다음과 같다.

(1) 분관

- 로버트슨도서관(Roberston Library)

  홈페이지 http://library.curtin.edu.au

- 존커틴수상도서관(John Curtin Prime Ministerial Library)

  홈페이지 http://john.curtin.edu.au

- 머레이가(街)도서관(Murray Street Library)

  홈페이지 http://library.curtin.edu.au/about/murray‑street‑library.cfm

- 칼구리캠퍼스도서관(Kalgoorlie Campus Library)

  홈페이지 http://library.curtin.edu.au/about/kalgoorlie‑campus‑library.cmf

- 무레스크캠퍼스도서관(Muresk Campus Library)

  홈페이지 http://library.curtin.edu.au/about/muresk‑campus‑library.cmf

(2) 파트너도서관

- 커틴시드니도서관(Curtin Sydney Library)

  홈페이지 http://sydney.curtin.edu.au/current‑students/library

- 커틴사라와크도서관(Curtin Sarawak Library)

  홈페이지 http://library.curtin.edu.my/index.htm

- 커틴싱가포르도서관(Curtin Singapore Library)

  홈페이지 http://www.curtin.edu.sg/current‑students/library.cfm

9) 전시회

(1) 과거 전시회

1998년부터 이어져 온 소규모 전시 및 투어 전시기록들은 홈페이지에서 조회 가능하다.

(2) 현재 전시회

현재 진행 중인 주요 전시회는 다음과 같다.
- 지식의 추구: 커틴, 선구자적 자세(The Pursuit of Knowledge: Curtin, Looking ever Forward)
- 존 커틴: 정의롭고 지혜로운 자(John Curtin: Fairest and Best)

(3) 이동전시회(Travelling Exhibitions)

다음의 두 이동 전시품목은 대여가 가능하다.
- 멘지스, 패든, 커틴 그리고 일본 대사(Menzies, Fadden, Curtin and the Japanese Envoy)
- 가능의 예술(The Art of the Possible)

10) 출판물(Publications)

(1) 인쇄 및 시청각출판물(Print and Audiovisual Publications)

출판물과 수집품은 주문서를 이용하거나 연락하여 구매할 수 있다.

- David Black. ***Friendship is a Sheltering Tree***
  존 커틴의 1907년부터 1945년까지의 서신이다.
- ***John Curtin's Legacy***

존 커틴 수상도서관의 대중 강좌 시리즈이다.

- Edited and narrated by David Black. ***In his own words***
  존 커틴의 연설문과 집필자료이다.
- Geoffrey Serle. ***For Australia and Labor: Prime Minister John Curtin***

(2) 무료 온라인출판물(Free Online Publications)

온라인상으로 무료 이용 가능한 자료를 보유하고 있다.

- 카툰 PD 패키지(Cartoon PD in a Package)
  출판물의 일환으로는 매우 인기가 높은 카툰 PD 패키지로, 이 자료는
  학생들과 교원들의 정치 만화에 대한 이해도를 높이기 위한 목적으로
  이용되고 있다.
- ***데이비드 블랙과 레즐리 월리스의 존 커틴: 호주의 총리들의 아카이
  브 가이드*** (David Black and Lesley Wallace. *John Curtin: Guide to
  Archives of Australia's Prime Ministers*)
  이 가이드는 호주국가기록관, 존 커틴 총리도서관, 기타 호주 및 해외
  기관에 보관되어 있는 자료에 대한 설명을 담고 있다. 이 가이드는
  PDF 파일로 다운로드하거나 호주국가기록관 온라인 숍에서 구매할 수
  있다(http://shop.naa.gov.au/p/645703/john－curtin.html).
- ***총리와 언론: 세부 연구***(*The Prime Minister and The Press: A Study
  in Intimacy*)
  이 자료는 미첼 그래탄(Michelle Grattan)이 1998년 존 커틴에 대한
  자료 전시에서 한 선언에 기초하여 쓴 것이다.

11) 뉴스레터

(1) 뉴스레터(*Newsletter*)

e-JCPML에서 뉴스레터를 발간하고 있으며, 연간 3~4회에 걸쳐 업데이트된다. 2011년의 경우 4월, 7월, 9월판이 홈페이지 제공되고 있으며, 기간호로서 1997년부터 2010년까지의 뉴스레터가 PDF로 홈페이지에 탑재되어 있다.

(2) 존 커틴 센터뉴스(*The John Curtin Centre News*)

초기의 JCPML 뉴스레터였던 *John Curtin Centre News* 또한 홈페이지를 통하여 제공하고 있는데, 1994년의 창간호, 2호, 10월호, 1995년의 5월호와 9월호, 1996년의 10월호가 PDF로 홈페이지에 탑재되어 있다.

JFKPLM

JFKPLM

John F. Kennedy Presidential Library & Museum
존케네디대통령도서관 · 박물관

1 기록관

1) 소재사항

소재국가	미국
주 소	Columbia Point, Boston, MA 02125
전 화	+1 617 514 1600
전자우편	kennedy.library@nara.gov
홈페이지	http://www.jfklibrary.org

2) 성격

- 존 F. 케네디(John F. Kennedy, 1917-63, 이하 케네디)는 미국의 제35대 대통령(1961-3)이다.

- 존케네디대통령도서관 · 박물관(JFKPLM: John F. Kennedy Presidential Library & Museum, 이하 케네디대통령도서관 · 박물관)은 새롭고 더 나은 세계를 위한 정치와 예술을 통해 미국의 제35대 대통령을 기리기 위해 설립되었다.

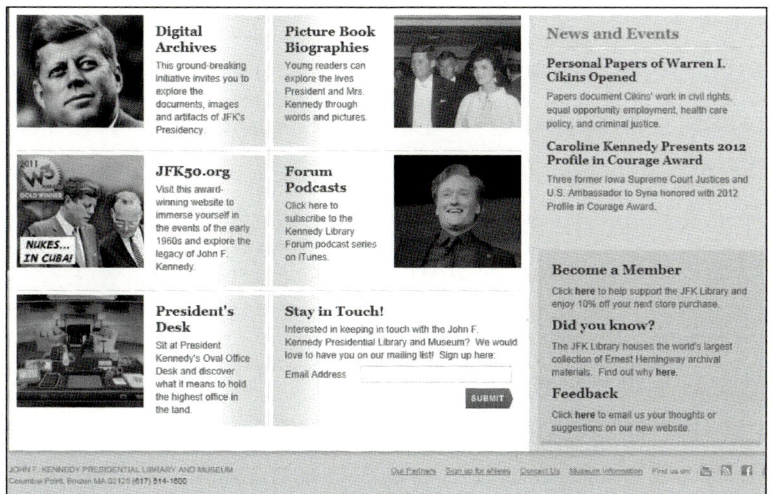

3) 설립연혁

- 대통령도서관시스템은 1939년 루스벨트대통령이 그의 개인 및 대통령기록을 연방정부에 기증했을 때부터 공식적으로 시작되었다. 또한 루스벨트대통령이 하이드파크에 있는 그의 사옥을 미국 정부에 기증하고, 그의 친구들이 기금을 모아 도서관과 박물관을 설립한 것을 계기로 이후 대통령들은 대통령도서관을 사적기금으로 설립하였다. 또한 개인 및 비영리 기구들이 형성되어 대통령도서관프로그램을 지속적으로 지지해왔으며, 대통령도서관이 설립되면 국립기록청에서 운영 및 유지의 책임을 맡게 되었다.
- 1961년 9월 20일 케네디대통령이 미국의 기록전문가에게 백악관 직원들과 하버드대학교 대표단과 함께 캠브리지와 매사추세츠에 대통령도서관을 설립할 것을 제안한 후, 선대 후버대통령, 루스벨트대통령, 트루먼대통령, 아이젠하워대통령의 선례를 따라 그의 문서와 기념품들을 대통령도서관을 위해 국가기록관에 기증할 것을 발표하였다.
- 케네디대통령은 사망 한 달 전, 캠브리지와 매사추세츠 그리고 하버드대학

교 옆의 정해진 도서관장소를 방문하였다. 케네디도서관을 위한 계획은 1963년 케네디 대통령 가족들이 적합한 기념장소를 토의하기 위해 만나면서 시작되었다. 많은 제안이 이루어진 가운데, 케네디여사와 다른 가족들이 케네디대통령도서관·박물관만이 유일한 공식적인 대통령도서관이 되어야 한다고 결론지었다. 또한 도서관설립프로젝트는 박물관, 기록관, 교육연구소의 총 세 개의 부분으로 구성되어야 한다는 데 동의하였다.

- 비영리회사인 존케네디도서관 주식회사가 도서관을 매사추세츠에 설립하고 기록들을 보관하기 위해 1963년 12월 5일 매사추세츠에 등록되었다. 도서관 설립뿐 아니라 기금마련도 이 회사의 주요 임무 중 하나였다. 케네디도서관 주식회사는 도서관과 박물관 및 하버드대학교 정치학연구소 설립을 위해 미화 2천8십만 달러 이상의 기금을 마련하였다. 1966년 존케네디도서관 주식회사는 하버드대학교에 미화 8백만 달러를 기증하여 정치학연구소를 설립하였다.

- 1975년 케네디대통령회사는 캠브리지주민들의 반대로 인한 공사 지연으로 원래 케네디대통령에 의해 계획된 하버드대학교의 도서관 설립을 포기하였다. 도서관회사는 대신 도체스터(Dorchester)의 콜럼비아포인트(Columbia Point)에 위치한 매사추세츠 보스턴대학교의 하버캠퍼스(Harbor Campus)를 새로운 장소로 정하였다. 이후 케네디가족들은 박물관 기획에 있어서 다양한 방면의 전문가들을 합류시키기 시작하였다.

- 1977년 6월 12일 도서관 건물의 유명한 디자인이 I. M. 페이에 의해 완성되었고, 1979년 10월 완공되었다. 1979년 10월 20일 케네디대통령도서관 주식회사는 도서관을 미국 국립기록청에 양도하였다. 1984년 본 회사는 매사추세츠법에 따라 비영리기관인 존케네디도서관재단으로 등록되었다.

4) 비전 및 임무

케네디대통령도서관·박물관은 케네디대통령의 삶과 업적 그리고 그가 살았던 시대에 대한 연구 및 이해를 증진시키고, 미국의 정치 및 문화유산에 대한 더 나은 이해를 촉진시키기 위해 설립되었다.

① 케네디 대통령과 그 시대의 기록보존 및 이용
② 당대의 주요 문제에 대한 열린 토론 활성화
③ 공공서비스와 커뮤니티서비스를 통한 국가 미래를 위한 시민의 공헌 장려 및 교육

5) 전시회

상설전시회, 특별단기전시회, 박물관공예품 그리고 온라인을 통한 쌍방향전시회를 운영하고 있다.

6) 케네디대통령도서관재단

- 케네디대통령도서관재단은 비영리기관으로 케네디대통령도서관·박물관을 위한 재정적, 인적 및 물질적 지원을 제공한다. 본 재단은 장학금수여재단은 아니다.
- 본 재단은 도서관의 장기전략 목표와 목적을 기획 및 설립하고, 도서관에 재정 및 물질적 지원을 함으로써 교육프로그램 등을 활성화시키고, 또한 연구 및 기록능력을 확장하며, 박물관 및 전시회의 기능을 강화하고자 한다.
- 본 재단의 존케네디도서관주식회사에서 시작되었으며, 1963년 12월 5일 매사추세츠에 등록되었다.

7) 인턴십 및 봉사활동

본 도서관·박물관 및 도서관재단은 인턴십과 봉사활동제도를 운영하고 있다. 케네디도서관의 인턴십은 케네디도서관재단이 후원하고 있다. 본 도서관의 봉사활동은 도서관 운영에 중요한 부분을 차지하며, 케네디대통령의 시대와 삶에 대한 배움의 기회를 제하기도 한다.

8) 케네디도서관

케네디도서관포럼은 케네디대통령도서관·박물관이 케네디대통령과 케네디여사의 백악관시절을 반영하는 역사, 정치, 문화 등 다양한 범위의 대중토론을 장려하기 위해 제공하는 공공업무프로그램 시리즈이다. 포럼은 강의보다는 대화의 형식으로 이루어진다. 정기적으로 주제별 포럼이 홈페이지를 통하여 제공되고 있다. 케네디도서관포럼의 실시간 중계는 링크(http://www.jfklibrary.org/webcast)를 통해서 볼 수 있다.

② 정보원

1) 정보원 열람 및 배포 정책

존케네디대통령도서관·박물관(JFKPLM: John F. Kennedy Presidential Library & Museum)은 헤밍웨이컬렉션, 전문컬렉션, 시청각컬렉션 등과 같이 주요 컬렉션별로 구성되어 있으며, 기록관과 박물관에 소장되어 있는 대부분의 기록물과 소장품을 디지털화하고 있다. 일부 자료들은 디지털화되어 인터넷을 통해 열람이 가능하다. 디지털기록관을 통해 키워드 검색 및 전체 목록 브라우징이 가능하다. 특히 역사적 연설문과 최근까지의 보도자료의 경우 모두 홈페이지에 탑재하여 무료로 제공하고 있다.

2) 소장기록물

주요 소장기록물은 미국 제35대 대통령인 케네디대통령의 삶과 기대에 대한 것들이다. 본 도서관은 존 케네디, 로버트 케네디, 조세프 케네디, 로즈 케네디 및 케네디 가족들, 그리고 케네디대통령을 위해 일했던 작가, 정치가, 개인 및 기구들의 텍스트문서, 시청각 자료, 박물관 공예품 등을 포함하고 있다. 또한 어니스트 헤밍웨이 컬렉션과 존 케네디와 로버트 케네디의 구술역사 프로그램을 소장하고 있다.

3) 디지털기록관(The Digital Archives)

디지털기록관은 점점 늘어나고 있는 디지털화된 역사적 문서, 이미지 등에 대한 전자적 접근을 제공한다. 존케네디도서관의 기록전문가는 케네디대통령과 그의 행정부 문서에서 시작하는 기록관 및 박물관의 모든 소장품을 디지털화하고 대중의 이용이 가능하도록 하고 있다. 다음과 같이 구성되어 있다.

- 전문컬렉션(Textual Collections)
- 시청각컬렉션(Audiovisual Collections)
- 어니스트 헤밍웨이 컬렉션(Ernest Hemingway Collection)
- 구술역사프로그램(Oral History Program)
- 박물관공예품(Museum Artifacts)
- 도서 및 기타 인쇄자료(Books and Other Printed Materials)

4) 헤밍웨이컬렉션(The Ernest Hemingway Collection)

존케네디도서관의 헤밍웨이컬렉션은 가장 방대한 헤밍웨이의 자료이다. 어니스트 헤밍웨이의 문서들은 1968년 메리 헤밍웨이(Mary Hemingway)와 재클린 케네디(Jacqueline Kennedy)의 결정으로 케네디도서관에 기증되었다. 대표적으로 다음과 같다.

- *Hemingway on War and its Aftermath*
- *Ernest Hemingway: A Storyteller's Legacy*
- *The Journey to the John F. Kennedy Library*
- *Hemingway's Library: A Composite Record*
- *Hemingway's Reading: An Inventory*
- *The Clifton Waller Barrett Library of American Literature, Special Collections, University of Virginia Library*

5) 전문컬렉션(Textual Collections)

전문컬렉션은 정부기관, 공무원 그리고 개개의 시민이 기증한 것이다. 케네디의 역사, 삶 그리고 그의 행정부와 관련된 연구를 하는 연구원들의 이용에 유용하다. 가장 많이 이용된 컬렉션은 1961년에서 1963년 사이의 케네디 행정부의 대통령기록물로, 특히 '대통령집무실파일(President's Office Files)'과 '국가안보파일들(National Security Files)'이 그 일례이다. 그 외에도 케네디대통령, 그의 가족 그리고 그의 친구 및 지인들과 함께 일한 개인들의 활동과 업적을 다루고 있는 350개 이상의 '개인기록물(Personal Papers)'과 '백악관직원파일컬렉션(White House Staff Files)'을 보유하고 있다.

6) 시청각컬렉션(Audiovisual Collections)

- 시청각컬렉션은 정부기관, 신문, 텔레비전네트워크, 민간단체 그리고 수천 명의 개인들에 의해 기증된 자료들이다. 이는 케네디의 삶과 행정부 연구를 위한 풍부하고 중요한 다큐멘터리 원천이 되고 있다.
- 1961년에서 1963년간의 백악관 직원들에 의한 사진, 필름, 음향기록은 시청각컬렉션의 주요 부분이다. 또한 로버트 케네디와 그 외 케네디 가족의 다른 구성원, 그들의 친구들 및 지인들의 활동 및 업적을 다루는 중요한 컬렉션을 소장하고 있다.
- 전체적으로 40만 개의 사진(1863 – 84), 755만 피트의 동영상필름(1910 – 83), 그리고 만릴의 음향기록(1910 – 85)을 소장하고 있다.

7) 구술역사프로그램(Oral History Program)

- 구술역사프로그램은 존케네디도서관이 가장 오랫동안 지속하고 있는 활동 중의 하나이다. 그 목적은 케네디 관련 사건이나 사람들에 대한 추억이 있는 개인들과의 인터뷰이며, 관련 자료들을 습득하고 보존하는 데 있다.
- 컬렉션은 1,700개 이상의 인터뷰로 구성되어 있으며, 케네디의 삶, 그의 대통령직 그리고 관련 주요 행사나 그의 삶의 성격 등을 좀 더 온전히 이해할 수 있도록 해준다.
- 일부는 매우 유명한 인사와의 인터뷰이고, 또 다른 일부는 역사 속에서 제한적이거나 특별한 역할을 한 개인과의 인터뷰이다.

8) 도서 및 기타 인쇄자료(Books and Other Printed Materials)

이는 인쇄자료컬렉션으로 케네디의 삶의 중심을 이루고 있는 20세기 중반 미국의 역사, 정치 그리고 정부와 관련된 출판 및 비출판 자료로 구성되어 있는 특별도서관이다. 컬렉션은 서적, 학술논문, 컨퍼런스자료, 정부출판물, 정기간행물,

미이크로자료들, 학위논문, 학생자료 및 기사의 일부 등으로 구성되어 있다.

9) 역사적 연설문

- *Acceptance of Democratic Nomination for President*
- *Address to the Greater Houston Ministerial Association*
- *The City Upon a Hill Speech*
- *Inaugural Address*
- *Address to Joint Session of Congress May 25, 1961*
- *Address to the United Nations General Assembly*
- *Address at University of Washington*
- *Address at Independence Hall*
- *Address at Rice University on the Nation's Space Effort*
- *Address During the Cuban Missile Crisis*
- *Address at Vanderbilt University*
- *American University Commencement Address*

10) 보도자료

현재까지의 보도자료를 홈페이지에 탑재하여 공개열람에 제공하고 있으며, 그중 2011년도의 보도자료는 다음과 같다.

- *JFK Library and Museum Receives $150,000 Save America's Treasures Grant to Preserve Jacqueline B. Kennedy Collection*
- *Caroline Kennedy Celebrates Legacy of Public Service*(January 20, 2011)
- *Caroline Kennedy and David S. Ferriero Unveil Groundbreaking Online Archive of the Collection of President John F. Kennedy*(January 13, 2011)

김대중 사이버 기념관
KIM DAE JUNG CYBERHALL

KDJHALL

Kim Dae Jung Cyberhall

김대중사이버기념관

1 기록관

1) 소재사항

홈페이지 http://www.kdjhall.org

2) 성격

- 김대중(1924 – 2009)은 우리나라 제15대(1998 – 2003) 대통령이다.
- 김대중사이버기념관(KDJHALL: Kim Dae Jung Cyberhall)은 김대중 대통령을 기념하기 위한 사이버기념관이다.

2 정보원

1) 정보원 열람 및 배포 정책

김대중사이버기념관(KDJHALL: Kim Dae Jung Cyberhall)은 김대중대통령 기념 사이버공간으로서 김대중대통령, 이희호여사, 연설문·강연문·인터뷰, 관련기사, 베스트뷰의 다섯 부분으로 구축되어 있다. 모든 기록물이 홈페이지에

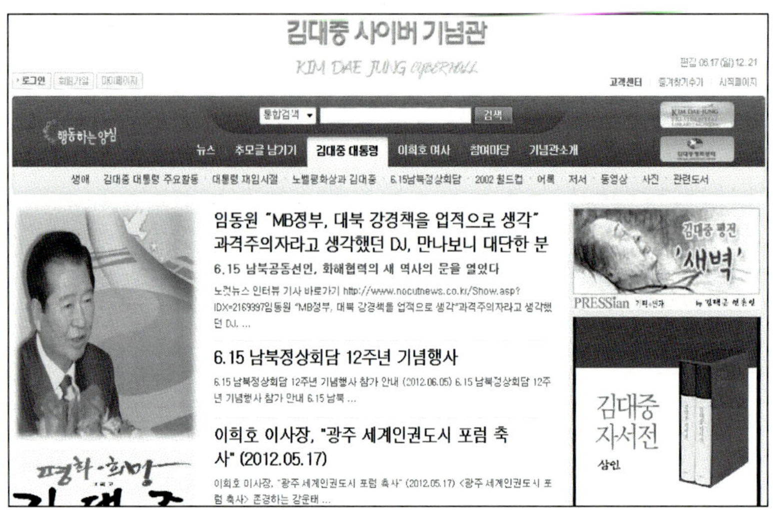

탑재되어 있으며, 무료 열람이 가능하다. 뉴스자료 외에 모든 주요 활동, 재임 시절, 노벨평화상, 6·15남북정상회담, 2002월드컵과 같은 역사적인 사건들 관련 사진자료, 선언문, 관련 기록물을 게시하고 있다. 그리고 어록, 저서, 동영상자료, 사진, 관련자료 등의 기록물을 홈페이지에 탑재하여 사이버 상의 공개적인 열람에 제공하고 있다.

2) 뉴스

김대중대통령, 이희호여사, 연설문·강연문·인터뷰, 관련기사, 베스트뷰의 다섯 부분으로 분류하여 뉴스 스크랩을 제공하고 있다.

3) 추모글 남기기

사설, 칼럼, 추도사, 기사, 기타 등의 관련보도, 추모글 남기기, 추도사, 추모사진, 추모동영상을 제공하고 있다.

4) 전기자료

'생애와 발자취' 항목에서 연보, 발자취, 백과사전, 대통령생가, 수상·명예직으로 구분하여 전기자료를 제공하고 있다.

5) 자료실

(1) 김대중대통령 주요활동

김대중대통령의 주요활동들에 대해 연설문, 강연문, 보도자료, 지시사항, 브리핑, 언론회견으로 말머리를 달아 제공하고 있다.

(2) 대통령 재임시절

경제성과 생산적 복지확충, 민주·인권신장, 남북화해협력, 지식·정보기반 구축, 그림통계, 해외언론 논평을 제공하고 있다.

(3) 노벨평화상과 김대중

여러 카테고리가 있으나 2012년 현재 '노벨평화상이란'이 게시 제공되고 있다.

(4) 6·15남북정상회담

6·15 관련 자료, 채택의의, 채택배경, 남북공동선언문을 제공하고 있다.

(5) 2002 월드컵

2002년 월드컵을 맞이하여 김대중대통령의 영상메시지, 격려오찬, 방문 등의 사진 자료를 제공하고 있다.

(6) 이록

(7) 저서

김대중대통령이 집필한 도서의 서명, 표지 이미지와 목차를 제공하고 있다. 그중 일부는 해외출판물로써 주요 저서 목록은 다음과 같다.

- *새로운 시대를 열기 위하여*
- *화해와 공존으로의 길*
- *생산적 복지로의 길*
- *평화와 민주주의 통합을 기대하며*(해외출판)
- *정의와 평화의 이름으로*(해외출판)
- *햇볕정책*(해외출판)
- *김대중 옥중서신1, 2*
- *대중경제론*
- *21세기 시민경제 이야기*
- *김대중 3단계 통일론*

(8) 동영상

대통령 다큐멘터리, 노벨평화상, 대통령 재임시절, 6·15, 강연과 연설 등 관련 동영상 자료를 제공하고 있다.

(9) 사진

김대중대통령 기념우표, 사건보도, 개인 소장품 등 관련 사진 자료를 제공하고 있다.

(10) 관련도서

김대중대통령 관련도서로 서명, 표지 이미지와 간단한 책 소개와 목차를 제공하고 있다. 주요 관련도서는 다음과 같다.

- **나의 멘토 김대중**
- **김대중 리더십**
- **김대중 추모시집**
- **님이여, 우리들 모두가 하나 되게 하소서**
- **인간 김대중**
- **만화 김대중**
- **아시아의 리더 김대중**

6) 이희호여사 자료실

'생애·발자취' 항목을 통하여 이희호여사 관련 학력·경력, 약력, 수상·명예직 등의 전기자료를 제공하고 있으며, 자료실에는 다음과 같은 기록물이 게시되어 있다.

(1) 이희호여사 주요활동

보도자료, 브리핑, 연설문, 언론회견, 활동과 사상으로 구성되어 있으며, 관련 내용을 게시하고 있다.

(2) 저서

- **이희호 자서전 '동행'**
- **내일을 위한 기도**
- **나의 사랑 나의 조국**

(3) 사진

이희호여사의 학창시절, 영부인시절 등의 사진자료가 게시되어 있다.

(4) 동영상

이희호여사 출판기념 간담회 동영상을 탑재하고 있다.

KDJPLM

Kim Dae-Jung Presidential Library and Museum

김대중도서관

① 기록관

1) 소재사항

주　　　소　(121-818) 서울 특별시 마포구 신촌로4길 5-26
전　　　화　+82 2 2123 6890
팩　　　스　+82 2 320 7777
홈페이지　http://www.kdjlibrary.org

2) 성격

- 김대중(1924-2009)은 우리나라 제15대(1998-2003) 대통령이다.
- 김대중도서관(KDJPLM: Kim Dae-Jung Presidential Library and Museum)은 일명 '연세대김대중도서관'이다.
- 아시아 및 우리나라 최초의 대통령도서관이며, 민관협력프로젝트로 연세대학교에 설립되어 있다.
- 김대중도서관은 대통령도서관으로서 연구교육과 기념사업을 핵심사업으로 하는 전문도서관(Presidential Library 혹은 Presidential Center)이다.

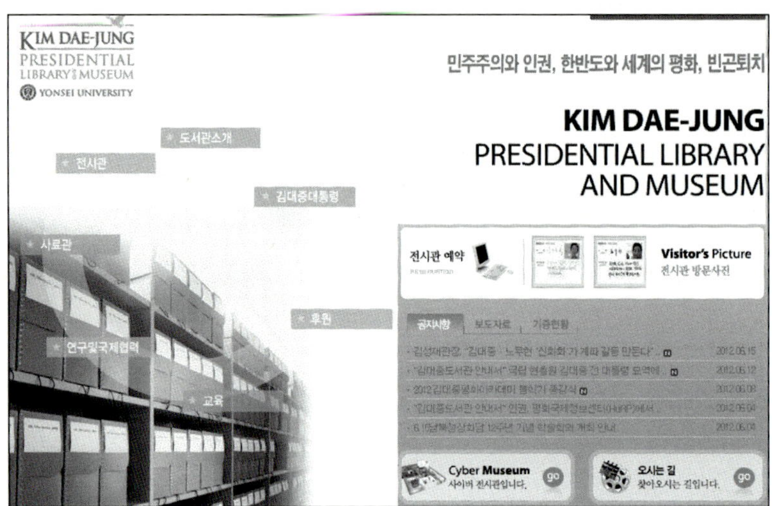

3) 설립연혁

김대중도서관은 2003년 2월 김대중대통령이 시설과 자료를 연세대학교에 기증하여 설립되었고, 11월 3일 개관하였다. 주요 단계별 연혁은 다음과 같다.

(1) 개관기

- 김대중도서관은 2003년 1월 연세대학교에 대한 공식 기부 및 인수 발표가 있은 이후 2003년 2월 25일에 설립되었고, 2004년 말 현재 개관식 및 기본적인 하드웨어가 구축되어 제1단계가 완료되었다.
- 2003년 11월 3일 개관식에는 미국 클린턴대통령, 소련 고르바초프대통령, 영국 블레어총리 등 전 세계 24개국 전·현직 지도자들이 축하 메시지를 보내왔고, 개관식 행사에는 500여 명의 국내외 인사들이 참석하였다.
- 2004년 6월 15일 서울에서 개최된 6·15남북공동선언 4주년 기념 학술회의가 개최되었다.

(2) 도약기

- 2단계는 도약기(2005 – 7년)로서 기념사업 및 연구기능 본격화를 위한 제도적, 재정적 도약을 이루는 시기가 되었다.
    - 전시실(1, 2층) 확충과 개편 등 기념사업을 본격화하였고, 사건별 시기별 사료의 수집·정리 및 구술기록물(Oral History) 작업 개시
    - 6·15남북공동선언 5주년 기념 국제학술회의를 개최하여 남북화해와 협력의 정신을 계승하고 발전시켜 평화를 모색하는 연구사업 본격화
    - 정부예산을 사업비의 일부로 지원받고, 김대중도서관후원회를 조직하여 도서관사업의 활성화

(3) 성장기

- 3단계는 성장기로서 질적 성장을 위한 다양한 프로그램의 개발이 진행되었다.
    - 김대중평화연구소를 본격 가동하여 저술, 출판, 국제회의 개최 등 연구 학술기능 강화
    - 미국, 일본 등 해외에 흩어져 있는 김대중대통령 관련 사료의 수집, 분석, 정리 및 '김대중대통령사료집' 발간사업 진행
    - 복지, 경제위기 극복, 남북공동선언 등 주요 정책과 이슈들에 대하여 국내외 전문가들이 참여하여 분석 평가하고, 토론하는 국제학술회의를 개최함으로써 정책적 대안의 제시 및 국제네트워크 강화
    - 분야별 전문 연구인력을 보강하고, 세계적 수준의 'DJ Peace Fellow'들을 초빙 활용

(4) 성숙기

- 4단계는 성숙기로서 안정적이고 성숙한 도서관 사업을 위하여 제반 조건을 정착하고 안정화하는 단계이다.
    - 교육사업으로 '김대중평화아카데미'를 개설하여 한반도와 세계평화 구현에 일익을 담당할 인재 양성
    - 방대한 양의 사료와 기록들을 분류·정리 및 디지털화하여 전문연구자 및 일반이용자들에게 서비스하는 등 세계적 수준의 사료·연구기관으로 성장
    - 클린턴 미국 전 대통령, 고르바초프 구소련 대통령, 폰 바이체커 전 독일대통령과 북한대표단 등 각국의 정상들이 즐겨 찾는 세계적인 관광명소로 정비

4) 설립목적

- 대통령의 사료와 기록을 소중히 전시하여 역사교육학습의 장을 제공하며, 한국사회의 시대적 어젠다를 구현하는 국제화 메신저
- 대통령도서관이자 연세대학교의 부속기관으로 연세대학교의 연구·교육 기능에 일익 담당
- 김대중대통령의 철학과 인생역전을 전시, 연구, 출판, 홍보, 기념

5) 비전 및 임무

- 전시와 열람, 국제협력 등의 전직 대통령 기념사업을 추진
- 김대중대통령 관련 기간의 사료를 수집, 국내외 연구자들에게 제공
- 우리나라 평화 및 현대사 연구에 보좌
- 객관적, 개방적, 자유로운 연구공간을 마련하고 많은 국민들의 자발적인 관

심을 이끌어 민주주의 발전과 평화실천, 그리고 빈곤퇴치의 산 교육장이 되도록 노력

- 노벨평화상 수상자인 김대중대통령의 국제적 역할과 이미지를 활용하여 한반도 평화와 세계평화 실현의 주춧돌로서의 역할

6) 구성

사료관과 전시관 그리고 연구 및 국제협력으로 구성되어 있다.

7) 주요 사업

(1) 사료사업

- 국내 최초 구술도서관(Oral Library)과 디지털아카이브 구축
김대중대통령의 전 생애에 걸친 사료와 한국 현대사사료를 수집, 분석, 발간, 연구하는 사업이다. 국내는 물론 해외에 상재해 있는 관련 사료를 수집하여 발간할 계획이다. 특히 주요 역사적인 사건이나 분야별로 관련 국내외 인사들을 대상으로 증언을 채록하여 방대한 규모의 구술도서관(Oral Library)과 디지털 아카이브를 구축하고 있다.

- 대통령 사료에 특화된 전문도서관
김대중대통령이 기증한 장서 16,000여 권과 국정운영 사료, 한반도 평화통일, 민주주의 인권 관련 전문자료를 보유하고 있다. 앞으로 미국, 일본, 중국 등 해외에 있는 김대중대통령 관련 자료들을 계속 수집하여 보강할 계획이다.

(2) 전시열람사업

김대중대통령의 주요 사료와 소장품 등을 전시 열람사업으로 민주주의를
위한 삶의 감동과 역사적 사실을 국민들이 보다 친근하게 관람하고 즐길
수 있는 장이다. 디지털 전시기법의 도입으로 방문객이 전시에 직접 참여
하고 반응함으로써 관람의 효과 및 흥미를 높이고 있다.

(3) 연구사업

- 김대중도서관연구총서 발간
  연구사업은 관련 시기나 사건을 사료에 근거하여 학술적으로 연구 분
  석하는 사업으로 국내외 저명학자들이 참여하는 *김대중도서관연구총서
  시리즈* 등을 발간하고 있다. 이 총서를 비롯한 주요 연구결과는 국문,
  일문, 영문으로 발간될 예정이다.
- 김대중평화연구소의 활성화
  김대중평화연구소는 한국, 한반도, 동아시아, 세계 등 수준별 세 개의 키
  워드와 관련한 다양한 쟁점과 과제를 연구의 어젠다로 설정하고 도서관
  의 핵심기관으로서 평화, 민주화, 빈곤퇴치 등 세 개의 연구실로 구성되
  어 있다.

(4) 교육사업

- 평화학 최고위 과정과 노벨평화상 현장학습프로그램
  통일학 및 평화학에 관한 최고위과정과 시민강좌 등 공개강좌를 개설
  하여 한반도 통일방안, 북한 경제교육, 남북 경험 발전 등에 대한 강의
  와 토론을 실시하고 주요 전문가들과 정책집행자들 사이의 지식 네트
  워크를 활성화할 예정이다. 또한 2006년 연세대학교에서 김대중평화강
  좌를 처음으로 실시하였으며, 향후 외국대학에서도 김대중 한국학 강좌

를 개설할 예정이다. 김대중도서관후원회와 협력하여 김대중도서관과 지역주민들의 연계를 강화하고, 시민들의 참여를 유동하기 위한 시민참여 프로그램도 운영할 예정이다.

(5) 국제협력사업

- 국제회의 개최 등 다양한 협력 모색
  6·15남북공동선언기념 국제학술회의와 노벨상수상자 초청 글로벌 특강 시리즈 등을 정례화할 예정이며, 미국 국가기록관, 미국 의회도서관, 케네디도서관, 카터센터, 클린턴도서관, 노벨위원회, 일본국회도서관 등 주요 기관과 연구 및 자료 협력을 위한 네트워크를 강화할 예정이다. 또한 자료 전시 및 공동 국제회의 개최 등 다양한 협력을 할 예정이다.

8) 교육

(1) 김대중평화아카데미

- 김대중도서관은 민주주의와 평화구현, 그리고 빈곤퇴치를 목적으로 2003년에 아시아 최초의 대통령도서관으로 설립되었다. 한국정치사와 한반도 평화의 산 증인인 김대중대통령의 생애와 철학 및 한국현대사의 주요 쟁점과 사건을 연구하는 학술기관으로, 이를 위해 약 100여만 점의 전 생애에 걸친 관련 사료와 한국현대사 사료를 수집, 분석, 발간, 연구 중에 있다.
- 또한, 6·15남북공동선언의 정신을 기념하고 한반도 평화를 정착시키기 위해 매년 6·15남북공동선언 기념 국제학술회의를 개최해왔다.

(2) 김대중도서관현장체험학습

전국 초, 중, 고등학교 학생을 대상으로 민주주의와 한반도 평화에 대한 의미를 확인할 수 있도록 다양한 전시물을 제공하고 있다.

(3) 김대중평화강좌

학생들에게 한국 민주화운동과 통일운동의 역사를 시대적 조건 속에서 이해
할 수 있도록 하고 사회를 비판적으로 바라보는 안목을 갖게 하도록 구성되어
있다.

(4) 첫 번째, 김대중배우기 강좌

각 분야 전문가 6명을 통해 김대중대통령의 정책과 정신을 돌아보며 오늘날
의 정치갈등, 사회갈등, 남북갈등의 해법을 찾고자 시행된 프로젝트이다. 각
주차별로 구성되어 있으며, 2010년 완료되었다.

9) 연구 및 국제협력

(1) 연구

한국현대사의 주요 사건, 개념, 이념, 인물 등에 대하여 이론적으로 분석·해
석함에 주력하고 있다.

(2) 국제협력

2004년부터 2007년까지의 김대중도서관에서 수행한 주요 국제협력활동들을
볼 수 있다. 회의명, 일시, 장소, 주요 참석자, 회의내용에 대한 정보가 제공되
고 있다.

(3) 발간물 소개

주요 발간물은 다음과 같다.
- ***2006 노벨평화상 수상자 광주정상회의***
  영문번역집으로 *2006 GwangJu Summit of Nobel Peace Laureates*도 있다.

- *6·15 남북공동선언과 한반도 평화: 의미와 쟁점*
- *남북공동선언 5년의 회고*
- *남북공동선언의 의의와 과제*

10) 관련기관

- 김대중평화센터
  홈페이지 http://www.kdjpeace.com/main.asp
- 연세대학교
  홈페이지 http://www.yonsei.ac.kr
- 이한열기념관
  홈페이지 http://www.19870609.com
- 독일 아데나워재단(Konrad Adenauer Stiftung e.V.)
  홈페이지 http://www.kas.de
- 러시아 고르바초프재단(The Gorbachev Foundation)
  홈페이지 http://www.gfna.net
- 미국 해리슨센터(The Rutherford B. Hayes Presidential Center)
  홈페이지 http://www.rbhayes.org/hayes
- 호주 존커틴도서관(John Curtin Prime Ministerial Library)
  홈페이지 http://john.curtin.edu.au/index.html
- 호주 밥호크센터(The Bob Hawke Prime Ministerial Centre)
  홈페이지 http://www.unisa.edu.au/hawkecentre
- 호주 알프레드데킨도서관(The Alfred Deakin Prime Ministerial Library)
  홈페이지 http://www.deakin.edu.au/alfreddeakin

② 정보원

1) 정보원 열람 및 배포 정책

김대중도서관(KDJPLM: Kim Dae-Jung Presidential Library and Museum)은 우리나라에서 가장 광범위하고 다양한 대통령기록물을 수집 및 공개하고 있다. 김대중대통령과 이희호여사의 전기자료가 상세하게 공개되어 있다. 특히 기고문, 연설문, 옥중서신, 대담문 등 다양한 기록물이 홈페이지에 탑재되어 공개 열람에 제공되고 있다.

2) 연보

김대중대통령의 연보가 다음과 같이 분류되어 제공되고 있으며, 그 외 학력 및 경력, 수상에 대한 정보도 제공하고 있다.
- 출생과 성장(1924-44)
- 청년사업가 시절(1944-51)
- 국회의원 시절(1961-8)
- 대통령후보(1970-1)
- 유신시대1 - 동경납치사건(1972-3)
- 유신시대2 - 명동 3·1민주구국선언(1974-9)
- 광주민주화 운동과 사형선고(1980-2)
- 미국망명생활(1983-5)
- 민추협 활동/대통령 출마(1985-7)
- 평화민주당 시절(1988-92)
- 제15대 대통령 당선(1993-7)
- 제15대 대통령 시절(1998-2003.2)
- 퇴임이후(2003.2-2009.8)

3) 기록물

김대중대통령의 활동과 사상과 관련하여 기고문, 연설문, 옥중서신, 대담문 등으로 분류하여 다양한 기록물이 홈페이지에 제공되고 있다. 각 분류·분야의 주요 기록물은 다음과 같다.

(1) 기고문

- 문화란 운명인가(Is Culture Destiny). 1994.12.
- 역사를 바로 조명해야 한다. 1993.08.15.
- 한국에서의 사보타주. 1991.05.23.
- 미국 체류 2년의 회고. 1985.07.
- 한국과 일본. 1983.11.22.
- 한국노동운동의 진로. 1955.10.01.

(2) 연설문

- 스텐포드 대학 연설문: 남북관계와 한반도 미래. 2005.04.27.
- 제15대 대통령 후보 수락연설. 1997.05.19.
- 왜 거국 중립내각인가 - 거국 중립내각 구성 촉진대회. 1987.10.26.
- 4·19와 民族統一 - 4·19기념강연회 연설. 1980.04.18.
- 긴급조치 9호 해제에 즈음하여. 1979.12.
- 국민을 살리는 마지막 선택. 1979.05.29.

(3) 옥중서신

- 옥중서신 - 민족을 위한 기도. 1982.12.15.
- 옥중서신 - 철학자들의 정치관 비판. 1982.11.26.
- 옥중서신 - 한반도의 평화와 4대국. 1982.11.02.

- 옥중서신 – 경제발전의 핵심은 사람. 1982.09.23.
- 죽음 앞에서의 결단

(4) 대담문

- 김대중 이사장의 통일철학을 듣는다. 1994.10.01.
- 김대중, 남북정상회담 주장 일관의 까닭. 1994.07.01.
- 김대중이 고발하는 김대중 납치사건. 1993.10.01.
- 대권후보의 육성 김대중 민주당 대표. 1992.07.01.
- 나의 사상을 말한다(정운영 교수와의 대담). 1992.01.01.

(5) 곁에서 본 김대중

페이니, 바이체커, 피플, 한상진 등이 각각 기록하고 있는 김대중에 대한 기록물을 제공하고 있다.

4) 출판물

국내외 출판물로 최근의 주요 출판물은 다음과 같다.

(1) 국내출판물

- 1997. *대중참여경제론*. 서울: 산하.
- 1997. *내가 사랑한 여성*. 서울: 에디터.
- 1998. *다시, 새로운 시작을 위하여*. 서울: 김영사.
- NHK 취재반 구성, 김용운 편역. *김대중 자서전: 역사와 함께 시대와 함께*.
- 2004. *21세기와 한민족*.

(2) 해외출판물

- 1995. NHK取材班 譯. *わたしの自敍傳: 日本へのメッセージ*. 日本
  放送出版協會.
- 1994. *21世紀的亞洲及其和平* . 베이징: 北京大學出版社.
- 1987. *Building Peace & Democracy: Kim Dae Jung Philosophy & Dialogues*.
  Korean Independent Monitor.
- 1997. *"Three-stage" Approach to Korean Reunification: Focusing on
  the South-North confederal Stage*? University of California Press.

5) 이희호여사기록물

이희호 여사의 학력과 경력에 대한 정보가 제공되고 있으며, 주요 저서는 다
음과 같다.
- 1992. *나의 사랑, 나의 조국*. 명림당.(한국어 · 영어 · 일어)
- 1992. *이희호의 "내일을 위한 기도"*. 명림당.(한국어 · 영어 · 일어)

6) 사료관

(1) 주요 사료소개

① 사료해제시리즈

사료해제시리즈의 목록은 다음과 같다.
- *책으로 만나는 김대중*
- *김대중- 이희호 미공개 옥중서신*
- *김대중- 김종충 서간집*
- *1980년 김대중 구명 관련 사료*
- *김대중 귀국 관련 사료*

- *한국민주회복통일촉진국민회의 미주본부 관련 사료*
- *김대중 1차 망명 시기 사료*
- *1971년 대선 관련 사료*
- *김대중대통령 유소년기 학교 관련 사료*

② 구술사프로젝트

연세대김대중도서관의 구술사프로젝트는 가족, 고향친구, 관료, 재야인사, 측근정치인, 해외민주인사, 해외학자로 구분되어 있으며, 각 참여자별로 구축되어 있다.

(2) 사료기증

김대중대통령의 전 생애에 걸친 자료를 수집하고 있다. 대상자료는 김대중대통령 관련 모든 형태의 기록물로 문서(서신, 성명서, 회의록, 보고서, 팸플릿, 메모 등), 박물사료(기념품 및 물품), 시청각사료(오디오, 비디오, 사진, 필름), 구술사료(관련 인물 및 사건에 관한 구술), 도서(단행본 및 정기간행물), 기타를 모두 수집하고 있다.

(3) 검색

종합 검색, 유형별 검색, 수집처별 검색이 가능하다.

7) 전시관

1층 상설전시실과 2층의 특별전시실·사료전시실, 지하 1층의 도서전시실을 운영하고 있다. 가이드 안내를 PDF 파일로 무료 제공하고 있으며, 전시관 예약이 홈페이지 상에서 가능하다. 또한, 온라인전시관을 통해 전시실을 미리 체험해 볼 수 있다.

KYSPAEH

Kim Young Sam Presidential Archives and Exhibit Hall
김영삼대통령기록전시관

① 기록관

1) 소재사항

주 소	경남 거제시 옥포대첩로 743
전 화	+82 55 634 0303, +82 55 639 8290~2
팩 스	+82 303 3442 0284
홈페이지	http://www.kysarchives.or.kr

2) 성격

- 김영삼(1972 -)은 우리나라 제14대(1993 - 8) 대통령이다.
- 김영삼대통령기록전시관(KYSPAEH: Kim Young Sam Presidential Archives and Exhibit Hall)은 김영삼대통령의 재임 전후 일생의 삶을 기념하기 위하여 전기자료와 연표 외에 다양한 관련 도서과 논문류 그리고 기록유물들을 전시하고 있는 기념관이다.

3) 설립연혁

김영삼대통령기록전시관은 2010년 4월 거제시 장목면 외포리 생가 옆에 개관하였다.

4) 설립목적

거산(巨山) 김영삼대통령의 재임 전·후의 정치적 삶과 민주주의 사상을 널리 알리고 계승하기 위함을 목적으로 한다.

5) 구성

- 기록관은 거제에서 태어나 대통령에 당선되어 문민정부를 이끌었던 김영삼 대통령 일생(출생과 성장과정, 정계입문, 민주화투쟁, 대통령당선, 문민정부 재임)으로 구성되어 있다.
- 기록전시관은 1층과 2층으로 건축되어 있으며, 김영삼대통령에 대한 다양

한 기록유물을 진시하고 있다.

② 정보원

1) 정보원 열람 및 배포 정책

김영삼대통령기록전시관(KYSPAEH: Kim Young Sam Presidential Archives and Exhibit Hall)은 김영삼대통령 관련 도서와 논문류, 그리고 소년시대부터의 다양한 유물들을 소장하고 있다. 도서와 논문류의 경우 자유열람실에서 열람가능하며, 유물의 경우 기록전시관을 통하여 관람가능하다. 연표 및 전기자료의 경우 홈페이지에 탑재되어 공개열람 가능하다.

2) 소장도서

김영삼 대통령 기록전시관의 주요 소장도서 목록은 다음과 같다.
- *김영삼 회고록*(전3권)
- *김영삼 조국, 민족 그리고 민주주의*
- *나의 정치비망록 : 민주화와 의정 40년*
- *新韓國21世紀へのビジョン*
- *한국의 새로운 도전과 김영삼*
- *金泳三大統領と靑瓦台人*
- *인물 대한민국사*

3) 논문자료

김영삼대통령 관련 주요논문들도 소장하고 있으며, 대부분 자유열람실에서 열람가능하다. 주요논문은 다음과 같다.

- 김영삼 대통령의 리더십 연구
- 김영삼 대통령의 통치이념에 관한 연구: 경제, 노동, 환경을 중심으로
- 김영삼, 김대중 대통령의 리더십 비교 연구
- 세계화시대 국가의 역할 변화에 관한 연구
- 결과에 미친 영향 연구: 문민정부를 중심으로
- A Study on the Unification Policies of R.O.K. and D.P.R.K: Focusing on the Unification Approaches of Kim Young Sam Government

4) 전시유물

소년시대부터 영부인 손명순 여사에 이르기까지 10개 주제로 분류하여 다양한 김영삼대통령 관련 유물을 전시하고 있다. 보도자료, 신문기사, 법률, 화보집, 서명자료, 선물 등으로 다양하게 구성되어 있으며, 주요 목록은 다음과 같다.

- 소년 김영삼 / 청년 김영삼
- 대도무문의 정치가 김영삼
- 민주주의의 새벽
- 대도무문·결단으로 시대를 깨우다
- 1992대선
- 변화와 개혁의 시대
- 역사 바로 세우기
- 세계화와 신외교
- 외교활동 기념품
- 영부인 손명순 여사

5) 생가

- 거제시 장목면 외포리 1383 – 3번지에 위치하고 있는 생가는 1972년 12월 30일 김영삼대통령이 태어나 외포·장목초등학교를 다녔고, 1951년 손명순 여사와 결혼하여 신접살림을 차리기도 한 곳이다.
- 목조기와 건물 5동으로 2000년 8월 김영삼대통령의 부친 김홍조 옹이 대지와 건물 일체를 거제시에 기증하였다.
- 문화유산으로 길이 보존하기 위해 거제시가 2001년 5월 중건하여 현재와 같은 모습으로 계속 유지하고 있다.

6) 전기자료

김영삼대통령에 대한 기본 약력사항, 학력사항, 주요 경력사항, 상훈사항, 주요 저서 등을 제공하고 있다. 또한 출생에서부터 대통령 당선까지와 재임 중의 연표도 제공하고 있다.

LBJLM

LBJLM

Lyndon Baines Johnson Library & Museum
린든존슨도서관 · 박물관

① 기록관

1) 소재사항

소재국가　　미국
주　　소　　2313 Red River Street, Austin, Texas 78705
전　　화　　+1 512 721 0200
전자우편　　Johnson.Library@nara.gov
홈페이지　　http://www.lbjlibrary.org

2) 성격

- 린든 존슨(Lyndon Baines Johnson, 1908 – 73, 이하 존슨)은 미국의 제36
  대 대통령(1963 – 9)이다.
- 린든존슨도서관 · 박물관(LBJLM: Lyndon Baines Johnson Library & Museum,
  존슨도서관 · 박물관)은 국립기록청이 운영하는 13개의 대통령도서관 중 하나
  이다.
- 존슨도서관 · 박물관은 존슨대통령의 문서 및 언행록의 보존 및 그에 대한
  연구가 가능하도록 하기 위해 설립되었다.

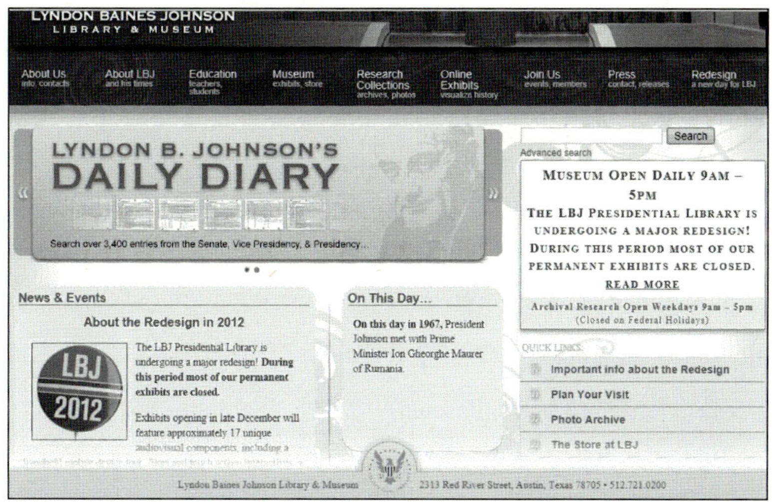

3) 설립연혁

본 도서관·박물관은 1971년 5월 22일에 설립되었다.

4) 비전 및 임무

- 존슨도서관의 소장품들인 역사적 자료의 보존 및 보호
- 자료들에 대한 대중의 이용이 가능하도록 준비
- 관련 전시회 및 교육 프로그램을 통한 미국의 경험에 대한 대중인식 증진
- 지적활동과 커뮤니티 리더십의 중심

5) 전시회

본 도서관·박물관은 1년 내내 대중을 위한 상설역사문화전시회를 제공한다. 또한 본 도서관·박물관의 회원들과 린든존슨재단에 의해 후원받는 특별전시회가 열리기도 한다. 그 외에 미국역사 관련 전시회를 다루고 있는 갤러리와

교환하는 '여행하는 전시회'를 주최하기도 한다.

6) 주요 행사

본 도서관·박물관은 다음과 같은 주요 행사를 개최해왔다.
- 아서 밀러(Arthur Miller)의 대화
- 대통령 사진작가에 대한 토론
- 로라 부시와 함께하는 텍사스 도서박람회
- 카를로스 파스쿠알(Carlos Pascual) 대사와 함께하는 저녁
- 오스틴박물관의 날
- 밥 시퍼(Bob Schieffer)와의 저녁
- 자유사랑을 위하여: 미국 흑인 애국자들의 이야기
- 1968년 소련의 체코슬로바키아 침공의 교훈

7) 린든존슨재단(The Lyndon Baines Johnson Foundation)

홈페이지 http://www.lbjfoundation.org
린든존슨재단은 비영리기구로 린든존슨도서관·박물관과 텍사스대학교의 린든
존슨대학 공공관계학교를 후원한다. 본 재단은 연방정부가 제공할 수 없는 기
금을 제공함으로써 대중의 방문경험을 증가시키고 본 도서관·박물관의 소장
정보원을 연구하고자 하는 학자 및 연구원들을 위한 장학금을 제공한다. 또한
다양한 전시회, 심포지움, 커뮤니티 프로그램 등에 대한 후원을 하고 있다. 존
슨대통령과 영부인의 교육의 가치에 대한 믿음을 토대로 하여 지어진 린든존
슨대학을 위한 후원도 본 재단의 임무이다.

8) 포럼(The LBJ Future Forum)

홈페이지 http://www.lbjfutureforum.org
2002년에 세워진 미래포럼은 린든존슨도서관·박물관의 활동적인 회원제 기구
이다. 미래포럼의 목적은 도서관 및 도서관 활동으로의 참여를 촉진하고, 회원
들의 현재 이슈에 대한 대화로의 참여, 그리고 우리 사회의 더 큰 민간 참여
장려에 있다.

9) 관련기관

(1) 린든존슨가족 관련기관(LBJ Family Institute)

- 린든존슨재단(Lyndon Baines Johnson Foundation)
  홈페이지 http://www.lbjfoundation.org
- LBJ 학교 오스틴 동문회(LBJ School Austin Alumni Association)
  홈페이지 http://www.lbjalumni.org
- 린든 존슨 국립역사공원(Lyndon B. Johnson National Historical Park)
  홈페이지 http://www.nps.gov/lyjo
- 린든 존슨 국가공원 및 역사현장(Lyndon B. Johnson State Park &
  Historic Site)
  홈페이지 http://www.tpwd.state.tx.us/park/lbj
- 버드 존슨 월드플라워여사센터(Lady Bird Johnson Wildflower Center)
  홈페이지 http://www.wildflower.org
- 린든 존슨 국립역사공원(Lyndon B. Johnson National Historical Park)
  홈페이지 http://www.nps.gov/lyjo/index.htm
  린든 존슨 국립역사공원은 존슨대통령의 출생부터 아내 랜치(Ranch)와
  함께 생을 마감한 이야기를 들려주는 곳이다. '삶의 원형(circle of life)'

을 통해 그의 전체적인 삶을 볼 수 있는 사진기록물을 제공하고 있다.

- 린든 존슨 기념과수원(Lyndon Baines Johnson Memorial Grove)
  홈페이지 http://www.nps.gov/lyba/index.htm
  콜롬비아 섬으로 알려진 공원으로 버드 존슨 여사와 그녀의 워싱턴 D.
  C. 미화 캠페인을 기리기 위해 개명되었다.
- 린든 존슨 공공관계학교(Lyndon B. Johnson School of Public Affairs)
  홈페이지 http://www.utexas.edu/lbj
  1965년 2월 텍사스대학교 이사회는 린든 존슨 대통령과 존슨 여사에게
  대학의 두 개의 상보성을 지닌 시설을 제안하였다. 하나는 존슨 대통령
  문서를 위한 도서관이었고, 또 다른 하나는 공공관계학교였다. 이는 대
  통령과 이사회의 계약으로 1965년 8월에 설립되었다.
- 산마르코스 린든 존슨 박물관(LBJ Museum of San Marcos)
  홈페이지 http://www.lbjmuseum.com
- 오스틴컨벤션과 관광사무소(The Austin Convention and Visitors Bureau)
  홈페이지 http://www.austintexas.org
  오스틴컨벤션 및 관광사무소는 오스틴을 미국 및 세계적으로 최고의 비
  즈니스 및 레저의 장소로 홍보하며, 나아가 우리 사회의 전반적인 삶의
  질을 향상시키기 위한 마케팅을 담당하고 있다.
- 대통령일대기 웹사이트방문(Visit the Presidential Timeline Website)
  홈페이지 http://www.presidentialtimeline.org
  디지털화된 국가기록관 대통령도서관의 컬렉션 이용을 가능하게 하고
  새로운 시각적인 웹 기반의 인터페이스를 경험하게 해준다. 대통령일대
  기로 대통령의 삶과 관련된 도큐먼트, 사진, 오디오기록, 비디오의 이용
  이 가능하다. 이 프로젝트의 목적은 전 세계의 학생, 교육자, 성인학습
  자들에게 자유로운 이용이 가능하도록 준비하는 것이다.
- 텍사스주립도서관(Texas State Library)

홈페이지 http://www.lbjlibrary.org

텍사스주립도서관·기록관위원회의 임무는 대중을 위해 정부의 기록을 보존하고, 역사적으로 중요한 기록 및 다른 소중한 자원을 이용하고, 장애를 가진 텍사스 주민의 독서의 필요성을 충족시키고, 도서관 프로그램과 서비스의 향상을 위한 주 전체의 파트너십을 형성 및 유지하며, 우리와 함께 일하는 개인 및 기관의 성취능력을 강화하는 데에 있다.

(2) 연방 및 지방정부(Federal and Local Government)

- 그 외 대통령도서관(Other Presidential Libraries)
  홈페이지 http://www.archives.gov/presidential-libraries/contact/libraries.
      html
- 백악관(The White House)
  홈페이지 http://www.whitehouse.gov
- 존슨우주센터(Johnson Space Center)
  홈페이지 http://www.nasa.gov/centers/johnson/home/index.html
- 의회도서관(Library of Congress)
  홈페이지 http://www.loc.gov/index.html
- 국립기록청(NARA: National Archives & Records Administration)
  홈페이지 http://www.archives.gov/index.html
- ARC(Archival Research Catalog)
  홈페이지 http://www.archives.gov/research/arc/index.html
- 연방공휴일(Federal Holidays)
  홈페이지 http://www.opm.gov/Operating_Status_Schedules/fedhol/2012.asp
- 텍사스주정부기록관(Texas State Archives)
  홈페이지 https://www.tsl.state.tx.us
- 온라인판 국무부 미국 대외 관계(State Department Foreign Relations

of the United States Volumes On‑line)

홈페이지 http://history.state.gov

(3) 베트남(Vietnam)

- 텍사스기술대학‑베트남 관련 자원(Texas Tech University‑Resources on Vietnam)

  홈페이지 http://www.vietnam.ttu.edu/resources
- 베트남참전기념관 소장 개인 물품 전시(Personal Legacy an exhibit of personal items left at the Vietnam Veterans Memorial)

  홈페이지 http://photo2.si.edu/legacy/legacy.html

(4) 박물관(Museums)

- 오스틴어린이박물관(Austin Children's Museum)

  홈페이지 http://www.austinkids.org
- 오스틴박물관파트너십(Austin Museum Partnership)

  홈페이지 http://www.austinmuseums.org
- 미국역사센터(Center for American History)

  홈페이지 http://www.cah.utexas.edu
- 프랑스공사박물관(French Legation Museum)

  홈페이지 http://frenchlegationmuseum.org
- 텍사스기념박물관(Texas Memorial Museum)

  홈페이지 http://www.utexas.edu/tmm
- 움라우프박물관과 조각공원(Umlauf Museum & Sculpture Garden)

  홈페이지 http://umlaufsculpture.org
- 디얼리 광장 6층 박물관(The Sixth Floor Museum at Dealey Plaza‑Dallas, TX)

- 스미소니언협회(Smithsonian Institution – Washington, D. C.)
  홈페이지 http://www.si.edu
- 미국홀로코스트기념박물관(U.S. Holocaust Memorial Museum – Washington, D. C.)
  홈페이지 http://www.ushmm.org
- 허시혼박물관 및 조각공원(Hirshhorn Museum & Sculpture Garden – Washington, D. C.
  홈페이지 http://hirshhorn.si.edu

(5) 연구기관(Research)

- 공공관계밀러센터(Miller Center of Public Affairs – Whitehouse Tapes)
  홈페이지 http://millercenter.org/academic/presidentialrecordings
- 미국대통령프로젝트(The American Presidency Project)
  홈페이지 http://www.presidency.ucsb.edu

② 정보원

1) 정보원 열람 및 배포 정책

- 린든존슨도서관·박물관(LBJLM: Lyndon Baines Johnson Library & Museum)은 존슨대통령 기록물과 동료들의 자료들도 소장하고 있으며, 존슨의 당대 문서를 적극적으로 수집하며 문자기록 보완으로 구술역사프로그램을 시행하고 있다.
- 연설문과 메시지 그리고 일기자료들이 홈페이지에 탑재되어 공개열람에 제공되고 있으며, 구술역사컬렉션 또한 온라인으로 구축되어 제공되고 있다.

시청각기록물의 경우 연구를 위한 온라인 열람 외에 관외대출은 불가하며
시청각기록전문가를 통하여 이용가능하다. 특히 '국가보안행동지침'이 제한
적으로 공개되어 있는 반면, 다수의 국가보안자료의 경우 기록그룹별로 분
류되어 홈페이지에 제공되고 있다.

2) 전기정보

(1) 린든 존슨 대통령 전기자료(President Lyndon B. Johnson's Biography)

1912 – 13년, 1924년, 1927년, 1930 – 60년대, 1971년, 1973년의 린든 베
인스 존슨대통령의 전기자료 원문이 홈페이지에 제공되어 있다.

(2) 영부인 전기자료(Mrs. Lyndon Baines Johnson)

고(故) 클라우디아 테일러(Claudia Alta Taylor, 1912 – 2007) 영부인의 전기
정보 외에 수상리스트(List of Awards), 명예학위리스트(List of Honorary
Degrees) 정보가 제공되어 있다.

3) 소장 기록물

4천 5백만 페이지에 달하는 역사기록물이다. 대부분이 존슨대통령의 문서이며
그의 가까운 동료들의 자료도 포함되어 있다.

(1) 메뉴스크립트와 기록물(Manuscripts and Archives)

린든존슨기록물(Papers of Lyndon B. Johnson)로 다음과 같이 크게 세 부
분으로 대분류하고, 이하 각 그룹별로 구분하고 있다.

① 대통령 이전 기록물(Pre-Presidential Papers)
- 상원문서(Senate Papers 1949-61)
- 상원정치파일(Senate Political Files 1949-60)
- 부통령문서(Vice Presidential Papers 1961-3)
- 린든존슨기록관(Lyndon Baines Johnson Archives 1927-67)
- 대통령 이전시절 기밀파일(Pre-Presidential Confidential File 1932-64)
- 가족서신(Family Correspondence, 1887-1968)
- 단신 및 존슨 대화 필사본(Notes and Transcripts of Johnson Conversations 1951-63)

② 대통령기록물(Presidential Papers)
- 백악관중앙파일(White House Central Files, 1963-9)
- 백악관집무실파일검색(Office Files of the White House Aides)
- 국가보안파일(National Security File 1963-9)
- 사회파일(Social Files 1963-9)
- 특별파일(Special Files 1927-73)
- 백악관집무실기록(Records of White House Offices 1963-9)
- 백악관보관소의 기타파일(Miscellaneous Files from White House Storage 1963-9)

③ 대통령 이후 기록물(Post-Presidential Papers)

(2) 개인 및 기관문서 컬렉션(Collections of Personal and Organizational Papers)

존슨의 친구 및 지인의 문서를 수집하려는 도서관의 노력은 존슨이 대통령이었던 시절부터 시작되어 현재도 진행 중인 프로그램이다. 도서관 소장품의 400개 이상에 대한 설명이 제공되고 있다. 다만 아쉽게도 작은 분류의 많은 컬렉션들이 공간적 이유로 리스트에서 제외되었다.

(3) 정부기관기록물(Records from Government Agencies)

존슨도서관은 재무부 및 백악관 집무실 그리고 20개의 임시연방위원회, 존슨대통령 임기시절에 열린 컨퍼런스 등의 기록보존소(repository)이다. 또한 주로 존슨대통령 및 부통령 시절을 다루고 있는 정부기관의 부분기록의 사본도 소장하고 있다. 이 기록들의 대부분은 마이크로필름으로 되어 있으며, 종이사본, 카본지복사본 그리고 인쇄기록물들로 구성되어 있다.

(4) 시청각자료(Audiovisual Materials)

존슨도서관은 존슨의 삶과 업적을 다루는 방대한 시청각컬렉션을 소장하고 있다. 별도 설명이 부가되어 있지 않는 한 이 소장품들은 연구를 위해 이용이 가능하나, 관외열람은 불가능하다. 많은 컬렉션을 위한 검색도구가 제공되고 있으며, 도서관의 시청각컬렉션을 이용하고자 하는 연구원들은 시청각기록전문가(Audiovisual Archivist)에게 연락해야 한다. 네 부분으로 구성되어 있으며, 다음과 같다.

- 스틸사진(Still Pictures)
- 음성기록테이프(Sound Recording Tapes)
- 비디오테이프기록(Videotape Recordings)
- 동영상(Motion Pictures)

(5) 인쇄자료(Printed Materials)

존슨도서관의 인쇄자료컬렉션은 존슨의 삶과 업적 그리고 21세기 미국정치 및 역사와 관련된 광범위한 출판물로 구성되어 있다. 컬렉션은 도서, 연속간행물, 석·박사학위논문, 신문발췌자료, 파일자료 그리고 특별컬렉션을 포함하고 있다.

(6) 구술기록물컬렉션(Oral History Collection)

린든존슨도서관 구술역사컬렉션은 다음의 네 가지 프로젝트 인터뷰로 이
루어져 있다.
① 국가기록관 찬조의 인터뷰
② 존슨행정부 시절의 백악관
③ 텍사스대학교 구술역사프로젝트
④ 린든 베인스 존슨도서관 구술역사프로젝트

(7) 특별구술기록물인터뷰(Special Oral History Interviews)

구술기록물인터뷰는 연구원, 연방부서 또는 그 외 구술기록물프로젝트에
의해 실행된 인터뷰기록물로 구성되어 있다.

4) 온라인기록물

(1) 연설문과 메시지(Selected Speeches & Messages)

다음과 같이 구분하여 제공하고 있다.
* 대통령재임 이전(Pre‒Presidential)
* 1963. 11‒1964
* 1965
* 1966
* 1967
* 1968‒1969. 1
* 대통령재임 이후(Post‒Presidential)

(2) 구술기록물(LBJ Library Oral History Collection)

상술의 린든존슨도서관 구술기록물컬렉션 역시 온라인기록물로 제공되고
있다.

5) 연설문

1963년 5월 30일부터 1971년 5월 22일까지의 연설문이 홈페이지에 탑재되어
공개열람에 제공되고 있다. 1963－4년의 연설문은 다음과 같다.

- ***Remarks of Vice President Lyndon B. Johnson***, Memorial Day, Gettysburg,
  Pennsylvania, May 30, 1963
- ***Address Before a Joint Session of the Congress***, November 27, 1963
- ***Annual Message to the Congress on the State of the Union***, January 8,
  1964
- ***Remarks at the University of Michigan***, May 22, 1964
- ***Radio and Television Remarks Upon Signing the Civil Rights Bill***, July 2,
  1964
- ***Remarks Before the National Convention Upon Accepting the Nomination***,
  August 27, 1964
- ***Remarks at a Fundraising Dinner in New Orleans***, October 9, 1964

6) 일기(Daily Diary)

1963년 11월 22일부터 1969년 1월 20일까지의 일기가 공개열람에 제공되고
있다.

7) 국가보안행동지침(NSAM: National Security Action Memoranda)

국가보안행동지침(NSAM)은 존슨대통령 또는 그의 국가보안 고문인 맥조지 번디(McGeorge Bundy) 또는 월트 로스토(Walt W. Rostow)에 의해 정책성명을 대신하거나 행동프로그램을 위해 연방기관에서 발행된 도큐먼트이다. 존슨행정부의 국가보안행동지침은 1963년 11월 26일과 1968년 10월 18일 사이에 발행되었으며, 국제관계, 무역, 핵에너지, 핵무기, 베트남, 나토정책을 포함한 광의의 국가보안을 포함하고 있다. 국가보안행동지침 원본의 복사본 또는 카본지복사본은 존슨도서관 소장품의 국가보안행동지침파일 내 국가보안파일에 위치하고 있다. 대부분의 도큐먼트는 1~2페이지로 되어 있으며, 일부는 5페이지에 달한다. 지침의 일부는 전체공개가 되지 않으며, 이런 경우 스캔된 도큐먼트의 일부는 삭제되어 있다. 국가보안행동지침파일은 또한 국가보안행동지침과 관련된 보조도큐먼트 및 기록을 포함하고 있다. 더 자세한 정보는 존슨도서관기록관 직원에게 문의 가능하다.

8) 국가보안자료

다수의 국가보안자료가 홈페이지에 제공되고 있으며, 주요 기록그룹으로 구성되어 있다. 대표적으로 다음과 같다.

- 남부베트남(South Vietnam)
- 쿠바 - 경제거부프로그램(Cuba - Economic Denial Program)
- 무역협상제외품목(Exception of Items from Trade Negotiations)
- 해외원조삭감분배(Distribution of Foreign Aid Cuts)
- 해외위기예측절차리뷰(Review of our Procedures for Anticipating Foreign Crises)
- 인도네시아 원조관련 대통령결정(Presidential Determination re Aid to Indonesia)

- 인도 및 파키스탄 군사지원(Military Assistance to India and Pakistan)
- 국가정책문서시리즈(National Policy Paper Series)
- Project Sulky
- 미국 대외국방훈련 내부정책 및 목표(U.S. Overseas Internal Defense Training Policy and Objectives)
- 남부베트남공식방문(Official Visits to South Vietnam)

MC

The Miller Center

밀러센터

1 기록관

1) 소재사항

The Miller Center

소재국가　미국

주　　소　P.O. Box 400406 Charlottesville, VA 22904

전　　화　+1 434 924 7236

팩　　스　+ 1 434 982 2739

홈페이지　http://millercenter.org

The Miller Center Washington Office

주　　소　801 17th St. NW, Suite 202, Washington, DC 20006

2) 성격

- 밀러센터(MC: The Miller Center)는 대통령직, 정책, 정치사 등에 대한 지식을 제공하고 미국 정치의 현황과 과제 공지를 위해 노력하는 무소속 비영리기관이다.
- 이 기관은 버지니아대학교에 베이스를 두고 샬롯빌(Charlottesville)과 워싱

턴 D. C.(Washington D. C.)에 위치한 두 곳의 사무실을 통해 활동하고 있다. 이 기관은 미국에서 유일하게 백악관 비밀음성파일 녹취작업을 수행하고 있으며, 이는 대통령과 행정부의 당대 문제 해결관련, 직접적인 단서를 제시한다. 또한 밀러센터 홈페이지는 미국 대통령과 그 직무에 대해 정보를 제공하는 가장 큰 온라인 자원이기도 하다.

3) 설립연혁

- 1975년 버지니아 법학대학의 졸업생인 버켓 밀러(Burkett Miller)에 의해 창시되었다. 이후 밀러재단(Miller Center Foundation)과 더불어 외부의 기부금에 의해 운영되고 있다. 이 사무실의 시설 중 특히 1865년에 건립된 포크너하우스(Faulkner House)는 1895부터 1919년까지 미국 상원의원으로 활동하였던 토마스 마틴(Thomas S. Martin)의 주거공간이었다. 기타 시설로는 포럼실(Forum Room), 1989년 설립된 뉴먼관(Newman Pavilion), 2003년에 추가된 스크립스도서관(Scripps Library) 등이 있다.

- 2009년 10월 워싱턴 D. C.에 두 번째 사무실이 건립되었다. 이 센터는 샬롯빌 사무실이 제공하지 못한 다수의 기능을 수행하며, 새로운 기회를 만들어내기도 했다. 건립 이후 학자들의 자료 이용 공간, 대학들과의 협력체제 강화, 국가 주요 인사, 정책결정자, 언론 계통 인사들의 만남의 장 등의 목적으로 이용되고 있다.

4) 설립목적

① 역사적인 데이터를 정치적으로 중립적인 입장에서 정리하여 미국의 정책 결정 과정과 그와 관련된 과제에 있어서 새로운 관점을 제시할 수 있도록 한다.

② 미국대통령에 대한 자료로 대통령들의 연설을 담은 희귀 음성 또는 비디오 파일을 제공하며, 그를 통해 대통령 집권 기간에 대한 연구를 촉진시켜 그들이 난관을 헤쳐 나갈 수 있도록 도왔던 비전을 발견하고자 한다.

5) 비전 및 임무

① 당파성 없는 기관으로 대통령, 정책, 정치사와 미국의 국가운영에 대한 식견을 제공하고자 하는 것을 목표로 한다.

② 미국이 오늘날 정책 결정 과정에 있어서 대면한 과제들에 대한 식견을 제공할 수 있도록 역사적으로 중요한 의미를 가진 사건들에 대한 이해를 돕는다.

③ 구술기록물프로젝트(oral history project)를 통해 대통령직에 대한 기관 조사 연구를 진행하는 한편, 각 정부가 시대의 가장 어려운 정책적 문제를 어떻게 해결했는가에 대한 해답을 제시하고자 한다.

④ 심포지엄, 회의, 그 외 학회 개최를 통해 정책 결정에 대한 연구를 수행하여 학계의 허브 역할을 수행하고자 한다.

⑤ PBS(Public Broadcasting Service)와의 협력을 통해 공무원, 학자, 기자들과 더불어 시민토론을 유도한다.

6) 조직

① 행정관리부(Executive Administration)
② 금융관리서비스부(Finance and Administrative Services)
③ 대통령연구부(Presidential Studies)
④ 민주주의와 국정운영 연구부(Democracy and Governance Studies)
⑤ 대외 프로그램부(Public Programs)
⑥ 정책 프로그램부(Policy Programs)
⑥ 밀러센터재단(Miller Center Foundation)
⑦ 커뮤니케이션과 마케팅부(Communication and Marketing)
⑧ 도서관과 정보서비스부(Library and Information Services)

이 외에 주요 국가 정책 결정자 및 관련 분야의 학자들로 이루어진 위원회도 구성되어 있다. 다음과 같다.

- 2007년 국가비상대권위원회(National War Powers Commission)를 구성하였으며, 이 위원회의 장은 제임스 베이커 3세(James A. Baker III)와 워런 크르스토퍼(Warren Christopher)가 겸임하였다. 이 위원회는 비상대권, 대통령권, 국회권의 지속성을 강화하기 위한 방안을 논의하기 위한 목적을 수행하기 위하여 구성되었다.
- 총 7번의 주요 위원회의를 개최하였으며, 주제는 다음과 같다.
  ① 연방선거개혁(Federal Election Reform 2001)
  ② 연방판사선발(The Selection of Federal Judges 1996)
  ③ 부통령 선출과 활용(Choosing and Using Vice Presidents 1992)

④ 대통령직과 과학자문(The Presidency and Science Advising 1989)

⑤ 대통령직 수행 불능과 25회 개정(Presidential Disability and the Twenty-Fifth Amendment 1988)

⑥ 대통령 인수 및 대외정책(Presidential Transitions and Foreign Policy 1986)

⑦ 대통령지명과정(The Presidential Nominating Process 1982)

⑧ 대통령기자회견(Presidential Press Conferences 1981)

7) 주요프로그램

밀러센터는 다음과 같은 다양한 프로그램을 운영하고 있다.

(1) 포럼(Forums)

(2) 글로벌 시대의 미국 국가 운영정책(Governing American in a Global Era)

(3) 밀러센터 국가장학금(Miller Center National Fellowship)

(4) 국가 토론 시리즈(National Debate Series)

(5) 구술기록프로그램(Oral History Program)

(6) 정책프로그램(Policy Programs)

(7) 대통령기록프로그램(Presidential Recordings Program)

이상의 밀러센터의 정책 프로그램 중에는 회의, 이해 당사자 집회 등이 있으며, 그중 회의 및 원탁회의는 다음과 같다.

- 데이비드 구드 국가운송수단회의(David R. Goode National Transportation Conference)

  2009년 9월 '자극 이상의 정책: 미국의 새로운 운송수단 어젠다(Beyond

Stimulus: Toward a New Transportation Agenda for America)'에 관한 회의를 개최하였으며, 2011년 가을에 두 번째 회의가 개최되었다.

- 중국원탁회의(China Roundtable)
  조셉 프루어(Joseph W. Preuher) 장군과 밀러센터의 슬레진저(R. Schlesinger) 특훈교수는 학계, 정부, 군부, 비즈니스계의 리더들을 초청하여 미국-중국 관계의 증진을 위한 원탁회의를 구성하였다. 이 회의에서 대두된 제안들은 '중국과의 미래: 바른 길로의 전진(A Way Ahead With China: Steering the Right Course with the Middle Kingdom)'이며, 동일 제목의 보고서가 작성되었다.

8) 주요서비스

- 미국 역대 대통령에 대한 정보로 생년월일부터 간단한 전기까지 제공하고 있다. 또한 대통령과 함께 일하는 당의 주요 인물들까지 모두 기록되어 있다. 각 대통령마다 링크를 통해 대통령의 연설을 오디오 혹은 비디오 파일로 재생 가능하다. 또한 이들에 대해 저명한 학자들이 한 발언 역시 들을 수 있다.
- 스크립스도서관(The Scripps Library)을 통해 역대 대통령들의 연설 중 가장 비중 있는 사례들을 녹취된 대본과 함께 음성 파일이나 비디오 파일로 조회할 수 있도록 정리해 놓았다.

9) 관련기관(Miller Center Foundation)

- 밀러센터재단은 1987년 면세의 비영리 단체로 설립되었으며 센터의 자료개발 프로그램의 일환으로 구성되었다. 이 재단은 운영위원회 및 재단의 전문직원들로 구성되어 있으며, 밀러센터의 업무수행 관련 조력의 역할을

맡고 있다.

- 밀러센터재단은 기부자 및 그들의 협력을 통해 밀러센터를 적극적으로 보조할 수 있도록 하며, 밀러센터에 대한 유산, 부동산, 생명 보험금 및 연금 등의 기부금에 대한 대가로 세금 감면 혜택을 제공하고 있다.
- 밀러센터재단의 지원자들 중에는 미국대통령 내각에 속한 이들도 포함되어 있다.

② 정보원

1) 정보원 열람 및 배포 정책

- 밀러센터(MC: The Miller Center)의 스크립스도서관(Scripps Library)과 멀티미디어기록관은 미국 공공정책에 대한 연구 시설 역할을 수행하고 있다.
- 밀러센터는 대통령 정보(American President: a Reference Resources), 포럼(Forums), 구술프로그램(Oral History Program), 기록프로그램(Presidential Recordings Program) 등을 통하여 다양한 기록들을 구축 및 제공하고 있다.
- 미국의 역대 대통령마다 한 페이지씩을 할당하여 관련 정보원을 제공하고 있다. 이러한 대통령 개인 페이지에는 인물의 개인사와 관련된 정보와 더불어 대통령 임기 시작 후 정보, 퇴임 후의 삶과 더불어 집권 시 함께 일했던 여당인사들에 대한 정보를 포함하고 있다. 상세한 정보는 시대별 혹은 인물별 링크를 통해 조회 가능하다.
- '언론과 정책에 대한 밀러센터 프로젝트(The Miller Center's Project on Media and Governance)'는 언론의 변화가 미국 민주주의에 미치는 영향에 대한 보고서를 제작하였으며, 이와 같은 변화에는 뉴스룸 규모 축소 및 온라인 언론자료의 확대 등이 있다. 이와 같은 자료를 PDF로 구축하여 공개

자료로 제공하고 있다.

2) 스크립스도서관(Scripps Library)

- 스크립스도서관은 미국 공공정책 학자들의 연구 시설로 이용되고 있으며, 도서관의 장서는 미국 정치와 역사 중에서도 미국 대통령직에 대해 특화되어 있다. 즉, 미국 대통령직에 대한 다양한 범주의 연구 자료를 제공하고 있으며, 인쇄형태와 디지털형태 모두 제공되고 있다.
- 도서관의 인쇄형태 자료들은 주로 미국 대통령에 대한 주요 정보를 담은 것으로 구성되어 있으며, 그중에는 대통령 정권 관련 문서 및 기록, 대통령 전기, 대통령 관련 장학금(secondary scholarship)의 기타 기본 자료 등이 포함되어 있다.
- 도서관의 멀티미디어 장서는 미국 공공정책에 대한 매우 귀중한 자료로서 약 2,500시간의 백악관 기밀 음성기록, 인터뷰를 포함한 백여 건의 대통령 구술기록물로, 밀러센터 회의의 오디오와 비디오 자료, 미국 행정부와 관련된 다양한 자료 등이 포함된다. 도서관의 미국대통령에 대한 디지털기록물은 3테라바이트 이상의 규모를 자랑하며, 이는 지속적으로 성장 중에 있다.

3) 멀티미디어기록관(Multimedia Archive)

멀티미디어기록관 역시 스크립스도서관의 경우처럼 미국의 공공정책 학자들의 연구시설로 제공되고 있다. 주요 제공 기록물은 다음과 같이 구성되어 있다.

- 대통령 기본자료(General Presidential Materials)
- 대통령 음성기록(Presidential Recordings)
- 대통령 연설(Presidential Speeches)
- 대통령 기록물(Presidential Documents)
- 대통령 구술기록물(Presidential Oral Histories)

4) 대통령 개별페이지(American President: A Reference Resource)

초대 조지 워싱턴(George Washington, 1789 - 97) 대통령에서부터 현 버락 오바마(Barack Obama, 2009 -) 대통령에 이르기까지 다음과 같은 주요 정보를 제공하고 있다.

(1) 사실요약(Facts at a glance)

생년월일, 이름, 학력, 이력, 가족사항과 더불어 대통령에 대한 간략한 전기 기록을 다룬다.

(2) 멀티미디어(Multimedia)

대통령의 중요한 연설을 담은 비디오기록물과 대통령 사진기록물 등이다.

(3) 대통령연설문(Presidential speeches)

각 대통령의 임기 중 중요한 연설들을 선별하여 수록해 놓고 있다.

(4) 대통령과 행정부 에세이(Essays on the President and his Administration)

역대 대통령들의 임기와 더불어 그 전후의 삶에 대한 간략정보 외에, 대통령직을 수행하면서 있었던 변화와 영향에 대한 설명을 담은 에세이를 분류 수록해 놓고 있다.
- 간단한 전기(a life in brief)
- 대통령 임기 전의 삶(life before the presidency)
- 캠페인과 선거(campaigns and elections)
- 국내 정치(domestic affairs)
- 국제 관계(foreign affairs)
- 대통령 임기 후의 삶(life after the presidency)

- 가족 내에서의 삶(family life)
- 미국 내 상황(the american franchise)
- 영향과 유산(impact and legacy)

(5) 장학금과 대변인(Scholarships and Speakers)

밀러센터에서 선별한 대통령 자료들을 조회할 수 있도록 한 항목이다. 대통령 임기 당시 이외에도 이후의 학술적 비디오 및 연설 등을 열람에 제공하고 있다.

(6) 스크립스도서관 참고정보원(Scripps Library Reference Resources)

밀러센터의 스크립스도서관이 학생들과 학자들의 연구에 필요한 자료를 빠르게 찾을 수 있도록 링크를 제공하고 있다.

5) 대통령 연설기록물(Presidential speech archives)

스크립스도서관은 다수의 대통령도서관과 더불어 미국 역사상 가장 중요한 대통령연설문들을 수집하고 있다. 모든 연설의 대본이 홈페이지에 제공되고 있다. 그중에는 전체 오디오 혹은 비디오 파일도 함께 제공되는 연설문도 있다.

6) 대통령 녹음프로그램(Presidential recording program)

1940년과 1973년 사이 6명의 여야 미국대통령이 암암리에 5천 시간 분의 전화와 회의기록을 녹음하였다. 밀러센터는 대통령 녹음프로그램을 통하여 이와 같은 역사기록물을 학자, 교육자, 학생 그리고 대중에게 공개할 수 있도록 노력하고 있다. 5천 시간에 이르는 대부분의 통화기록에 대한 접근이 밀러센터의 홈페이지를 통해 가능하며, 그중 소수는 대본을 담은 플래시 영상으로 제공되고 있다. 녹음파일은 주제별로 정리되어 있다. 14개 기록그룹 하의 각 주제는 다음과 같다.

(1) 중국(China)

- 중국핵위기(Chinese Nuclear Weapons)
- 중국개방(Opening of China)
- 중소분열(Sino - Soviet Split)

(2) 일반외교정책(General Foreign Policy)

- 쿠바미사일위기(Cuba Cuban Missile Crisis 1962)
- 관타나모(Guantanamo)
- 후기미사일위기(Post - Missile Crisis 1962 - 63)

(3) 세계개발(Developing World)

- 해외원조(Foreign Aid)
- 정보활용(Intelligence)
- 라틴아메리카 브라질(Latin America Brazil)
- 파나마(Panama)

(4) 핵무기(Nuclear Weapons)

- 비확산(Nonproliferation)
- 전략(Strategy)

(5) 소련(Soviet Union)

- 우주전쟁(Space Race)

(6) 베드남(Vietnam)

- 디엠쿠테타(Diem Coup 1963)
- 최종게임(End Game)
- 상승(Escalation)
- 케네디 철수(Kennedy Withdrawal 1963)
- 탄킨 1964(Tonkin 1964)
- 전쟁권력(War Powers)

(7) 제2차 세계대전(World War II)

(8) 국내정책주제(Domestic Policy Topics)

- 시민권(Civil Rights)
- 학교통합(School Integration)
- 긍정적 조치(Affirmative Action)
- 올레 미스 위기 1962(Ole Miss Crisis 1962)
- 버밍햄 1963(Birmingham 1963)
- 워싱턴 행진 1963(March on Washington 1963)
- 자유 여름 1964(Freedom Summer 1964)
- 시민권법 1964(Civil Rights Act 1964)
- 셀마 1965(Selma 1965)
- 투표권법 1965(Voting Rights Act 1965)

(9) 운송(Transportation)

- 법(Law)
- 대법원(Supreme Court)

(10) 가난과의 전쟁(War on Poverty)

- 공동체엑션프로그램(Community Action Program)

(11) 경제(Economy)

- 건강관리(Health Care)
- 이민(Immigration)
- 대통령과 대통령직 워터게이트(Presidents and the Presidency Watergate)
- 개인생활과 개성(Personal Life and Personality)
- JFK 암살(JFK Assassination)

(12) 정치(Politics)

- 의회관계(Congressional Relations)
- 공화당(Republican Party)
- 민주당(Democratic Party)

(13) 언론(The Press)

- 마킹버드 프로젝트(Project Mockingbird)
- 메시지 관리(Message Management)

(14) 위기관리(Crisis Management)

다음의 녹음기록물은 현재 홈페이지에 업로드하여 공개적으로 제공하고
있다.
- LBJ and Eugene McCarthy on Vietnam(1 February 1966)
- FK and Eisenhower on Cuba(22 October 1962)
- FDR's "Stab in the Back" Speech(10 June 1940)

- Reagan at the Brandenburg Gate(12 June 1987)
- Carter on Afghanistan(29 November 1982)

7) 대통령구술기록프로그램(Presidential Oral History Program)

대통령구술기록프로그램은 카터, 레이건, 조지 W. 부시, 그리고 클린턴 정부 당시 대통령과 관련 인물들의 구술 내용을 체계적이고 조직적으로 남겨 둘 수 있도록 하는 프로그램으로, 이는 미래의 대통령들에게도 같은 방식으로 적용될 것이다. 밀러센터는 또한 정치사와 관련된 중요한 주제를 바탕으로 한 프로젝트를 구상 중에 있으며, 이는 상원의원 에드워드 M. 케네디의 6년간의 구술기록과 삶, 경력관련 기록을 포함하고 있다.

8) 연간보고서(Annual Report)

2002년 3호에서부터 2010년 11호에 이르기까지의 연간보고서가 홈페이지에 PDF 파일로 업로드되어 공개·제공되고 있다.

9) 온라인참고정보원(Online Reference)

대통령 관련 온라인 참고정보원으로 다음과 같이 구성되어 있다.
- 전기(Bibliographies)
- 대통령기록물(Presidential Papers)
- 온라인정보원(Online Resources)

MTF

MTF
Margaret Thatcher Foundation
마가렛대처재단

1 기록관

1) 소재사항

소재국가   영국
홈페이지   http://www.margaretthatcher.org

2) 성격

- 마가렛 대처(Margaret Thatcher, 1925 - , 이하 대처)는 영국 최초의 여성 수상(1979 - 90)이다.
- 마가렛대처재단(MTF: Margaret Thatcher Foundation)에 의해 설립된 재단으로 개인 자선 사업에 의해 운영된다. 대처의 수상 전후의 삶에 대한 전기와 그와 관련된 여러 문서, 논평과 미디어 자료를 아카이브와 홈페이지를 통해 제공하고 있다.

3) 설립연혁

1991년 정치와 경제에 있어서 자유성장 유도 목적으로 마가렛대처재단이 건립되었다.

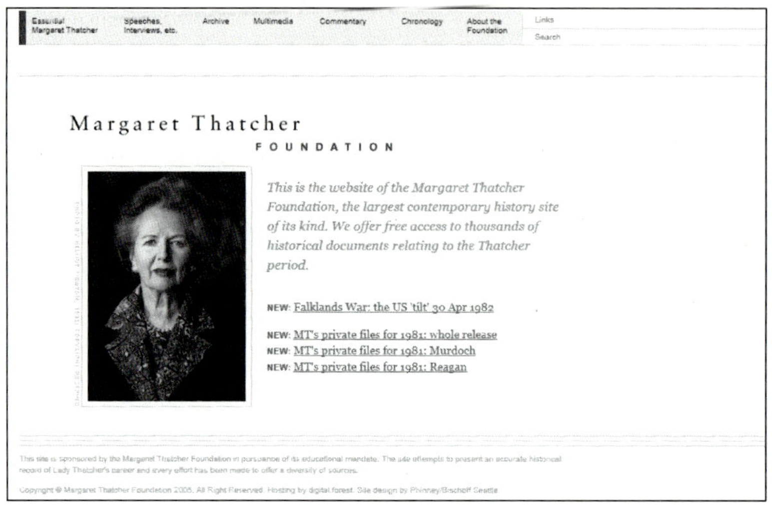

4) 설립 목적

기존에 출판되지 않았던 자료들을 포함해 대처수상과 근 30년간의 세계적인 사건에 대한 천여 가지의 자료들을 무료로 제공하기 위해 설립되었다.

5) 비전 및 임무

① 민주주의, 시장경제, 법의 권위, 국가 안보의 넓은 보급과 확산을 장려한다.
② 영국과 유럽, 북아메리카의 강한 교류의 결성을 격려한다.
③ 구 공산주의 국가와 강압적인 정부 아래서의 통치를 경험한 사람들과 민주주의의 정립을 돕는다.
④ 서구사회와 중동의 관계 형성에 기여하며, 중동지역 문제를 평화적으로 해결할 수 있도록 기여한다.
⑤ 자유무역의 확산을 장려한다.

6) 관련기관

(1) 영국정당 및 관련 비공식사이트(British Political Parties & Associated Unofficial Sites)

- 보수당(Conservative Party)
  홈페이지 http://www.conservatives.com
- 보수적 방향으로 전진을(Conservative Way Forward)
  홈페이지 http://conservative-party.net(party website guide)
- 보수당 홈페이지
  홈페이지 http://conservativehome.blogs.com
- 이앤 데일과 친구들(Iain Dale & Friends)
  홈페이지 http://www.iaindale.com
- 노동당(Labour Party)
  홈페이지 http://www.labour.org.uk
- 자유민주당(Liberal Democrats)
  홈페이지 http://www.libdems.org.uk/home.aspx

(2) 영국정부(British Government)

- 군주제(The Monarchy)
  홈페이지 http://www.royal.gov.uk/Home.aspx
- 수상집무실(Prime Minister's Office)
  홈페이지 http://www.number10.gov.uk
- 외무연방성(Foreign & Commonwealth Office)
  홈페이지 http://www.fco.gov.uk/en
- 재무성(Treasury)
  홈페이지 http://www.hm-treasury.gov.uk

- 내무성(Home Office)

  홈페이지 http://www.homeoffice.gov.uk

- 국방성(Ministry of Defence)

  홈페이지 http://www.mod.uk/DefenceInternet/Home

- 정부보도자료(Government press releases)

  홈페이지 http://nds.coi.gov.uk/content/default.aspx?NewsAreaId=2&

  SubjectIds=-1&AdvancedSearch=true

(3) 영국 통계청(UK Office for National Statistics)

- 영국의회(UK Parliament)

  홈페이지 http://www.ons.gov.uk/ons/index.html

- 국회의사당(Houses of Parliament)

  홈페이지 http://www.parliament.uk

- 국회의사당(Houses of Parliament)

  홈페이지 http://www.parliamentlive.tv/Main/Live.aspx

- 국회토론(Parliamentary debates (Hansard))

  1802년 이래 날짜별

  홈페이지 http://hansard.millbanksystems.com

- 국회토론(Parliamentary debates (Hansard))

  1802년 이래 기고자별

  홈페이지 http://hansard.millbanksystems.com/people

(4) 영국싱크탱크(British think tanks)

- 아담스미스연구원(Adam Smith Institute)

  홈페이지 http://www.adamsmith.org

- 정책연구센터(Centre for Policy Studies)

홈페이지 http://www.cps.org.uk
- Demos

  홈페이지 http://www.demos.co.uk
- 유럽연구원(Institute of Economic Affairs)

  홈페이지 http://www.iea.org.uk
- 재무연구원(Institute for Fiscal Studies)

  홈페이지 http://www.ifs.org.uk
- 공공정책연구원(Institute for Public Policy Research)

  홈페이지 http://www.ippr.org
- 정체(Politeia)

  홈페이지 http://www.politeia.co.uk
- 정책교환(Policy Exchange)

  홈페이지 http://www.policyexchange.org.uk
- 셀스던그룹(Selsdon Group)

  홈페이지 http://www.selsdongroup.co.uk
- 사회단위(Social Affairs Unit)

  홈페이지 http://www.socialaffairsunit.org.uk
- 사회시장재단(Social Market Foundation)

  홈페이지 http://www.smf.co.uk

(5) 미국 싱크탱크 및 링크(US think tanks & links)

- 미국기업연구원(American Enterprise Institute)

  홈페이지 http://www.aei.org
- 브루킹스연구원(Brookings Institution)

  홈페이지 http://www.brookings.edu
- 카토연구원(Cato Institute)

홈페이지 http://www.cato.org

- 프리덤하우스(Freedom House)

홈페이지 http://www.freedomhouse.org

- 헤리티지재단(Heritage Foundation)

홈페이지 http://www.heritage.org

- 해리티지재단 대처센터(Thatcher Center at the Heritage Foundation)

홈페이지 http://www.thatchercenter.org

- 후버연구원(Hoover Institution)

홈페이지 http://www.hoover.org

- 허드슨연구원(Hudson Institute)

홈페이지 http://www.hudson.org

- 맨하탄연구원(Manhattan Institute)

홈페이지 http://www.manhattan-institute.org

- 타운홀닷컴(townhall.com)

홈페이지 http://townhall.com

- 영국언론(British media)

홈페이지 http://www.mediauk.com

- BBC뉴스(BBC News)

홈페이지 http://www.bbc.co.uk/news

- 일간과 일요판 텔레그래프(Daily & Sunday Telegraph)

홈페이지 http://www.telegraph.co.uk

- 파이낸셜 타임즈지(Financial Times)

홈페이지 http://www.ft.com/home/uk

- 가디언지(Guardian)

홈페이지 http://www.guardian.co.uk

- ITN뉴스(ITN News)

홈페이지 http://www.itv.com/news

- 스카이뉴스(Sky News)

  홈페이지 http://news.sky.com/home

- 더타임즈(The Times)

  홈페이지 http://www.thetimes.co.uk/tto/news

(6) 영국, 유럽 및 미국(Britain, Europe & the US)

- 대서양파트너십(Atlantic Partnership)

  홈페이지 http://www.atlanticpartnership.org

- 부르지스그룹(Bruges Group)

  홈페이지 http://www.brugesgroup.com

- 유럽연합조약(European Union Treaties)

  홈페이지 http://europa.eu/abc/treaties/index_en.htm

- 바클라브 클라우스, 체코 공화국 대통령(Václav Klaus, President of the Czech Republic)

  홈페이지 http://www.klaus.cz/english - pages

- 북대서양조약기구 장관 공동성명서(NATO Ministerial Communiques)

  홈페이지 http://www.nato.int/docu/comm.htm

(7) 미국 대통령도서관(US Presidential Libraries)

- 부시대통령도서관(Bush Presidential Library)

  홈페이지 http://bushlibrary.tamu.edu

- 조지W부시대통령도서관(Bush Presidential Library)

  홈페이지 http://www.georgewbushlibrary.gov

- 카터대통령도서관(Carter Presidential Library)

  홈페이지 http://www.jimmycarterlibrary.gov

- 포드대통령도서관(Ford Presidential Library)
  홈페이지 http://www.ford.utexas.edu
- 후버기관컬렉션(Hoover Institution collections)
  홈페이지 http://www.oac.cdlib.org/institutions/Hoover+Institution
- 레이건대통령도서관(Reagan Presidential Library)
  홈페이지 http://www.reagan.utexas.edu/archives/textual/tx.html

(8) 영국역사자원(British Historical Resources): 공식적 자원

- 1215년 이후 영국법령(UK statutes since 1215)
  홈페이지 http://www.bailii.org/uk/legis/num_act
- 1987년 이후 영국법령기관(UK statutory instruments since 1987)
  홈페이지 http://www.legislation.gov.uk/uksi
- 국회연구도서관(Parliamentary Research Library)
  홈페이지 http://www.parliament.uk/topics/Topical‐Issues.htm
- 국가감사원(National Audit Office)
  홈페이지 http://www.nao.org.uk
- 1802년 이후 국회토론(한사드)(Parliamentary debates (Hansard) since 1802)
  홈페이지 http://hansard.millbanksystems.com
- 영국통계청(UK Office for National Statistics)
  홈페이지 http://www.ons.gov.uk/ons/index.html
- 영국국가문서보관소(UK National Archives‐TNA)
  홈페이지 http://www.nationalarchives.gov.uk
- Directgov(정부정보원)(Directgov (Government Information Service))
  홈페이지 http://www.direct.gov.uk/en/index.htm

(9) 영국역사자원: 비공식직 자원

- 보수당문서(Conservative Party Archive)

  홈페이지 http://www.bodley.ox.ac.uk/dept/scwmss/cpa/#Candidates'%

  20Department

- 처칠아카이브센터(Churchill Archives Centre, Thatcher MSS)

  홈페이지 http://www.chu.cam.ac.uk/archives/collections/thatcher/thatcher_

  home.php

- BBC대처마이크로 사이트(BBC Thatcher Micro-site)

  홈페이지 http://www.bbc.co.uk/archive/thatcher/index.shtml

- 정치학자원(Political Science Resources)

  홈페이지 http://www.politicsresources.net/area/uk.htm

- Ipsos MORI

  홈페이지 http://www.ipsos-mori.com

- 영국세금 및 보험제도(British Tax & Benefit System)

  홈페이지 http://www.ifs.org.uk/fiscalFacts

(10) 영국정보자유(British Freedom of Information)

- 내각(Cabinet Office)

  홈페이지 http://www.cabinetoffice.gov.uk/content/freedom-information

  -foi

- 재무성(Treasury)

  홈페이지 http://www.hm-treasury.gov.uk/foi_2011index.htm

- 외무연방성(Foreign & Commonwealth Office)

  홈페이지 http://www.fco.gov.uk/en/publications-and-documents/freedom

  -of-information

(11) 영국정치사이트

- 도드의 정치 링크(Dod's Political Links)
  홈페이지 http://www.dodonline.co.uk/engine.asp?lev1=0&lev2=0&menu
  =17&list=y
- 스타라트클라이드대학 링크(Strathclyde University Links)
  홈페이지 http://bubl.ac.uk/uk
- 인튜트: 사회과학(Intute: Social Siences)
  홈페이지 http://www.intute.ac.uk/cgi‑bin/search.pl?term1=Thatcher&limit
  =0&subject=Politics

(12) 온라인 대처 이미지 사진 갤러리(Photograph galleries with many Thatcher images online)

- 코브리스(Corbis)
  홈페이지 http://www.gettyimages.co.uk
- 이미지(Images)
  홈페이지 http://www.corbisimages.com

② 정보원

1) 정보원 열람 및 배포 정책

- 마가렛대처재단(MTF: Margaret Thatcher Foundation)에 의해 홈페이지에서 제공되는 모든 정보원은 별다른 절차 없이 무료로 이용이 가능하다. 자료는 대처의 연설과 인터뷰 그리고 기타 성명, 기록물(Archive), 멀티미디어(Multimedia), 논평(Commentary) 등으로 구성되어 있으며, 그 밖에 대처수

상에 대한 전기자료와 주요 문서들을 '꼭 알아야 할 마가렛대처(Essential Margaret Thatcher)'를 통해 제공하고 있다. 이 항목에서는 또한 2005년 여든의 나이를 맞은 대처 전 수상을 기념한 온라인 전시와 더불어 아이들을 위한 마가렛대처에 대한 페이지가 있다.

- 모든 문서는 주제 분류로 정리되어 있으며, 이를 통해 연구원들이 필요시 간편하게 연구와 관련된 자료만을 검색할 수 있도록 구축되어 있다.
- 자료원 내 문서들은 현장에서 중요도에 따라 'key', 'major', 'minor', 'trivial'로 구분하여 놓았으며, 시기나 특정 날짜 및 텍스트 내 사용된 단어 등으로도 해석 가능하다.

2) 구성

마가렛대처재단의 데이터베이스는 다음과 같이 구성되어 있다.

① 기록물(Archive)

이는 역사 도큐먼트로서 영국과 미국에 소장되어 있는 공공기록물과 개인기록물 그리고 대처의 개인기록물이다.

② 연설문과 인터뷰자료(Speeches, Interviews, etc.)

③ 멀티미디어(Multimedia)

④ 연대기(Chronology)

⑤ 2차자료(Commentary)

3) 분류

마가렛대처재단의 도큐먼트는 다음과 같은 주제로 분류되어 있으며, 그중 마가렛대처의 경우 하위분류는 다음과 같다.

① 법과 헌법(Law & the Constitution)

② 선거(Elections)

③ 경제 이슈(Economic Issues)

④ 사회적 이슈(Social Issues)

⑤ 환경, 주거, 기타(Environment, Housing, etc.)

⑥ 보안과 안보(Defence & Security)

⑦ 정당 외(Political Parties, etc.)

⑧ 마가렛 대처(Margaret Thatcher)

- 자전적 언급(Autobiographical Comments)
- 자서전 - 어린시절 (Autobiography - Childhood)
- 자서전 - 결혼과 자녀들(Autobiography - Marriage & Children)
- 마가렛 대처의 유명한 발언(Famous Statements by MT)

4) 연설과 인터뷰 외 기타 성명

- 1945년부터 1990년까지의 대처의 모든 공식 성명들이 기재되어 있으며, 그 수는 8,000종이 넘는다. 1990년 이후로는 선별된 공식 성명들이 있으며, 2002년 모든 공식적인 성명이 중지되었다.
- 목록에 제공된 발언들의 경우 70퍼센트 이상이 텍스트와 함께 제공되며, 그 외의 경우는 저작권 문제와 음성녹음파일이 보존되지 않아 텍스트가 없다.
- 저작권이 문제시되는 경우 '마가렛 대처 공식 성명 CD - ROM(Complete Public Statements of Margaret Thatcher on CD - ROM, 1945 - 90)'을 통해 전체 텍스트를 볼 수 있다. 모든 발언들은 연대기적 순서의 문단형 요약으로 정리되어 있으며, 발언의 내용이나 연설 제목을 클릭하면 성명 조회로 이어진다.

5) 기록물(Archive)

대처와 관련된 천여가지 이상의 문서를 소장하고 있다. 이는 대처의 정치적 경력뿐만 아니라 어린 시절 등 대처의 삶 전체를 다루고 있다. 대다수의 정보는 케임브리지에 있는 대처의 개인적인 자료에서 얻어진 것이며 이는 현재 1979년의 것까지 공개적으로 제공되고 있다. 기타 자료로는 미국 대통령도서관(포드, 카터, 레이건, 부시)과 영국 국가기록관(NA)에서 수집되었다. 다음과 같이 구성되어 있다.

- 수상 전 시절(Pre - PM, up to May 1979)
- 수상시절(PM, 1979 - 90)
- 미국자료(US material)

6) 멀티미디어(Multimedia)

이는 음성파일과 비디오파일로서 현재 하원도서관과 대통령도서관으로로부터 이전(移轉)되어 오고 있다. 대처 기록물에는 마거릿 대처의 사진이 다수 포함되어 있지만 이 중 대다수는 저작권 문제에 의해 온라인상에서 공개할 수 없는 불가피한 상태이다. 따라서 홈페이지에서 제공되는 사진은 백악관 공식 사진사에 의해 촬영된 것이 대부분이다.

(1) 수상으로서의 마지막 의회 연설

- 로마유럽의회에 관한 보고서(Report on the Rome European Council)
- 신임 토론 유명 연설(Famous Speech in the Confidence Debate)
- 레이건대통령에 대한 찬사(Eulogy for President Reagan)
- 아스펜에서의 부시대통령 기자회견(Press Conference with President Bush at Aspen)

(2) 하비 토마스 컬렉션(Harvey Thomas Collection)

(3) 백악관 공식 사진(White House Official Photos)

대처의 사진컬렉션 내에는 백악관 공식 시진 외에 대통령도서관에서 이전되어 온 사진도 다수 존재한다.

7) 2차적 자료(Commentary)

이 부분은 언론, 학술 저널과 보다 광범위한 저술에서 대처가 언급된 것을 선별하여 수록하고 있다. 자료의 글은 재단의 입장을 반영하지 않으며 다양한 각도에서 작성 되었다. 이 항목에서는 독립적인 검색이 가능하며 간단한 권장 저술목록 역시 제공되고 있다.

8) 연대기(Chronology)

연대기 항목을 통해서는 700개의 사건이 조명되고 있으며, 1945년부터 대처의 임기가 끝나는 1990년까지의 것을 제공하고 있다. 사건의 검색은 주제, 날짜 외 중요 단어를 통해 가능하다. 1925년부터 1990년까지의 요약된 연대기표 역시 제공되고 있으며, 다음과 같은 네 부분으로 구성되어 있다.
① 초기 삶과 경력(1925 – 58)
② 최초 의회(1959 – 64)
③ 그림자대변인(1964 – 70)
④ 교육부장관 및 그림자대변인(1970 – 4)

9) 최근자료

- 수상 마가렛 대처의 파일(Margaret Thatcher's files as Prime Minister, 1981)
- 1981년 이후 마가렛 대처 내각 파일(MT's Prime Ministerial Files from 1981)
  이는 큐(Kew) 영국 국가기록관(National Archives)이 2011년 10월 30일에 공개한 기록물이다.

NFLL

NFLL

National First Ladies' Library

국립영부인도서관

① 기록관

1) 소재사항

소 재 국 가	미국
주 소	Education & Research Center 205 Market Avenue S., Canton, OH 44702
전 화 번 호	+1 330 452 0876
전 자 우 편	mregula@firstladies.org
홈 페 이 지	http://www.firstladies.org/Library.aspx

2) 성격

국립영부인도서관(NFLL: National First Ladies' Library)은 미국 내 유일한 영부인들에 관한 정보원 수집 및 제공 도서관이자 주요 온라인정보원이다.

3) 비전 및 임무

① 매해 영부인들에 대한 자료의 완벽한 업데이트
② 미국역사에 기여한 영부인들에 대한 자료를 유치원에서 초등학교 학생들을 위한 수업자료로 재구성

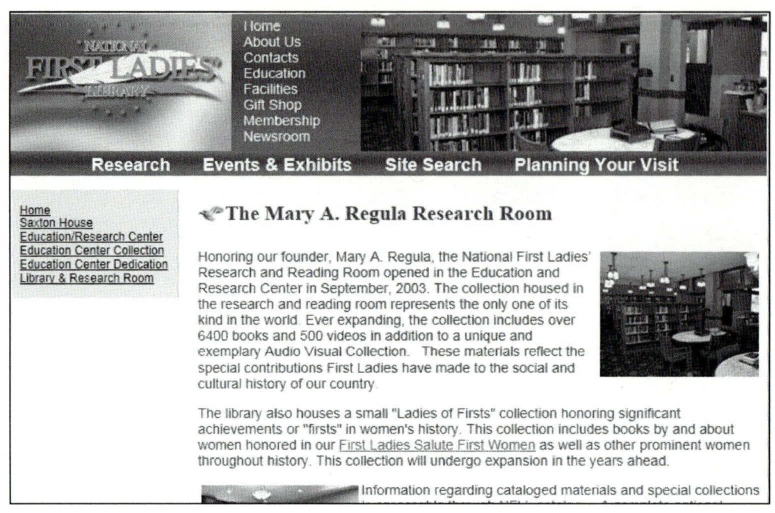

③ 영부인들의 역할에 대한 세미나, 워크숍, 강연 기획 및 진행
④ 영부인들의 그리고 영부인들에 의한 서적, 영상, 문서 및 기타 시청각기록
  물의 수집
⑤ 당대의 사회적 이슈가 되는 영부인들의 편지, 연설문, 메뉴스크립트의 수집

4) 주요 업무

① 영부인 아이다 색스턴 매킨리(Ida Saxton McKinley)의 집의 응접실에서 주
  방까지의 모든 공공장소를 재건하고 역사적으로 문서화함
② 현재 연구도서관 및 교육센터로 영부인들의 역사와 미국의 뛰어난 여성들
  을 기리고 있는 역사적으로 유명한 1895년 시티국립은행 빌딩을 재건하고
  개조함
③ 미국 영부인들의 최초의 유일한 온라인 저술목록 구축
④ 미국 영부인들의 역사를 담고 있는 최초의 유일한 웹사이트 구축

5) 설립연혁

① 국립영부인연구열람실은 창시자인 매리 레귤라(Mary A. Regula)를 기리며 2003년 9월 교육연구센터(Education and Research Center)에 설립되었다. 연구열람실에 배치된 컬렉션은 전 세계에서 유일한 기록물들이다.

② 도서관은 또한 여성역사의 '처음'이거나 현저한 업적을 기리는 작은 규모의 '제일의 여인들' 컬렉션을 배치하고 있다. 이 컬렉션은 역사 속에서 영부인들이 첫 여성들에게 경례라는 행사 및 다른 뛰어난 여성에 관한 또는 그들에 의해 쓰인 서적을 포함하고 있다.

6) 주요 행사

주요 행사로 '영부인들이 첫 여성들에게 경례(First Ladies Salute First Women 1999-2001)'가 개최되었다. 구체적으로 다음과 같다.

- 영부인들이 첫 여성들에게 경례라는 것은 국립영부인도서관에 의해 창시된 그들의 영역에서 현저한 기여를 하였거나 그들의 영역의 개척자로서 국가적으로 뛰어난 위치, 직위 또는 업적을 이룬 첫 여성들을 기리기 위한 행사였다.
- 영부인들이 첫 여성들에게 경례를 통해 뛰어난 업적을 이룬 여성들을 기림으로써, 국립영부인도서관은 미국여성의 많은 유산을 축하하고 그들의 유산을 미국문화의 주류가 될 수 있도록 재건한 것이다.

7) 전시회

본 도서관은 다음과 같은 전시회를 통해 영부인들에 대한 보다 많은 정보를 대중에게 전달하고자 한다.

- 자유에 대힌 대통령상의 영웅들
- 미국친선대사들: 영부인들의 세계방문
- 앙코르! 미국 영부인들의 예술성
- 백악관의 '꼬리들': 대통령가족의 애완동물들
- 정당정치: 백악관의 환대
- 점수매기기: 영부인들과 교육
- 사적부인들에서 공적부인들로
- 진취적 시대의 영부인들 전시회

8) 교육프로그램

(1) 성격

국립영부인도서관은 아동 및 청년층을 위한 역사 중 특히 영부인들의 헌신 및 역사를 통한 여성의 기여에 대한 교육에 이바지하고 있다. 본 도서관은 교육자들이 본 홈페이지 및 소장자료와 기록물을 이용하도록 장려한다. 또한 다양한 교육프로그램을 제공함으로써 교사 및 학생들이 쉽게 이용할 수 있도록 하고 있다.

(2) 제공교육프로그램

- 백악관에서의 크리스마스
- 백악관 애완동물들
- 아멜리아와 엘레노어(Amelia and Eleanor)

(3) 수립계획안

본 도서관은 다음과 같은 주제를 기본으로 수업계획안을 제공하며, 모두 무료로 이용가능하다.

- 과학·의학·발명·기술
- 교육·미술·편지·아이디어
- 법·정치·정부·전쟁
- 체육·유명한 문화
- 경제·발견·일상
- 유명한 탄생과 죽음 그리고 영부인들의 삶

② 정보원

1) 정보원 열람 및 배포 정책

- 국립영부인도서관(NFLL: National First Ladies' Library)은 제1대부터 제45 대까지의 모든 영부인 저서목록인 '국립영부인온라인저서목록(The NFLL Catalog)'을 구축하고 있으며 별도의 영부인 연속간행물리스트가 PDF로 구축되어 홈페이지에 제공되고 있다. 영부인사진기록물이 의회도서관과 백악관으로 하이퍼링크되어 있어 매우 유용하다.
- 역대 영부인에 대하여 각각 일대기, 시청각자료, 메뉴스크립트, 교육안으로 구분하여 관련 정보가 제공되고 있다. 또한 모든 정보원은 키워드검색 및 브라우징을 통해 검색가능하다.
- '뉴스레터(*Newsletter*)' 외에 기간호의 이-뉴스레터 및 주요 행사관련 PDF 그리고 영부인관련 뉴스기사의 PDF도 원문으로 홈페이지에 공개되어 있다.

2) 도서관

대략 6,400권의 서적, 6,000장의 사진과 슬라이드, 500개의 공예품, 500개 이상의 다른 미디어, 저자의 연구논문 그리고 새로운 AV컬렉션이 도서관에서 이용가능하다. 다음과 같이 구성되어 있다.

(1) NFLL 뉴스기사(NFLL News Articles)

(2) NFLL 뉴스레터(NFLL Newsletters)

(3) 기자회견 자료집(Press Kit)

(4) 보도자료(Press Releases)

(5) 영부인 뉴스기사(First Lady News Articles)

(6) 영부인에 대한 경의의 표시(First Lady Tributes)

(7) 첫 여성들에 대한 경의의 표시(First Women Tributes)

3) 온라인목록(Online Catalog)

(1) NFLL 목록(The NFLL Catalog)

- NFLL 목록에 교육연구센터도서관에서 이용가능한 모든 자료를 리스트
  하고 있다.
- 이는 국립영부인온라인저서목록으로 모든 미국 영부인의 현존하는 유일
  한 저서목록이며, 국립영부인도서관만이 가지는 특이한 점이다. 이는 영
  부인으로 학자, 역사가 그리고 저자인 칼 스페라자 안소니(Carl Sferrazza
  Anthony)가 편집하였으며, 몬마우스대학(Monmouth College) 역사학 학
  과장이자 부교수인 스테이시 코르데리(Stacy Cordery) 박사에 의해 지
  속적으로 업데이트되고 있다.
- 서적(일대기, 자서전, 소년시절 등), 정기간행물, 메뉴스크립트, 논문, 시
  청각자료 및 다른 관련 자료를 포함하고 있다. 연구원들에 의해 사용되
  는 학계자료 및 기타자료를 중심으로 가능한 한 완전한 목록을 구축하
  려고 노력하고 있으며, 영부인들에 의해 집필된 소녀시절의 자료 및 서
  적도 포함하고 있다.

(2) 영부인 연속간행물(First Ladies' Periodicals)

도서관 소장의 영부인 연속간행물에 대한 별도의 리스트가 구축되어 있으며,
홈페이지에 PDF(http://www.firstladies.org/documents/NFLLperiodicals.pdf)로
제공되고 있다.

4) 영부인 시청각 컬렉션(First Ladies' Audio/Visual Collection)

오하이오 캔톤에 위치한 NFLL 도서관은 유일한 영부인들을 다룬 시청각자료
컬렉션으로 구성되어 있다. 이 컬렉션은 유사 종류에서는 유일하며, 2004년에
시작되어 현재도 새로운 자료를 지속적으로 추가하고 있는 진행 중인 프로젝
트이다. 이 컬렉션은 다큐멘터리, 뉴스, 뉴스인터뷰, 행자사료 등의 일부인 영
부인들의 텔레비전, 영화, 라디오 기록물들을 포함하고 있다.

5) 영부인사진기록물(Photos of First Ladies)

의회도서관과 백악관으로의 하이퍼링크를 통하여 사진기록물을 제공하고 있다.

(1) 의회도서관(LC)

의회도서관의 미국메모리프로젝트로의 링크(http://memory.loc.gov/ammem/
odmdhtml/preshome.html)로서 이 사이트는 영부인들의 사진을 위한 좋은
출처이다. 이는 키워드에 의한 검색과 성명 브라우징 및 주제별 인덱스가
구축되어 있다.

(2) 백악관(White House)

이는 백악관사이트(http://www.whitehouse.gov/about/first-ladies)의 영부인
들의 초상(간단한 일대기 및 사진)으로 현재의 영부인 및 부통령 부인에

관한 더 많은 정보검색에 유용하다.

(3) 뉴스레터(*Newsletters*)

국립영부인도서관은 회원 및 대중행사, 행사, 현재 및 과거 전시회 및 이용 가능한 자료를 다루는 뉴스레터를 발간하고 있다. 이는 영부인 및 영부인도서관의 최신의 유일한 정보를 제공하는 연속간행물이다. 2010년 2월호부터 10월호까지 그리고 2011년 2월호의 뉴스레터 원문과 1998년 봄호부터 10월호까지의 기간 이－뉴스레터(Past e-newsletters)의 원문이 홈페이지에 PDF로 제공되어 있다. 그 외 '행사초대(Event Invitations)' 항목으로 다음과 같은 세 부분이 홈페이지에 PDF로 제공되어 있다.

- 역사적 생가 개관식(Historic Home Dedication)
- 도서사인행사(Book Signing Event)
- 예술 및 음악행사(Art & Music Event)

6) 영부인에 대한 주요 정보

다음과 같이 일곱 개 주제 분야로 분류하여 영부인에 대한 주요 정보를 제공하고 있다.

(1) 영부인과 정치

- *How to Address a First Lady*
- *Michelle Obama as First Lady*
- *Press Briefings and First Ladies*
- *The Role of First Lady and Origin of the Title "First Lady"*
- *Transitions: A brief history of tours of the White House given by the presiding First Lady to the First Lady－elect*

(2) 영부인과 패션

- *Edith Wilson, Clothing & Public Appearances*
- *Fashions of the First Ladies*
- *First Ladies and Sleeveless Dresses*
- *First Ladies and Jewelry*
- *First Ladies and Style*
- *Inaugural Gowns*
- *Jacqueline Kennedy's Oleg Cassini suit worn on day of assassination*
- *Julia Tyler's Gold Pen Necklace*

(3) 영부인과 가족

- *"First Family" and Origin of Expression*
- *First Ladies and Mothers－in－law*
- *President－elect Children at Inaugurations*
- *Presidential Children and Descendants*
- *Saxton Family Papers*

(4) 백악관

- *A History of the Staff to First Ladies, Part 2*
- *The East Wing: A History of the Staff to First Ladies・First Ladies and Pensions*
- *First Ladies and Political Conventions*
- *First Ladies Mentioned in Opening Remarks*
- *Florence Harding and Social Events at the White House*
- *Hostesses of the White House*

- *Social Secretary Belle Hagner*
- *First Ladies and Easter Roll on White House Lawn*

(5) 사회대의의 주창자

- *First Ladies and Public Projects, Martha Washington to Mamie Eisenhower*
- *Mary Todd Lincoln and Slavery*
- *The Women's Christian Temperance Union and the Two Wives of Woodrow Wilson*

(6) 개인 관심사

- *First Ladies and Baseball*
- *First Ladies' Favorite Beverages*
- *First Ladies and College Degrees*
- *First Ladies' Favorite Flowers*
- *First Ladies and Photography*
- *First Ladies with Regard to Publishing and/or Writing Books*

(7) 대사로서의 영부인

- *First Ladies with International Interests*
- *Foreign Trips of Incumbent First Ladies*
- *Jacqueline Kennedy Aids Greek Child*
- *Jacqueline Kennedy and Foreign Policy*
- *Laura Bush and Foreign Policy*

7) 영부인별 정보

제1대부터 2012년 현재의 제45대까지의 각 영부인별로 일반일대기, 소년기, 저작목록, 시청각자료, 메뉴스크립트, 수업계획, 연보 등과 같은 원문정보가 홈페이지에 PDF로 제공하고 있다. 각 영부인은 다음 <표 1>과 같다.

〈표 1〉 미국의 영부인

	성 명		성 명
1	마사 워싱턴(Martha Washington)	24	캐롤라인 해리슨(Caroline Harrison)
2	애비게일 애덤스(Abigail Adams)	25	아이다 매킨리(Ida Mckinley)
3	마사 제퍼슨(Martha Jefferson)	26	에디스 루스벨트(Edith Roosevelt)
4	돌리 매디슨(Dolley Madison)	27	헬렌 태프트(Helen Taft)
5	엘리자베스 몬로(Elizabeth Monroe)	28	엘렌 윌슨(Ellen Wilson)
6	루이자 아담스(Louisa Adams)	29	에디스 윌슨(Edith Wilson)
7	레이첼 잭슨(Rachel Jackson)	30	플로런스 하딩(Florence Harding)
8	한나 반 부렌(Hannah Van Buren)	31	그레이스 쿨리지(Grace Coolidge)
9	안나 해리슨(Anna Harrison)	32	루 후버(Lou Hoover)
10	레티샤 테일러(Letitia Tyler)	33	엘레노어 루스벨트(Eleanor Roosevelt)
11	줄리아 테일러(Julia Tyler)	34	베스 트루먼(Bess Truman)
12	사라 포크(Sarah Polk)	35	마미 아이젠하워(Mamie Eisenhower)
13	마거릿 테일러(Margaret Taylor)	36	재키 케네디(Jackie Kennedy)
14	애비게일 필모어(Abigail Fillmore)	37	레이디 버드 존슨(Lady Bird Johnson)
15	제인 피어스(Jane Pierce)	38	팻 닉슨(Pat Nixon)
16	해리엇 레인(Harriet Lane)	39	베티 포드(Betty Ford)
17	메리 링컨(Mary Lincoln)	40	로잘린 카터(Rosalynn Carter)
18	엘리자 존슨(Eliza Johnson)	41	낸시 레이건(Nancy Reagan)
19	줄리아 그랜트(Julia Grant)	42	바바라 부시(Barbara Bush)
20	루시 헤이즈(Lucy Hayes)	43	힐러리 클린턴(Hillary Clinton)
21	루크리셔 가필드(Lucretia Garfield)	44	로라 부시(Laura Bush)
22	엘렌 아서(Ellen Arthur)	45	미셸 오바마(Michelle Obama)
23	프랜시스 클리블랜드(Frances Cleveland)		

8) 영부인 뉴스기사(First Lady News Articles)

국립영부인도서관의 역사가 칼 스페라자 안소니(Carl Sferrazza Anthony)는 미디어에 의해 널리 인용되고 있는데, 국립영부인도서관에 관한 뉴스 및 그가 쓴 기사 그리고 그의 전문성을 이용한 기사에 대한 PDF 원문이 홈페이지에 제공되어 있다. 대표적으로 다음과 같다.

- *Michelle Obama, Laura Bush Represent New Breed of First Ladies*
- *No Vacation from Attacks on Michelle*
- *America's Royal Wedding*
- *Factbox: Notable First Ladies and Their Travels*
- *'Let's Move': Michelle Obama Takes on Childhood Obesity*
- *Obamas Invite Famous Guest Chefs to Cook at White House*
- *A First Lady's First Year*
- *Couple Shines Light on First Lady Dolley Madison in PBS Documentary*
- *The NFLL was Featured on CBS Sunday Morning, as Martha Teichner Examines the Relationships Behind the President and First Lady Throughout the Years*
- *First Lady Tackles a Weighty Issue*
- *Michelle Obama Crafts Policy Agenda*
- *Capital Culture*

NMP

The Nelson Mandela Page, Africa National Congress
아프리카민족회의넬슨만델라페이지

① 기록관

1) 소재사항

소재국가	남아프리카공화국
주　소	Luthuli House(Headquarter of African National Congress) 54 Sauer Street Johannesburg 2001, South Africa
전　화	+27 011 376 1000
팩　스	+27 011 376 1242/086 508 2441
홈페이지	http://www.anc.org.za/list_by.php?by=Nelson+Mandela

2) 성격

- 넬슨 만델라(Nelson Rolihlahla Mandela, 이하 만델라)는 전 남아프리카 대통령(1994 – 9)이다.

- 아프리카민족회의(ANC: African National Congress)는 1912년에 아프리카인들의 연합과 기초적인 정치·사회·경제적 변화를 유도하기 위해 시작된 국가 차원의 민주화 운동이다. 지난 90년 동안 아프리카민족회의는 인종차별과 억압에 대한 대규모 시위를 구성하고 아파르트헤이트(apartheid)에 대한 무장 대응을 위한 국제적 지지를 위하여 활동하였다. 아프리카 민족회

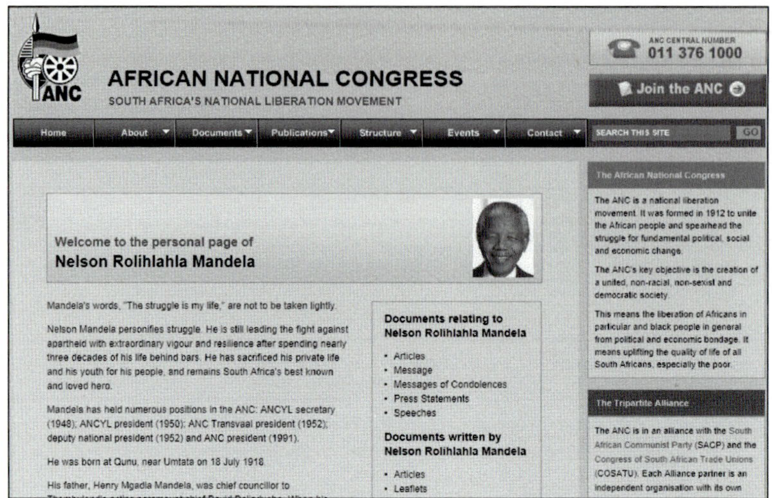

의는 반인종주의 입장에서 아프리카인의 권리를 옹호함을 목표로 청원·대표파견·선전 등의 합법적인 수단을 사용하여 왔으며, 특히 간디의 비폭력주의의 영향을 많이 받았다. 제2차 세계대전 후 아프리카 민족회의의 청년층이 온건한 수단에 반대하여 분열, 청년동맹을 결성하였고, 만델라 등 흑인인권운동가들이 이에 가담하였다.

• 새로운 헌법은 1996년 제정되었으며, 1999년 재당선되어 보다 많은 권리를 얻을 수 있었다.

3) 설립연혁

① 1911년 픽슬리 카 이사카 세메(Pixley ka Isaka Seme)가 아프리카인들을 소집해 과거는 잊고 하나의 국가적 단체로 연합하여 영국군에 대항할 것을 주장하였다.

② 1912년 1월 8일 아프리카인들의 연합 세력을 구축하기 위해, 또한 기본적인 정치적·사회적·경제적 변화를 촉구하는 투쟁에 박차를 가하기 위해

아프리카민족회의(ANC: African National Congress)를 설립하였다.

③ 1944년 아프리카 민족회의 청년회(ANC Youth League)가 결성되었으며, 이 멤버로는 넬슨 만델라(Nelson Mandela), 월터 시슬루(Walter Sisulu)와 올리버 탐보(Oliver Tambo) 등이 있었다.

④ 1959년 과격파 아프리카 민족주의자들이 균열을 일으켜 아프리카민족회의에서 범아프리카회의(PAC: Pan Africanist Congress)를 결성하였다.

⑤ 1960년 3월 범아프리카회의의 시위에 백인경찰관이 무차별 발포하여 수많은 사상자를 낸 샤프빌사건(Sharpeville Massacre)이 일어나자 1961년 '민족의 창(Unmkhonto we Sizwe)'이라는 게릴라 조직이 탄생하고, 1962년 의장이던 만델라가 체포되었다.

⑥ 1990년 지속적인 저항운동을 통해 아프리카민족회의에 대한 제제가 풀리게 되었으며 이는 제국이 남아프리카 공화국의 문제와 관련하여 평화적인 해결을 추구하는 첫 시도이자 노력으로 작용하였다.

⑦ 1991년 아프리카 민족회의에 의해 넬슨 만델라가 최고 책임자로 선출되었으며, 올리버 탐보(Oliver Tambo)가 국가 의장자리를 맡았다.

⑧ 1994년 5월 10일 넬슨 만델라가 남아프리카 공화국의 대통령으로 선출되었다. 아프리카민족회의는 1994년 선거에서 주목할 만한 민주적 성과를 이루어내었으며, 이를 통해 남아프리카의 민주적 헌법을 제정하기 위해 협상할 수 있는 기회를 얻었다.

⑨ 아프리카민족회의의 정책들은 회원들에 의해 결정되는데, 이 기관의 회원 자격으로는 18세 이상의 남아프리카인으로 제한된다. 이는 인종, 피부색, 신념과 무관하게 단체의 원칙, 정책, 프로그램에 동의하는 이에게 주어진다.

4) 설립목적

① 아프리카민족회의의 최고책임자이자 남아프리카공화국의 대통령이었던 만

델라에 대한 진기적인 사실과 디불어 그에 의해, 그리고 그에 대해서 작성된 다양한 자료와 기록물을 수집·관리·제공하고자 한다.
② 아프리카민족회의의 성장 과정과 만델라의 역사적 연관성에 대한 정보를 홈페이지를 통해 보존하고자 한다.

5) 비전 및 임무

① 아프리카민족회의의 주요 목표는 인종차별, 성차별이 없는 연합된 민주주의 사회를 만들고자 하는 것이다.
② 아프리카민족회의는 모든 아프리카인, 그중 특히 흑인들이 정치적, 경제적 구속으로부터 벗어날 수 있도록 하는 것을 비전으로 삼고 있다. 이것은 또한 그들의 삶의 질을 발전시키고자 하는 목표와도 연결이 된다.
③ 국가의 모든 인종과 단체가 같은 인권을 영위할 수 있고, 모두 법 앞에서 평등하며, 노동과 보안을 제공받고, 교육과 문화의 혜택을 받으며, 평화로운 삶을 누릴 수 있는 환경을 조성하고자 한다.

6) 조직

다음과 같이 구성되어 있다.
① 기관(The Branch)
② 지역행정위원회(REC: The Regional Executive Committee)
③ 지방행정위원회(PEC: The Provincial Executive Committee)
④ 국가행정위원회(NEC: The National Executive Committee)
⑤ 국가회의(The National Conferences)
⑥ 아프리카민족회의여성회(The ANC Women's League)
⑦ 아프리카민족회의청년회(The ANC Youth League)

7) 주요서비스

- 만델라의 출생부터 아프리카 민족 회의 내에서의 역할, 나아가 대통령직을 맡았던 기간부터 임기종료 기간까지의 전기를 제공하고 있다.
- 만델라 관련 문서들, 만델라가 작성한 문서들 그리고 연설문, 기사들을 홈페이지를 통해 열람해 볼 수 있다.

8) 인물링크

(1) 이전 지도자들

- 존 듀브(John Dube)
  홈페이지 http://www.anc.org.za/list_by.php?by=John%20Dube
- 세파코 마카쏘(Sefako Makgatho)
  홈페이지 http://www.anc.org.za/list_by.php?by=Sefako Makgatho
- 자카리아스 마하배니(Zacharias Mahabane)
  홈페이지 http://www.anc.org.za/list_by.php?by=Zacharias Mahabane
- 조시아 거미디(Josiah Gumede)
  홈페이지 http://www.anc.org.za/list_by.php?by=Josiah Gumede
- 픽슬리 시미(Pixley Seme)
  홈페이지 http://www.anc.org.za/list_by.php?by=Pixley Seme
- 알프레트 휴마(Alfred Xuma)
  홈페이지 http://www.anc.org.za/list_by.php?by=Alfred Xuma
- 제임스 모로카(James Moroka)
  홈페이지 http://www.anc.org.za/list_by.php?by=James Moroka

(2) 주요 인사들

- 회장: 제이콥 주마(President: Jacob Zuma)
  홈페이지 http://www.anc.org.za/list_by.php?by=Jacob Zuma
- 부통령: 칼레마 모틀란테(Deputy President: Kgalema Motlanthe)
  홈페이지 http://www.anc.org.za/list_by.php?by=Kgalema Motlanthe
- 국가 위원장: 발레카 음베티(National Chairperson: Baleka Mbete)
  홈페이지 http://www.anc.org.za/list_by.php?by=Baleka Mbete
- 사무총장: 그위디 만타쉬(Secretary General: Gwede Mantashe)
  홈페이지 http://www.anc.org.za/list_by.php?by=Gwede Mantashe
- 부사무총장: 탄디 모디세(Deputy Secretary General: Thandi Modise)
  홈페이지 http://www.anc.org.za/list_by.php?by=Thandi Modise
- 재무장관: 매튜 포사(Treasurer General: Mathews Phosa)
  홈페이지 http://www.anc.org.za/list_by.php?by=Mathews Phosa

② 정보원

1) 정보원 열람 및 배포 정책

넬슨만델라페이지(NMP: The Nelson Mandela Page)의 정보원은 만델라에 관련 자료와 만델라가 직접 작성한 자료의 두 대분류로 구성되어 있다. 전자는 기사, 전언, 언론보도, 연설로 분류되어 있으며 후자는 기사, 전단, 편지, 견해서, 전언, 잡다한 문서, 언론보도, 보고서, 연설로 나뉘어 있다. 모든 자료는 대분류 이하 연대기적 순서로 나열되어 있으며, 홈페이지에 전문을 탑재하여 공개열람되고 있다.

2) 넬슨 만델라 관련기록물

(1) 기사(Articles)

대표적으로 다음과 같다.
- 넬슨 만델라: 저항의 상징(Nelson Mandela: The Symbol of Resistance)
- 만델라와 우리의 혁명(Mandela and our Revolution)

(2) 전언(Message)

대표적으로 다음과 같다.
- 넬슨 만델라 전 대통령의 93세 생일을 맞이하여 주마(Zuma) 대통령의 메시지
- 넬슨 만델라: 메시지의 올리버 탐보(Oliver Tambo)에 의한 소개

(3) 언론보도(Press Statements)

대표적으로 다음과 같다.
- 2010년 국제 넬슨 만델라 데이(The 2010 International Nelson Mandela Day)
- 마디바(Madiba) 90세 생일을 맞이하여 아프리카민족회의성명
- 아프리카민족회의 넬슨 만델라(ANC President Nelson Mandela)

(4) 연설자료(Speeches)

3) 넬슨 만델라(Nelson Rolihlahla Mandela)에 의해 작성된 기록물

(1) 기사(Articles)

(2) 전단(Leaflets)

아프리카민족회의에 의해 간행된 1961년 5월 29-31일의 전단 등이 포함
된다.

(3) 편지(Letters)

국민포럼(People's Forum)에 쓴 '이제 여러분이 말할 때입니다(Now is
your time to speak)'라는 편지 외에 1992년 7월과 9월에 주고받은 편지
등이 포함되어 있다.

(4) 견해서(Memorandum)

대통령 클러크(F. W. de Klerk)와 주고받은 견해서가 포함되어 있다.

(5) 전언(Message)

만델라의 신년인사, 기념일인사, 특별행사 관련 전언 등이 포함되어 있다.

(6) 기타 문서(Miscellaneous Documents)

- 만델라 도큐먼트(The Mandela Document)
- 1989년 7월 5일 전 만델라 넬슨이 보사(P. W. Botha)에게 제출한 도
  큐먼트이다.
- 1956-60년의 반역적 심판에서의 만델라 공표(Nelson Mandela's Testimony
  at the Treason Trial 1956-60)

(7) 언론 보도(Press Statement)

(8) 보고서(Reports)

(9) 연설(Speeches)

NPLM

Nixon Presidential Library & Museum

닉슨대통령도서관·박물관

① 기록관

1) 소재사항

소재국가   미국
주   소   18001 Yorba Linda Blvd., Yorba Linda, California 92886
전자우편   nixon@nara.gov
홈페이지   http://nixon.archives.gov

2) 성격

- 리처드 닉슨(Richard Nixon, 1913–94, 이하 닉슨)은 미국 제37대(1969–74) 대통령이다.
- 1972년 미국공화당의 닉슨재선위원회가 민주당본부를 도청함으로써 일어난 일련의 정치적 사건인 워터게이트사건(Watergate Scandal)과 대통령기록물보존법(PRMPA)의 주요 관련 대통령이자 대통령기록관이다.
- 닉슨대통령도서관·박물관(NPLM: Nixon Presidential Library & Museum)은 미국의 13개 대통령도서관 중 하나이다. 미국역사상 가장 문서화가 잘된 행정부 중 하나로서, 다른 대통령도서관에 비해 인터넷상으로의 정보제공이 체계적이며 이용이 매우 용이하게 구축되어 있다.

3) 설립연혁

- 1974년 이래로 닉슨대통령의 자료들은 대통령기록물보존법(PRMPA: Presidential Recordings and Materials Preservations Act)에 의해 국가기록관이 유지하고 있다. 의회는 닉슨대통령이 총무청(General Services Administration)과 대통령자료를 폐기하기로 했다는 기사가 나자, 의회는 닉슨대통령이 임기를 끝낸 1주일 만에 대통령기록물보존법을 바로 통과시켰다. 즉, 문서 및 다른 자료들을 정부의 재산으로 규정하고, 또한 워싱턴 D.C.에서 50파일 이내에 보관되도록 규정하고 있다.

- 대통령기록물보존법은 닉슨 대통령의 자료에 대해 두 세기가 지나도록 소송 상태에 있는 결과를 낳았다. 닉슨대통령과 그의 변호사들은 정부에 대항하여 닉슨대통령의 자료들은 그의 개인재산이며, 국가기록관이 그의 기록들은 정리하는 등 헌법에 나와 있는 권리를 침해하고 있다고 주장하였다. 그러나 1977년 고등법원은 대통령기록물보존법을 지지하는 결정을 내렸고, 1979년 국가기록관이 워터게이트와 관련된 첫 12시간 20분에 걸친

테이프 및 공판기록(transcripts)을 공개하자 닉슨 대통령은 연방정부에 대한 후속소송을 시작했다.

- 1987년 국기기록관이 많은 양의 닉슨대통령 문서에 대한 처리 및 공개를 하게 됨에 따라 추가소송이 이어졌다. 닉슨대통령은 그의 대통령 임무와 관련되지 않은 개인자료 및 정치자료가 포함되어 있다고 주장하면서 일부 파일의 공개를 차단하였다. 약 78,000페이지가 1994년 닉슨 대통령에게 반환되었다. 그러나 그중 약 98퍼센트의 페이지가 국가기록관에 의해 이미 공개된 상황이었다. 테이프기록에 대한 처리부분이 계속 논쟁의 중심이 되었다. 오늘날 국기기록관은 약 2,371시간에 달하는 녹음된 대화내용을 공개하고 있다.

- 2004년 닉슨 대통령자료는 새로운 역사적 국면을 맞게 되었다. 의회가 대통령기록물보존법의 개정안을 통과시킴으로써 닉슨의 자료는 워싱턴 메트로폴리탄 지역 내에 남아 있도록 되었으며, 닉슨 대통령 연방도서관의 설립이 허가되었다.

- 2005년에서 2008년 동안 미국 기록보존가로 일해 온 알렌 웨인스타인(Allen Weinstein)은 닉슨도서관이 대통령기록시스템에 합해지도록 하였으며, 개인소유였던 리처드 닉슨도서관과 생가를 연방정부의 관리체제하에 남도록 협상에 성공하였다. 이로써 연방정부의 리처드 닉슨대통령도서관·박물관이 탄생하게 되었다.

- 2007년 7월 11일 닉슨도서관은 국립기록청의 일부가 되었다.

- 2010년 봄 추가조치와 함께 완성된 요르바린다(Yorba Linda)의 닉슨도서관으로 닉슨 대통령기록물들이 이전되게 되었다. 이로써 닉슨재단이 소유하고 있었던 대통령 임기 전과 임기 후 컬렉션들이 모두 한자리에 모이게 되었다.

4) 비전 및 임무

닉슨대통령도서관·박물관은 연구원들을 위해 보다 많은 컬렉션이 인터넷을 통해 이용 가능하도록 노력한다.

5) 주요 행사

최근에 열린 특별전시회는 다음과 같다.

(1) 2010년

- 노출: 미래를 위한 섬광(Exposed: Glimpse into the Future)
- 미니어처의 세계: 닉슨도서관의 레고열차(A World in Miniature: LEGO® trains at the Nixon Library)
- 금고에서 찾은 보물(Treasures from the Vault)
- 2010년 헌법의 날(Constitution Day 2010)
- 닉슨 칭찬하기: 서비스의 생애(Pat Nixon: A life of Service)
- 가정학교에서 백악관으로(School House to White House)

(2) 2009년

- 달 위의 인간: 40년의 회고(Man On The Moon: A 40 − Year Retrospective)
- 2009년 헌법의 날(Constitution Day 2009)

6) 박물관

캘리포니아 요르바린다(Yorba Linda)에 있는 닉슨대통령도서관 내 박물관은 디즈니랜드에서 약 15분 거리에 위치하고 있다. 박물관에서는 전시회뿐 아니라 닉슨대통령의 헬리콥터와 생가를 둘러볼 수 있다. 또한 방문객들은 특별전시회 갤러리를 통해 다양한 전시회를 경험할 수 있다.

7) 관련법률

닉슨대통령도서관·박물관은 닉슨대통령의 자료를 처리하는 데에 있어서 다음과 같은 연방법률과 규정을 준수하고 있다.

(1) 대통령기록물보존법(PRMPA: Presidential Recordings and Materials Preservation Act of 1974)

1974년 제정 이후 2004년 의회는 방대한 분량의 자료 이전을 위해 미국의 기록관리자가 닉슨대통령의 자료를 요르바린다(Yorba Linda)의 칼리지파크(College Park)에서 허가된 대통령기록보관소로 옮기는 것을 허가하도록 PRMPA를 개정하였다.

(2) 닉슨대중이용규정 36 CFR 1275(Nixon Public Access Regulations 36 CFR 1275)

닉슨의 역사적 대통령기록물을 구성하는 테이프, 기록, 인쇄물, 문서, 메모, 필기록 및 기타 자료의 보존 및 보호와 이용에 관한 정책 및 절차를 규정하고 있다.

(3) 대통령령 13526과 기밀해제(Executive Order 13526 and Declassification)

대통령령 13526은 2009년 12월 29일 오바마대통령에 의해 서명되었으며, 이는 대통령령 12958을 대체하면서 대통령령 13292를 개정한 것이다.

(4) 테이프양도계약(1996 Tapes Settlement Agreement)

국립기록청은 모든 남아 있는 테이프를 공개하는 계획을 위한 소송을 해결하였다. 즉, 1996년 4월 커틀러(Kutler) 교수와 국립기록청 그리고 전 닉슨대통령 소유지 간 체결된 계약서는 2001년 4월 21일 변화가 일어났다. 그 결과로 닉슨대통령기록물 담당자는 모든 '닉슨 백악관 테이프(Nixon White House Tapes)'의 대중의 이용을 위한 사본을 만들었다.

8) 학습 및 연구기관(Links to Learning)

닉슨도서관 컬렉션 관련 학습과 연구기관은 다음과 같다.

- 미국대통령프로젝트(The American Presidency Project)
  홈페이지 http://www.presidency.ucsb.edu
  산타바바라 캘리포니아대학교(UCSB: University of California at Santa Barbara) 정치학부의 존 울리(John Woolley)와 게르하르트 피터(Gerhard Peters) 운영의 홈페이지이다. 대통령선거, 국가정치정당, 대통령 인기도, 행정부처의 성장, 그리고 의회와 관련된 역사정보 및 데이터를 포함하고 있다. 또한 닉슨 사임에 관한 텔레비전 방송과 베트남전쟁 종료합의문 결론에 관한 연설을 포함한 시청각자료뿐 아니라 대통령공개문서 및 대통령취임연설 등의 1차 자료의 이용도 가능하다.

- 미국대통령견학(The American Presidency Tours)
  홈페이지 http://www.field-guides.com/tours/ss/prez/_tourlaunch1.htm
  마이클 허친슨(Michael Hutchison)이 대통령직과 대통령에 대한 내용을 다룬 14개의 사이트를 한 번에 방문할 수 있도록 구축한 홈페이지이다. 몇몇의 'tour stops'를 이용하여 대통령 순위, 선거, 투표, 정치정당, 선거대학 그리고 여성유권자의 모임을 견학할 수 있다.

- 미국대통령(The American President)

  홈페이지 http://www.americanpresident.org

  버지니아대학(University of Virginia) 공공정책밀러센터(Miller Center of Public Affairs) 운영의 홈페이지이다. 대통령 내각, 직원, 주요 행사 및 영부인과 대통령의 일대기를 포함한 대통령직의 역사에 대한 정보를 포함하고 있다. 또 다른 섹션인 대통령조치는 국내정책 및 경제정책, 입법사무, 국가안보, 대통령정치 그리고 정부행정과 백악관에 대한 내용을 다루고 있다.

- 미국의 대통령들: 삶에 대한 초상(American Presidents: Life Portraits)

  홈페이지 http://www.americanpresidents.org

  국가케이블위성방송(C-SPAN: National Cable Satellite Corporation)이 1999년 텔레비전 시리즈인 '미국의 대통령들: 삶에 대한 초상'을 보완 구축한 홈페이지이다. 이는 각 대통령과 그들의 간단한 출판목록에 대한 사실 및 프로그래밍에 대한 비디오기록물을 포함하고 있다.

- BBC '이날에는'(BBC 'On this Day')

  홈페이지 http://newssearch.bbc.co.uk/onthisday/hi/themes/default.stm

  영국방송(British Broadcasting Corporation) 운영의 홈페이지로 주제 및 연도별 브라우징이 가능하며, 또한 특정 날짜별 방문 또는 검색이 가능하다. 닉슨 퇴임날, 워터게이트에 관한 닉슨의 고소, 케네디-닉슨 토론, 흐루시초프(Khrushchev)-닉슨 담화전쟁, 닉슨의 역사적 중국 방문, 베트남 시위대의 행진 등을 포함하고 있다.

- CIA-중국에 대한 국가정보평가서(Central Intelligence Agency-National Intelligence Estimates on China)

  홈페이지 http://www.foia.cia.gov/nic_china_collection.asp

CIA(Central Intelligence Agency)의 1948년부터 1976년 까지의 중국에 내한 71종류의 국가정보평가서를 다루고 있다.

- 중국-PBS: 닉슨의 중국게임(China-PBS: Nixon's China Game)
  홈페이지 http://www.pbs.org/wgbh/amex/china/index.html
  공영방송시스템(Public Broadcasting System)의 미국 경험 시리즈의 일부로 영화의 길잡이 역할을 하고 있다. 1945년에서 1979년 사이의 미국과 중국 관계의 일정 및 닉슨의 역사적 중국방문에 대한 에세이, 대통령 방문일정을 보여주는 인터랙티브 맵(interactive map), 그리고 헨리 키신저(Henry Kissinger)와의 인터뷰를 포함하고 있다.

- 중국-중국에서의 닉슨과 함께: 회고록(China-With Nixon in China: A Memoir)
  홈페이지 http://digitaljournalist.org/issue0501/halstead.html
  디지털기자 더크 할스테드(Dirck Halstead)가 1972년 2월 대통령과 함께한 중국방문의 사진사 중 한 명으로서의 그의 경험을 다루고 있다.

- 교육자와 학생(Educators and Students)
  홈페이지 http://www.archives.gov/education
  국립기록청(NARA: National Archives and Records Administration) 홈페이지로 프랭클린 루스벨트의 노변정담과 워터게이트를 포함한 미국의 역사 및 대통령직에 관한 다양한 종류의 주제를 다루고 있다.

- 선거 및 캠페인(Elections and Campaigns): 1952-2004년 보의방, 대통령 캠페인 광고(he Living Room Candidate, Presidential Campaign Commercials, 1952-2004)

홈페이지 http://livingroomcandidate.movingimage.us

미국동영상박물관(American Museum of the Moving Image)의 온라인전시회
이다. 1952년 처음으로 캠페인 광고가 지상파로 제공된 때부터 2004년 캠페
인까지 매 선거 때 만들어진 250개 이상의 텔레비전 광고를 포함하고 있다.
검색가능한 데이터베이스와 해설, 역사적 배경, 선거결과, 연도 및 주제별로
구성된 검색 안내를 포함하고 있다. 예를 들면, 1968년 선거 관련 닉슨, 후버
트 험프리(Hubert Humphrey), 조지 월리스(George Wallace)를 위한 해설을
제공하고 있다.

- 선거인단

  홈페이지 http://www.archives.gov/federal － register/electoral － college

  국립기록청 연방등록사무소(Office of the Federal Register)가 선거인단에
  대한 설명, 주정부공무원에 대한 자료 그리고 역사적 선거결과를 제공하고
  있다.

- 엘비스 프레슬리: 엘비스가 닉슨을 만난 날(Elvis Presley － The Day Nixon
  Met Elvis)

  홈페이지 http://www.archives.gov/exhibits/nixon － met － elvis

  국립기록청 홈페이지의 일부로 엘비스가 대통령에게 보낸 편지, 방문 일정
  을 위한 기록, 방문사진 등을 포함한 1970년 12월 엘비스 프레슬리의 대통
  령집무실 방문을 설명하고 있다.

- 영부인 － 영부인국립도서관(First Ladies － National Library of First Ladies)

  홈페이지 http://www.firstladies.org

  오하이오 주 캔톤(Canton, Ohio)에 지어진 도서관인 영부인국립도서관(National
  Library of First Ladies)의 홈페이지이며, 델마 캐서린(팻) 닉슨(Thelma Catherine

(Pat) Nixon)을 포함한 영부인들에 대한 도서관 소장기록 및 일대기에 대한 정보를 포함하고 있다.

- 역사 및 정치(History and Politics Out Loud)
  홈페이지 http://www.hpol.org
  국립인문과학기금(National Endowment of the Humanities)의 지원을 받는 미시건주립대학(Michigan State University)과 말한마디국립갤러리(National Gallery of the Spoken Word)의 홈페이지로 워터게이트와 관련된 닉슨의 30종이 넘는 녹음기록물을 포함하여 정치적으로 중요한 오디오기록물의 검색을 제공하고 있다.

- 인터뷰 - 닉슨과 프랭크 개넌(Interviews - Nixon and Frank Gannon)
  홈페이지 http://www.libs.uga.edu/media/collections/nixon/index.html
  조지아대학교 도서관(University of Georgia Libraries) 운영 홈페이지이다. 1983년 닉슨의 이전 고용인이자 신뢰받는 친구인 프랭크 개넌(Frank Gannon)은 7개월 이상에 걸쳐 이전 대통령들을 인터뷰하였다. 비디오테이프로 클립화된 인터뷰 내용들을 열람가능하며, 모든 세션의 필기기록물이 온라인으로 제공되고 있다. 또한 간단한 일대기, 인터뷰의 부분 색인 그리고 온라인퀴즈를 포함하고 있다.

- 국가안보기록관(National Security Archive)
  홈페이지 http://www.gwu.edu/~nsarchiv
  조지워싱턴대학교(George Washington University)의 국가안보기록관(The National Security Archive)은 국제관계를 연구하는 비정부연구소이자 도서관이다. 닉슨행정부 기간 동안 일어난 일들과 관련된 수많은 도큐먼트가 온라인상으로 제공되고 있다. 다음은 본 기록관에서 제공하는 주요 정보관련 기본주제이다.

- 키신저 텔콘즈(Kissinger Telcons)
  홈페이지 http://www.gwu.edu/~nsarchiv/NSAEBB/NSAEBB123/index.htm
- 10월전쟁과 미국정책(The October War and U.S. Policy)
  홈페이지 http://www.gwu.edu/~nsarchiv/NSAEBB/NSAEBB98/index.htm
- 닉슨의 칠레중재(Nixon on Chile Intervention)
  홈페이지 http://www.gwu.edu/~nsarchiv/NSAEBB/NSAEBB110/index.htm
- 닉슨테이프: 루이스 에체베리아(Luis Echeverría) 및 그 외 닉슨백악관
  에서 나온 비밀기록(The Nixon Tapes: Secret Recordings from the
  Nixon White House on Luis Echeverría and Much Much More)
  홈페이지 http://www.gwu.edu/~nsarchiv/NSAEBB/NSAEBB95
- 탈취작전: 닉슨, 멕시코 그리고 일방주의의 위험(Operation Intercept:
  Nixon, Mexico and the perils of unilateralism)
  홈페이지 http://www.gwu.edu/~nsarchiv/NSAEBB/NSAEBB86
- 닉슨: '브라질 우루과이 선거 준비 도움'(Nixon: 'Brazil Helped Rig
  the Uruguayan Elections,' 1971)
  홈페이지 http://www.gwu.edu/~nsarchiv/NSAEBB/NSAEBB71
- 닉슨의 핵 책략: 베트남 협상과 합창의장태세테스트(Nixon's Nuclear Ploy:
  The Vietnam Negotiations and the Joint Chiefs of Staff Readiness Test,
  October 1969)
  홈페이지 http://www.gwu.edu/~nsarchiv/NSAEBB/NSAEBB81/index.htm
- 닉슨의 중국방문(Nixon's Trip to China)
  홈페이지 http://www.gwu.edu/~nsarchiv/NSAEBB/NSAEBB106/index.htm

• 사진컬렉션: 올리 앳킨스(Photograph Collection: Ollie Atkins)

홈페이지 http://sca.gmu.edu/exhibit/atkins_1.htm

조지메이슨대학교 도서관(George Mason University Libraries) 특별컬렉션과 기록물(Special Collections and Archives) 운영의 홈페이지이다. 올리버 올리 앳킨스은 1940년대에서 1970년대를 이르는 백악관 사진사였으며, 닉슨대통령의 백악관 수석사진사였다. 이는 닉슨과 대통령기록, 중국에서의 닉슨, 닉슨과 백악관을 방문한 다양한 유명인들에 대한 사진을 포함한 앳킨스의 대표적 작품을 제공하고 있다. 리처드 닉슨의 1972년 캠페인에 대한 앳킨스의 그 외 사진들 또한 조지 메이슨 기록관서비스를 통해 열람가능하다.

- 사진역사: 프레드 마룬과 닉슨시대(Photographing History: Fred J. Maroon and the Nixon Years, 1970 - 4)

  홈페이지 http://americanhistory.si.edu/maroon

  미국역사국립박물관(National Museum of American History)의 1999년 전시회에 기초하여 구축된 홈페이지이다. 이는 프리랜스 사진사인 프레드 마룬(Fred J. Maroon)에 의해 찍힌 닉슨의 사진과 해설을 포함하고 있다.

- 보도사진기자와 미국 대통령: 미국의 사진읽기(Photojournalism and the American Presidency: Reading America's Photos)

  홈페이지 http://www.cah.utexas.edu/photojournalism/index.php

  오스틴의 텍사스대학교(University of Texas at Austin) 운영의 홈페이지로 닉슨, 포드, 카터, 레이건, 부시, 클린턴 대통령들의 15개의 사진을 이용하여 저널리즘과 사진 그리고 대통령 집무실 간의 관계를 연구하고 있다. 더크 할스테드(Dirck Halstead), 다이아나 워커(Diana Walker), 월리 맥나미(Wally McNamee), 그리고 데이비드 흄 케너리(David Hume Kennerly) 등의 보도사진기자를 포함하고 있다.

- 미국 대통령과 영부인 초상화(Portraits of American Presidents and First Ladies)

  홈페이지 http://lcweb2.loc.gov/ammem/odmdhtml

  의회도서관(Library of Congress)이 제공하고 있는 대통령과 영부인의 공식 및 비공식 초상화를 포함하고 있다.

- 권력 - 미국 대통령(Power - The American President)

  홈페이지 http://www.pbs.org/wnet/amerpres

  PBS(Public Broadcasting System)의 '미국 대통령' 시리즈 중 아홉 번째 에피소드로 닉슨의 대통령 권력확장에 대해 논하고 있다. 비디오테이프, 비디오클립, 간단한 출판목록, 닉슨의 사임서신 그리고 짧은 소개 등의 정보를 포함하고 있다.

- 대통령취임사(Presidential Inaugurations)

  홈페이지 http://memory.loc.gov/ammem/pihtml/pihome.html

  의회도서관 제공의 1789년 조지워싱턴부터 2001년 조지부시 대통령의 취임사와 관련된 약 4백 개의 아이템 또는 2천 개의 디지털파일의 컬렉션이다. 대통령들의 일기 및 서신과 취임사에 참가한 이들, 취임사 성명의 초안, 브로드사이드, 취임티켓 및 프로그램, 인쇄물, 사진, 낱장악보 등을 포함하고 있다. 한편 1969년과 1973년의 리처드 닉슨의 취임사 등의 정보도 포함하고 있다.

- 대통령도서관(Presidential Libraries)

  홈페이지 http://www.archives.gov/presidential - libraries

  국립기록청 홈페이지로 연방대통령도서관 시스템(Federal Presidential Library system) 내에서의 대통령도서관 홈페이지에 대한 링크를 제공하고 있다.

- 대통령사면(Presidential Pardons)

  홈페이지 http://jurist.law.pitt.edu/pardons.htm

  피츠버그대학 법학과(University of Pittsburgh School of Law)의 법교육네트워크(JURIST: The Legal Education Network)로 닉슨에 의해 진행된 조칙 외에 관용조치의 통계표 및 차트를 제공하고 있다.

- 리처드닉슨대통령의 공공기록물(Public Papers of the Presidents, Richard Nixon)

  국립기록청(NARA)의 연방등록사무소 제공의 닉슨대통령 공공기록물로 온라인뿐 아니라 미국 전역의 도서관을 통해서 이용할 수 있다.

  - 공공기록물검색(Search the Public Papers)

    홈페이지 http://www.presidency.ucsb.edu/index.php
  - 공공기록물브라우징(Browse the Public Papers)

    홈페이지 http://www.nixonfoundation.org/publicpapers

- 리처드닉슨도서관과 생가(Richard Nixon Library and Birthplace)

  홈페이지 http://www.nixonfoundation.org

  리처드닉슨도서관과 생가재단은 사립재단으로 대통령도서관 후원 및 닉슨의 유산 증진을 위해 활동한다.

- 테이프-백악관테이프: 대통령 직업(Tapes-White House Tapes: The President Calling)

  홈페이지 http://americanradioworks.publicradio.org/features/prestapes

  미네소타 공공라디오 국가다큐멘터리부서인 미국 'RadioWorks' 운영의 홈페이지로 일부 대화의 필기록과 발췌뿐 아니라 케네디, 존슨 그리고 닉슨대통령의 비밀 테이프로 남겨진 전화대화 관련 문맥상의 정보를 제공하고 있다.

- 테이프 – 백악관테이프(Tapes – White House Tapes.org)

  홈페이지 http://www.whitehousetapes.org

  버지니아대학교(University of Virginia) 공공문제밀러센터(Miller Center of Public Affairs)의 대통령기록프로그램(Presidential Recordings Program) 홈페이지이다. 루스벨트 대통령부터 닉슨대통령에 이르기까지 비밀기록 테이프, 닉슨의 사임연설, 사진앨범, 닉슨에 대한 포드대통령의 사면을 포함한 닉슨대통령의 마지막 3일간의 행적을 기리는 30번째 온라인 전시기념행사 등을 제공하고 있다. 한편 출판목록도 포함되어 있다.

- 미국역사교습(Teaching American History)

  홈페이지 http://teachingamericanhistory.org/library/index.asp?subcategory=30

  애슐랜드대학교(Ashland University) 공공문제애시브루크센터(Ashbrook Center for Public Affairs)의 홈페이지이다. 닉슨의 1952년 로스엔젤레스에서의 '검사자' 연설, 닉슨과 소련 서기장 니키타 흐루시초프(Nikita Khrushchev) 간의 1959년 논쟁, 1973년 1월 5일 닉슨 대통령이 구엔 반 티우(Nguyen Van Thieu) 대통령에게 보낸 서신, 베트남전쟁의 종료를 알리는 닉슨의 선언문, 파리협정 발췌록, 미국의 닉슨에 대한 결정 발췌록(1974년)의 6개의 필기록을 포함하고 있다.

- 텔콘즈 – 헨리 키신저(Telcons – Henry A. Kissinger)

  홈페이지 http://foia.state.gov/SearchColls/CollsSearch.asp

  국무부(State Department) 제공의 홈페이지로 전 연방비서(secretary of state) 헨리 키신저의 1973년 9월부터 1976년 12월까지의 전화대화녹취록을 포함하고 있다. 컬렉션은 키신저 박사와 리처드 닉슨 전 대통령, 제럴드 포드(Gerald Ford), 정부와 기업의 리더들, 언론회원, 외국대사들, 국가 및 국제사회의 저명한 회원 간의 대화 필기록도 포함하고 있다. 필기록은 중동 평화에 있어서의 키신저 박사의 역할에 대한 기록, 1973년 욤키푸르(Yom Kippur) 전쟁 이후의 왕복외교, 1974년 사이프러스 위기, 미국-소련관계, 전략무기제한회담협정, 그리고 베트남평화협정에서의 조치 등이다.

- 밴더빌트텔레비전 뉴스기록관(Vanderbilt Television News Archive)
  홈페이지 http://tvnews.vanderbilt.edu(May require user registration)
  밴더빌트대학교(Vanderbilt University)의 밴더빌트텔레비전뉴스기록관이다. 이는 세계의 가장 광대하고 완성된 텔레비전뉴스기록관으로 1968년 8월 5일부터 국가네트워크의 텔레비전 뉴스방송의 기록, 보관 및 이용을 제공해 왔다. 닉슨도서관의 백악관 통신기관 비디오테이프컬렉션에 수록되어 있는 비디오테이프화된 주간 뉴스요약 내용을 기록한 검색엔진으로도 사용가능하다.

- 빈센트음성도서관(Vincent Voice Library)
  홈페이지 http://vvl.lib.msu.edu/showfindingaid.cfm?findaidid=NixonR
  미시건주립대학교(Michigan State University)의 빈센트 음성도서관은 연설, 인터뷰, 강의, 성능포맷 등의 음성자료의 1차 정보 컬렉션이라 할 수 있다. 검색도구는 닉슨관련 69개의 음성파일에 대해 다루고 있다. 69개의 파일 중 42개는 온라인으로 이용가능하며, 대부분의 파일들은 닉슨의 대통령 임기 동안의 연설내용으로 이루어져 있다. 일례로 닉슨의 1972년 공화당 전당대회에서의 대통령직 수락연설 기록, 닉슨의 베트남에서의 미군철수 발표, 닉슨의 사임 발표 등을 포함하고 있다.

- 워싱턴포스트: 워터게이트 재고(Washington Post: Watergate Revisited)
  홈페이지 http://www.washingtonpost.com/wp-srv/politics/special/ watergate/index.html
  워싱턴포스트(Washington Post) 제공의 홈페이지로 워터게이트 사건(Watergate

Scandal)을 재고하고 있다.

- 워터게이트전시회: 제럴드 포드 도서관(Watergate Exhibit: Gerald R. Ford Library)
  홈페이지 http://www.fordlibrarymuseum.gov/museum/exhibits/watergate_files/index.html
  국립기록청 대통령도서관사무실(Office of Presidential Libraries)의 제럴드포드도서관(Gerald R. Ford Library) 홈페이지이다. 리처드 닉슨의 대통령직 사임 이후, 제럴드 포드가 워터게이트 사건에 의해 생긴 헌법위기 기간 동안의 대통령이 되었으며, 이후 그는 리처드 닉슨을 사면하였다. 이는 이와 관련하여 국가기록관 소장품 중 1972년 5월 민주당 전국위원회 본부 침입사건부터 1974년 9월 포드의 닉슨 사면에 이르기까지 워터게이트와 관련된 내용을 담은 사진, 도큐먼트, 비디오를 제공하고 있다.

9) 관련기관

- Richard Nixon Foundation
  홈페이지 http://nixonfoundation.org

② 정보원

1) 정보원 열람 및 배포 정책

닉슨대통령도서관·박물관(NPLM: Nixon Presidential Library & Museum)은 생애자료, 연대기 외에 박물관과 도서관으로 구분하여 관련 기록물과 자료를 제공하고 있다. 이외에 어린이, 선생님 및 연구자로 구분하여 이용자별 자료 접근 서비스가 구축되이 있다. 그중 'Virtual Library'를 통해 도큐먼트, 레코딩, 구술자료, 전시회 및 사진자료 등을 홈페이지에 탑재하여 무료로 열람할 수 있도록 제공하고 있으며, 일부 하이퍼링크를 통해 심층자료에 접근할 수 있도록 구축되어 있다. 특히 'Plan Your Visit'란을 통해 닉슨 대통령도서관·박물관의 방문 서비스를 위한 다방면의 안내가 이루어지고 있다.

2) 소장자료

닉슨대통령도서관·박물관은 약 4,000개의 방송비디오의 개별기록, 약 4,500개의 음성기록, 다른 주(洲)의 주지사와 미국시민 등에게 받은 30,000개의 선물, 300,000개의 사진, 2만 피트의 필름, 46만 페이지의 문서 그리고 '백악관 테이프'로 알려진 3,700시간의 대통령대화기록을 보유하고 있다. 본 도서관은 온라인상으로 50만 장이 넘는 문서와 30만 개가 넘는 사진, 수천 개의 동영상 및 비디오 그리고 닉슨 백안관 테이프를 열람할 수 있도록 구축하고 있다.

3) 닉슨생애자료

캘리포니아 요르바린다(Yorba Linda)의 부모님 레몬농장에서 1913년 1월 9일에 태어난 닉슨 대통령의 삶을 다루고 있으며, 링크를 통해 닉슨의 생애에 대하여 보다 자세히 알 수 있다. 또한 그의 전체 전기에 대한 내용은 홈페이지에 탑재되어 있는 PDF(http://nixon.archives.gov/thelife/nixonbio.pdf) 문서로 열람이 가능하다. 다음과 같이 구성되어 있다.

(1) 아동기(Childhood)
(2) 학생 및 선원시절(A Student and Sailor)
(3) 정치인시절(A Politician)
- 의회시절(The Congressman)

- 상원위원시절(The Senator)
- 부통령시절(The Vice President)
- 대통령시절(The President)

(4) 대통령임기 이후 시절(Post Presidency)

(5) 닉슨가족(Nixon Family)

4) 도큐먼트(Documents)

닉슨도서관은 약 5천만 페이지에 달하는 기록물을 소장하고 있으며, 인터넷을 통해 방대한 컬렉션의 검색과 이용이 가능하도록 개발 중이다. 2012년 현재 온라인 도서관에서 열람가능한 대표적인 목록은 다음과 같다.

(1) 공개 기록물

닉슨대통령도서관·박물관은 계속적인 기록물 공개를 실행하고 있다. 그중 2010년 12월 9일 도서관은 1973년 2월부터 3월 까지의 265시간의 백악관 기록, 2,600페이지의 이전 비공개 국가보안자료, 14만 페이지의 국내기록 그리고 2007년에서 2009년 사이 도서관에 의해 작성된 45점의 구술역사 비디오를 공개하였다. 그중 '닉슨대통령과 대한민국의 박대통령' 제목하에 다음과 같은 기록물도 공개되었다.

- ***Memorandum of Conversation between President Richard Nixon, President Pak of the Republic of Korea***, Mr. Sang Ho Cho(Korean Interpreter), and Mr. Victor Lee(U.S. interpreter), August 21, 1969, WHSF: SMOF: President's Office Files.

(2) 반납된 닉슨대통령자료컬렉션: 백악관특별파일(WHSF)

반납된 닉슨대통령자료컬렉션으로 백악관특별파일은 정치 및 개인자료로 국가기록청의 닉슨 대통령 사료프로젝트의 기록전문가가 지정한 자료들로 구성되어 있다. 이 자료들은 1994년 4월 초 닉슨 소유로 되돌려졌으며, 2007년 7월 11일 요르다 린다(Yorda Linda)에서의 연구를 위해 이용가능 하게 되었다. 2010년 1월 11일부터 온라인 이용이 가능해졌다(http://nixon. archives.gov/virtuallibrary/documents/whsfreturned/index.php).

(3) 퇴직자면접기록물(Exit Interviews)

닉슨행정부 시절, 대통령도서관의 국가기록관사무소는 대통령논문 및 자료 실사무소의 연락소로 사용되었다. 대통령논문 및 자료실사무소의 기능 중 하 나는 퇴직자 면접을 하는 것이었다. 관련 기록물은 온라인(http://nixon.archives. gov/virtuallibrary/documents/exitinterviews.php)으로 제공되고 있다.

(4) 기부된 닉슨도큐먼트(Donated Nixon Documents)

닉슨도서관과 생가의 사유설비를 국가기록관과 새로운 연방닉슨도서관으로 이전하는 것은 국가기록관과 닉슨재단의 계약 중 일부였다. 이후 재단은 공개되지 않았던 리처드닉슨 대통령의 삶과 정치활동에 관한 약 78,000페 이지의 자료를 기부하였으며, 관련 자료는 온라인(http://nixon.archives.gov/ virtuallibrary/documents/dailydiary.php#Diary)으로 접근가능하다.

(5) 필수검토 도큐먼트(Mandatory Review Documents)

2007년 11월 28일 닉슨도서관은 닉슨 대통령의 역사적 자료 중 추가 자료 를 공개하였다. 대중의 이용이 제한되었던 약 10,000개의 도큐먼트가 공개 또는 이용제한을 결정하기 위해 위임리뷰(Mandatory Review, http://nixon. archives.gov/aboutus/processing/mandatory_review_request.php), 기존의 대 통령령 12958(Executive Order 12958, http://nixon.archives.gov/aboutus/laws/ regulations.php#12958), 공공접근규칙(Public Access Regulations)인 36

CFR 1275.56 (http://www.archives.gov/about/regulations/part‐1275.html) 등에 의거하여 검토되었다.

(6) 국가안보비망록(National Security Memoranda)

닉슨대통령의 지시에 따라 국가안전보장회의는 1969년 1월 20일 국가안보와 해외정책에 관한 내용을 연구하고 결정하기 위한 국가안보연구 및 결정보충자료를 구축하였다. 관련 내용은 온라인(http://nixon.archives.gov/virtuallibrary/documents/nationalsecuritymemoranda.php)에 제공되어 있다.

(7) 대통령공공기록물(Public Papers of the President)

리처드닉슨의 대통령 공개문서는 연설, 백악관 보도자료, 기자회견비고 등의 대통령 메시지와 성명을 포함하고 있다. 이 자료들은 온라인뿐 아니라 미국 전역의 주요 도서관을 통해서도 이용할 수 있다. 온라인상에서 '공공기록물(public papers)'로 검색(http://www. presidency.ucsb.edu/index.php)과 탐색(http://www.nixonfoundation.org/publicpapers)이 가능하다.

5) 닉슨 백악관 테이프

1971년 2월부터 1973년 7월까지의 대화내용을 담은 2,636시간의 테이프가 대중에게 공개되어 있다. 다음은 온라인으로 이용가능한 오디오파일이다.

- 대화내용 샘플
- 대화내용 샘플: 1972년 11월‐12월
- 워터게이트 재판테이프
- 닉슨 중국방문
- 내각회의실을 제외한 모든 대화내용 중 1972년 11월, 1972년 12월, 1973년

3월, 1973년 2월(2010년 12월 추가공개), 1973년 3월(2010년 12월 추가공개)

6) 녹음기록물(Recording)

(1) 비디오구술기록물(Video Oral Histories)

닉슨도서관은 2006년에서 2009년에 이르는 92개의 비디오구술기록물을 공개하고 있다.

(2) 백악관통신기관(WHCA: White House Sound Recordings) 음향기록물

백악관통신기관(WHCA)은 백악관 군사사무실 내의 백악관 행사와 관련된 오디오, 동영상, 필름, 사진기록을 담당기관이었다. 백악관통신기관 음향기록은 닉슨 행정부의 다른 관련인들의 연설과 성명서의 일부 및 닉슨 대통령의 공개발언을 포함하고 있다. 도널드 럼스펠드(Donald Rumsfeld) 브리핑 등을 홈페이지에서 들을 수 있다.

7) 온라인전시회(Online Exhibits)

- 올리 앳킨스 슬라이드쇼(Ollie Atkins Slideshow)
- 닉슨국가원수의 선물(Nixon Head of State Gifts)
- 닉슨이 엘비스를 만났을 때(When Nixon Met Elvis)
- 워터게이트 파일(The Watergate Files)

8) 닉슨사진갤러리(Nixon Photo Gallery)

홈페이지에 탑재되어 있는 자료들 외의 사진 등은 국립기록청(NARA)의 온라인목록인 ARS(Archival Research Catalog, http:// www.archives.gov/research/arc)로 구축되어 제공하고 있다.

OTB

OTB
The Office of Tony Blair
토니블레어오피스

① 기록관

1) 소재사항

소재국가　영국
주　　소　Office of Tony Blair P.O. Box 60519 London W2 7JU United Kingdom
홈페이지　http://www.tonyblairoffice.org

2) 성격

- 토니 블레어(Tony Blair, 1953 - , 이하 블레어)는 전 영국 총리(1997 - 2007)이다.
- 토니블레어오피스(OTB: The lffice of Tony Blair)는 전 영국 총리 블레어 홈페이지로 블레어가 다양한 타 기관과 함께 진행하고 있는 여러 협동 프로젝트와 그의 정치활동에 대한 최신 뉴스, 연설, 비디오 자료와 전기적 정보를 제공하고 있다.

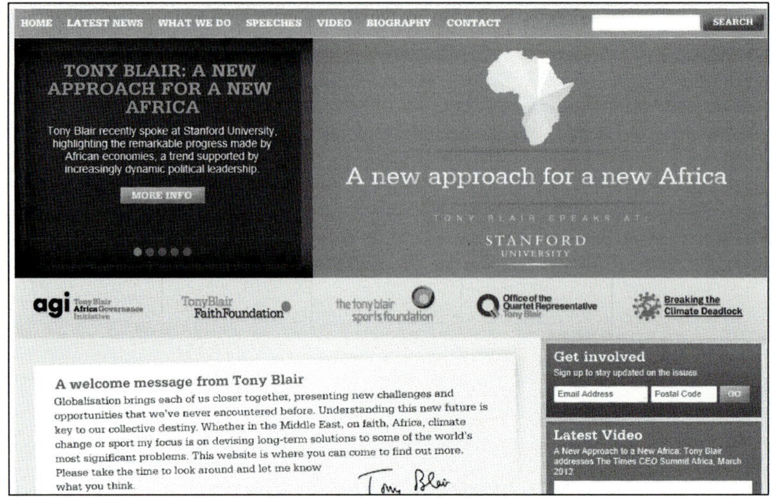

3) 주요 활동

(1) 아프리카 경영 선도(AGI: Africa Governance Initiative)

홈페이지 http://www.africagovernance.org/africa

블레어의 정부와의 경험을 바탕으로 특유의 발전모델을 만들어낸 프로그램이다. 이는 현재 시에라리온, 르완다 및 리베리아와 협력하고 있으며, 이들은 잠정적인 터닝 포인트를 경험하고 있다.

(2) 네 곳의 대표자(Office of the Quartet Representative)

홈페이지 http://www.tonyblairoffice.org/quartet

블레어는 미국, 국제연맹, 러시아, 그리고 유럽연합의 네 곳의 대표자이며, 동시에 팔레스타인의 국가정립을 도와 세계 평화를 구축할 수 있도록 하고 있다.

(3) 토니블레어신앙재단(Tony Blair Faith Foundation)

홈페이지 http://www.tonyblairfaithfoundation.org

토니블레어신앙재단은 세계의 주요 종교에 대한 이해와 존중을 유도하고자 하며 현대 사회에 신앙이 얼마나 큰 역할을 할 수 있는지를 알리고자 한다. 신앙재단은 크리스천, 무슬림, 유대교, 힌두, 시크교도 및 불교와 협력을 하고 있다. 블레어는 신앙이 세계화가 던지는 과제들에 해답을 제공하는 데 기여할 것이라고 믿으며, 신앙재단은 현대 커뮤니케이션의 힘을 통해 서로 다른 종교에 대한 이해와 비전을 실현하고자 한다.

(4) 토니블레어운동재단(Tony Blair Sports Foundation)

홈페이지 http://www.tonyblairoffice.org/sports

영국의 북동지역의 도움에 감사하는 뜻에서 블레어는 이 운동재단을 개설하였으며, 젊은이들, 특히 사회에서 외면당하는 이들의 운동 활동을 촉진시키고자 한다. 이 재단은 스포츠코치가 되고자 하는 이들을 교육하고 높은 수준의 트레이닝을 제공하며, 전문 코치들을 그들을 필요로 하는 학교와 스포츠클럽으로 배정한다.

(5) 기후변화문제교착타파(Breaking the Climate Deadlock)

홈페이지 http://www.tonyblairoffice.org/climatechange

국제 정치 어젠다에 2005년 회의를 통해 처음으로 기후변화 문제를 대두화했던 블레어는 현재 기후변화문제교착타파 프로그램을 선도하고 있다. 이는 기후협회(The Climate Group)와 강한 전략적 협력 관계를 맺고 있으며, 세계의 지도자들이 함께 새로운 기후 정책의 틀을 쌓을 수 있도록 기여하려고 노력하고 있다.

② 정보원

1) 정보원 열람 및 배포 정책

- 토니블레어오피스(OTB: The Office of Tony Blair)는 블레어와 그의 정치 활동에 대한 정보를 간단한 전기, 연설문과 뉴스, 비디오 등을 통해 제공하고 있다.
- 또한 블레어가 현재 진행하고 있는 일들과 재단들에 대한 상세 정보를 홈페이지 링크를 통해 공개하고 있다. 홈페이지에 제공되고 있는 연설문, 비디오, 언론 보도 외 모든 정보는 무료로 열람 가능하며 제한은 없다.

2) 연설문(Speeches)

블레어의 연설문의 제목과 주제, 날짜와 장소와 같은 주요 정보와 함께 전문을 홈페이지에 제공하고 있으며, 최근 것부터 역순으로 제공하고 있다.

3) 최근뉴스(News)

2007년 1월 28일부터 현재까지 블레어 관련 다양한 뉴스 전문을 홈페이지에 탑재하여 열람에 제공하고 있다. 기본적으로 시간순서대로 목록화하고 있으며, 뉴스제공기관을 밝히고 있다. 2012년의 최근 뉴스는 다음과 같다.

- *Tony Blair: Sierra Leone has much to celebrate*. Monday, Jan 16, 2012 in Office of Tony Blair.
- *Statement from the Office of Tony Blair on Last Week's Sunday Telegraph Story*. Friday, Jan 13, 2012 in Office of Tony Blair.
- *Israeli and Palestinian Negotiators Hold Their First Meeting in More*

Than a Year. Tuesday, Jan 03, 2012 in Office of Tony Blair, Office of the Quartet Representative.

4) 트위터피드(Twitter Feed)

별도의 트위터(https://twitter.com/#!/tonyblairoffice)를 가지고 있으면서 공개되어 있다.

5) 비디오자료

2009년 11월 3일부터 현재까지의 비디오자료를 홈페이지에 탑재하여 제공하고 있다. 가장 최근 것으로 2011년 12월 7일과 11일의 비디오자료는 다음과 같다.

- ***Tony Blair: The 21st Century Belongs to Africa, a Continent on the Brink of Fulfilling its Potential***
- ***Busan: Tony Blair Answers Questions on How We Can Better Use Aid to Build Capacity***

PA

Presidential Archives

대통령기록관

① 기록관

1) 소재사항

소재국가	한국
주　　　소	(461-370) 경기도 성남시 수정구 대왕판교로 851번길 30번 (시흥동 231)
전　　　화	+82 31 750 2103
팩　　　스	+82 31 750 2107
홈페이지	http://www.pa.go.kr

2) 성격

- 국가기록원(NA: National Archives of Korea)은 미래의 역사가 되는 국가 기록물을 후대에 계승하기 위해 국가기록관리 정책을 총괄하고, 주요 국가 기록물을 수집·보존 관리하는 우리나라 기록관리 중추기관이다. 소속기관으로 1관 5과 규모의 대통령기록관을 비롯해 나라기록관(성남), 역사기록관(부산), 서울기록정보센터 등을 갖추고 있다.
- 대통령기록관(PA: Presidential Archives)은 국가기록원 소속기관으로 우리나라 국가운영의 최고결정권자인 대통령과 그 보좌·자문·경호기관이 생

산한 국정의 핵심기록인 대통령기록물을 수집·정리·보존하고 국민들이
활용할 수 있도록 서비스하는 영구기록물관리기관이다.

3) 설립연혁

- 대통령기록관은 지난 2007년 개관하여 역대 대통령기록물이 전문적·과학
  적인 방법으로 관리될 수 있도록 정리·기술하고, 보존환경을 구축하고 있다.

4) 설립목적

- 대통령기록물이 다양한 분야에서 폭넓게 연구되고, 지식정보로 활용될 수
  있도록 전시·열람 서비스 제공
- 증가하는 국민들의 기록정보요구에 부응하기 위하여 대통령기록포털 구축
- 과거의 기록문화전통을 계승하여 지식정보화시대 선도
- 국정운영의 책임성과 투명성의 제고와 국민들의 알권리 충족을 통하여 대
  한민국이 선진일류국가로 발돋움할 수 있도록 지속적인 대통령기록물 발굴

수집과 보다 체계적인 관리 및 기록정보의 이용활성화에 정진

5) 비전

① 대통령기록물수집역량강화
② 대통령기록물 관리체계의 선진화
③ 국민 친화적 대통령기록물 서비스

6) 주요 기능 및 업무

① 대통령기록물의 관리에 대한 기본계획 수립·시행
② 대통령기록물의 수집, 분류, 평가, 기술(記述), 보존, 폐기 및 관련 통계의
   작성 및 관리
③ 비밀기록물 및 비공개 대통령기록물의 주기적 재분류
④ 대통령지정기록물의 철저한 보호와 해제
⑤ 대통령기록물의 공개열람·전시·교육 및 홍보
⑥ 대통령기록물 관련 연구 활동의 지원
⑦ 역대 대통령 재임 시기 및 재임 전후의 개인기록물 수집·관리

7) 조직

① 자원홍보과
   행정과 예산, 열람실과 전시관 운영, 홍보교육프로그램 담당
② 기획수집과
   정책기획과 운영, 생산 및 관리현황 점검, 이관·수집·회수 담당
③ 정리기술과
   분류·정리·기술, 검색도구 개발, 소장기록물 평가 담당

④ 기록보존과

　　서고관리, 보존관리, 시스템관리 담당

⑤ 연구서비스과

　　연구사업, 지정기록물 관리, 공개기준관리 담당

8) 대통령기록포털

'대통령기록포털'은 우리나라 역대 대통령에 관한 주요 정보와 웹기록, 문서, 동영상 등 주요 대통령기록물을 온라인 콘텐츠화하고, 소장하고 있는 대통령기록물 검색기능 등을 제공하는 통합정보시스템으로 국민들이 대통령기록물에 관한 정보를 편리하게 이용할 수 있도록 구축되어 있다.

9) 주요 업무

- 대통령기록물의 수집・생산기관 지원
- 역대 대통령기록물을 소장하고 있는 개인・단체 또는 기관 등 잠재적 기증자 관리를 통한 지속적인 수집 추진
- 대통령기록물의 누락 없는 생산 및 이관을 위한 기록관리 컨설팅
- 대통령기록물의 관리・기술 체계 구축
- 대통령기록물 고유의 관리・기술(記述) 체계 구축을 통한 효율적이고, 체계적인 보존 및 활용 지원
- 대통령기록물의 보존・복원 인프라 구축
- 대통령기록물의 보존 인프라 및 복원 체계 구축을 통한 영구적 보존・관리 기반 마련
- 국정 핵심기록물인 대통령기록물에 대한 보안강화를 통해 철저한 보호 체계 수립
- 대통령기록물의 국민 친화적 서비스 체계 확립

- 대통령기록관 소장기록물에 대한 열람·활용·전시 등 대 국민 서비스를 위한 체계 구축
- 전직 대통령, 정책입안자(기록생산자) 등 기록관련 수요자를 위한 전문 열람환경 구축 및 학계·연구자 등을 위한 연구 프로그램 기획·운영
- 대통령지정기록물의 보호체계 수립
- 대통령지정기록물의 철저한 보호·관리를 통해 대통령기록물의 누락없는 이관 유도 및 대통령기록관의 신뢰도 제고
- 세종시 대통령기록관 건립사업 추진
- 역대 대통령의 국정 핵심기록물을 보유한 시설 및 보존설비 등을 갖춘 독립적인 전용시설 건립 추진
- 대통령기록물의 대 국민 친화적인 활용 기반 조성을 위한 전시관, 도서관, 연구·교육센터 등 복합 서비스센터 구축

10) 관련법률

- 공공기록물관리에관한법률
- 대통령기록물관리에관한법률

11) 관련기관

(1) 유관기관

- 행정안전부

  홈페이지 http://www.mopas.go.kr
- 국가기록원

  홈페이지 http://www.archives.go.kr
- 나라기록관

홈페이지 http://www.archives.go.kr
- 역사기록관

  홈페이지 http://busan.archives.go.kr
- 국회기록보존소(국회사무처)

  홈페이지 http://nas.na.go.kr/index.jsp
- 법원도서관

  홈페이지 http://library.scout.go.kr

(2) 대통령기록물

- 생산기관대통령실

  홈페이지 http://www.president.go.kr
- 경호처(구 대통령경호실)

  홈페이지 http://www.pss.go.kr
- 민주평화통일자문회의

  홈페이지 http://www.nuac.go.kr
- 국가교육과학기술자문회의

  홈페이지 http://www.pacst.go.kr
- 지역발전위원회

  홈페이지 http://www.region.go.kr
- 국가생명윤리심의위원회

  홈페이지 http://www.bioethics.go.kr
- 경제사회발전노사정위원회

  홈페이지 http://www.lmg.go.kr
- 아시아문화중심도시조성위원회

  홈페이지 http://www.cct.go.kr
- 지방분권촉진위원회

홈페이지 http://www.pcd.go.kr
- 도서관정보정책위원회
  홈페이지 http://www.mcst.go.kr
- 미래기획위원회
  홈페이지 http://www.future.go.kr
- 국가경쟁력강화위원회
  홈페이지 http://www.pcnc.go.kr
- 국가에너지위원회
  홈페이지 http://www.naenc.go.kr
- 국가건축정책위원회
  홈페이지 http://www.pcap.go.kr
- 국가브랜드위원회
  홈페이지 http://www.koreabrand.go.kr
- 녹색성장위원회
  홈페이지 http://www.greengrowth.go.kr

(3) 민간운영의 역대 대통령기념관

① 박정희대통령
- 박정희대통령 인터넷기념관
  홈페이지 http://www.516.co.kr
- 박정희대통령 전자도서관
  홈페이지 http://www.parkchunghee.or.kr
- 사이버박정희대통령
  홈페이지 http://www.presidentpark.or.kr

② 김대중대통령
- 김대중사이버기념관
  홈페이지 http://www.kdjhall.org
- 김대중평화센터
  홈페이지 http://www.kdjpeace.com
- 연세대학교 김대중도서관
  홈페이지 http://www.kdjlibrary.org

③ 노무현대통령
- 노무현 공식홈페이지
  홈페이지 http://www.knowhow.or.kr

② 정보원

1) 정보원 열람 및 배포 정책

- 대통령기록관(PA: Presidential Archives)은 우리나라 대통령과 그 보좌·자문·경호기관이 생산한 국정의 핵심기록인 대통령기록물을 수집·정리·보존 및 활용토록 제공하는 영구기록물관리기관이다.
- 기본검색, 기록물 검색 전문가를 위한 상세검색, 대통령기록 분류체계에 따른 계층검색, 기록검색 초보자를 위한 '빠른검색' 서비스 외에 외부사이트 연계를 통한 통합검색으로 공개적인 열람이 제공된다.
- 공공기관이 보유·관리하는 정보를 국민에게 공개하는 정보공개제도에 의거하여 대통령기록관이 보존·관리하고 있는 대통령기록물을 열람하거나, 사본을 받아 볼 수 있다. 정보공개에 대한 수수료 및 우편료 등에 소요되

는 비용은 청구인이 부담하여야 한다.

- 30년 경과 기록물은 공개를 원칙으로 하며, 개인 정보 및 국가안보에 관한 최소의 정보만 비공개하고 있다. 비공개대상정보가 포함된 기록물은 정보공개가 제한적으로 제공된다. 30년 미경과 기록물은 정보공개법 및 각 부처의 비공개대상정보, 사전정보공표자료 등을 참고하여 비공개 사유가 소멸한 경우 공개한다. 단, 이 경우도 개인정보 및 국가안보에 관한 정보는 비공개로 관리하고 있다.

2) 기록검색

대통령기록관에서는 대국민 기록물 열람 편의성 확보를 위해 키워드를 통한 기본검색, 기록물 검색 전문가를 위한 상세검색, 대통령기록 분류체계에 따른 계층검색, 기록검색 초보자를 위한 빠른검색 서비스를 제공하고 있다. 그 외 기록물 목록 외부사이트 연계를 통한 통합검색도 가능하다.

3) 대통령 웹기록

- 대통령기록관에서 보존, 서비스하는 역대 대통령 웹기록자료의 운영현황을 볼 수 있다. 제14대부터 제17대까지이며, 자세한 사항은 다음과 같다.

(1) 제14대 대통령

① 청와대
    기 관 명: 청와대
    기   능: 대통령의 국정수행 보좌에 관한 사무를 관장(미이관)
    이관웹기록: http://14cwd.pa.go.kr
    운 영 기 간: 1996. 12. 21∼1998. 02. 24.

② 자문회의

    기 관 명: 민주평화통일자문회의
    기   능: 민주 평화통일에 관한 사항
    이관웹기록: http://nuac.pa.go.kr
    운 영 기 간: 1997. 03. 21~2008. 02. 21.

(2) 제15대 대통령

① 청와대

    기 관 명: 청와대
    기   능: 대통령의 국정수행 보좌에 관한 사무를 관장
    이관웹기록: http://15cwd.pa.go.kr
    운 영 기 간: 1998. 02. 25~2003. 02. 24.

② 자문회의

    기 관 명: 국가과학기술자문회의
    기   능: 과학기술의 혁신 등에 관한 대통령의 자문
    이관웹기록: http://pacst.pa.go.kr
    운 영 기 간: 2001. 02. 20~2008. 02. 21.

    기 관 명: 민주평화통일자문회의
    기   능: 민주평화 통일에 관한 사항
    이관웹기록: http://nuac.pa.go.kr
    운 영 기 간: 1997. 03. 21~2008. 02. 21.

③ 지문위원회

> 기 관 명: 중소기업특별위원회
> 기   능: 중소기업육성 시책 수립 등
> 이관웹기록: http://pcsme.pa.go.kr
> 운 영 기 간: 1997. 03. 21~2008. 02. 21.

> 기 관 명: 지속가능발전위원회
> 운 영 기 간: 지속가능발전의 효율적 추진을 위한 정책방향 설정 및
>   계획수립
> 이관웹기록: http://pcsd.pa.go.kr
> 운 영 기 간: 1997. 03. 21~2008. 02. 21.

> 기 관 명: 농어업농어촌특별대책위원회
> 기   능: 농어업과 농어촌 발전 중장기 정책방향 수립
> 이관웹기록: http://pcafr.pa.go.kr
> 운 영 기 간: 2002. 07. 06~2007. 06. 21.

> 기 관 명: 경제사회발전노사정위원회
> 기   능: 고용안정 근로조건 등 노동정책 관련
> 이관웹기록: http://lmg.pa.go.kr
> 운 영 기 간: 1997. 03. 21~2008. 02. 21.

> 기 관 명: 정책기획위원회
> 기   능: 국정과제 종합·관리·조정에 관한 사항
> 이관웹기록: http://pcpp.pa.go.kr
> 운 영 기 간: 2001. 01. 01~2008. 02. 18.

(3) 제16대 대통령

① 16대 대통령당선인

기 관 명: 제16대 대통령당선인(인수위원회 포함)
기 능: 대통령 당선인으로서 지위와 권한 명확화
이관웹기록: http://knowhow.pa.go.kr
운 영 기 간: 2002. 09. 27~2003. 02. 24.

② 청와대

기 관 명: 청와대브리핑
기 능: 대통령의 국정수행 보좌에 관한 사무 관장
이관웹기록: http://16cwd.pa.go.kr
운 영 기 간: 2003. 02. 25~2008. 02. 21.

기 관 명: 대통령경호실
기 능: 대통령 경호담당
이관웹기록: http://pss.pa.go.kr
운 영 기 간: 2003. 06. 15~2008. 02. 21.

기 관 명: 국정브리핑
기 능: 국정홍보 업무 및 국내외 국정홍보 정부협력체제 구축
이관웹기록: http://korea.pa.go.kr
운 영 기 간: 2003. 08. 18~2008. 02. 25.

③ 자문회의

기 관 명: 국가과학기술자문회의
기 능: 과학기술의 혁신 등에 관한 대통령의 자문
이관웹기록: http://pacst.pa.go.kr
운 영 기 간: 2001. 02. 20~2008. 02. 21.

기 관 명: 국민경제자문회의
기   능: 국민경제 발전을 위한 중요정책 수립에 관하여 대통령 자문
이관웹기록: http://neac.pa.go.kr
운 영 기 간: 2005. 10. 31~2008. 02. 21.

기 관 명: 민주평화통일자문회의
기   능: 민주적 평화통일을 위한 정책수립 및 추진에 관한 대통령 자문
이관웹기록: http://nuac.pa.go.kr
운 영 기 간: 1997. 03. 21~2008. 02. 21.

④ 국정과제위원회

기 관 명: 교육혁신위원회
기   능: 중장기교육, 교육체제 혁신 등
이관웹기록: http://cein.pa.go.kr
운 영 기 간: 2004. 02. 24~2008. 02. 21.

기 관 명: 국가균형발전위원회
기   능: 국가균형발전, 지역혁신체제구축, 공공기관지방이전 등
이관웹기록: http://balance.pa.go.kr
운 영 기 간: 2004. 10. 14~2008. 02. 04.

기 관 명: 농어업농어촌특별대책위원회
기   능: 농어업과 농어촌 발전 중장기 정책방향 수립
이관웹기록: http://pcafr.pa.go.kr
운 영 기 간: 2002. 07. 06~2007. 06. 21.

기 관 명: 동북아시대위원회
기   능: 동북아 전략 및 주요 정책방향 수립
이관웹기록: http://nabh.pa.go.kr
운 영 기 간: 2004. 02. 11~2008. 01. 14.

기 관 명: 빈부격차차별시정위원회
기   능: 빈부격차완화, 고용 등 주요 정책 개발, 기획, 조정
이관웹기록: http://pcsi.pa.go.kr
운 영 기 간: 2004. 06. 30~2007. 06. 25.

기 관 명: 사람입국일자리위원회
기   능: 사람입국 일자리관련 중장기 정책방향
이관웹기록: http://pcjs.pa.go.kr
운 영 기 간: 2006. 01. 20~2008. 02. 21.

기 관 명: 아시아문화중심도시조성위원회
기   능: 문화중심도시 조성을 위한 주요 정책
이관웹기록: http://cct.pa.go.kr
운 영 기 간: 2003. 03. 03~2008. 02. 21.

기 관 명: 저출산고령사회위원회
기   능: 저출산, 고령화, 미래사회 대책 등의 주요 정책 방향설정
　　　　　 및 계획수립
이관웹기록: http://precap.pa.go.kr/precap
운 영 기 간: 2004. 05. 20~2008. 02. 21.

기 관 명: 정부혁신지방분권위원회
기   능: 정부조직 정비, 지방분권, 전자정부, 인사행정 혁신 등
이관웹기록: http://innovation.pa.go.kr
운 영 기 간: 2004. 02. 04~2008. 02. 01.

기　관　명: 징책기획위원회
기　　　능: 국정과제 종합, 관리, 조정에 관한 사항
이관웹기록: http://pcpp.pa.go.kr
운 영 기 간: 2001. 01. 01～2008. 02. 18.

기　관　명: 지속가능발전위원회
기　　　능: 지속가능발전의 효율적 추진을 위한 정책방향 설정 및 계
획수립, 지속가능발전기본법시행(2008. 02. 04)
이관웹기록: http://pcsd.pa.go.kr
운 영 기 간: 2001. 03. 22～2008. 03. 01

기　관　명: 행정중심복합도시건설추진위원회
기　　　능: 행정중심복합도시 건설의 효율적 추진을 위한 중요정책심의
이관웹기록: http://macc.pa.go.kr
운 영 기 간: 2004. 11. 19～2005. 12. 31.

⑤ 기타 자문위원회

기　관　명: 건설기술건축문화 선진화위원회
기　　　능: 건설기술 혁신, 문화발전촉진구축
이관웹기록: http://acct.pa.go.kr
운 영 기 간: 2006. 04. 17～2008. 02. 21.

기　관　명: 경제사회발전노사정위원회
기　　　능: 고용안정 근로조건 등 노동정책 관련
이관웹기록: http://lmg.pa.go.kr
운 영 기 간: 2001. 07. 25～2008. 02. 21.

기 관 명: 국가생명윤리심의위원회
기   능: 생명윤리 및 안전에 관한 사항
이관웹기록: http://bioethics.pa.go.kr
운 영 기 간: 2007. 02. 14~2008. 02. 21

기 관 명: 사법제도개혁추진위원회
기   능: 사법제도개혁추진 기본계획수립 및 법령제정
이관웹기록: http://pcjr.pa.go.kr
운 영 기 간: 2005. 02. 11~2008. 02. 24.

기 관 명: 양극화민생대책위원회
기   능: 양극화 완화, 지속적 동반성장을 위한 일자리 창출 등
이관웹기록: http://pcsi2.pa.go.kr
운 영 기 간: 2006. 11. 08~2008. 02. 21.

기 관 명: 자유무역협정국내대책위원회
기   능: 자유무역협정의 체결, 비준지원
이관웹기록: http://kfta.pa.go.kr
운 영 기 간: 2006. 06. 01~2008. 02. 21.

기 관 명: 중소기업특별위원회
기   능: 중소기업육성 시책 수립 등
이관웹기록: http://pcsme.pa.go.kr
운 영 기 간: 2001. 10. 29~2008. 02. 21.

기 관 명: 지방이양추진위원회
기   능: 중앙행정권한 지방이양, 자치단체 자율성 제고 등
이관웹기록: http://ple.pa.go.kr
운 영 기 간: 2004. 09. 09~2008. 02. 13.

(4) 제17대 대통령

① 제17대 대통령직 인수위원회

기 관 명: 17대 대통령직 인수위원회
기   능: 대통령직의 원활한 인수에 필요한 사항
이관웹기록: http://17insu.pa.go.kr
운 영 기 간: 2007. 12. 26~2008. 02. 22.

4) 온라인 콘텐츠

대한민국 대통령기록물을 온라인상에서 볼 수 있도록 콘텐츠로 구축하여 제공하고 있다. 자세한 사항은 다음과 같다.

(1) 온라인기록관

이승만 대통령에서부터 노무현대통령에 이르기까지 대한민국 대통령 각각에 대한 기본사항, 주요 사건, 주요 기록물 문서, 주요 기록물 사진, 주요 기록물 동영상, 주요 기록물 음성을 제공하고 있다.

(2) 취임식

각 대통령 별 취임식 개요, 취임선서 및 취임사, 관련 기록물을 제공하고 있다. 또한 대통령취임식전시관에서는 취임축하전서 및 취임기념 행정박물에 관한 정보를 제공하고 있다.

(3) 선물갤러리

- 2009년 11월 현재 대통령기록관에 소장중인 역대 대통령선물은 1962년 박정희대통령 시기부터 기증 받은 선물로 총 5,264점에 이른다. 1983년 1월 1일부터 시행된 '공직자윤리법'에 따라 외국정부 등으로부

터 받은 대통령선물은 신고 의무가 있으며, '대통령기록물관리에관한법률'에 따라 대통령기록관으로 이관되어 관리되어야 한다. 2008년 2월 20일 대통령기록관은 전 문화관광부(국립민속박물관)에서 관리해 오던 역대 대통령선물 4,713점(대여 중 208점 포함)을 이관 받았으며, 2008년 1월 24일 노무현대통령 비서실로부터 2007년 4월부터 2008년 1월까지 접수된 선물 40점을 이관 받았다. '공직자윤리법'의 적용을 받지 않은 이승만·윤보선 대통령의 경우는 대통령기록관에서 현황을 파악한 후 향후 수집할 계획에 있다.

- 역대 대통령들이 재임 기간 중 외교활동을 통해 받은 선물을 볼 수 있으며, 지역별, 대통령별로도 받은 선물을 볼 수 있다.

(4) 연설기록물

- 역대 대통령의 재임기간 중 연설문을 비롯한 동영상, 음성, 사진 등의 기록물을 제공하고 있다. 또한, 특별히 연설기록 콘텐츠는 대통령별 연설문을 보여주는 것에 그치지 않고 연설문과 관련된 사건, 사진, 동영상, 음성 등의 기록물을 동시에 제공하고 있다.
- 본 연설기록에서 제공하는 연설은 대통령별 연설, 분야별 연설, 행사별 연설로 구분하여 이용할 수 있다.
- 대통령별 연설은 초대 대통령인 이승만대통령부터 현직 이명박대통령에 이르기까지 각 대통령별 연설기록으로 구축되어 있다.
- 분야별로는 헌법이 기준하고 있는 대통령의 직무분야를 기초로 하여 국정전반, 정치·사회, 산업·경제, 외교·통상, 국방, 과학기술·정보, 교육, 문화·체육·관광, 환경, 기타의 10개 분야로 분류하고 있다.
- 행사별 구분은 신년사, 국경일, 기념일 등 통상적으로 매년 개최되는 행사뿐 아니라 국제 행사, 각종 단체의 행사 등 비정기적인 행사 등을 포함하여 비중 있는 것을 중심으로 구성되어 있다.

- 대통령 연실은 박정희대통령 재임 시기부터 연설문집으로 묶어서 연단 위로 발행되고 있다. 이승만대통령은 997건, 윤보선대통령은 3건, 박정희대통령은 연설문집 총16권, 1,270건을 비롯해 이명박대통령 연설문집 총 1권, 209건에 이르기까지 5,970건이 제공되고 있다.

(5) 행정박물

- 행정박물은 행정업무 수행과 관련하여 생산 및 활용된 기록물로 공공기록물관리에관한법률에 의해 주요 관리대상 기록물 범주에 포함된다.
- 역대대통령 행정박물 가운데 대표적인 박물들을 역사성과 희소성, 홍미적 요소를 고려하여 선별하여 제공하고 있다.
- 행정박물의 관리대상은 다음과 같으며, 이에 따르면 대통령직을 수행하면서 사용했던 사무집기류를 포함하여 대통령 관련 상징물 및 기념물, 대통령과 대통령기록물 생산기관의 관인류 등도 중요 관리대상의 행정박물이 된다. 관리대상에 대한 세부내용은 다음과 같다.
  - 관인류: 국새 및 기관장의 직인 등
  - 상징물·기념물: 업무수행 결과물, 행사 및 사건의 상징·기념물
  - 훈장·포장, 우표, 화폐, 기념품, 현판, 휘호, 도안류
  - 사무집기류: 대통령, 국무총리 등 주요 직위자가 업무수행에 사용하였던 사무집기류 등
  - 기타: 영구기록물관리기관의 장이 지정한 그 밖의 유형
- 현재 대통령기록관에서 소장하고 있는 대통령 행정박물은 2,851점이다. 주요 종류는 사무집기류와 상징물 및 기념품류가 있다. 행정박물 콘텐츠에서는 역사성과 희소성 그리고 홍미적 요소를 중심으로 행정박물을 선별하고 있다.

(6) 어린이역사교실

- 어린이역사교실 콘텐츠는 초등학교 선생님들에 의해서 현행 초등학교 6학년 사회교과서 내용을 바탕으로 집필되었다.
- '분단을 딛고 일어선 대한민국', '민주시민이 승리하던 날들', '한강의 기적에서 통일로'의 3가지 챕터로 구성되어 있다.

(7) 기증기록물

대통령기록관에서 수행한 '역대 대통령기록물 발굴 및 수집 사업'의 일환으로 2004년 대한민국 제4대 대통령(1960 - 2) 윤보선대통령의 대통령 재임 이전부터 퇴임 후까지의 생애를 아우르는 생애기록을 제공하고 있다.

(8) 정책간행물

- 대통령기록물 생산기관에서 발간한 간행물을 선별하여 제공하고 있다. 각 위원회의 각종 정책을 수립하면서 발간한 정책간행물의 원본을 대상으로 하고 있다.
- 정책간행물은 대통령과 그 보좌·경호기관 및 인수위원회 등 대통령기록물 생산기관에서 발행한 간행물로, 이들 기관의 업무수행과정의 주요 내용 등을 수록하고 있어 해당 대통령의 주요 정책방향을 알 수 있다.
- 정책간행물 서비스현황 관련 기관별 목록은 다음과 같으며, 전체 간행물 소장 합계는 2,217건이다.
  - 국가안전보장회의
  - 동북아시대위원회
  - 빈부격차차별시정위원회
  - 사람입국일자리위원회
  - 사법제도개혁추진위원회

- 정책기획위원회
- 고령화및미래사회위원회
- 대통령비서실
- 민주평화통일자문회의
- 지속가능발전위원회
- 농어업농어촌특별대책위원회
- 대통령경호실
- 정부혁신지방분권위원회
- 양극화민생대책위원회
- 국민경제자문회의
- 국가균형발전위원회
- 국가과학기술자문회의
- 경제사회발전노사정위원회
- 교육혁신위원회
- 저출산고령사회위원회
- 아시아문화중심도시조성위원회
- 중소기업특별위원회
- 한미FTA체결지원위원회
- 자유무역협정국내대책위원회
- 건설기술건축문화선진화위원회
- 대통령직인수위원회

(9) 이-기록, 그 순간

역대 대통령들의 다양한 정책 및 통치사료를 수집, 제공하고 있다.

(10) 기획전시

‘기록! 대통령을 만나다’라는 주제로 역대 대통령의 취임, 대통령과 영부인의 모습, 국민들과 주고받은 편지, 친필 휘호 등 대통령 관련 기록물을 선별하여 기획전시를 개최하였으며, 관련 정보를 홈페이지에 제공하고 있다.

(11) 공개전환기록물

- 대통령기록관에서는 대통령기록물관리에관한법률 제16조 등에 근거하여 5년, 30년 주기별로 비공개, 부분공개 기록물의 공개여부를 검토, 결정한 후 연구활용 가치가 높은 기록물을 홈페이지 상에서 제공하고 있다.
- 주요 공개기록물 중에서 사료적 가치가 있는 기록물에 대해 시대 혹은 분야에 대해 전문지식을 가진 집필자에 의해 기록물의 내용, 특징, 의미를 중심으로 작성된 해제를 제공하고 있다.

(12) 해외순방

우리나라 대통령의 정상외교 중 해외순방 관련 다양한 기록물을 홈페이지 상에서 제공하고 있다. 대통령별, 국가별, 기록물별로 기록물이 구축 제공되고 있다.

(13) 임명인사

우리나라 대통령은 헌법과 법률이 정하는 바에 따라서 국무총리, 각부장관, 감사원장 등 그 밖의 법률이 정하는 공무원을 임면시킬 수 있는 권한을 가진다. 대통령제의 정부형태를 채택해온 우리나라에서는 대통령이 임명한 장·차관 및 행정기관장은 국정운영의 핵심인사에 해당되며, 역대 대통령의 주요 관련 인물에 해당된다. 이와 관련하여 역대 대통령 주요

인물의 인사관리를 이해할 수 있도록 '대통령 임명인사' 콘텐츠를 구축하
여 제공하고 있다.

(14) 의상갤러리

역대 대통령과 여사의 재임 시 의상 관련 사진기록물을 제공하고 있다.
역대 대통령 내외의 취임식, 해외순방 등 국내외 주요 행사에 착용한 의
상의 이미지, 당시 착용 모습, 관련 설명으로 구성되어 제공하고 있다.

5) 전시관

상설전시관에 대한 안내와 온라인상에서 가상체험할 수 있는 사이버전시관에
대한 정보를 제공하고 있다.

(1) 상설전시관

대통령기록전시관은 약 390㎡ 규모의 상설전시관으로 1관부터 6관까지 구
성되어 있으며, 국민들에게 대통령의 사진, 재임기간의 중요 문서 및 동영
상 기록과 대통령의 직무수행과 관련하여 외국 정상 등 외국으로부터 받
은 대통령 선물 등이 전시되어 있다. 각 관별 자세한 사항은 다음과 같다.

① 제1관 국민과 함께하는 대통령
역대 대통령과 국민들이 함께하는 모습, 대통령의 일상생활 등을 사진
및 동영상을 통해 연출하였다. 이 코너는 국민들과 함께하는 대통령의
모습을 느낄 수 있는 공간이다.

② 제2관 역대 대통령연보
역대 대통령들의 취임부터 퇴임까지의 기본적인 업적 등을 소개하고

있으며, 역대 대통령들 재임기간 동안의 연표를 한눈에 볼 수 있는 공간이다.

③ 제3관 대통령의 국정기록

역대 대통령들의 당선·취임과 국정업무인 법률 공포, 중요정책 결정, 대북 관계개선 등을 중요 문서와 동영상으로 보여주고 있다. 역대 대통령들의 나라 발전을 위한 국정 운영의 모습을 느낄 수 있는 공간이다.

④ 제4관 대통령이 되어 보다

청와대 집무 책상을 재현한 공간으로 어린이가 책상에 앉아 기념 촬영을 하고, 촬영된 사진을 전자우편으로 보낼 수 있는 체험코너이다.

⑤ 제5관 어린이, 미래의 지도자

대통령의 국정운영에 대한 내용을 담은 플래시 만화 '대통령이 된 건강이'를 상영하고 있으며, 어린이들이 '대통령이 하는 일'에 대하여 쉽고 재미있게 이해할 수 있도록 구성된 공간이다.

⑥ 제6관 세계 정상들의 선물

역대 대통령들이 해외 각국 정상들로부터 받은 선물을 전시하고 있다. 세계 정상들로부터 받은 선물을 통해 각국의 문화를 확인할 수 있다.

(2) 사이버전시관

- 사이버전시관은 대통령기록전시관은 상설전시관으로 플래시 파노라마 기술로 구현하여 실제 전시장을 방문한 것과 같이 볼 수 있다.
- 부가적인 설명이나 상세 이미지를 제공해주는 '웹페이지'와 각 관을 안내하는 '안내지도' 및 전시 중인 패널, 종이, 기록물, 영상물, 사진, 대

통령 선물 등에 대한 목록을 제공해주는 '전시목록'으로 구성되어 있다.

6) 정보공개

정보공개제도에 대한 안내와 신청방법 및 서비스에 대해 안내받을 수 있으며, 대통령기록물 생산기관 현황을 표로 제공하고 있다.

(1) 정보공개 안내

대통령기록관이 보존·관리하고 있는 대통령기록물을 열람하거나, 사본을 받아 볼 수 있도록 하며, 비공개대상정보가 포함된 기록물은 정보공개가 제한적으로 제공된다. 정보공개에 대한 수수료 및 우편료 등에 소요되는 비용은 청구인이 부담하여야 한다.

(2) 기록물 현황

- 문서류(간행물함), 시청각, 전자기록, 행정박물에 대한 역대 대통령의 소장기록물의 수량을 표로 제공하고 있다.
- 노무현대통령기록물에는 일부 역대 대통령기록물이 포함되어 있으며, 검사, 검수 및 정리기술 이후 통계 변경 가능하다.

(3) 비공개기록물 재분류목록

- 기록물 공개재분류란 기록물 생산·접수 및 이관 시 비공개·부분공개로 관리하던 기록물을 주기적으로 검토하여 공개여부를 재분류하는 것이다.
- 대통령기록관은 기록정보 활용을 촉진하고자 공공기록물관리에관한법률 및 대통령기록물관리에관한법률에 따라 비공개기록물 공개 재분류 작업을 추진하고 있다.

- 기록물 공개는 국정운영에 대한 행정의 투명성과 효율성을 보장하고, 개인의 신분재산보호, 권익보호 등 국민의 기본 권리를 보장하며, 학술 연구, 교육자료 등 학술 문화에 있어 기록물 활용 기반을 확대하는 데 큰 역할을 한다.
- 주요 공개기록물

  30년 경과 기록물은 공개를 원칙으로 하며, 개인 정보 및 국가안보에 관한 최소의 정보만 비공개하였으며, 30년 미경과 기록물은 정보공개법 및 각 부처의 비공개대상정보, 사전정보공표자료 등을 참고하여 비공개 사유가 소멸한 경우 공개한다. 단, 이 경우도 개인정보 및 국가안보에 관한 정보는 비공개로 관리하며, 대통령별 주요 비공개기록물은 다음과 같다.

  - 이승만대통령: 대통령 지시사항, 연설문
  - 박정희대통령: 동백림 사건 관련 기록, 푸에블로호 나포사건 관련 기록 등
  - 윤보선대통령: 인사발령안, 영예수여
  - 최규하대통령: 인사발령안, 영예수여
  - 전두환대통령: 인사발령안, 영예수여
  - 노태우대통령: 인사발령안, 영예수여
  - 김영삼대통령 행사 참석 관련 기록 등
  - 김대중대통령: 대통령 서한, 월드컵 개최 및 인천공항 개항 등 국가 행사 관련 기록 등

7) 열린 공간

(1) 기록물 기증

① 기록물 기증 안내
- 국가기록원 대통령기록관은 역대 대통령의 직무수행이나 개인 활동과 관련된 기록물을 확보하고 이를 보존하여 후대에 값진 문화유산으로 물려주고자 관련 기록물을 기증받고 있다.
- 기록물 기증은 그 자체로도 매우 의미 있는 일이며, 개인이 기록물을 관리함에 따라 발생할 수 있는 도난·멸실·훼손 등으로부터 기록물을 보호하고, 전시와 연구 등을 통해 기록물의 가치를 더욱 높일 수 있다.

② 기증대상기록물
기증대상기록물은 대통령의 직무수행, 주요 사건·사고 또는 정치활동 및 개인 활동과 관련한 기록으로서 형태에 제한이 없다.
- 역대 대통령 재임 당시에 생산한 기록물로 개인이 소장하고 있는 문서, 시청각 등 모든 형태의 자료와 행정박물
- 역대 대통령 재임 당시 및 재임 전후 생산한 개인기록물로 국가적으로 보존할 가치가 있는 기록물

③ 활용 및 예우
대통령기록관은 기록물을 기증하신 분들의 높은 뜻을 기리고, 기증기록물을 활용하기 위해 여러 가지 노력을 하고 있다.
- 기증 증서 발급
- 감사장 또는 감사패 증정
- 훈·포장 등 표창 추진

- 연중 대통령기록관 간행물 무료 송부
- 국가기록원 주요 행사 초청
- 필요 시 복제본 제공
- 기증 서고, 기증 서가 별도 관리
- 대통령기록관 홈페이지 기록물 기증 코너 게시
- 온라인 콘텐츠 구축
- 대통령기록관 전시관 내 기증 코너 마련
- 대규모 기증 또는 기록물 특별 기증일 경우 기록물 특별전 및 세미나 개최

PI

The President of India
인도대통령

☐ 기록관

1) 소재사항

소재국가　　인도
홈페이지　　http://presidentofindia.nic.in

2) 성격

- 프라티바 파틸(Pratibha Devisingh Patil, 1934- , 이하 파틸)은 인도 제12 대 대통령(2007-)이다.
- 이는 2007년 7월 25일 취임한 인도의 현 12번째 대통령이자 최초의 여성 대통령인 프라티바 파틸(Smt. Pratibha Devisingh Patil)의 홈페이지이다.
- 인도대통령(The President of India)은 인도의 대통령비서실(President's Secretariat)에서 각종 자료와 기록물을 제공하고 국가정보센터(National Informatics Centre)에서 운영하고 있다. 대통령에 대한 기본적인 자료에서 부터 다양한 연설문에 이르기까지 해외방문 및 행사 등의 국정활동과 관련 된 자료들을 공개하고 있다.

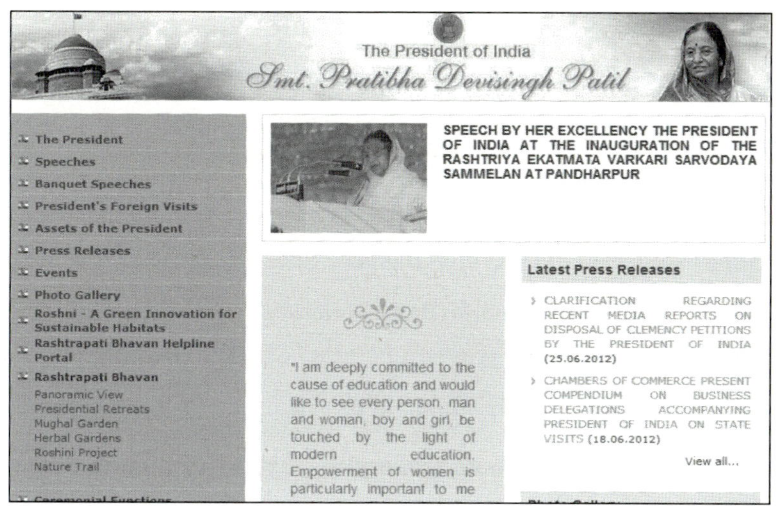

3) 관련기관

- 인도부통령(Vice President of India)
  홈페이지 http://vicepresidentofindia.nic.in/home.asp
- 인도의회(Parliament of India)
  홈페이지 http://parliamentofindia.nic.in
- 인도수상(The Prime Minister of india)
  홈페이지 http://pmindia.nic.in
- 대통령사무국(The President's Secretariat)
  홈페이지 http://rashtrapatisachivalaya.gov.in
- 인도국가포털(National Portal of India)
  홈페이지 http://india.gov.in

② 정보원

1) 정보원 열람 및 배포 정책

인도대통령(The President of India)은 기본적으로 현 인도대통령의 국정활동 관련 연설문(Speeches), 연회연설문(Banquet Speeches), 해외방문(Foreign Visits) 기록, 재산(Assets)기록, 보도자료(Press Releases), 행사자료(Events) 등을 홈페이지에 탑재하여 공개 제공하고 있다. 그중 연설문, 해외방문기록, 보도자료, 행사자료의 경우 영어 원문도 공개 제공하고 있다. 대체적으로 연도별 및 일정별로 제공하되 사진자료(Photo Gallery)와 기념자료(Ceremonial Functions)의 경우 별다른 설명은 제공하고 있지 않다.

2) 대통령 기본자료

대통령의 교육, 전문경력, 정치경력, 공직생활, 사회 및 문화적 활동, 가정생활들에 대하여 기술의 방식으로 제공하고 있다.

3) 연설문(Speeches)

2007년도부터 2011년까지 각 연도별로 연설문을 영어와 인도어 원문을 제공하고 있으며, 2012년의 연설문의 경우 '최근 연설문'의 양식으로 홈페이지에 탑재되어 있다.

4) 연회연설문(Banquet Speeches)

현재 2007년 9월 10일부터 2012년 1월 11일까지의 연설문이 홈페이지에 탑재되어 있다.

5) 대통령 해외방문(President's Foreign Visits) 기록물

2008년 4월부터 2011년 10월까지의 대통령의 해외방문일정을 공개하고 있다. 이는 각 일정별로 전개되어 있으며, 날짜별로 구성되어 있어 해당 일정을 클릭하면 쉽게 검색 가능하다. 이어 각 날짜별로 연설문이나 대담 등의 원문이 탑재되어 있다.

6) 대통령 재산(Assets of the President) 기록물

부동산과 동산으로 구분하여 대통령의 전 재산이 공개되어 있다.

7) 보도자료(Press Releases)

2007년도부터 2011년까지 각 연도별로 보도자료가 영어와 인도어 원문이 제공되어 있으며, 2012년의 보도자료의 경우 '최근 보도자료'의 양식으로 홈페이지에 탑재되어 있다.

8) 행사자료(Events)

2007년도부터 2011년까지 각 연도별로 행사자료가 영어와 인도어 원문이 제공되어 있으며, 2012년의 행사자료의 경우 '최근 행사자료'의 양식으로 홈페이지에 탑재되어 있다.

9) 사진자료(Photo Gallery)

사진자료의 경우 특별한 설명 없이 사진만 제공하고 있다.

10) 기념자료(Ceremonial Functions)

다음과 같은 기념적인 자료들을 제공하고 있다.
- 대통령취임(Swearing in of The President)
- 경비교체식(Ceremonial Changing of the Guard New Summer Timings)
- 대통령 은트럼펫과 트럼펫 배너(The President's Silver Trumpet and Trumpet Banner)

PL
Presidential Libraries
대통령도서관

① 기록관

1) 소재사항

소재국가	미국
주　　소	Office of Presidential Libraries, National Archives and Records Administration Room 2200, 8601 Adelphi Road, College Park, MD 20740 – 6001
전　　화	+1 301 837 3250
팩　　스	+1 301 837 3199
홈페이지	http://www.archives.gov/presidential – libraries

2) 성격

- 대통령과 그의 비서관들은 매일 수천 개의 문서를 만들어내며 그 문서들은 국가와 관련된 식견을 제공한다. 대통령도서관은 이러한 기록을 보존하는 것뿐 아니라, 대통령 가족, 친척 친구들의 개인기록, 다양한 시청각컬렉션 등도 보존하며, 이러한 기록들은 대통령 및 역사에 대한 종합적 관점을 제시한다.

- 대통령도서관(PL: Presidential Libraries)은 제31대 미국 대통령인 허버트

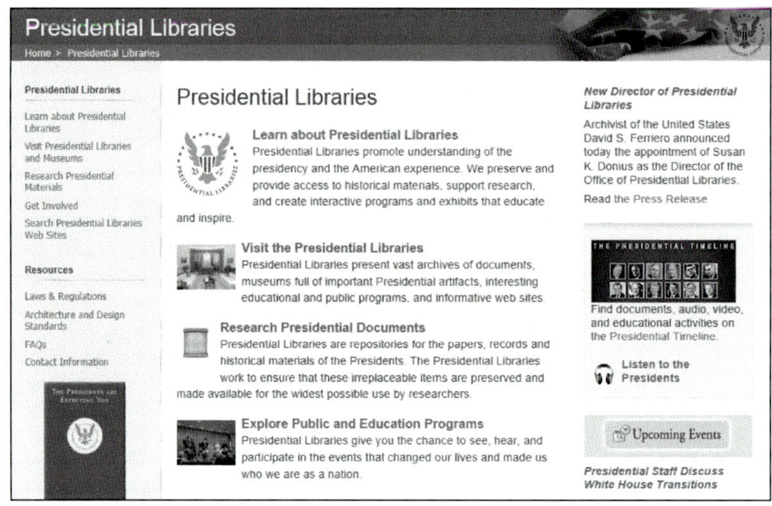

후버(Herbert Hoover) 대통령을 시작으로 전국 13개의 대통령도서관 네트워크로서 미국국립기록성(NARA)에서 운영한다. 대통령도서관은 전통적 형태의 도서관이 아닌 미국 대통령들의 문서, 기록 및 다른 역사적 자료의 보존 및 접근을 위한 보관소로서의 역할을 한다.
• 대통령도서관 및 박물관은 미국 국가 역사의 중요한 보물로써 역사가 및 미국역사 및 대통령을 연구하는 연구원들을 위한 중요한 출처이다.

3) 설립연혁

① 대통령도서관시스템은 공식적으로 1939년 프랭클린 루스벨트(Franklin Roosevelt) 대통령이 그의 개인적 자료 및 대통령기록물을 연방정부에 기증하면서부터 시작되었다. 루스벨트의 결정은 대통령 문서가 국가유산의 중요한 부분이고 또한 대중이 이용할 수 있어야 한다는 강한 믿음에서 비롯되었다. 그는 국가기록관이 그의 문서와 다른 역사적 자료를 보관하도록 하였으며 또한 그의 도서관을 운영하도록 하였다.

② 대통령도서관시스템이 생기기 전, 대통령 또는 상속인들은 종종 대통령 문서를 임기 후 분산시키곤 하였다. 후버대통령 컬렉션 이전의 자료들이 현재 의회도서관에 보관되어 있기는 하지만, 많은 자료들이 다른 도서관 또는 역사협회 및 개인소장품에 흩어져 있다. 또한 안타깝게도 많은 자료들이 없어지거나 영구적으로 파기되었다.

③ 1950년 해리 트루먼(Harry S. Truman) 역시 그의 대통령 문서를 보관할 도서관을 설립할 것을 결심, 의회의 조치를 촉구하였다.

④ 1955년 의회는 대통령도서관법을 통과시켰고, 개인적으로 설립하고 연방에 의해 운영되는 도서관시스템을 개설하였다. 이 법안은 다른 대통령들로 하여금 그들의 역사적 자료들을 정부에 기증하여 대통령기록물로 보존되어 미국국민들의 이용이 가능하도록 하였다. 이 법안 및 후속 법안들을 토대로 더 많은 도서관들이 설립되었다. 각각의 도서관마다 개인 및 비연방의 대중 출처를 통한 자금이 제공되었고, 그 자금은 도서관 설립을 위해 사용되었다. 설립이 완성된 후 각각의 사적기구는 국립기록청이 운영 및 유지하는 도서관으로 바뀌어왔다.

⑤ 1978년까지 당시 대통령실에 남아 있는 대통령의 개인 재산을 수집하고, 대통령, 학자 및 법적 전문가들이 조지 워싱턴 때부터의 대통령 및 그의 직원들에 의해 만들어진 기록을 바탕으로 최초의 대통령도서관을 설립하였다. 국립기록청은 대통령들이 그들의 역사적 자료를 정부에 기부함으로 대통령도서관에 안치하여 국립기록청이 관리할 수 있도록 설득하는 데에 성공하였다.

⑥ 1978년의 대통령기록법은 대통령기록물이 미국정부의 재산이라는 인식 확립에 성공하였다. 이에 대통령이 임기를 마치면 미국의 기록전문가들은 기록보관을 시작하였고, 이 법안은 대통령기록보관소로써의 대통령도서관의 지속을 가능하게 하였다.

⑦ 1986년 제정된 대통령도서관법은 대통령도서관에서 대통령기록 유지 관련 비용으로 개인적 기증이라는 큰 변화를 가져오게 하였다.

4) 비전 및 임무

- 대통령의 지위와 미국의 경험에 대한 이해
- 역사적 자료로의 접근성 촉진
- 연구지원 및 상호적 프로그램의 생성 활성화

5) 관련법률

미국의 대통령도서관의 이용에 관한 관련법률은 다음과 같다.

① 1955년 대통령도서관법(Presidential Libraries Act of 1955)

② 1986년 대통령도서관법(Presidential Libraries Act of 1986)

③ 1978년 대통령기록법(PRA: Presidential Records Act of 1978)

④ 대통령명령 13489(Executive Order 13489)

⑤ 1974년 대통령기록및자료보존법(PRMPA: Presidential Recordings and Materials Preservation Act of 1974)

⑥ 대통령명령 12958(Executive Order 12958)

⑦ 정보자유법(FOIA: Freedom of Information Act)

⑧ 건축 및 디자인기준(Architecture and Design Standards)

'44 U.S.C. 2112(a)(2)'로 분류된 1986년 '대통령도서관법(Pub. L. 99-323)'의 일부이다. 이는 미국기록관리자가 '22장에 의거하여 대통령도서관이 대통령기록을 보존하고 2111항에 의거하여 다른 역사적 자료들을 보관하도록 하며, 적합한 연구설비를 갖출 수 있도록 하기 위한' 대통령도서관 건축 및 디자인에 대한 기준 보급을 요구하고 있다.

6) 연구보조금

일부 개인재단이 대통령도서관의 기록물을 연구하는 연구원들에게 다음과 같은 연구보조금을 제공한다.

(1) 허버트후버대통령도서관·박물관(Herbert Hoover Presidential Library and Museum)

허버트후버대통령도서관협회(HHPLA: The Herbert Hoover Presidential Library Association)는 해마다 연구원들에게 후버대통령도서관 방문경비를 지원하고 있다. 본 연구보조금은 후버도서관과 관련된 연구를 위한 용도로만 사용되어야 하며, 최고 미화 1,500달러까지 제공된다. 박사 후 연구과정 연구원에게는 더 많은 연구보조금을 지원하기도 한다.

(2) 프랭클린루스벨트대통령도서관·박물관(Franklin D. Roosevelt Presidential Library and Museum)

프랭클린과 엘레노어 루스벨트연구소는 최고 미화 2,500달러에 달하는 보조금을 루스벨트와 관련된 연구를 위한 목적으로 제공하고 있다.

(3) 해리트루먼대통령도서관·박물관(Harry S. Truman Presidential Library and Museum)

국가 및 국제협력을 위한 해리트루먼도서관연구소는 해리트루먼도서관의 사적 비영리 파트너이다. 본 연구소는 연구를 위한 센터이자 교육 및 대중 프로그램을 제공하는 도서관으로 트루먼도서관의 역할을 장려하고자 한다.

(4) 존케네디대통령도서관·박물관(John F. Kennedy Presidential Library and Museum)

존케네디도서관재단은 미화 500달러에서 2,500달러에 이르는 연구보조금을 학자 및 학생들에게 제공한다.

(5) 린든존슨대통령도서관·박물관(Lyndon B. Johnson Presidential Library and Museum)

연구보조금 지원을 위한 연구주제로써 린든베인스존슨재단과의 직접 연락이 권장되며, 본 재단의 연구보조금은 미화 500달러에서 2,000달러에 달한다.

(6) 제럴드포드대통령도서관·박물관(Gerald R. Ford Presidential Library and Museum)

제럴드포드도서관 소장품에 대한 연구지원을 위해 두 개의 연구보조금 프로그램이 운영되고 있다.

① 제럴드포드재단은 연구경비보조금 프로그램을 통해 본 도서관에서의 연구를 지원하기 위해 최고 미화 2,000달러까지 제공한다.
② 로버트 티터(Robert Teeter)를 기리기 위한 제럴드포드학자상(논문상)은 매해 미국 정치변화에 대한 개인연구논문의 경우 미화 5,000달러가 제공된다.

(7) 조지부시대통령도서관·박물관(George Bush Presidential Library and Museum)

부시도서관재단은 두 개의 연구보조금 프로그램을 운영하여 조지부시대통령도서관에서 연구하고자 하는 학자들을 지원한다.

① 한국보조금프로그램(Korea Grant Program)
한국재단(Korea Foundation)이 지원하여 미화 500달러에서 2,500달러까지 제공된다. 본 프로그램은 아시아, 특히 한국에 대한 연구에 중점을 두며 조지부시대통령도서관의 소장품을 포함한 연구에 한하여 보조금이 지급된다.
② 피터와 에디스 오도넬 연구보조금
(Peter and Edith O'Donnell Research Grant)

조지부시대통령도서관의 소장품에 관련된 모든 분야의 연구를 위한 지원금프로그램이다.

7) 대통령도서관 목록

미국의 대통령도서관은 다음과 같다.

- 허버트후버도서관(Herbert Hoover Library)
  홈페이지 http://www.hoover.archives.gov
- 프랭클린루스벨트도서관(Franklin D. Roosevelt Library)
  홈페이지 http://www.fdrlibrary.marist.edu
- 해리트루먼도서관(Harry S. Truman Library)
  홈페이지 http://www.trumanlibrary.org
- 드와이트아이젠하워도서관(Dwight D. Eisenhower Library)
  홈페이지 http://www.eisenhower.archives.gov
- 존케네디도서관(John F. Kennedy Library)
  홈페이지 http://www.jfklibrary.org
- 린든존슨도서관(Lyndon B. Johnson Library)
  홈페이지 http://www.lbjlibrary.org
- 리처드닉슨도서관(Richard Nixon Library)
  홈페이지 http://www.nixonlibrary.gov/index.php
- 제럴드포드도서관(Gerald R. Ford Library)
  홈페이지 http://www.fordlibrarymuseum.gov
- 지미카터도서관(Jimmy Carter Library)
  홈페이지 http://www.jimmycarterlibrary.gov
- 로널드레이건도서관(Ronald Reagan Library)
  홈페이지 http://www.reagan.utexas.edu

- 조지부시도서관(George H. W. Bush Library)

  홈페이지 http://bushlibrary.tamu.edu
- 윌리엄클린턴도서관(William J. Clinton Library)

  홈페이지 http://www.clintonlibrary.gov
- 조지부시도서관(George W. Bush Library)

  홈페이지 http://www.georgewbushlibrary.gov

8) 후원기구(Presidential Library Support Organizations)

대통령도서관은 개인 및 비영리 기구들에 의해 부분적 지원을 받고 있다.

- 후버대통령도서관협회(Hoover Presidential Library Association, Inc.)
- 제럴드포드재단(Gerald R. Ford Foundation)
- 프랭클린과 엘레노어 루스벨트연구소(The Franklin and Eleanor Roosevelt Institute)
- 카터대통령도서관(Carter Presidential Library, Inc.)
- 해리트루먼도서관연구소(The Harry S. Truman Library Institute)
- 로널드레이건대통령재단(The Ronald Reagan Presidential Foundation)
- 아이젠하워재단(The Eisenhower Foundation)
- 부시대통령도서관재단(Bush Presidential Library Foundation)
- 존케네디도서관재단(John F. Kennedy Library Foundation, Inc.)
- 윌리엄클린턴대통령재단(William J. Clinton Presidential Foundation)
- 린든베인스존슨(The LBJ Foundation)

2 정보원

1) 정보원 열람 및 배포 정책

대통령기록관(PL: Presidential Libraries)은 미국의 각 대통령기록물의 자료로서의 접근성과 연구지원 및 상호 프로그램 생성의 중추적 기관으로써 총체적 대통령기록물 관련 출판물과 온라인출판물을 홈페이지에 무료로 공개하고 있다. 그중 출판물의 경우 알파벳순의 디렉토리검색에서부터 주제 및 기록그룹으로의 분류에 이르기까지 다양한 검색경로를 제공하고 있으며, 온라인출판물 안내서에서부터 각종목록이 홈페이지에 제공되고 있다. 각 대통령기록관의 정보는 다양한 검색도구를 통하여 편리하게 찾아볼 수 있도록 연계되어 있다.

2) 소장기록물

대통령기록관은 대통령의 과거 결정 관련 민주주의의 증거자료로써 역사적인 기본자료를 소장하고 있다.

3) 출판물

출판물은 알파벳 주제, 전문분야, 종류, 그리고 기록그룹 등에 의한 분류로 검색에 제공되고 있다. 그룹주제의 경우 다음과 같은 대표적인 목록들이 있다.

(1) 계보학

- ***American Women and the U.S. Armed Forces: A Guide to the Records of Military Agencies in the National Archives Relating to American Women***
- ***Guide to Genealogical Research in the National Archives, Third Edition***

- *Free Pamphlets, Brochures, and General Information Leaflets of interest to Genealogists. 1992 – 2004.*
- *Union: A Guide to Federal Archives Relating to the Civil War*

(2) 인기관심사

- *Bill of Rights*
- *Pamphlets, Brochures, and General Information Leaflets. 1990 – 2005.*
- *Free Pamphlets, Brochures, and General Information Leaflets of interest to Genealogists. 1992 – 2004.*
- *Picturing the Century: One Hundred Years of Photographs from the National Archives*
- *Tokens and Treasures: Gifts to Twelve Presidents*

(3) 군대역사

- *American Women and the U.S. Armed Forces: A Guide to the Records of Military Agencies in the National Archives Relating to American Women*
- *Guide to Records Relating to US Military Participation in World War II(Part 1) Superseded;(Part 2) Superseded*

(4) 흑인연구

- *Black History: A Guide to Civilian Records in the National Archives*
- *Black Studies: A Select Catalog of National Archives Microfilm Publications*

4) 연방관보출판시스템(Federal Register Publications System)

연방관보행정위원회(ACFR: Administrative Committee of the Federal Register)
는 연방관보출판시스템의 기능을 감독하며, 주요 관보는 다음과 같다.

- 일간연방관보(*Daily Federal Register*)
- 연방규정관보(*Code of Federal Regulations*)
- 공법 및 사법(*Public & Private Laws*)
- 대통령공공기록물(*Public Papers of the Presidents*)
- 미국정부매뉴얼(*United States Government Manual*)
- 주간대통령문서편찬(*Weekly Compilation of Presidential Documents*)
- 미국법전(*United States Statutes at Large*)
- 문서작성안내서(*Document Drafting Handbook*)
- 개인정보보호법률정보(*Privacy Act Issuances*)

5) 온라인출판물

안내서, 일반정보리플릿, 마이크로필름카탈로그, 참조정보, 특별목록, 시청각목록,
기술정보 등의 출판물과 목록 등이 홈페이지에 제공되고 있으며, 각 항목에 해당
하는 대표적인 사항은 다음과 같다.

(1) 안내서

- ***Guide to Federal Records in the National Archives***
- ***Guide to the Holdings of the Still Picture Branch***
- ***Holocaust: Era Assets***
- ***Guide to the Records of the U.S. House of Representatives at the National Archives,*** 1789 – 1989
- ***Guide to the Records of the U.S. Senate at the National Archives***

(2) 일반정보리플릿

- (GIL 3) *Select List of Publications of the National Archives and Records Administration*
- (GIL 26) *Cartographic and Architectural Records*
- (GIL 35) *National Archives Gift Collection Acquisition Policy: Still Pictures*
- (GIL 55) *Using the Census Soundex* [1995]
- (GIL 67) *Research in the Land Entry Files of the General Land Office*
- (GIL 71) *The National Archives in the Nation's Capital: Information for Researchers*

(3) 마이크로필름 카탈로그

- Microfilm Resources for Research
- The 1790 – 1890 Federal Population Censuses
- The 1900 Federal Population Census
- The 1910 Federal Population Census
- The 1920 Federal Population Census
- The 1930 Federal Population Census

(4) 참조정보

- 70. *Audiovisual Records in the National Archives of the United States Relating to World War II*
- 72. *Records and Policies of the Post Office Department Relating to Place Names*
- 78. *Records Relating to Personal Participation in World War II: The*

"American Soldier" Surveys

- 82. ***Records Relating to Personal Participation in World War II: American Military Casualties and Burials***
- 83. ***Records in the National Archives Pacific Sierra Region for the Study of Ethnic History***
- 90. ***Records Relating to American Prisoners of War and Missing in Action from the Vietnam War, 1960 – 1994***

(5) 특별목록

- 29. 주 및 준주선별지도목록(List of Selected Maps of States and Territories)

(6) 시청각목록

- 시청각 기록 선집: 독일사운드 레코딩 포착(Select Audiovisual Records: Captured German Sound Recordings)
- 하몬재단 현대 아프리카 예술(Contemporary African Art from the Harmon Foundation)
- 시청각기록물선집: 중대한 십년: 1945 – 54 전후 시대 목소리(Select Audiovisual Records: The Crucial Decade: Voices of the Postwar Era, 1945 – 54)
- 미국 서부 사진들(Photographs of the American West, 1861 – 1912)
- 미국 내 인디안들 사진(Pictures of Indians in the United States)
- 제2차세계대전 시기 아프리카 아메리카인들 사진(Pictures of African Americans During World War II)
- 미국 도시들 사진(Pictures of the American City)
- 미국 남북전쟁 사진(Pictures of the Civil War)
- 혁명전쟁 사진(Pictures of the Revolutionary War)

- 미국 해군함정 사진(Pictures of United States Navy Ships, 1775 - 1941)
- 제2차 세계대전 사진(Pictures of World War II)
- 음성기록: 제2차 세계대전 육성(Sound Recordings: Voices of World War II, 1937 - 1945)

(7) 기술(記述)정보

- 5. *Archival Copies of Thermofax, Verifax, and Other Unstable Copies*
- 6. *Preservation of Archival Records: Holdings Maintenance at the National Archives*
- 8. *A National Archives Strategy for the Development and Implementation of Standards for the Creation, Transfer, Access, and Long - Term Storage of Electronic Records of the Federal Government*
- 12. *Digital Imaging and Optical Digital Data Disk Storage Systems: Long - term Access Strategies for Federal Agencies*
- 13. *Archives II, National Archives at College Park: Using Technologies to Safeguard Archival Records*

PMJHC

Prime Minister of Japan and His Cabinet

首相官邸

수상관저

① 기록관

1) 소재사항

소재국가   일본
홈페이지   http://www.kantei.go.jp
          http://www.kantei.go.jp/foreign/index－e.html

2) 성격

수상관저(PMJHC: Prime Minister of Japan and His Cabinet, 首相官邸)의 활동에 대한 자료와 정보를 제공하고 있는 수상 홈페이지이다. 수상의 공식 석상 발언 등에 대한 기록과 언론 보도 이외에 일본 정부와 관련된 중요 링크 또한 제공하고 있다.

3) 주요 기능

① 일본 정부에 대한 이해를 위하여 수상과 그의 내각멤버 목록 및 활동기록을 정리하여 공개 제공한다.

② 역대 수상들에 대한 데이터를 보존하는 기능을 수행한다. 이에 역대 수상
들의 공식 발언과 연설을 대본과 함께 홈페이지에 탑재하고 있으며, 수상
의 활동과 관련된 언론 보도를 인터넷 TV를 통해 제공한다.

③ 일본 내에서 정치적으로 큰 이슈가 되고 있는 문제들을 수상을 대표하는
본 홈페이지와 연계해 놓음으로써 문제의 중요성을 강조한다.

4) 조직

(1) 총리목록(List of Ministers)

2011년 9월 2일자로 업데이트된 데이터이며, (R)은 하원을, (C)는 상원을
나타낸다.

- 수상(Prime Minister): 노다 요시히코(NODA Yoshihiko) (R)
- 커뮤니케이션과 내무부장관, 오키나와와 북부 지역 국무성장관, 지역 자
  치제 촉진 장관, 지역 활성화 국무성장관(Minister for Internal Affairs and
  Communications, Minister of State for Okinawa and Northern Territories

Affairs, Minister of State for Promotion of Local Sovereignty, Minister for Regional Revitalization): 가와바타 다쓰오(KAWABATA Tatsuo) (R)

- 법무부장관(Minister of Justice): 히라오카 히데오(HIRAOKA Hideo) (R)
- 외무부장관(Minister for Foreign Affairs): 젠바 고이치로(GENBA Koichiro) (R)
- 금융장관(Minister of Finance): 아즈미 준(AZUMI Jun) (R)
- 문화체육교육과학기술부장관(Minister of Education, Culture, Sports, Science and Technology): 나카가와 마사하루(NAKAGAWA Masaharu) (R)
- 보건, 노동과 복지부장관(Minister of Health, Labour and Welfare): 고미야마요코(KOMIYAMA Yoko) (R)
- 농림수산부장관(Minister of Agriculture, Forestry and Fisheries): 가노 미치히코(KANO Michihiko) (R)
- 경제무역산업부장관, 원전유출사고 경제대책부장관(Minister of Economy, Trade and Industry, Minister for Nuclear Incident Economic Countermeasures): 하치로 요시오(HACHIRO Yoshio) (R)
- 토지와 사회기반시설, 수송과 관광부장관, 바다정책부장관(Minister of Land, Infrastructure, Transport and Tourism, Minister for Ocean Policy): 마에다 다케시(MAEDA Takeshi) (C)
- 환경부장관, 원전누출사고 후 복원 및 예방부장관, 원전누출사고 보상 기업 국무성장관(Minister of Environment, Minister for the Restoration from and Prevention of Nuclear Accident, Minister of State for the Corporation in support of Compensation for Nuclear Damage): 호소노 고시(HOSONO Goshi) (R)
- 국방부장관(Minister of Defense): 이치카와 야스오(ICHIKAWA Yasuo) (C)
- 내각최고비서(Chief Cabinet Secretary): 후지무라 오사무(FUJIMURA Osamu) (R)

- 국립공공안전위원회의장, 소비자행동과 식품안전부장관, 북한부녀자유괴사건부장관(Chairman of the National Public Safety Commission, Minister of State for Consumer Affairs and Food Safety, Minister for the Abduction Issue): 야마오카 겐지(YAMAOKA Kenji) (R)
- 우체시스템개혁부장관, 금융서비스부국무성장관(Minister for Postal Reform, Minister of State for Financial Services): 지미 쇼자부로(JIMI Shozaburo) (C)
- 국가정책부장관, 주 경제와 재정정책부장관, 과학과 기술정책국무성장관, 안보와 세금개혁 국무성장관, 우주정책부장관(Minister for National Policy, Minister of State for Economic and Fiscal Policy, Minister of State for Science and Technology Policy, Minister for Total Reform of Social Security and Tax, Minister for Space Policy): 후루카와 모토히사(FURUKAWA Motohisa) (R)
- 정부재립국무성장관, 새로운 공공재 국무성장관, 출산율저조 대책과 성적 평등부 국무성장관, 문관 서비스 개혁부 장관(Minister of State for Government Revitalization, Minister of State for the New Public Commons, Minister of State for Measures for Declining Birthrate, and Gender Equality, Minister for Civil Service Reform): 렌호(RENHO) (C)
- 일본동부대지진 복구부장관, 재난관리부장관(Minister for Reconstruction in response to the Great East Japan Earthquake, Minister of State for Disaster Management): 히라노 다쓰오(HIRANO Tatsuo) (C)

(2) 부관방장관 목록(List of Deputy Chief Cabinet Secretaries)

- 내각법안사무실심의관, 부관방장관(Director‑General of the Cabinet Legislation Bureau, Deputy Chief Cabinet Secretary): 사이토 츠요시

(SAITO Tsuyoshi) (R), 나가하마 히로유키(NAGAHAMA Hiroyuki) (C), 다케토시 마코토(TAKETOSHI Makoto)
- 내각법안사무실심의관(Director-General of the Cabinet Legislation Bureau): 가지타 신이치로(KAJITA Shinichiro)

② 정보원

1) 정보원 열람 및 배포 정책

수상관저(PMJHC: Prime Minister of Japan and His Cabinet, 首相官邸) 정보원은 홈페이지를 통해 제공되며, 제공되는 모든 자료에는 특별한 규제는 없다. 모든 자료는 영어와 일본어 두 언어로 구축되어 있다. 일본정보홍보국의 '일본 주요 소식', 제82대부터 현재까지 수상의 공식발언, 일본정부인터넷TV로 방송되는 과거와 현재의 방송, 1996년 이래의 이전 내각의 정보 등의 전문이 홈페이지에 공개 제공되어 자유로운 열람이 가능하다.

2) 간행물

일본정부홍보국(Public Relations Office, Government of Japan)이 간행하는 '일본 주요 소식(Highlighting Japan)'이 링크를 통해 제공되고 있다. 이는 월간의 온라인 간행물로 일본 시민들이 오늘날의 정부에 대해 조금 더 잘 이해할 수 있도록 돕는 것이다. 과거의 기록물은 연별, 월별로 정리되어 있어 인덱스 색인 방식으로 검색가능하다.

3) 수상공식발언(Speeches and Statements)

다음과 같이 제82대 수상부터 제94대 수상 노다 요시히코까지 수상의 공식 발언과 그 대본을 제공하고 있다.

- 간 나오토(Kan Naoto, 94대)
- 하토야마 유키오(Hatoyama Yukio, 93대)
- 아소 다로(Aso Taro, 92대)
- 후쿠타 야스오(Fukuda Yasuo, 91대)
- 아베 신조(Abe Shinzo, 90대)
- 고이즈미 준이치로(Koizumi Junichiro, 87-9대)
- 모리 요시로(Mori Yoshiro, 85-6대)
- 오부치 게이조(Obuchi Keizo, 8대)
- 하시모토 류타로(Hashimoto Ryutaro, 82-3대)

노다 요시히코(일본 제95대) 수상의 기자회견 등의 공식 발언 기록물의 기록그룹은 다음과 같이 분류되어 있다.

- 내각수석비서관기자회견(Press Conference by the Chief Cabinet Secretary (Announcement of the members of the Cabinet)) (AM) (Excerpt) [September 2, 2011]; [August 30, 2011]; [August 24, 2011]; [August 23, 2011]; [August 23, 2011]
- 쇠고기 및 기타식품안전성보장을 위한 정부조치(Government Actions to Ensure the Safety of Beef and Other Food) [PDF] [August 29, 2011]
- 내각수석비서관기자회견(Press Conference by the Chief Cabinet Secretary (on the rescheduling of the PM's visit to the U.S.)) [August 19, 2011]
- 66회전사자추모기념식관련내각수석비서관성명(Statement by the Chief Cabinet Secretary on the 66th Memorial Ceremony for the War Dead) [August 14,

2011]

- 식품 및 자외선질의응답(Food and Radiation Q&A (Consumer Affairs Agency))
  [July 1, 2011]

4) 언론보도

'일본정부인터넷TV(Japanese Government Internet TV)'를 통해 수상 채널인 1번의 과거방송 목록과 현재 방영되는 방송을 볼 수 있다. 카테고리와 채널에 따른 검색이 가능하며 과거 방송을 조회하기 위해서 라이브러리 서비스를 제공하고 있다.

5) 기록물(Archives)

기록물 항목은 구 내각(Previous Cabinets) 정보 부분으로 다음과 같은 1996년 이래의 이전 내각에 대한 정보들이 제공되고 있다. 최근 국무총리 순으로 배열되어 있으며, 국무총리의 프로파일, 연설문과 성명문, 활동, 블로그 정보, 사건 순서별 해당 국무총리의 보도자료 등의 전문을 제공하고 있다. 이어 회기별 각 행정부의 전체 각료 리스트를 제공하고 있으며, 국무총리를 위시하여 각 자료의 사진, 생년, 출생지, 교육 및 경력 정보를 제공하고 있다. 1996년부터 2011년까지의 구 내각과 해당 행정부 기간 정보는 다음과 같다.

- 간 나오토 행정부(Kan Naoto Administration, 제94대 총리)
  간 내각(The Kan Cabinet, 2010년 6월 8일－2011년 9월 2일)
- 하토야마 유키오 행정부(Hatoyama Yukio Administration, 제93대 총리)
  하토야마 내각(2009년 9월 16일－2010년 6월 8일)
- 아소 다로 행정부(Aso Taro Administration, 제92대 총리)
  아소 내각(2008년 9월 24일－2009년 9월 16일)
- 후쿠다 야스오 행정부(Fukuda Yasuo Administration, 제91대 총리)

제2대 후쿠다 내각(2008년 8월 2일 – 9월 24일)

제1대 후쿠다 내각(2007 9월 26일 – 2008년 8월 2일)

- 아베 신조 행정부(Abe Shinzo Administration, 제90대 총리)

  아베 내각(2006년 9월 26일 – 2007년 9월 26일)

- 고이즈미 준이치로 행정부(Koizumi Junichiro Administration, 제87 – 9대 총리)

  제3대 고이즈미 내각(2005년 9월 21일 – 2006년 9월 26일)

  제2대 고이즈미 내각(2003년 11월 19일 – 2005년 9월 21일)

  제1대 고이즈미 내각(2001년 4월 26일 – 2003년 11월 19일)

- 모리 요시로 행정부(Mori Yoshiro Administration, 제85 – 6대 총리)

  제2대 모리 내각(2000년 7월 4일 – 2001년 4월 26일)

  제1대 모리 내각(2000년 4월 5일 – 7월 4일)

- 오부치 게이조 행정부(Obuchi Keizo Administration, 제83대 총리)

  오부치 내각(1998년 7월 30일 – 2000년 4월 5일)

- 하시모토 류타로 행정부(HASHIMOTO Ryutaro Administration, 제82 – 3대 총리)

  제2대 하시모토 내각(1996년 11월 7일 – 1998년 7월 30일)

  제1대 하시모토 내각(1996년 1월 11일 – 11월 7일)

6) 관련정보원

일본 정부활동이 각종 매체를 통하여 공개적으로 소개되고 있으며, 인터넷TV, 잡지 등 관련 정보원은 다음과 같다.

- 일본정부인터넷TV(Japanese Government Internet TV)

  홈페이지 http://nettv.gov – online.go.jp/eng

- 북한의 일본시민납치(Abduction of Japanese Citizens by North Korea)

홈페이지 http://www.rachi.go.jp/en/index.html
- 일본복구(Recovery In Japan)

  홈페이지 http://www.recoveryinjapan.go.jp

PPC

President Park Chunghee

사이버박정희기념관

① 기록관

1) 소재사항

주 소	(730-717) 경북 구미시 송정동 50 문화예술담당관실
전 화	+82 54 480 6633
팩 스	+82 54 480 6609
홈페이지	http://www.gumi.go.kr/presidentpark/pages/main.jsp

2) 성격

- 박정희(1919-79)는 우리나라 제5-9대(1963-79) 대통령이다.
- 사이버박정희기념관(PPC: President Park Chunghee)은 박정희대통령의 사이버 기념관이다.

3) 관련기관

- 박정희대통령사이버도서관
  홈페이지 http://parkchunghee.or.kr
- 국가기록원 대한민국역대대통령

홈페이지 http://www.archives.go.kr/next/main.do

- 구미시

  홈페이지 http://www.gumi.go.kr/pages/main/main.jsp

② 정보원

1) 정보원 열람 및 배포 정책

사이버박정희기념관(PPC: President Park Chunghee)은 박정희 대통령 관련 생애에서부터 경력, 가계 등 전기적인 자료와 저서, 어록, 일기 등의 기록물 등을 홈페이지에 탑재하여 모두 공개열람에 제공하고 있다.

2) 전기 자료

박정희 대통령의 생애, 경력, 가계, 설화 등에 대한 내용을 제공하고 있으며,

일대기의 경우 이런 시절, 보동학교시절, 대구사범학교시절, 보통학교교사시절, 군인시절로 분류하여 관련 내용을 제공하고 있다.

3) 생가

박정희 대통령이 1917년에 태어나서 1937년 대구사범학교를 졸업할 때까지 살았던 집으로, 생가 내 안채 및 사랑채와 1979년에 설치한 분향소가 있다. 건립 당시 안채는 초가였으나 1964년 현재의 모습으로 개조되었다. 생가에서 찍은 사진 외에 국장생가분향소 사진을 제공한다.

4) 업적

박정희 대통령의 업적 관련 기록물을 시대별로 구축하여 제공하고 있다.

(1) 연표

각 시대별 주요 사건과 박정희 대통령이 강조한 사항에 대해 요약한 연표가 탑재되어 있으며, 다음과 같이 분류되어 있다.
① 70년대의 회고
② 새마을운동의 성과
③ 성공사례
- 누대의 가난을 벗게 한 새마을사업
- 시범농장을 만들다
- 야산을 옥답으로
- 80년대를 향한 목표
- 협동으로 이룩한 경로잔치
- 복지농촌으로의 발돋움
- 지도자의 끈질긴 집념

- 새마을운동을 마을 환경정리부터
- 영농개선으로 소득증대
- 축산사업으로 고소득
- 부녀자 새마을운동
- 새마을 금고
- 문화복지 농촌이룩
- 영농기계화로 복지농촌이룩

④ 구미시 새마을사업

⑤ 박정희 대통령 연설문

1963년 12월 17일의 박정희대통령연설문 전문이다.

(2) 자연보호운동

박정희 대통령의 자연보호운동의 제창, 유래, 자연보호헌장에 대한 내용을 제공하고 있다.

(3) 경제개발

박정희 대통령의 경제개발에 대한 사상을 경제개발동력, 안정속의 성장과 복지로 분류하여 제공하고 있다.

5) 흔적

(1) 저서

- 우리민족의 나갈 길(1962년 동아출판사)
- 국가와 혁명과 나(1963년 향문사, 1997년 재발간 지구촌)
- 민족의 저력(1971년 광명출판사)
- 민족중흥의 길(1978년 광명출판사)

(2) 어록

1965년부터 1970년까지의 주요 어록과 그에 대한 소개가 제공되고 있다.

(3) 휘호

박정희 대통령 생전의 다양한 휘호를 제공하고 있다.

(4) 시

(5) 일기

1975년부터 1979년까지의 박정희 대통령의 일기를 연도별로 제공하고 있다.

(6) 그림

박정희 대통령이 그린 그림으로 스케치, 수채화, 풍경화 등이 제공되고 있다.

6) 화첩

일종의 사진첩으로 연설, 사업, 부인, 붓글씨 등의 사진기록물이 홈페이지에 탑재되어 열람에 제공되고 있다.

RRPLM

RRPLM

Ronald Reagan Presidential Library & Museum
로널드레이건대통령도서관·박물관

1 기록관

1) 소재사항

소재국가   미국
주   소   40 Presidential Drive, Simi Valley, California 93065
전   화   +1 800 410 8354, +1 805 577 4000
팩   스   +1 805 577 4074
전자우편   reagan.library@nara.gov
홈페이지   http://www.reaganlibrary.com

2) 성격

- 로널드 레이건(Ronald Reagan, 1911 - , 이하 레이건)은 미국의 제40대 대통령(1981 - 9)이다.

- 로널드레이건대통령도서관·박물관(RRPLM: Ronald Reagan Presidential Library & Museum, 이하 레이건대통령도서관·박물관)은 레이건의 가치, 활동, 결정정신 등을 기리기 위한 각종 행사와 전시회를 통해 그의 유산을 번영시키고자 한다. 특히 레이건대통령도서관·박물관은 1991년 개관 이후 100만 명 이상의 방문객들을 맞이하고 있다. 도서관은 모든 연령대의 사람

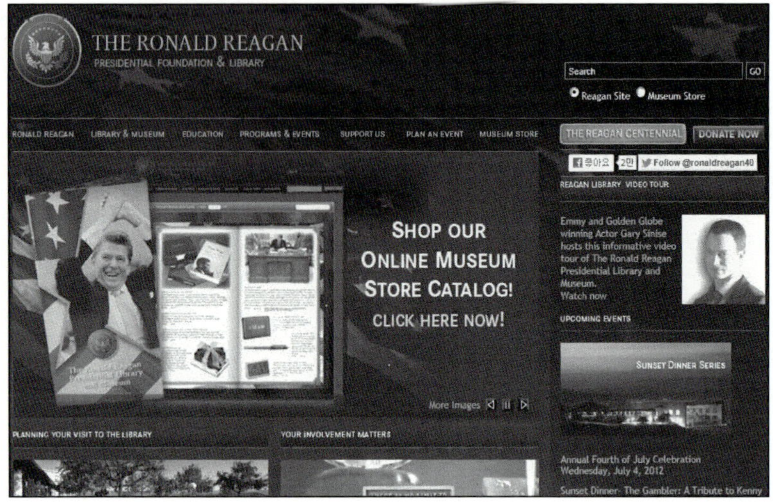

들에게 기억할 만한 경험을 제공한다. 미국의 제40대 대통령으로서의 캠페인과 취임식, 집무실, 주요 사건들을 도큐먼트, 사진, 공예품을 통해 경험할 수 있다.

3) 전시회

① 상설갤러리(Permanent Galleries)
  · 대통령집무실(oval office)
  · 베를린장벽
  · 레이건도서관
  · 기념탑
② 미국 대통령 전용기(Air Force One) 전시장
③ 임시전시회(Temporary Exhibits)
  · 백악관 축소모형

4) 로널드레이건대통령재단(The Ronald Reagan Presidential Foundation)

대표전화　　+1 805 522 2977
팩　　　스　　+805 - 520 - 9702
전자우편　　info@reaganfoundation.org
홈페이지　　http://www.reaganfoundation.org.

- 로널드레이건대통령재단은 비영리기관으로 그의 원칙인 개인의 자유, 경제의 기회, 글로벌 민주주의 그리고 국가의 자부심을 공유하고자 레이건대통령 자신에 의해서 설립되었다.
- 본 재단은 레이건대통령도서관·박물관, 공공문제를 위한 레이건센터, 월터(Walter)와 레오노르 아넨버그(Leonore Annenberg) 대통령학습센터, 국제적으로 인정받고 있는 수상경력이 있는 디스커버리센터(Discovery Center), 그리고 에어포스원 파빌리온(Air Force One Pavilion)으로 유지되는 중립적 기관이다.

② 정보원

1) 정보원 열람 및 배포 정책

- 로널드레이건대통령도서관·박물관(RRPLM: Ronald Reagan Presidential Library & Museum)의 소장정보원은 레이건대통령 행정부의 대통령기록들이며, 대통령기록법에 의거하여 국립기록청에 의해 운영된다.
- 문서자료, 시청각컬렉션, 사진자료, 공공기록물, 개인문서컬렉션, 연설문 등에 대한 정보를 홈페이지에 공개하고 있다. 그중 대통령기록물과 시청각컬렉션의 경우 대통령재임기간 동안의 각종기록물로써 체계적으로 분류하여

관리 및 제공하고 있다. 공공기록물의 경우 '연대기 색인'을 연대기순으로 구축하여 검색이 매우 용이하다. 시청각기록물의 경우 전자우편이나 전화로 사본구매도 가능하며, 주요 연설 리스트가 링크되어 있고 1964년부터의 연설은 홈페이지에 탑재되어 있어 열람에 제공되고 있다.

- 그 외 레이건도서관은 레이건대통령, 그의 행정부 그리고 그의 삶에 관한 정보를 제공하고 있으며, 대학원생, 학자, 기자 또는 평범한 레이건의 팬 등의 여부에 관계없이 정보 이용에 대한 도움을 제공받을 수 있다.

2) 소장기록물

본 도서관은 약 5천만 페이지에 달하는 대통령기록물, 1백 6십만 점의 사진, 50만 피트의 동영상 필름과 수천 개의 오디오테이프와 비디오테이프를 소장하고 있다. 또한 본 도서관은 레이건이 캘리포니아 주지사로 있던 시절의 문서를 포함한 그의 개인문서도 소장하고 있다.

3) 레이건기록물

다음과 같이 대분류 이하 소분류하고 있으며, 대표적으로 다음과 같다.

(1) 로널드 레이건

- 로널드 레이건 관련 사실들(Facts about Ronald Reagan)
- 로널드 레이건 대통령 이전 전기 스케치(Ronald Reagan Pre-Presidential Biographical Sketch)
- 로널드 레이건의 가족(Ronald Reagan's Family)
- 로널드 레이건의 저택(Ronald Reagan's Residences)
- 로널드 레이건이 다닌 학교들(Schools Ronald Reagan Attended)
- 로널드 레이건의 군경력(Ronald Reagan's Military Career)

- 로널드 레이건 필름기록물(Ronald Reagan Films)
- 로널드 레이건 대통령 이전 연대기(Ronald Reagan Pre-Presidential Chronology)
- 로널드 레이건 대통령 이후 연대기(Ronald Reagan Post Presidential Chronology)
- 전기(Bibliography-Ronald Reagan and the Reagan Administration)
- 로널드 레이건의 알츠하이머 질병진단 공공편지(Ronald Reagan's public letter announcing his diagnosis with Alzheimer's disease)
- 로널드 레이건의 질병에 대한 의사 소견(Physician's explanation of Ronald Reagan's Alzheimer's diagnosis)
- 젤리 벨리즈와 로널드 레이건(Jelly Bellies and Ronald Reagan)

(2) 낸시 레이건

- 낸시 레이건 전기(Biography of Nancy Reagan)
- 낸시 레이건의 필름기록물(Nancy Reagan Films)
- 낸시 레이건의 영부인으로서의 여행(Mrs. Reagan's Travel as First Lady)

(3) 레이건행정부

- 로널드 레이건 대통령 재임기(The Ronald Reagan Presidency)
- 로널드 레이건 대통령의 연설문(Addresses to the Nation by President Reagan)
- 로널드 레이건 대통령의 암살시도(Assassination Attempt)
- 레이건행정부 각료들(Cabinet Members During the Reagan Administration)
- 레이건행정부 보좌관(Deputy Cabinet Officials During the Reagan Administration)
- 레이건 대통령 재임기 연대기, 1981-1989(The Chronology of the Reagan

Presidency, 1981 - 1989)

- 레이건 대통령의 국내여행(President Reagan's Domestic Trips)
- 레이건 대통령의 해외여행(President Reagan's Foreign Trips, 1981 - 1988)
- 대통령선물들(Presidential Gifts)
- 대통령 애완동물들(Presidential Pets)
- 국가보안위원회기록물(Records Declassified by the National Security Council)

(4) 로널드 레이건을 기리는 문서

- 로널드 레이건의 수상(Awards Received by Ronald Reagan, 1981 - 1989)
- 로널드 레이건의 명예학위(Honorary Degrees Held by Ronald Reagan)
- 로널드 레이건 대통령도서관(Ronald Reagan Presidential Library: Facts)
- USS 로널드 레이건(USS Ronald Reagan)

4) 문서자료(Textual Material)

(1) 대통령기록물(Presidential Records)

① 대통령기록물은 백악관집무실기록관리(WHORM: White House Office of Records Management) 알파벳별파일(Alphabetical File), 백악관집무실기록관리 주제별파일(WHORM Subject File) 그리고 백악관직원 및 집무실파일(White House Staff and Office Files)의 세 컬렉션으로 구분하고 있다.

② 도서관은 또한 대량편지컬렉션(Bulk Mail collection)과 대통령친필파일(Presidential Handwriting File)을 소유하고 있다. 대량편지정보는 온라인상으로는 제공되지 않는다. 대통령친필파일은 개인사무실컬렉션으로

분리되어 있고, 검색노구는 백악관 직원 및 집무실파일에서 제공하고 있다. 각 파일은 다음과 같다.

- 백악관집무실 기록관리 알파벳별파일(White House Office of Records Management Alphabetical File, 1981 – 1989, 2,387 l.ft.)

  이 컬렉션은 레이건도서관의 '알파' 파일('Alpha' File)로 알려져 있다. 이 컬렉션은 백악관과 대통령에게 보내진 서신 중 정책 및 명령단계가 아닌 파일들이다.

- 백악관집무실 기록관리 주제별파일(White House Office of Records Management Subject File, 1981 – 1989, 2,488 l.ft.)

  이 컬렉션은 명령 또는 정책자료 중 케이스파일로 분류된 것들이며, 집무실 기록관리에 의한 주제별 제목으로 구분된다.

- 백악관직원 및 집무실파일(White House Staff and Office Files, 1981 – 1989, 8,595 l.ft.)

  이 컬렉션은 백악관집무실 및 레이건행정부를 위해 일한 특정 직원들로부터의 개인폴더로 구성되어 있다. 국가보안위원회(National Security Council) 및 그 사무실의 직원들도 포함된다.

(2) 비대통령기록(Non – Presidential Records)

백악관 이외의 기록은 개인문서컬렉션, 레이건의 캘리포니아지사문서(California Gubernatorial Papers), 그리고 제한된 분량의 연방기록으로 이루어져 있다. 각 파일은 다음과 같다.

① 레이건, 로널드: 주지사문서(Reagan, Ronald: Governor's Papers, 1967 – 1975, 1,060 l.ft.)

  이 컬렉션은 레이건이 캘리포니아 주지사로 두 번 역임하는 동안 근무했던 특징직원들과 집무실의 개인폴더로 이루어져 있다. 이 컬렉션은 또한 1966년 주지사 캠페인을 포함한 1967년 이전의 자료도 포함하고 있다.

② 개인문서컬렉션(Personal Paper Collections, 1900 – 2005, 1,595 l.ft.)
이 컬렉션은 로널드와 낸시 레이건과 관련이 있는 그의 다양한 업적의 개인들이 도서관에 기증한 문서들이다. 이 문서들은 1976년과 1980년 레이건 정치캠페인, 대통령 재임 전후의 개인기록, 낸시 레이건 문서, 그리고 1980년 과도기 자료를 포함하고 있다.

③ 연방기록(Federal Records, 1980 – 1989, 500 l.ft.)
이 컬렉션은 1981년과 1985년 취임식 기록(Inaugural Records) 그리고 레이건행정부의 다양한 위원회, 특별대책본부 및 회의 등에 관한 기록들이다.

5) 시청각컬렉션(Audiovisual Collections)

레이건도서관은 레이건의 두 번의 대통령 임기와 그 이전의 업적에 대한 방대한 시청각컬렉션을 소장하고 있다. 컬렉션의 사본구매 및 위치에 대한 안내는 전자우편(reagan.library@ nara.gov) 또는 전화(+1 800 410 8354)로 문의 가능하다. 직접 방문 시 예약이 필요하지 않으나, 더 나은 서비스를 위해서 방문 전에 전자우편 또는 전화로 시청각 부서에 미리 연락을 해놓는 것이 필요하다. 각 주요 자료는 다음과 같다.

① 백악관사진실(White House Photographic Office, 1981 – 9)
이 컬렉션은 백악관 사진사가 촬영한 칼라 및 흑백사진으로 구성되어 있다. 사진들은 연대기순 및 레이건 대통령 및 레이건 여사의 일상 활동에 따라 정리되어 있다. 백악관사진컬렉션목록은 1981년부터 1989년까지 연도

별로 구축되어 있다.

② 백악관텔레비전사무소 비디오테이프(WHTV: White House Television Office videotapes, 1981 - 9)

백악관텔레비전사무소 필름담당자는 레이건대통령의 일상 활동을 제공하고 있다. 이 컬렉션은 연대기 순으로 정리되어 있으며, 집무실방문, 연설, 주정부 방문, 국내출장 및 국외출장 그리고 법안서명 등을 포함하고 있으며, 레이건 대통령 주요연설의 리스트에 대한 링크(http://www.reagan.utexas.edu/ archives/speeches/major.html)가 제공되고 있다.

③ 백악관통신기구 비디오테이프(WHCA: White House Communications Agency videotapes, 1981 - 9)

백악관통신기구 컬렉션은 레이건대통령이 텔레비전에 나온 자료들로 구성되어 있다. 비디오테이프들은 연대기 순으로 정리되어 있으며, 연설, 기자회담, 레이건 대통령과 레이건 여사 및 백악관 직원들을 다룬 프로그램, 주요 방송사의 매일의 뉴스보고, 공화당과 민주당 전당대회(Republican and Democratic National Conventions, 1984년과 1988년) 그리고 인사청문회 등을 포함하고 있다.

④ 백악관통신기구 오디오테이프(WHCA: White House Communications Agency audiotapes, 1981 - 9)

백악관통신기구 컬렉션은 연대기 순으로 정리되어 있으며, 레이건 대통령의 연설, 기자회담, 그리고 그 외 공공연설 등을 포함하고 있다. 또한 낸시 레이건 연설과 백악관 직원 성명 등도 포함된다. 구매는 시청각부서 전자우편(reagan.library@nara.gov)으로 연락 가능하다.

⑤ 백악관집무실기록관리: 백악관직원퇴직자면담(White House Office of Records

Management: White House Staff Exit Interviews, 1981 – 8.)
백악관집무실기록관리(White House Office of Records Management) 직원과
국가기록관(National Archives) 직원들이 백악관에 대하여 상세히 기술하고 있
는 퇴직자 면담의 오디오기록물이다.

⑥ 로널드 레이건 지사 오디오테이프컬렉션(Ronald Reagan Gubernatorial Audiotape
collection, 1965 – 74)
이 컬렉션은 연설, 기자회담, 로널드 레이건의 지사 캠페인 및 주지사로서의 인터뷰
로 구성되어 있다. 구매는 시청각부서로 전자우편(reagan.library@nara.gov)으로
연락 가능하다.

⑦ 총선거극장(General Electric Theater: 1954 – 7)
내레이터 또는 연기자로서의 로널드 레이건에 대한 30분의 흑백 에피소드
이며, 로널드 레이건 가족을 포함한 여러 가지 광고가 포함되어 있다.

⑧ 마이클 에반스 초상화 프로젝트 컬렉션(Michael Evans Portrait Project Collection,
1981 – 4)
1985년 코코란(Corcoran) 아트갤러리에 전시된 '초상화프로젝트(Portrait Project)'
의 마이클 에반스 사진 및 인간과 힘: 연방 빌리지로부터의 초상화(*People and
Power: Portraits from the Federal Village*)라는 서적을 종합한 기록물이다.

⑨ 게리 바우어 사진컬렉션(Geri Bauer Photograph Collection, 1940 – 50s)
말리부 캐니언 랜치(Malibu Canyon Ranch), 말 타기 그리고 홍보사진 등
의 로널드 레이건과 낸시 레이건의 흑백사진자료이다.

⑩ 아서 반 코트 사진컬렉션(Arthur Van Court Photograph Collection, 1967 – 9)레

이건 주지사가 국회의사당에서 낸시 레이건 및 직원들과 함께 연설하는 칼
라 및 흑백사진과 슬라이드이다.

6) 사진자료(Images)

인기도, 역사적 중요도 및 구성의 기준을 토대로 선정된 것으로 전체 이미지
가 스캔되긴 하였으나 화면상의 색과 품질은 실제사진과 다를 수 있다. 1,000
개 이상의 선정된 이미지가 이곳에 제공되고 있으며, 1백만 5천 개의 사진 중
일부이다.

7) 공공기록물(The Public Papers)

대통령 공공기록물(The Public Papers of the President)로써 레이건대통령 임
기동안(1981 - 9)의 성명서, 연설 그리고 공보비서관실에 의해 제공된 문서를
포함하고 있다. 키워드검색을 원하면 본 사이트의 검색기능을 이용하면 된다.
레이건공공기록물은 월별로 제공되는 인덱스를 통해 연대기 순으로 브라우징
이 가능하다. 레이건대통령의 주요 연설의 리스트도 추가정보로 제공되고 있
다. 제한적이지만 캘리포니아 주지사로써의 레이건 행정부의 연설과 발표문도
이용가능하다. 1981년부터 1989년까지 각 월별로 구축되어 있는 '연대기색인
(Chronological Index, http://www.reagan.utexas.edu/archives/speeches/publicpapers.
html)'으로 검색가능하다.

8) 개인문서컬렉션

- Ronald Reagan 1980 Presidential Campaign Papers, 1964 - 80
- The Evelyn Philips Anti - Communist Ephemera Collection
- The Mary Hendrix Anti - Communist Ephemera Collection

- Hill, M. Charles: Papers, 1982-83
- Khachigian, Kenneth: Papers, 1980-82

9) 레이건 대통령 100주년 기념전시회 문서

국립기념관이 주최한 워싱턴에서 열린 100주년 기념전시회에서 전시된 문서 중
다음은 본 도서관 웹페이지를 통해 열람할 수 있다.

- Evil Empire Speech, 03/08/1983
- Evil Empire Speech handwritten drafts, no date
- Gorbachev Letter, English, 04/02/1986
- Gorbachev Letter, Russian, 04/02/1986
- Project Truth, 11/27/1981
- Talking Points, 09/27/1986

10) 연설문

1964년 10월 27일부터 1989년 1월 11일까지의 연설문이 홈페이지에 탑재되
어 공개열람에 제공되고 있다. 일부 1989년과 1988년의 연설문은 다음과 같다.

- 11/11/88, ***Remarks at the Veterans Day Ceremony at the Vietnam Veterans
  Memorial***, Washington D.C.(WHTV #123, 10:00)
- 12/13/88, ***Address to Administration Officials on Domestic Policy,
  Constitution Hall***, Washington D.C.(WHTV #180, 181, WHCA R5903,
  5904, 33:00)
- 12/16/88, ***Address on Foreign Policy***, Cabell Hall, University of Virginia,
  Charlottesville,(WHTV #188, 189, WHCA R5911, 52:00)
- 1/11/89, ***Farewell Address to the Nation***, Oval Office,(WHTV #214, 21:00)

WJCPLM

WJCPLM

William J. Clinton Presidential Library & Museum

윌리엄클린턴대통령도서관 · 박물관

① 기록관

1) 소재사항

소재국가	미국
주　　소	1200 President Clinton Avenue, Little Rock, Arkansas 72201
전　　화	+1 501 374 4242
팩　　스	+1 501 244 2883
전자우편	clinton.library@nara.gov
홈페이지	http://www.clintonlibrary.gov

2) 성격

- 윌리엄 클린턴(William J. Clinton, 1946 -, 이하 클린턴)은 미국의 제42대 대통령(1993 - 2001)이다.
- 윌리엄클린턴대통령도서관 · 박물관(WJCPLM: William J. Clinton Presidential Library & Museum, 이하 클린턴대통령도서관 · 박물관)은 아칸소(Arkansas)의 리틀록(Little Rock)에 위치한 미국의 11번째 대통령도서관으로 국립기록청에 의해 운영된다.

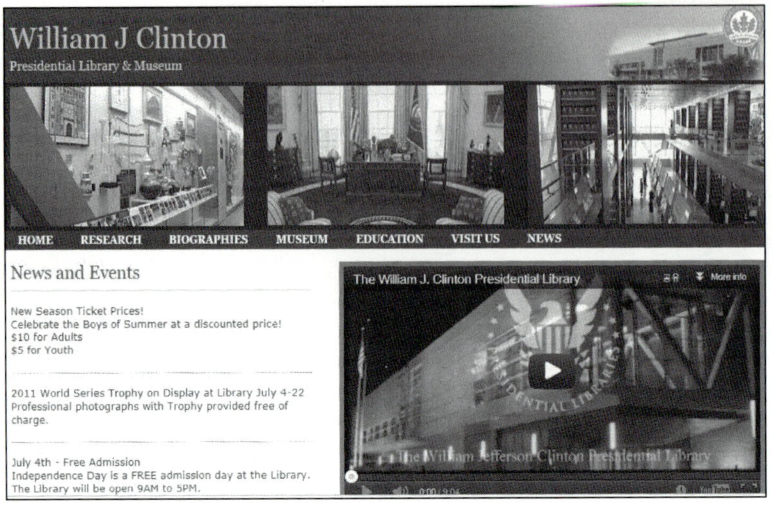

3) 설립연혁

본 도서관은 2004년 11월 18일에 개관하였다.

4) 교육활동

본 도서관·박물관의 교육국은 클린턴대통령의 삶과 업적에 대한 학습을 통하여 20세기의 미국역사, 대통령직 및 미국정치시스템에 대한 이해를 증진시키고자 하는 데에 그 목적이 있다.

5) 윌리엄클린턴재단

홈페이지 http://www.clintonfoundation.org/

클린턴대통령은 윌리엄클린턴재단을 설립하여 정부, 기업, 비정부기구 그리고 개개의 시민들의 파트너십 증진을 통해 빈곤퇴치, 글로벌 건강증진, 경제발전, 환경보호에 기여하고자 하였다.

6) 박물관

클린턴대통령도서관의 박물관은 2만 스퀘어피트의 기록물, 비디오, 사진, 도큐먼트 그리고 공예품 등을 소장하고 있다.

7) 관련기관

- American Presidents: William J. Clinton

  홈페이지 http://www.americanpresidents.org/presidents/president.asp?President Number=41

② 정보원

1) 정보원 열람 및 배포 정책

윌리엄클린턴대통령도서관·박물관(WJCPLM: William J. Clinton Presidential Library & Museum)은 체계적으로 기록물그룹별 분류가 이루어져 있으며, 이에 대한 브라우징 목록이 홈페이지에 제공되고 있다. 공개기록물, 비디오기록물 및 사진기록물의 관련 목록 또한 각각 PDF로 구축되어 홈페이지에 공개되어 있다. 뉴스레터, 기본문서, 대통령정책요람 및 주요 문서의 경우 해당 전문의 PDF를 무료로 공개하고 있다.

2) 소장기록물

미국의 제42대 대통령의 삶과 업적을 다룬 약 7천8백만 페이지의 공식기록, 2천만 개의 전자우편, 2백만 개의 사진, 1만2천5백 종의 비디오테이프를 소장하고 있다.

3) 기록그룹

클린턴대통령도서관의 기록물컬렉션은 체계적으로 처리 및 분류되어 있고, 빠른검색 리스트를 통하여 이용이 가능하다. 기록그룹의 브라우징 목록은 다음과 같다.

- 백악관보건부서간실무그룹(The White House Health Care Interdepartmental Working Group)
- 마스터세트 – 백악관언론브라우징(Master Set – White House Press Briefings)
- 마스터세트 – 백악관보도자료(Master Set – White House Press Releases)
- 보도자료 주제파일(Press Release Subject File)
- 홀로코스트 자살관련 대통령자문위원회(The Presidential Advisory Commission on Holocaust Assets)
- 국내정책협의회 – 캐롤라스코 – 주제파일(Domestic Policy Council – Carol Rasco, Subject File)
- 국내정책협의회 – 국내대통령보좌관정책담당 – 회의·출장·행사(Domestic Policy Council – Carol Rasco, Assistant to the President for Domestic Policy – Meetings, Trips, Events)
- 국내정책협의회·브루스 리드·복지개혁(1003 – 2001)주제파일(Domestic Policy Council, Bruce Reed, Welfare Reform(1993 – 2001) Subject File)
- 클린턴행정부역사프로젝트(Clinton Administration History Project)
- 국내정책협의회, 브루스 리드, 범죄시리즈(Domestic Policy Council, Bruce Reed, Crime Series)
- 국내정책협의회, 브루스 리드, 교육시리즈(Domestic Policy Council, Bruce Reed, Education Series)
- 국내정책협의회·국내정책담당대통령보좌관·서기관 브루스 리드 – 주제파

일시리즈(Domestic Policy Council, Bruce Reed, Assistant to the President for Domestic Policy and Director - Subject File Series)

- 지속가능한 개발관련 대통령협의회연방기록물(The Federal Records of the President's Council on Sustainable Development)
- 경제개발협의회의 의회발표 기후변화도큐먼트(The Council of Economic Development Congressional Released Climate Change Documents)
- 보건산업상의소비자보호 및 품질관련 대통령위원회연방기록물(The Federal Records of the President's Commission on Consumer Protection and Quality in the Health Care Industry)
- 연방기록물 - 인종관련 대통령자문위원회 - PR/매체시리즈(Federal Records - President's Advisory Board on Race - PR/Media Series)
- 연방기록물 - 인종관련 대통령자문위원회 - 프로그램 및 포럼시리즈(Federal Records - President's Advisory Board on Race - Programs and Forums Series)
- 연방기록물 - 인종관련 대통령자문위원회 - 기타시리즈(Federal Records - President's Advisory Board on Race - Miscellaneous Series)
- 연방기록물 - 인종관련 대통령자문위원회 - 회의시리즈(Federal Records - President's Advisory Board on Race - Meetings Series)
- 연방기록물 - 인종관련 대통령자문위원회 - 보고서시리즈(Federal Records - President's Advisory Board on Race - Reports Series)
- 연방기록물 - 인종관련 대통령자문위원회 - 교환서신(Federal Records - President's Advisory Board on Race - Correspondence)
- 국내정책협의회 - 선임정책분석가 스테판 워너스 시민권시리즈(Domestic Policy Council - Stephen Warnath, Senior Policy Analyst Civil Rights Series)
- 국내정책협의회 - 정책보건선임고문 크리스 제닝스 - 주제파일(Domestic Policy Council - Chris Jennings, Senior Policy Health Adviser - Subject File)
- 국내정책협의회 - 정책보건선임고문 크리스 제닝스(Domestic Policy Council -

Chris Jennings, Senior Health Policy Adviser)
- 국내정책협의회 - 보건안보법시리즈(Domestic Policy Council - Health Security Act Series)
- 국내정책협의회 - 국내정책사무관 켄드라 브룩스 · 주제파일시리즈(Domestic Policy Council - Kendra Brooks, Assistant Director of Domestic Policy Subject File Series)
- 국내정책협의회 - 켄트라 브룩스 - 교환서신(Domestic Policy Council - Kendra Brooks - Correspondence)
- 국내정책협의회 - 국내정책사무관 - 켄드라 브룩스 인쇄매체시리즈(Domestic Policy Council - Kendra Brooks, Assistant Director of Domestic Policy Printed Materials Series)
- 국내정책협의회 - 이라 매거지너 · 전자상업(Domestic Policy Council - Ira Magaziner, Electronic Commerce)
- 국내정책협의회 - 국내정책대통령특별보좌관 신시아 라이스 - 주제파일시리즈(Domestic Policy Council - Cynthia Rice, Special Assistant to the President for Domestic Policy - Subject File Series)

4) 비디오기록물(Video Archives)

백악관텔레비전사무소(WHTV: White House Television Office), 클린턴행정부(1993 - 2001)와 관련된 비디오기록물, 정보공개된 비디오목록(Video Recordings Inventory)으로 구성되어 있다. 목록이 홈페이지(http://www.clintonlibrary.gov/_previous/JKeller/WHTV_released_videoinventory_04Nov2010.pdf)에 제공되어 있다.

5) 사진기록물(Photograph)

백악관사진기록물 관련 목록이 홈페이지(http://www.clintonlibrary.gov/_previous/

JKeller/AV%20Price%20List.pdf)에 제공되어 있다.

6) 공개기록물

(1) 2010년 6월 22일 공개기록

엘레나 케이건(Elena Kagan)과 관련된 클린턴백악관의 1,704페이지의 도큐먼트이다.

(2) 2010년 6월 18일 공개자료

상담사무소(Counsel's Office), 국내정책위원회(Domestic Policy Council) 및 엘레나 케이건(Elena Kagan)의 활동이 공개되어 있으며, 엘레나 케이건과 주고 받은 이메일로 구성되어 있다. 이메일의 내용은 전달된 이메일, 답신, 첨부파일로서 노트, 기록, 기사, 보고서, 대통령명령, 법안, 지시문을 포함하고 있다.

(3) 2010년 6월 14일 공개기록

국내정책위원회 시절의 엘레나 케이건의 자료들로, 엘레나 케이건에 의해 작성되고 받아진 파일들이다. 파일들은 에이즈, 예산편성, 교육, 건강, 노동, 인종, 담배, 복지와 같은 국내정책 관련 기록물로 비망록, 서신, 기사 및 보고서를 포함하고 있다.

(4) 대통령 국내정책(Domestic Policy) 부국장 및 국내정책위원회(Domestic Policy Council) 부국장 시절(1997 – 9) 엘레나 케이건에 의해 작성되고 받아진 파일들 중 이전에 공개된 자료들을 스캔하여 제공하고 있다.

(5) 대통령 국내정책 보좌관인 브루스 리드(Bruce Reed) 파일에서 엘레나 케

이건 관련 이전 공개기록들은 스캔하여 제공하고 있다.

(6) 미국연방고등법원 제2순회재판소(U.S. Court of Appeals for the Second Circuit)의 재판관 소니아 소토메이어(Sonia Sotomayor)의 임명과 관련된 5,032페이지에 달하는 대통령기록물을 공개하고 있다.

7) 기본문서

다음은 기본문서 기록물그룹으로 PDF 원문이 홈페이지에 탑재되어 있다.

- ***The White House Health Care Interdepartmental Working Group***
- ***Master Set*** — 백악관연구브리핑(White House Press Briefing)
- ***Master Set*** — 백악관보도자료(White House Press Release)
- ***Press Release Subject File***
- ***The Presidential Advisory Commission on Holocaust Assets***
- ***Domestic Policy Council*** — 주제파일(Subject File)

8) 정보자유법 청구자료

1993년 9월부터 현재까지의 정보자유법에 의거하여 청구된 기록물그룹으로 대표적인 것은 다음과 같다.

- 미국의 소리 관련 정보자유법 청구자료 목록(Inventory for FOIA Request 2006-0165-F Voice of America)
- 북부 마리아나도 영연방 노동기준 관련 정보자유법 청구자료목록(Inventory for FOIA Request 2006-0167-F Labor Standards Commonwealth of Northern Mariana Islands)
- 행정 명령 정보자유법 청구자료목록(Inventory for FOIA Request 2006-0175-F Executive Order 13111/SCORM)

- 빌 할터 관련 정보자유법 청구자료목록(Inventory for FOIA Request 2006 -0184-F Bill Halter)
- 리처드 셰퍼드 아놀드 관련 정보자유법 청구자료목록(Inventory for FOIA Request 2006-0188-F Richard Sheppard Arnold)
- 9/11 위원회 보고서 유래 선별 기록물 관련 정보자유법 청구자료목록(Inventory for FOIA Request 2006-0191-F(seg 1) Selected records from the 9/11 Commission Report)

9) 대통령정책요강

대통령정책요강 PDF 원문이 홈페이지에 탑재되어 있다.

- ***U.S. Policy on Ballistic Missile Defenses and the Future of the ABM Treaty / PDD-17***
- ***US Policy on Foreign Access to Remote Sensing Space Capabilities / PDD-23***
- ***U.S. Policy on Reforming Multilateral Peace Operations C/ PDD-25***
- ***U.S. Nuclear Posture and Policy on Nuclear Arms Control Beyond the Start I and Start II Treaties / PDD-30***
- ***U.S . Policy on Counterterrorism / PDD-39***
- ***Nuclear Scientific and Technical Cooperation with Russia Related to Stockpile Safety and Security and Comprehensive Test Ban Treaty(CTBT) Monitoring and Verification/ PDD-47***

10) 주요문서

주요문서의 PDF 원문이 홈페이지에 탑재되어 있으며, 다음과 같다.

- ***Judge Sonia Sotomayor***

- *President William J Clinton's Schedules*
- *First Lady Hillary Rodham Clinton's Schedules*
- *President Clinton's response to several People Magazine questions*(from December 1999)
- *President Clinton letter to Chris Webber*, April 7, 1993
- *President Clinton, Church of God in Christ Convocation, Memphis, Tennesse*, November 13, 1993
- *President Clinton statement regarding the Oklahoma City bombing, White House Briefing Room*, April 19, 1995
- *President William J. Clinton Eulogy for Bombing Victims Oklahoma City*, Oklahoma April 23, 1995

11) 교육 뉴스레터(Education Newsletter)

교육 뉴스레터 PDF 원문이 홈페이지에 탑재되어 있다.

- *Feburary 2008 Teacher eNewsletter*
- *November 2007 Teacher eNewsletter*

WWICS
Woodrow Wilson International Center for Scholars
학자를위한우드로윌슨국제센터

① 기록관

1) 소재사항

소재국가	미국
주 소	Ronald Reagan Building and International Trade Center, One Woodrow Wilson Plaza 1300 Pennsylvania Ave., NW, Washington, DC 20004 – 3027
전 화	+1 202 691 4000
전자우편	sharon.mccarter@wilsoncenter.org
홈페이지	http://www.wilsoncenter.org

2) 성격

- 토머스 윌슨(Thomas Woodrow Wilson, 1856 – 1924, 이하 윌슨)은 미국의 제28대 대통령(1913 – 21)이자 프린스턴대학총장을 지낸 학자 및 교육자이다.
- 학자를위한우드로윌슨국제센터(WWICS: Woodrow Wilson International Center for Scholars)는 박사학위를 갖고 있는 유일한 미국대통령인 윌슨대통령을 기리며 학자를 위한 센터로 설립되었다.

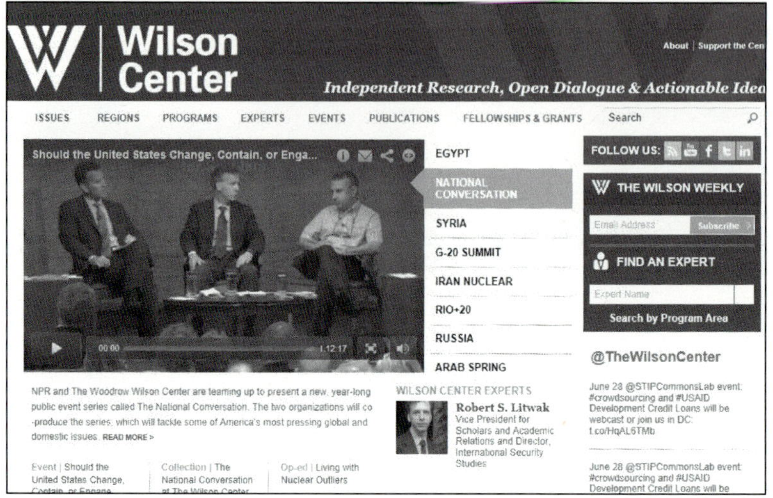

3) 설립연혁

본 센터는 1968년 연방의회법에 의해 설립되었으며, 2002년 로드재단의 재정적 지원을 받아 재설계를 거쳐 현재의 외관을 갖추게 되었다.

4) 목적

① 전문가와 여론에 본 센터의 취지에 부합하는 이슈와 사건을 공개하고 정보를 제공하며 중립적인 토론을 지속토록 하고자 한다.
② 학자를 위하여 세계의 아이디어를 통합하여 세계의 정책에 기여하고자 한다.

5) 비전 및 임무

① 세계의 공공정책 관련 분위기 고취 및 당대의 고품질의 사상가들의 유치
② 학자와 의회 및 행정부 공무원과의 연락 강조
③ 출판과 방송 및 인터넷 프로그램을 통해 학자들의 대화를 전 세계로의 홍보

④ 정책 관련 기관으로 성장, 주요 공공정책 이슈 계발 및 이슈 식별 가능한 광범위의 학자와 사상가들의 취합

⑤ 윌슨대통령의 탄탄한 국제이해를 반영하는 국제정세 관련 많은 프로그램과 프로젝트를 통해 연구 및 토론을 위한 포럼의 제공

⑥ 특정 정책제안을 하는 싱크탱크가 아닌 진보된 연구를 위한 중립적 센터이자 자유롭고 개방된 중립적 포럼

⑦ 시의 즉각적 정책문제와 관련된 하찮은 문제에서 중요한 이슈를 찾아내고, 넓은 관점에서의 이슈를 바라보는 좀 더 넓은 문맥에서 장기적 시야로의 전망

6) 조직

(1) 우드로윌슨국제센터

① 우드로윌슨국제센터는 스미소니언연구소 내에 설립되었으나, 정부공무원 및 미국대통령에 의해 임명된 개인으로 구성된 독자적 이사회를 가지고 있다. 센터장과 직원은 학자, 출판가, 사서, 행정원 및 지원인력으로 구성되며, 센터가 임무를 수행하기 위한 이사회로써의 책임을 진다. 윌슨협의회는 센터의 민영부분으로의 주요 링크이다. 협의회 회원은 센터를 새로운 사업, 정부 및 민영부분 네트워크로의 링크를 위해 중요한 역할을 하며, 센터를 새로운 파트너들에게 소개하는 역할을 한다. 윌슨연합은 센터의 기업회원 프로그램으로 전 세계의 주요 기업들로 구성된다. 주로 대학생으로 구성되는 인턴들은 상위권 연구사업을 배우면서 동시에 객원연구원 및 직원의 활동을 지원한다.

② 센터직원의 대부분은 광범위한 영역의 연구를 다루고 있는 특별프로그램 및 프로젝트를 수행한다. 이 프로그램 및 프로젝트는 컨퍼런스 및 세미나를 주최하며, 그들의 분야와 관련된 주제에 관한 많은 종류의 연

구와 커뮤니케이션 그리고 출판을 지원한다.

(2) 윌슨협의회(The Wilson Council)

윌슨협의회는 오늘날 세계의 가장 중요한 정책이슈를 이해하기 위한 윌슨센터의 중립적 초점을 높이 평가하는 개인들로 구성된다. 협의회의 활동을 통해 회원들은 모든 단계에서의 의사결정에 영향을 주는 역사, 문화, 정치, 경제적 관점을 배우는 한편 정책과 학회 및 비즈니스 세계의 리더들과 연결되어 연구소 활동에 참여하게 된다.

(3) 우드로윌슨센터이사회(Woodrow Wilson Center Board of Trustees)

조셉 길든흔(Joseph B. Gildenhorn) 의장에 의해 운영되는 이사회는 미국 대통령에 의해 6년 임기로 임명된다. 이사회는 집행위원회, 감사위원회, 재정위원회, 개발위원회, 투자위원회, 장학위원회, 정책위원회 등의 다양한 위원회를 운영한다.

7) 대통령전시회

우드로윌슨대통령 기념전시회는 미국의 제28대 대통령의 삶과 유산을 알리기 위해 우드로윌슨센터에 상설전시회로 진행되고 있다. 본 전시회는 대통령 기념품, 역사적 정보 그리고 짧은 영상으로 구성되어 있다.

8) 교환연구원제도(Fellowship)

본 센터는 사회과학과 인문학 연구 지원을 위해 정부, 비정부기관, 기업 및 학계 등의 다양한 배경의 남녀를 국제적 경쟁을 통해 교환연구프로그램에 참여시킨다. 매해 약 20~25명의 교환연구원이 재정적 도움을 받게 되며, 이들은 9개월 동안 모두 연구프로젝트를 수행하게 된다.

9) 인턴십

현재 학생 또는 최근에 졸업하거나 휴학 중인 학생들을 위한 인턴십을 제공한
다. 2011년의 경우 약 80~90명의 인턴들이 활동하며, 각 인턴십은 봄, 여름,
가을의 세 차례에 나눠서 시작된다. 대부분의 인턴들은 연구보조원 일을 하게
되며, 일부는 센터의 직원업무를 지원한다. 일부를 제외한 대부분의 인턴십은
무급이다.

10) 지원 프로그램

현재 센터는 다음과 같은 프로그램과 프로젝트를 지원하고 있다.

(1) 지역별 프로그램 및 프로젝트

- 아프리카프로그램(Africa Program)
- 아르헨티나윌슨센터(Argentina@the Wilson Center)
- 아시아프로그램(Asia Program)
- 브라질연구소(Brazil Institute)
- 캐나다연구소(Canada Institute)
- 중국환경포럼(China Environment Forum)
- 동유럽연구(East European Studies)
- 케난연구소(러시아와 주변지역 포함)(Kennan Institute(covering Russia and surrounding states))
- 중국과 미국에 관한 키신저연구소(Kissinger Institute on China and the United States)
- 남미프로그램(Latin American Program)
- 멕시코연구소(Mexico Institute)
- 중동프로그램(Middle East Program)

- 동남아시아프로젝트(Southeast Europe Project)
- 미국연구(United States Studies)
- 서유럽연구(West European Studies)

(2) 주제별 프로그램 및 프로젝트

- 냉전국제역사프로젝트(Cold War International History Project)
- 비교도시연구프로젝트(Comparative Urban Studies Project)
- 의회프로젝트(Congress Project)
- 환경변화 및 안보프로그램(Environmental Change and Security Program)
- 글로벌에너지이니셔티브(Global Energy Initiative)
- 글로벌건강이니셔티브(Global Health Initiative)
- 역사와 공공정책 프로그램(History and Public Policy Program)
- 국제안보연구(International Security Studies)
- 북한국제문서화프로젝트(North Korea International Documentation Project)
- 핵확산국제역사프로젝트(Nuclear Proliferation International History Project)
- 미국과 글로벌경제 프로그램(Program on America and the Global Economy)
- 새로운 나노테크놀로지 프로젝트(Project on Emerging Nanotechnologies)
- 리더십과 국가능력배양 프로젝트(Project on Leadership and Building State Capacity)
- 과학기술혁신프로그램(Science and Technology Innovation Program)
- 미국의 글로벌참여강화(Strengthening America's Global Engagement)
- 힐의 윌슨센터(Wilson Center on the Hill)

② 정보원

1) 정보원 열람 및 배포 정책

학자를위한우드로윌슨국제센터(WWICS: Woodrow Wilson International Center for Scholars)의 소장정보원은 뉴스레터, 저널, 출판물 등으로 이루어져 있다. 다음과 같이 열람 및 배포된다.

- 센터의 라디오나 TV 방송, 공개회의, 인쇄출판물, 멀티미디어 홍보활동을 통해 정보를 얻게 된다.
- 라디오 프로그램 '다이얼로그(Dialogue)'는 미국의 200개 라디오 방송국을 기반으로 30만 명의 단골청취자들을 가지고 있으며, 미군방송망을 통해 해외파견 미군부대로 방송되고 있다.
- 다이얼로그는 현재 MHz네트워크의 26회 분량의 시리즈를 통해 텔레비전으로 그 영역을 확장했다.
- 해마다 600회 이상의 회의가 개최되며, 대중에게 질문의 기회와 전문가들의 새로운 아이디어를 엿볼 수 있는 기회를 제공한다.
- 수천 명의 고등학생들은 클로즈업재단(Close Up Foundation)과 C-SPAN 텔레비전의 협력을 통해 정책이슈에 대한 브리핑을 청취가능하다.
- 윌슨 쿼털리(*Wilson Quarterly*) 저널은 6만 명 이상의 정기구독자들과 그 이상의 독자들을 가지고 있다.
- 1,100권 이상의 서적이 센터에 의해 저술 및 출판되었다.
- 그 외 뉴스레터, 게시판, 워킹페이퍼 등을 홈페이지에 탑재하여 수천 명 이상에게 공개적으로 정보를 제공하고 있다.

2) 미디어가이드

① 미디어가이드는 주제별로 구분하여 광범위의 직원, 연구원, 학자로 구성되

어 있다.

② 각 정보들은 경험, 교육, 출판물 및 연구영역의 유용한 요약 및 상세한 전기 및 연락정보를 포함하고 있다.

③ 온라인미디어가이드는 매일 업데이트되고 있으며, 주제별로 브라우징이 가능한 디렉터리를 가지고 있다.

3) 뉴스레터(Newsletter)

2009년부터 현재까지의 뉴스레터가 홈페이지에 탑재되어 제공되고 있으며, 다음과 같다.

- January 2011. ***Brazil Elects First Female President***
- December 2010. ***Financial Follies and the Future***
- November 2010. ***Empowering Women in the Muslim World, Former Botswana President Champions Health, Governance Issues***
- ***October 2010 Latin America: Emerging Trends in Environmental, Economic Growth, Scholar Says Recession's Effects Will Linger for Years***
- ***September 2010 Lee Hamilton's Colleagues Reflect on His Contributions***
- ***July － August 2010 Building a U.S. － China Energy Partnership***
- ***June 2010 Military Families: They Also Serve***
- ***May 2010 Promoting Regional Integration, Food Security in Africa***
- ***April 2010 Educate to Innovate: Improving National Education Standards***
- ***March 2010 U.S. － Russia Relations: The Legacy of Jackson － Vanik***
- ***February 2010 Improving Maternal Health Worldwide***
- ***January 2010 Is It Possible to Negotiate With Iran?***
- ***December 2009 Fixing a Broken Immigration System***

4) 출판물

우드로윌슨센터출판사(Woodrow Wilson Center Press)를 통하여 정치, 문화, 사회, 역사에 관한 도서가 출판되었다. 대표적으로 다음과 같다.

- ***The Cold War in East Asia: 1945 – 1991***
- ***Stalin and Togliatti: Italy and the Origins of the Cold War***
- ***The Orthodox Church and Russian Politics***
- ***Radio Free Europe and Radio Liberty: The CIA Years and Beyond***
- ***Orange Revolution and Aftermath: Mobilization, Apathy, and the State in Ukraine***

5) 기록그룹

- 미국지식인의 삶(American Intellectual Life, 1465 – 1992)
- 아랍의 내일(The Arab Tomorrow)
- 선별적 실패사례(The Case for Selective Failure)
- 미국의 가변적 내전(America's Changeable Civil War)
- 중국의 다른 길(China's Other Path)
- 교통전문가(The Traffic Guru)
- 중앙아시아의 재발견(Rediscovering Central Asia)
- 태초에 말씀이 있었다(In the Beginning Was the Word)
- 웹사이트용 세 가지 트윗(Three Tweets for the Web)
- 과거역사: 기쁨의 삶(A History of the Past: 'Life Reeked With Joy')

6) 연속간행물

1976년 이래로 간행되고 있는 연속간행물인 윌슨 쿼털리(*Wilson Quarterly*,

http://www.wilsonquarterly.com/index.cfm?fuseaction=wq.welcome)는 세계의 아이디어를 반영하는 중립적이고 비이데올로기적인 창을 제공하고 있다. 본 저널은 많은 영역의 주제를 다루고 있지만, 정치, 정책, 문화, 종교, 과학, 그 외의 대중의 삶을 다루는 주제와 관련하여 항상 대중의 질문에 초점을 맞추고 있다.

7) 지원 프로그램 출판물

지역별 및 주제별 지원프로그램에 의하여 간행된 출판물은 다음과 같다.

(1) 지역별

- 아프리카(Africa Program)
  - *Africa Program Policy Briefs*
- 아르헨티나(Argentina@the Wilson Center)
  - *Meeting Reports*
  - *Argentina－US Bilateral Relations: Past and Present*
    우드로 윌슨센터의 아메리카 보고서이다.
- 아시아(Asia Program)
  - *India's Contemporary Security Challenges*
- 브라질(Brazil Institute)
  - *Annual Reports*
  - *2009－2010 Report of Activities*
- 캐나다(Canada Institute)
  - *One Issue, Two Voices Series*
- 중국(China Environment Forum)
  - *China Environment Series 11*(2010, 2011)
- 동유럽(East European Studies)

- 러시아(Kennan Institute(covering Russia and surrounding states))
  - *Eurasian Migration Papers*
  - *Demography, Migration, and Tolerance: Comparing the Russian, Ukrainian, and U.S. Experience*
- 중국 및 미국(Kissinger Institute on China and the United States)
- 라틴아메리카(Latin American Program)
  - *China, Latin America, and the United States: The New Triangle*
- 멕시코(Mexico Institute)
- 중동(Middle East Program)
  - *Islamic Feminism and Beyond: The New Frontier*(Fall 2010)
  - *Rethinking Human 'Trafficking'*(Summer 2010)
  - *Egypt at the Tipping Point?*(Summer 2010)
  - *The Iranian Presidential Elections: What Do They Tell Us?*(Spring 2010)
  - *Vanguard: Women in the Iranian Election Campaign and Protest*(Fall 2009)
- 남동유럽(Southeast Europe Project)
- 미연방(United States Studies)
  - *Rethinking Human "Trafficking"*
  - *Women's Rights in Theory and Practice: Employment, Violence, and Poverty*
- 서유럽(West European Studies)

(2) 주제별

- 냉전국제역사프로젝트(Cold War International History Project)
- 비교도시학프로젝트(Comparative Urban Studies Project)
  - *Community Resilience: A Cross-Cultural Study*

- ***Eurasian Migration Papers***
- ***Global Urban Poverty: Setting the Agenda***
- 의회프로젝트(Congress Project)
- 환경변화 및 보안프로그램(Environmental Change and Security Program)
  - ***FOCUS***
- 글로벌에너지이니셔티브(Global Energy Initiative)
- 글로벌건강이니셔티브(Global Health Initiative)
- 역사 및 공공정치프로그램(History and Public Policy Program)
- 국제보안학(International Security Studies)
- 북한국제도큐멘테이션프로젝트(North Korea International Documentation Project)
  - ***NK Briefs: Shedding light on the DPRK***
  - ***DPRK Prices, Exchange Rate Skyrocket after Shelling***
  - ***Kim Jong Il Visits 148 Sites in 2010 – Focuses on Economy after Yeonpyeong Shelling***
  - ***DPRK – PRC Trade Up 26.7 Percent***
- 핵확산국제역사프로젝트(Nuclear Proliferation International History Project)
- 미국 및 글로벌경제프로그램(Program on America and the Global Economy)
- 나노기술출현프로젝트(Project on Emerging Nanotechnologies)
- 리더십 및 주건축용량프로젝트(Project on Leadership and Building State Capacity)
  - ***Civil Society and US Government in Conflict – Affected Regions: Building Better Relationships for Peacebuilding***
- 과학 및 기술혁신프로그램(Science and Technology Innovation Program)
- 미국의 글로벌 참여강화(Strengthening America's Global Engagement)
- WCH(Wilson Center on the Hill)

박정희

박정희전자도서관

1 기록관

1) 소재사항

소재국가   한국
홈페이지   http://parkchunghee.or.kr/introduce.htm

2) 성격

- 박정희(1919 - 1979)는 우리나라 제5 - 9대(1963 - 79) 대통령이다.
- 박정희 전자도서관은 박정희 대통령의 관련 다양한 기록물을 데이터베이스화하여 공개열람에 제공하고 있는 도서관이다.

3) 설립연혁

2000년 9월 2일 '(재)박정희대통령·육영수여사기념사업회'에 의해 구축 및 개관하였다.

4) 설립목적

- 박정희대통령과 그 시대의 역사에 관하여 연구하고자 하는 모든 국민들에게 실증적인 연구, 참고자료의 제공
- '박정희대통령·육영수여사기념사업회'에서 오랜 기간 동안 수집해온 관련

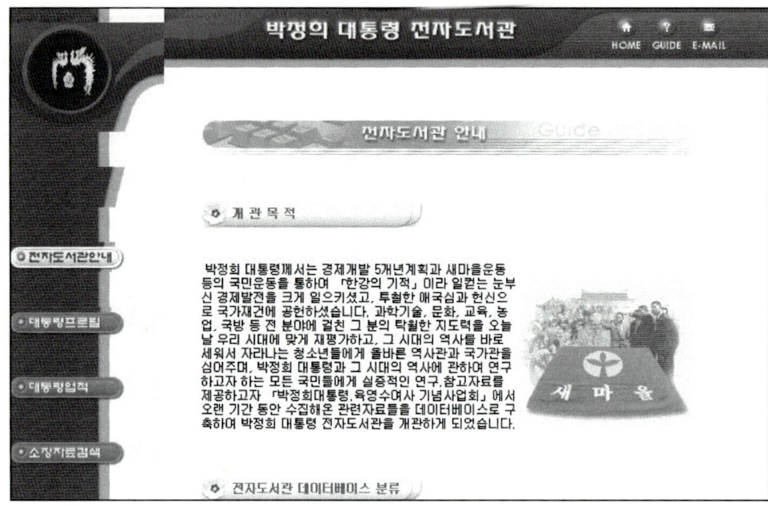

자료들에 대한 데이터베이스 구축

5) 비전 및 임무

- 과학기술, 문화, 교육, 농업, 국방 등 전 분야에 걸친 박정희대통령의 지도력에 대한 재평가
- 그 시대의 역사를 바로 세워 자라나는 청소년들에게 올바른 역사관과 국가관 제고

6) 관련기관

- CYBER박대통령전자기념관
  홈페이지 http://www.presidentpark.or.kr
- 박정희대통령기념사업회
  홈페이지 http://www.parkch.com
- 육영수여사전자기념관

홈페이지 http://www.yukyoungsoo.or.kr
* 박근혜의원사이트
  홈페이지 http://www.parkgeunhye.or.kr

2 정보원

1) 정보원 열람 및 배포 정책

박정희전자도서관은 박정희대통령의 사이버기념관으로서 홈페이지 상에 프로필, 업적 등을 탑재하여 공개열람에 제공하고 있다. 그 외 박정희대통령 관련 각종 신문기사, 잡지, 사진, 어록, 휘호, 음성자료, 영상자료, 도서, 논문 또한 공개적으로 열람에 제공하고 있다.

2) 대통령 프로필

박정희대통령의 프로필로써 성명, 생년월일, 학력사항, 경력사항, 주요 저서를 제공하고 있다.

3) 대통령 업적

박정희대통령 재임기간 중의 업적을 연대순으로 구축하여 홈페이지 상에서 열람 가능하며, 공포된 법률의 경우 원문의 공개열람이 가능하다. 또한 정치·외교, 국방, 산업·경제, 과학기술·정보, 사회·문화, 새마을운동·농업, 교육, 환경 등 분야별 열람도 가능하다.

4) 소장자료 검색

- 검색어, 검색기간, 분야별, 자료종류별 선택적 방법의 상세 검색
- 정치·외교, 국방, 산업경제, 과학기술·정보, 사회문화, 교육, 환경, 새마을운동·농업 등의 분야별 검색
- 신문기사, 잡지, 사진, 어록, 휘호, 음성자료, 영상자료, 도서, 논문과 같은 자료종류별 검색

5) 전자도서관 데이터베이스

본 기념사업회에서 수집하거나 보관 중인 자료의 일부가 데이터베이스로 구축되어 있다. 현재까지는 신문기사(4,400여 건), 잡지(12건), 사진(9,000여 점), 어록(680여 건), 연구자료, 초록(110건), 휘호(215건) 등이 공개되어 있다. 사진기록물은 7만 장 이상의 자료들 중 정리된 1만여 점이 공개되어 있다.

제2부

의회기록(관)과 주요 정보원

Ⅰ. 의회기록과 의회기록관

1. 의회기록

1.1 의회와 의회기록

1) 의회

의회란 국민의 정치적 대표기관인 민선의원을 구성원으로 하고, 입법 및 기타 중요한 국가작용에 결정적으로 참여하는 기능을 가진 합의체를 말한다. 입법작용을 담당하는 것이 본디의 임무이므로 입법부라고도 하며, 보통 '의회'와 '국회'는 혼용하고 있다. 일반적인 의미의 입법부 및 해외 사례의 경우 '의회'가 많이 사용되며, 우리나라의 경우 '국회'라 부른다. 따라서 이후 우리나라는 '국회', 해외의 경우는 '의회'로 기술한다.

의회(議會) 또는 국회(國會)에 대한 나라마다의 용어는 다양하다. 영문 명칭을 보면 'assembly', 'congress', 'council', 'legislature', 'parliament', 'representative institution' 등이 있다. 단원제인 우리나라는 'National Assembly'를 사용하는 반면 일본은 'Diet'를 쓴다. 양원제인 미국의 경우 'Congress'를 쓰며 상원 'Senate'와 하원 'House of Representatives'로 구성되어 있으며, 영국의 경우 'Parliament'를 쓰며 상원 'House of Lords'와 하원 'House of Commons'로 구성되어 있다.

현대 민주주의 사회에서 의회는 국민을 대표하여 행정 권력을 견제하고, 입법 기능을 수행하는 주요한 역할을 담당한다. 우리나라의 의회는 국민의 다양한 이해관계와 신념을 정책에 반영하고, 국민의 주권 의사를 통합하는 정치적 대표기능, 국정감사권·탄핵소추권 등을 통한 행정부 감독 기능을 고유한 입법기능과 함께 수행하고 있다(김유승, 96).

2) 의회기록

일반적으로 국가행정기록이 대통령기록이라면, 의회기록이란 입법부의 의회와 의회 구성원의 모든 활동에 대한 기록으로써 입법부의 증거이다. 이에 대한 영문명칭도 상술의 의회에 대한 명칭처럼 'Congressional Records', 'National Assembly Records', 'Parliament Records' 등으로 표기하고 있다. 미국 의회도서관은 'Government Resources'로 표기하는 반면, 영국의 경우 'Parliamentary Archives'로 표기하기도 한다. 따라서 이후 기록에 대한 용어도 우리나라는 '국회기록(National Assembly Records)'과 일반적 및 해외의 경우 '의회기록(Parliament Records)'으로 기술하고자 한다.

1.2 의회기록의 종류

의회기록은 입법활동기록, 의원기록, 의원행정운영기록, 보조인 및 보조직기록의 네 가지이다(이원영 2003, 33).

첫째, 입법활동기록. 의원과 의회 및 위원회의 입법활동과 관련되는 의회핵심기능 관련기록으로 법률안, 예산안, 결산, 동의(승인)안, 결의안, 규칙안, 의안, 의원 징계, 위원회 운영 및 활동 기록, 회의록, 국정감사 및 조사보고서, 청원 및 진정서, 국제협력관계기록 등이 해당된다.

둘째, 의원기록. 의원의 입법 및 외교관련 기록으로 의원의 신상관련기록, 의원의 입법활동기록, 의원의 외교활동기록 등이 해당된다.

셋째, 의원행정운영기록. 의원의 행정운영관련 기록으로 의정연수 관련기록, 소관 법인 및 단체에 관한 기록, 공보 및 의전행사에 관한 기록 등이 해당된다.

넷째, 보조인 및 보조직기록. 의원, 의정 및 입법관련 보조인과 보조직 관련 기록으로 정당관계자료, 국가기관 및 사회공공단체의 의정 관련자료, 역대 국회주요 사건 관련자료, 기타 의정사 관련 가치 있는 자료, 정당간행물 등이 해당된다.

이는 의회기능의 중요도에 따라 본기능기록과 보조기능기록으로 다시 구분되기도 한다. 즉, 입법활동기록과 의원기록은 본기능기록으로, 의원행정운영기록과 보조인 및 보조직기록은 보조기능기록으로 구분된다(정태영·김유승 2012, 145).

또한 기록의 종류는 기록을 생산하는 조직의 기본단위(구성원)의 성격에 따라 다르며, 조직의 성격에 의해 주요출처가 결정된다(이원영 2002, 115). 우리나라의 경우 대상이 되는 국회소속기관은 '국회법' 제21조와 제22조 3항에 의하면 (1) 국회사무처, (2) 국회도서관, (3) 국회예산정책서, (4) 국회입법조사처의 네 기관이다. 따라서 의회기록물의 핵심기록인 회의체 기록물로 다음과 같은 네 종류로 구분된다(황난영·이성숙 225-6에서 재인용; 이원영 2002).

첫째, 의안기록물. 이는 의결을 필요로 하는 많은 안건 중에서 특별한 형식적 요건을 구비하여 의원이나 지방자치단체의 장이 제출하는 것을 말한다.

둘째, 회의진행기록물. 회의진행과 과정에서 생산된 것으로 회의를 소집하여 안건을 심의하고 회의를 종료하기까지의 모든 절차와 관련된 기록이다.

셋째, 회의록. 위원회와 회의활동에 관한 기록으로 의회에서 어떤 토론과 결과가 있었는지에 관한 공식 자료원이다.

넷째, 회의지원기록물. 의회 내의 입법지원조직과 행정부의 각급기관 및 그 전문가로부터 직간접적으로 지원을 받을 수 있는데, 위원회의 회의와 관련된 인물, 사건, 장소, 사안, 주체 등에 관한 기록이다.

상술의 의안기록물 종류의 경우 우리나라 의안정보시스템에 의하면 내용과 절차에 따라 분류된다. 전자의 내용에 의한 분류에는 헌법개정안, 법률안, 예산안, 결산, 기금운용계획안, 기금결산동의안, 승인안, 결의안, 건의안, 규칙안, 선출안, 중요동의, 의원징계, 의원윤리심사, 의원자격심사, 인사청문요청안, 각종 위원 위촉·추천·지명의 건 등이 포함된다. 후자의 절차에 따라 분류에는 (1) 위원회의 심사를 거치는 의안(법률안, 예산안 등), (2) 위원회의 심사 없이 본회의에 바로 부의하는 의안(헌법개정안, 선출안 등), 3) 의장이 결정하는 의안(폐회중 위원장 사임 허가 등)이 포함된다.

회의록의 경우 우리나라 회의록시스템에 의하면 회의체, 발간특성, 게재내용, 발간 형태의 네 가지 기준에 의하여 분류된다.

(1) 회의체 기준의 경우 본회의회의록, 위원회회의록, 국정감사회의록, 국정조사회의록, 소위원회회의록이 포함된다. 현재 소위원회회의록은 책자회의록으로는 발간하지 아니하고 전자회의록으로만 발간하고 있다.

(2) 발간특성 기준의 경우 임시회의록, 배부회의록, 비공개회의록, 보존회의록, 제본회의록이 포함된다. 비공개회의록은 원고로서 보존하되 필요한 경우 의장의 허가를 받아 이를 인쇄하여 보존할 수 있다.

(3) 게재내용 기준의 경우 본호와 부록이 포함된다. 회의록에 기재하는 사항 중 당일 회의록(본호)에 게재하기에 적절하지 아니한 각종 보고서·참고자료 등은 별도로 작성하여 발간하는데, 이렇게 별도로 발간하는 회의록을 부록이라 한다.

(4) 발간형태 기준의 경우 책자회의록 전자회의록이 포함된다. 국회 LAN이나 인터넷을 통해 공개하는 회의록을 전자회의록이라 한다.

한편 '국회기록물관리규칙' 제7조에 의하면 관리대상기록물이 규정되어 있다. 즉, (1) 결재과정에서 발생한 수정 내용 및 이력정보부터 업무수행과정의 보고사항, 검토사항 기록까지의 업무관련기록, (2) 국회의 제도·운영 및 활동 관련 조사·연구·검토서, 회의록 및 시청각 기록물, (3) 국회의장·부의장·위원회위원장 및 소속기관의 장이 수행하는 주요 업무활동 관련 기록, (4) 그 밖에 국회도서관장이 국회기록으로 관리필요가 있다고 인정하는 기록물로 구분되어 있다.

1.3 의회기록의 가치

의회기록의 가치는 기록물이 내포하고 있는 기본적인 다양한 가치를 지니고 있다. 이원영(2009)은 증거적 가치, 학술적 가치, 사료적 가치, 교육적 자료가치 등을 기술하고 있으며, 이를 좀 더 정리하면 다음과 같다.

첫째, 의회기록은 증거적 가치를 지닌다. 의회기록은 국민을 대표하는 기관인 의회의 기능과 활동에 관한 사실기록으로써 사실관계를 증명하고 입증하는 증거로써의 가치를 지닌다.

둘째, 의회기록은 연구적 가치를 지닌다. 본회, 회의록, 의안, 통계자료, 심의기록 등은 정치학, 법학 등 연구자의 주제분야와 관심분야에 따라 다방면의 연구적 가치를 지니고 있다.

셋째, 의회기록은 역사적 가치를 지닌다. 의회와 의원들의 업무와 활동을 기록하고 있는 회의록, 보고서 등은 의회사 편찬의 기초자료가 되며, 나아가 그 시대의 역사적 연구에 중요한 사료적 가치를 지닌다.

넷째, 의회기록은 교육적 가치를 지닌다. 의회기록은 학생과 연구자에게 뿐만 아니라 어린이와 청소년 및 노인들에 이르기까지 의회정치와 민주주의 이해와 교육에 중요한 자료이다.

다섯째, 의회기록은 정보적 가치를 지닌다. 각종 공식적 보고서, 회의록, 국정보사·국정감사·청문회 등의 보고서 등은 의원과 위원회의 업무와 활동의 중요 정보제공의 가치를 지닌다.

2. 의회기록관

2.1 의회기록관의 설치

의회기록관은 다양한 설치 양상을 보인다. 나라에 따라 크게 의회에서 관리운영하거나 국가납본도서관에서 운영하는 것으로 분류된다. 이는 구체적으로 (1) 국가도서관에 설치하는 경우, (2) 의회도서관에 설치하는 경우, (3) 의회에 별도의 의회기록관리기관이나 시스템을 두는 경우, 그리고 개별적으로 의원이나 의원관련기구에서 의원관련기록물을 수집·관리하는 경우 등의 네 종류로 분류된다. 의회에서 부속이나 별도의 기관에서 수집·관리하거나 우리나라의 국회도서관과 미국의 의회도서관처럼 의회도서관에서 의회기록물을 관리하는 경우가 많이 있으나, 대부분의 나라는 이상의 경우들이 복합적으로 운영된다.

그중 영국의 의회기록관(The Parliamentary Archives)은 상원기록관과 하원기록관으로 구성되어 있으며, 이는 1497년이래의 상원(House of Lords)과 하원(House of Commons) 200여 종의 의회관련 컬렉션을 보존 및 관리하고 있다. 원래 의회기록관은 기존의 상원기록사무소(House of Lords Record Office)였던 것을 2006년 11월에 공식적으로 현재의 의회기록관으로 개명한 것이다. 그중 상원기록관은 1497년 조직되었으니 서기 마스터 리처드 해튼(Master Richard Hatton)이 16개 법안인 상원시리즈 의회기록물(Parliament Roll)을 챈서리(Chancery)로 이관 준비하면서 시작되었다. 이후 1509년 의회 서기와 그의 보좌인이 별도로 축적하면서 독립적인 상원사무소(Lords office)가 점차적으로 확장 및 공식화된 것이다. 반면 하원기록물을 위한 제2의 의회기록관은 웨스트민스터 궁(Palace of Westminster)에 형성되었다. 이처럼 영국의 의회기록관은 오랜 역사를 지니고 있는 상·하원의 기록관을 현대적으로 구축 및 관리하고 있으며, 내각 양원제의 특성이 잘 반영되고 있는 사례이다.

우리나라의 경우 기존의 국회기록보존소가 있었으나 국회 내 전문적인 입법기록관리기관이 설립된 것은 2000년 1월이며, 또한 2001년 11월 국회기록관리에 대한 최초의 법규인 '국회기록관리규칙'이 마련되었다. 최근 2011년 4월 '공공기록물관리에관한법률'의 내용을 반영한 규칙으로 다시 좀 더 체계적으로 개정되었다. 즉, 현행의 '국회기록물관리규칙' 제4조에 의하면 국회도서관이 바로 '국회에 설치하는 영구기록물관리기관'이며, 그리고 그 소속에 국회기록보존소를 두고 있다. 이는 우리나라의 경우 국회기록보존소가 국회도서관으로부터 기록관리 업무의 총괄 및 조정을 담당하도록 위임받은 의회기록관임을 의미한다.

2.2 의회기록관의 주요 업무

나라마다 의회기록관의 설치양상이 다양하듯 의회기록관의 업무와 기능 또한 다양하다. 대표적으로 우리나라의 경우를 살펴보면 '공공기록물관리에관한법률' 제10조의 '헌법기관기록물관리기관'에 대한 내용 중 국회에 영구기록물관리기관 설치 및 운영이 규정에 의하면 국회, 대법원, 헌법재판소, 중앙선거관리위원회가 대상기관이다. 다만 이 규정은 의무가 아닌 권고사항으로 법적 주요 업무는 다음과 같다.

① 관할 공공기관의 기록물관리에 관한 기본계획의 수립·시행
② 관할 공공기관의 기록물관리 및 기록물관리 관련 통계의 작성·관리
③ 관할 공공기관의 기록물관리에 관한 지도·감독 및 지원
④ 중앙기록물관리기관과의 협조에 의한 기록물의 상호활용 및 보존의 분담
⑤ 관할 공공기관의 기록물관리 종사자에 대한 교육·훈련
⑥ 그 밖에 기록물관리에 관한 사항

한편, 국회기록물관리규칙 제4조에 국회에 설치하는 영구기록물관리기관항목에 따르면 '공공기록물관리에관한법률 제10조 제1항에 따라 국회에 설치하는 영구기록물관리기관은 국회도서관'으로 규정하고 있다. 즉, 국회도서관직제 제10조 국회기록보존소에 대한 규정으로 국회기록보존소장의 주요업무는 다음과 같다.

① 국회기록물 관리정책에 관한 사항
② 국회기록물의 수집·보존·열람 및 데이터베이스 구축
③ 국회기록물 관리에 관한 지도·감독
④ 중앙기록물관리기관과의 협조에 의한 기록물의 상호활용 및 보존의 분담
⑤ 도서관 기록물에 대한 정보공개청구에 관한 사항

⑥ 국회기록물 및 도서관자료의 복원·복제·제본
⑦ 국회기록물 및 도서관자료의 마이크로폼화 등에 관한 사항
⑧ 전자기록물의 평가·폐기 및 관리 등에 관한 사항
⑨ 국회기록물의 공개여부 분류 및 비공개기록물의 재분류에 관한 사항
⑩ 국회 관련 행정박물 등의 보존에 관한 사항

2.3 의회기록관의 정보제공서비스

의회기록의 정보공개 및 활용을 위한 정보제공서비스가 나라마다 구축되어 있다. 미국의 의회기록 인터넷 정보서비스는 다음과 같은 각 소속기관과 국립기록청에서 제공되고 있다.

(1) 상원. 상원의 의회기록은 미국 의회 소속기관이자 독립적인 정보서비스 제 공기관으로 상원홈페이지(http://www.senate.gov)에서 제공되고 있다.

(2) 하원. 하원의 의회기록은 미국 의회 소속기관이자 독립적인 정보서비스 제 공기관으로 하원홈페이지(http://www.representative.gov)에서 제공되고 있다.

(3) 의회도서관. 미국의 의회도서관(Library of Congress)은 미국 의회 소속기관으 로서 입법부인터넷정보원 THOMAS(http://www.thomas.loc.gov) 'directory'에 링크되어 제공하고 있다.

(4) 국립기록청. 미국국가기록관(National Archives)의 의회아카이브센터(Center for Legislative Archives, http://www.archives.gov/legislative)를 통해 대부 분의 상하원을 포함한 의회기록 정보를 제공하고 있다.

영국의 의회기록 인터넷 정보서비스는 다음과 같이 영국의회의 의회아카이브스, 웹아카이브스 그리고 의회출판물 및 레코드에서 제공되고 있다.

(1) 의회 아카이브스 영국의회(http://www.paliament.uk)의 기록정보서비스 담당 부서인 의회아카이브스(Parliament Archives, http://www.parliament.uk/business/ publications/parliamentary‐archives/)에 의하여 관련 기록정보서비스가 제공되고 있다.

(2) 의회웹아카이브스. 영국의회의 의회웹아카이브스(Parliament's Web Archive, http://www.parliament.uk/business/publications/parliamentary‐archives/web ‐archive)에 의하여 웹아카이브 관련 정보서비스가 제공되고 있다.

(3) 의회출판물 및 레코드. 영국의회의 의회출판물 및 레코드(Publications & records, http://www.parliament.uk/business/publications)에서 출판물 외에 레코드 정보서비스가 제공되고 있다.

영국의 경우 이상의 의회기록정보의 온라인서비스는 영국국가기록관의 'A2A(Access to Archives)' 목록과 연계되어 검색링크가 구축되어 있으며, 의회기록의 온라인 검색목록인 'Partculls'가 2004년부터 제공되고 있다.

우리나라의 경우 국회소속기관으로는 '국회법' 제21조와 제22조 3항에 의하면 (1) 국회사무처, (2) 국회도서관, (3) 국회예산정책서, (4) 국회입법조사처의 네 기관이다. 이들 네 기관은 다음과 같은 시스템이나 데이터베이스를 통하여 의회기록정보서비스를 구축 제공하고 있다.

① 기본적으로 대한민국 국회에서 각 기관별로 기록정보서비스가 제공되고 있으며, 국회법률지식정보시스템이 제공되고 있다.

② 국회사무처의 국회정보시스템으로 의안정보시스템, 예결산정보시스템, 회의록시스템, 국정감사정보시스템, 국회영상회의록시스템, 미디어자료관 등으로 기록 관련 정보서비스가 제공되고 있다.

③ 국회도서관은 국회기록보존소의 소속기관으로 전문적인 의회정보서비스를 운영하고 있다. 입법지식, 참고데이터, 일일외국신문정보, 글로벌핫이슈, 인

터넷자료의 다섯 가지 데이터베이스를 구축 운영하고 있다.

④ 국회예산정책처는 NABO(National Assembly Budget Office)에서 최신보고
서, 분야별보고서, 연도별보고서, 그리고 정책연구용역보고서 정보를 제공하
고 있다.

3. 의회기록관리 전문가 기구와 법제화

3.1 의회기록관리 전문가 기구

1) 국제기구

국제기구인 국제아카이브스협의회(ICA: International Council on Archives, http://www.ica.org)는 세계의 기록유산(archival heritage) 보존과 개발 및 이용에 헌신하는 기록관련 커뮤니티들로 결성된 국제적인 수준의 비정부기구이다. 이는 1946년 미국 기록보존가(conservator)를 중심으로 국제적 모임의 필요성이 제안되면서 시작되었다. 이후 국제아카이브스협의회는 1948년 6월 파리에서 개최된 UNESCO 주최 기록보존전문가회의에 의하여 설립되었으며, 1950년 8월 파리에서 제1차 총회를 개최하면서 공식적으로 설립되었다. 이는 (1) 각국 기록보존기구 및 기록보존전문가의 상호유대강화, (2) 기록물의 국제적 보존, 방어, 보호 등 제 수단 개발의 촉진, (3) 기록보존물의 유기적·효과적 활용, 기록보존행정의 국제적 기준과 활동의 조정 및 진흥을 그 목적으로 하고 있다. 4년마다 총회를 개최하며 우리나라의 경우 1979년 7월 이에 가입하였다. 의회 및 정당기록분과인 ICA/SPP(International Council on Archives/Section of Archives of Parliaments and Political Parties)가 있다.

2) 위원회와 전문가

미국은 '국회기록자문위원회(Advisory Committee on the Records of Congress)'를 두고 있다. 즉, 이 위원회는 '공법 101-509(Public Law 101-509)'에 의거하여 국회기록의 관리 및 보존에 대해 국회 및 미국의 기록전문가에게 조언하기 위해 설립되었다. 이는 국회 기록에 책임이 있는 공무원들 및 국회기록 행정을 담당하는 미국 기록전문가들로 구성되며, 역사가, 정치과학자, 국회기록전문가 또는 입법기록관리 이용자 등을 대표하는 본 위원회의 대중구성원은 하원 및 상원의 지도자들이 지명한다.

우리나라의 경우 국회기록물관리규칙 제7장 기록물관리의 전문화 등 제36조 기록물관리 전문요원의 자격에 의하면 국회도서관 기록물관리 전문요원은 (1) 기록물관리학 석사학위 이상을 취득한 자, (2) 역사학 또는 문헌정보학 석사학위 이상을 취득한 자로서 국회도서관장이 정하는 1년 이상의 기록물관리학 교육과정을 이수한 자, (3) 기록물관리업무에 3년 이상 종사한 자로서 국회도서관장이 정하는 1년 이상의 기록물관리학 교육과정을 이수한 자의 각 호의 어느 하나에 해당하는 자로 규정하고 있다.

기록물관리 전문요원의 배치 규정은 국회도서관장은 국회기록보존소 정원의 4분의 1 이상(4분의 1이 1인 미만인 때에는 1인 이상)을 기록물관리 전문요원으로 두어야 하며, 기록물관리 전문요원이 아닌 사람이 국회기록보존소에 보직되는 경우, 보직되기 전 또는 보직된 후 6월이 지나기 전까지 국회도서관장이 정하는 기록물관리 교육과정을 이수하여야 한다.

2012년 현재 우리나라 국회기록보존소의 담당자 중 기록 관련으로 기록정책기획담당, 기록관리담당, 기록정보서비스담당의 3개의 담당을 두고 있다. 직무구분에 의하면 연구직으로 기록연구관 1명과 기록연구사 1명으로 총 2명이다(정태영·김유승 2012, 148).

3.2 의회기록관리의 법제화

나라마다 의회기록관리의 법제화는 매우 다양하다. 대체적으로 우리나라의 의회
기록에 대한 규정과 법제화의 연혁을 살펴보면 다음 <표 2>와 같다.

<표 2> 한국의 의회기록관리 법제화

연대	의회기록 관련 법률	기록관리 관련 법률
1940년대	• 1949년 국회사무처처무규정 제정	
1950년대	• 1957년 민의원사무처처무규정 제정	
1960년대	• 1963년 국회사무처직제 제정 • 1964년 문서보존내규 제정	• 1961년 정부공문서규정 제정 • 1963년 공문서보관·보존규정 제정 • 1969년 공문서보관·보존규정 전부개정
1970년대	• 1975년 국회사무처직제 전부개정	
1980년대	• 1984년 국회사무처직제 전부개정 • 1989년 국회사무처직제 전부개정 • 1989년 국회도서관직제 전부개정	
1990년대	• 1994년 국회사무처직제 전부개정 • 1999년 국회사무처직제 전부개정	• 1991년 사무관리규정 제정 • 1999년 공공기관의기록물관리에관한법률 제정
2000년대	• 2001년 국회기록물관리규칙 제정 • 2009년 국회도서관직제 전부개정 • 2009년 회사무처직제 전부개정 • 2009년 국회기록물관리규칙 전부개정	• 2006년 공공기록물관리에관한법률 제정
2010년대	• 2011년 국회기록물관리규칙 전부개정	

이상의 <표 2>에 의하면 우리나라의 의회기록관리 법제화의 내용은 다음과 같다.

(1) 1964년 국회 내 문서관리와 보존에 관한 지침으로 '문서보존내규'가 1948
년 제헌의회 구성 이후 처음으로 마련되었다. 다만 이는 진정한 의미의 법
제화는 아니라 할 수 있다.

(2) 1999년 제정된 우리나라 최초의 현대적 기록관리 법령인 '공공기관의기록
물관리에관한법률' 제6의 '특수기록물관리기관'에 대한 설치 및 운영 규정

을 들 수 있다. 이를 통하여 국회의 모든 활동 과정과 결과를 기록화하기 시작하였다. 즉, 1969년 정부기록보존소 설립 이후 국회 내 기록관리기구로서 2000년 1월 국회기록보존소로 설립된 것이다.

(3) 최초의 법규는 상술의 '공공기관의기록물관리에관한법률'에 의거하여 2001년 11월에 제정된 '국회기록물관리규칙'이다. 이 규칙 제정 및 개정으로 국회기록관리의 책임과 절차가 규정되었다.

(4) 이후 2006년 전부 개정된 '공공기록물관리에관한법률' 제10조의 '헌법기관기록물관리기관'에 대한 내용 중 국회에 영구기록물관리기관 설치 및 운영이 규정되었다.

(5) 2009년 4월 이후부터 '공공기록물관리에관한법률'에 의거 전부개정 논의가 본격적으로 진행되어 오다가 2011년 4월 20일 현행의 '국회기록물관리규칙'이 전부 개정되었다. 특히 기록물의 전자적 생산 및 관리체계의 구축, 기록물의 공개·열람 범위의 확대, 기록 관리의 표준화 및 전문화 기반 마련을 주안점으로 하고 있다. 제4장 기록물의 관리, 제5장 비밀기록물의 관리, 제6장 기록물의 공개·열람 및 활용, 제7장 기록물관리의 전산화 부분은 신설된 주요 개정 내용이다.

4. 세계의 의회기록과 의회기록관

의회기록은 의회(국회), 의회기록관, 국가도서관, 의회도서관, 정당, 의원사이트, 비공식사이트 등을 통해 의회기록물로 또는 의회시스템이나 정식 의회기록관의 형태로 구축 제공되고 있다. 이상을 포함하여 개략적으로 조사한 세계의 의회기록과 의회기록관은 다음과 같다.

4.1 북미

1) 미국

- 하원의회
  홈페이지 http://www.house.gov
- 상원의회
  홈페이지 http://www.senate.gov
- 의회도서관
  홈페이지 http://www.loc.gov
- C SPAN
  홈페이지 http://www.c‒span.org

2) 캐나다

- Parliament of Canada
  주   소 41st Parliament, 1st Session
  전화번호 Toll‒free (Canada): +1‒866‒599‒4999
          Tel: +1‒613‒992‒4793
          TTY: +1‒613‒995‒2266
  전자우편 info@parl.gc.ca.
  홈페이지 http://www.parl.gc.ca

- Assemblée Nationale du Québec
  주   소 1045, rue des Parlementaires Québec (Québec) G1A 1A3
  전화번호 Québec City Region: +418‒643‒7239
          Toll free: +1‒866‒337‒8837

팩스번호   +418 – 646 – 4271

홈페이지   http://www.assnat.qc.ca/fr/index.html

4.2 아시아·태평양

1) 일본

일본은 일본의 입법부인 국회에 속하는 국가기관으로 국회의 입법 활동을 보좌하는 것을 주된 목적으로 하는 의회도서관이 있다. 이는 법정 납본(納本) 도서관으로 일본 유일의 국립도서관의 기능을 겸하고 있어 행정·사법 부문 및 일본 국민에 대한 서비스도 실시하고 있다. 일본 국립국회도서관법에 의거해 설립되었으며 1948년 개관하였다. 두 개의 중앙도서관과 여러 지부도서관으로 구성되어 있다.

- 국립국회도서관(國立國會図書館, National Diet Library)
  홈페이지 http://www.ndl.go.jp/index.html

2) 한국

우리나라의 경우 제2대 국회(1948 – 50)에서 도서실을 신설한 이래 제3대 국회(1954 – 60)에서 도서실을 국회도서관으로 승격, 제12대 국회(1985 – 8)에서 국회도서관을 국회사무처의 보조기관으로 흡수하였고, 입법차장을 두고 그 밑에 의사국·입법조사국·기록편찬국을, 행정차장 밑에 기획예산실과 섭외국을 두었다. 이후 제13대 국회(1988 – 92)에서 국회도서관법의 제정으로 국회도서관을 국회사무처에서 분리, 공보관을 신설하였다. 제15대 국회(1996 – 2000)에서 공보국과 기록편찬국을 폐지하고 국회기록보존소를 설치, 제18대 국회(2008. 5 – 2012. 4)에서 국회기록보존소를 국회도서관으로 이동하였다.

- 국회도서관

  홈페이지 http://www.nanet.go.kr

- 국회사무처 미디어자료관

  홈페이지 http://w3.assembly.go.kr/multimedia/index.jsp

4.3 유럽

1) 유럽

- 유럽의회(Europäisches Parliament EUROPARL)

  홈페이지 http://www.europarl.europa.eu/news/public/default_de.htm

2) 독일

① 연방

- 연방(Verwaltung des Bundes)

  홈페이지 http://www.bund.de

- 참의원(Bundesrat)

  홈페이지 http://www.bundesrat.de

- 연방헌법재판소(Bundes - verfassungsgericht)

  홈페이지 http://www.bundesverfassungsgericht.de

- 연방재판소(Bundesgerichtshof)

  홈페이지 http://www.bundesgerichtshof.de

② 연방내각 및 산하기관하위(Bundesministerien und nachgeordnete Behörden)

- 연방노동 및 사회성(Bundesministerium für Arbeit und Soziales

  홈페이지 http://www.bmas.bund.de

- 외무성(Auswärtiges Amt)

  홈페이지 http://www.auswaertiges‑amt.de
- 연방내무성(Bundesministerium des Innern)

  홈페이지 http://www.bmi.bund.de
- 연방정치교육센터(Bundeszentrale für politische Bildung)

  홈페이지 http://www.bpb.de
- 연방통계청(Statistisches Bundesamt)

  홈페이지 http://www.destatis.de
- 연방법무성(Bundesministerium der Justiz)

  홈페이지 http://www.bmj.bund.de
- 연방재무성(Bundesministerium der Finanzen)

  홈페이지 http://www.bundesfinanzministerium.de
- 연방농무 및 기술성(Bundesministerium für Wirtschaft und Technologie)

  홈페이지 http://www.bmwi.de
- 연방식품농업 및 소비자보호성(Bundesministerium für Ernährung, Landwirtschaft und Verbraucherschutz)

  홈페이지 http://www.bml.de
- 연방가족노인여성청소년성(Bundesministerium für Familie, Senioren, Frauen und Jugend)

  홈페이지 http://www.bmfsfj.de
- 연방보건성(Bundesministerium für Gesundheit)

  홈페이지 http://www.bmgesundheit.de
- 연방교통건설 및 도시개발성(Bundesministerium für Verkehr, Bau‑ und Stadtentwicklung)

  홈페이지 http://www.bmvbw.de
- 연방환경자연보호 및 원자로안전성(Bundesministerium für Umwelt,

Naturschutz und Reaktorsicherheit)

홈페이지 http://www.bmu.de

- 연방건설 및 연구성(Bundesministerium für Bildung und Forschung)
  홈페이지 http://www.bmbf.de
- 연방경제협력 및 발전성(Bundesministerium für wirtschaftliche Zusammenarbeit und Entwicklung)
  홈페이지 http://www.bmz.de
- 연방국방성(Bundesministerium der Verteidigung)
  홈페이지 http://www.bmvg.de

③ 주의회(Landtage)

- 바덴-뷔르템베르크주의회(Landtag von Baden-Württemberg)
  홈페이지 http://www.landtag-bw.de
- 바이어리쉬어르주의회(Bayerischer Landtag)
  홈페이지 http://www.bayern.landtag.de
- 베를린국회의사당(Abgeordnetenhaus von Berlin)
  홈페이지 http://www.parlament-berlin.de
- 브란덴부르크주의회(Landtag Brandenburg)
  홈페이지 http://www.landtag.brandenburg.de
- 브레멘시민의회(Bremische Bürgerschaft)
  홈페이지 http://www.bremische-buergerschaft.de
- 함부르크시민의회(Hamburgische Bürgerschaft)
  홈페이지 http://www.hamburgische-buergerschaft.de
- 헤시셔주의회(Hessischer Landtag)
  홈페이지 http://www.landtag.hessen.de
- 메클렌부르크 포어메른 주의회(Mecklenburg-Vorpommern)

홈페이지 http://www.landtag‐mv.de

- 니데르섹시셔주의회(Niedersächsischer Landtag)

  홈페이지 http://www.landtag‐niedersachsen.de

- 노르트라인베스트팔렌주의회(Landtag Nordrhein‐Westfalen)

  홈페이지 http://www.landtag.nrw.de

- 라인란트팔츠주의회(Landtag Rheinland‐Pfalz)

  홈페이지 http://www.landtag.rlp.de

- 사란데스주의회(Landtag des Saarlandes)

  홈페이지 http://www.landtag‐saar.de

- 작센안할트주의회(Landtag von Sachsen‐Anhalt)

  홈페이지 http://www.landtag.sachsen‐anhalt.de

- 잭시셔주의회(Sächsischer Landtag)

  홈페이지 http://www.landtag.sachsen.de

- 쉴레스비히홀스타인주의회(Schleswig‐Holsteinischer Landtag)

  홈페이지 http://www.sh‐landtag.de

- 뛰린거주의회(Thüringer Landtag)

  홈페이지 http://www.thueringer‐landtag.de

3) 영국

- 의회(Parliament)

  주　　소 Information Office House of Lords London SW1A 0PW
  전　　화 +20 7219 4272 / +20 7219 3107
  팩　　스 dial 18001 followed by +20 7219 4272
  전자우편 hlinfo@parliament.uk
  홈페이지 http://www.parliament.uk

- 한사드(Hansard)

  홈페이지 http://www.publications.parliament.uk/pa/pahansard.htm

- 하원정보원(House of Commons Information Office)

  홈페이지 http://www.parliament.uk/mps - lords - and - offices/offices/
  commons/hcio

- 상원정보원(House of Lords Information Office)

  홈페이지 http://www.parliament.uk/mps - lords - and - offices/offices/lords/
  house - of - lords - information - office

- 스토먼트 기록물: 북아일랜드한사드(The Stormont Papers - Northern
  Ireland Hansard 1921 - 72)

- A2A(Access to Archives)

  홈페이지 http://www.nationalarchives.gov.uk/a2a

- 하원의회기록물(House of Commons Parliamentary Papers)

  홈페이지 http://parlipapers.chadwyck.co.uk/marketing/index.jsp

- 1988 - 현재 온라인의회법령(Online Acts of Parliament 1988 - present)

  홈페이지 http://www.legislation.gov.uk/ukpga

- 국가기록관정부기록물(The National Archives for Government archives)

  홈페이지 http://www.nationalarchives.gov.uk

- 국가기록물관보(National Register of Archives)

  홈페이지 http://www.nationalarchives.gov.uk/nra

- 노동당(Labour Party)

  홈페이지 http://www.labour.org.uk

- 노동사문서(The Labour History Archive)

  홈페이지 http://www.phm.org.uk

- 보수당(Conservative Party)

  홈페이지 http://www.conservatives.com

- 보수적방향으로전진을(Conservative Way Forward)
  홈페이지 http://conservative-party.net(party website guide)
- 보수당홈페이지(blog)
  홈페이지 http://conservativehome.blogs.com
- 보수당기록관(The Conservative Party Archive)
  홈페이지 http://www.bodley.ox.ac.uk/dept/scwmss/cpa
- 자유민주당(Liberal Democrats)
  홈페이지 http://www.libdems.org.uk/home.aspx
- 자유당기록관(The Liberal Party Archives)
  홈페이지 http://www2.lse.ac.uk/library/archive/Home.aspx
- 처칠아카이브센터(Churchill Archives Centre)
  홈페이지 http://www.chu.cam.ac.uk/archives
- 옥스퍼드 보들리언 도서관(Bodleian Library, Oxford)
  홈페이지 http://www.bodley.ox.ac.uk/dept/scwmss/wmss/index.html
- 영국도서관(The British Library)
  홈페이지 http://www.bl.uk
- 의회프로젝트역사(History of Parliament Project)
  홈페이지 http://www.histparl.ac.uk

4) 그 외 유럽국가

- 그리스(Greece)

  기록관명   Contemporary Social History Archives
  주   소   Πλατεία Ελευθερίας 1 Αθήνα Τ.Κ.:105 53
  전화번호   +210-3223062
  팩스번호   +210-3223062
  전자우편   aski@askiweb.gr

홈페이지 http://www.askiweb.eu/index.php?lang=en

• 네덜란드(Netherlands)

기록관명 Documentation Centre Dutch Political Parties
주   소 Postal address P.O. Box 72 9700 AB Groningen THE NETHERL
ANDS Visiting address Oude Boteringestraat 44 9712 GL
Groningen
전화번호 Information for the press +31 50 363 4444
Department of Internal and External Relations +31 50 363
5445/5446
팩스번호 +31 50 363 6300
전자우편 vpr@rug.nl
홈페이지 http://www.rug.nl/dnpp/index

• 노르웨이(Norway)

기록관명 Parliament
주   소 Karl Johans gate 22, N - 0026 Oslo Norway
전화번호 Telephone switchboard: +47 23 31 30 50
Telephone: +47 23 31 35 96
전자우편 info@stortinget.no
홈페이지 http://www.stortinget.no/en/In - English

• 덴마크(Denmark)

기록관명 Parliament
주   소 Folketinget, Christiansborg 1240 København K
전화번호 +45 3337 5500
전자우편 folketinget@ft.dk
홈페이지 http://www.ft.dk/English.aspx

- 독일(Germany)

  기록관명 Bundestag Archives
  주   소 Parlamentsarchiv Platz der Republik 1 11011 Berlin
  전화번호 +49 (0) 30 227 - 32319
  팩스번호 +49 (0) 30 227 - 36749
  전자우편 vorzimmer.id2@bundestag.de
  홈페이지 http://www.bundestag.de/htdocs_e/documents/archives/index.html

  기록관명 Documentation Division of the Bundesrat
  주   소 11055 Berlin
  전화번호 +30 18 9100 - 428
  팩스번호 +30 18 9100 - 400
  전자우편 pressestelle@bundesrat.de
  홈페이지 http://www.bundesrat.de/cln_099/nn_10948/EN/Organization -
           en/ten/beresekretariaiche - en/Dokumentation - en.html?__nnn=
           true

- 룩셈부르크(Luxembourg)

  기록관명 European Parliament Central historical Archives
  전자우편 https://www.secure.europarl.europa.eu/aboutparliament/en/web
           masterContact.html
  홈페이지 http://www.europarl.europa.eu/aboutparliament/en/009cd2034d/
           In - the - past.html;jsessionid=11731982F547881FD8506CD1
           A6FBB8A0.node1

- 벨기에(Belgium)

  기록관명 Senat
  주   소 Palais de la Nation 1009 Bruxelles Belgique
  전화번호 +32 2 501 70 77

팩스번호 +32 2 501 72 20
전자우편 archives@senate.be
홈페이지 http://www.senate.be

기록관명 Vlaams Parlement
홈페이지 http://www.vlaamsparlement.be/vp/contact/bezoeken/toegang_
archief.htlm

- 부르키나파소(Burkina Faso)

기록관명 National Assembly
주   소 554 boulevard de l'Indépendance 01 BP 6482
Ouagadougou 01
전화번호 +226 50 31 44 49 / 50 31 46 84 / 50 31 46 85
팩스번호 +226 50 31 45 90 - 50 31 80 14
전자우편 an@assemblee.gov.bf
홈페이지 http://www.an.bf

- 세네갈(Senegal)

기록관명 National Assembly
주   소 Place SOWETO BP 86 DAKAR - SÉNÉGAL
전화번호 +221 33 823 10 99
팩스번호 +221 33 823 67 08
전자우편 assnat@assemblee-nationale.sn
홈페이지 http://www.assemblee-nationale.sn

- 스웨덴(Sweden)

기록관명 Parliament
주   소 100 12 Stockholm

전화번호 +46 8 786 40 00 / 020 - 349 000(national calls)
전자우편 riksdagsinformation@riksdagen.se
홈페이지 http://www.riksdagen.se

- 스위스(Switzerland)

기록관명 Parliament
주   소 Parliamentary Services Parliament Building CH - 3003 Bern
전화번호 +31 322 87 90
전자우편 information@parl.admin.ch
홈페이지 http://www.parlament.ch/e/pages/default.aspx

- 스페인(Spain)

기록관명 Congreso de los Diputados
주   소 C/Floridablanca s/n - 28071 - MADRID
전화번호 +91 390 60 00
팩스번호 +91 429 87 07
전자우편 webmaster@congreso.es
홈페이지 http://www.congreso.es/portal/page/portal/Congreso/Congreso

기록관명 Senat (스페인어)
홈페이지 http://www.senado.es

기록관명 Catalunya Parlament
주   소 Parc de la Ciutadella, s/n 08003 Barcelona
전화번호 +93 304 65 00
팩스번호 +93 304 65 46
전자우편 consultes@parlament.cat
홈페이지 http://www.parlament.cat/web

기록관명   Canarias Parliament
주   소   Teobaldo Power, 7 38002 S/C de Tenerife
전화번호   +922 473 300
팩스번호   +922 473 400
홈페이지   http://www.parcan.es

기록관명   Basque Parliament
주   소   Becerro de Bengoa s/n 01005 Vitoria - Gasteiz
전화번호   +34 945 004 000
팩스번호   +34 945 135 406
전자우편   legebiltzarra@parlam.euskadi.net
홈페이지   http://www.parlamento.euskadi.net

기록관명   Andalucia Parliament
주   소   c/ San Juan de Ribera, s/n(41009 - SEVILLA)
전화번호   +95 459 21 00
전자우편   http://www.parlamentodeandalucia.es/webdinamica/portal -
          web - parlamento/utilidades/contacto.do?destinatario=2&paso=
          2&accion=Siguiente+paso
홈페이지   http://www.parlamentodeandalucia.es/webdinamica/portal -
          web - parlamento/inicio.do

기록관명   Murcia Regional Assembly
주   소   Paseo Alfonso XIII, 53 - CP: 30203 - Cartagena (Murcia)
전화번호   +96 832 68 00
전자우편   http://www.asambleamurcia.es/contacto
홈페이지   http://www.asambleamurcia.es

기록관명   Extremadura Regional Assembly
주   소   Plaza San Juan de Dios, s/n Merida 06800

전화번호 l924 38 30 00
전자우편 informacion@asambleaex.es
홈페이지 http://www.asambleaex.es

기록관명 Navarrese Parliament
홈페이지 http://www.parlamentodenavarra.es

기록관명 Cantabria Parliament
주   소 C/ Alta, 31 - 33. 39008 Santander. Cantabria. España
전화번호 +942 241 060 (centralita)
전자우편 presidencia@parlamento - cantabria.es
홈페이지 http://www.parlamento - cantabria.es

• 아랍에미리트(United Arab Emirates)

기록관명 National Center for Documentation & Research
주   소 PO Box 5884, Abu Dhabi, United Arab Emirates
전화번호 +971 2 4183333
팩스번호 +971 2 4445811
전자우편 http://www.cdr.gov.ae/ncdr/English/ContactUs/onlineContact.aspx
홈페이지 http://www.cdr.gov.ae/ncdr/English/aboutCdr/chairmanMessage.aspx

• 아이슬란드(Iceland)

기록관명 Parliament
주   소 Skrifstofa Alþingis - 150 Reykjavík - Sími 563 0500
전화번호 +354 563 0500
팩스번호 +354 563 0550
전자우편 editor@althingi.is
홈페이지 http://www.althingi.is/vefur/upplens.html

- 오스트리아(Austria)

  기 록 관 명 Parliament Archives
  주   소 Dr Karl Renner – Ring 3, 1017 Vienna, Austria
  전 화 번 호 +43 1 401 10 8888
               0810 – 312560 (throughout Austria for local rate)
  전 자 우 편 services@parlament.gv.at
  홈 페 이 지 http://www.parlament.gv.at

- 이스라엘(Israel)

  기 록 관 명 Knesset Library
  주   소 Kiryat Ben – Gurion Jerusalem 91950
  전 화 번 호 +972 640 8240
  팩 스 번 호 +972 649 6103
  전 자 우 편 feedback@knesset.gov.il
  홈 페 이 지 http://www.knesset.gov.il/library/eng/about_eng.htm

- 이탈리아(Italy)

  기 록 관 명 Senat
  주   소 Piazza Madama 00186 Roma
  전 화 번 호 +39 667061
  전 자 우 편 http://www.senato.it/relazioni/21611/29205/29206/genpagspalla.htm
  홈 페 이 지 http://www.senato.it

  기 록 관 명 Archivio Storico della Camera
  주   소 Piazza S. Macuto, 57 00186 Roma
  전 화 번 호 +39 667603880
  팩 스 번 호 +39 66795236
  전 자 우 편 ars_segreteria@camera.it
  홈 페 이 지 http://archivio.camera.it/archivio

- 크로아티아(Croatia)

  기록관명 Parliament
  주   소 Hrvatski sabor Trg sv. Marka 6 10 000 Zagreb
  전화번호 +385 1 45 69 222, 45 69 460
  팩스번호 +385 1 45 69 611
  전자우편 sabor@sabor.hr
  홈페이지 http://www.sabor.hr/Default.aspx?sec=361

- 튀니지(Tunisia)(아랍어)

  기록관명 Chambre des Députés
  홈페이지 http://www.chambre-dep.tn

- 포르투갈(Portugal)

  기록관명 Parliament Archives(포르투갈어)
  홈페이지 http://av.parlamento.pt

- 폴란드(Poland)

  기록관명 Senat
  주   소 00-902 Warsaw ul. Wiejska 6 Poland
  전자우편 senat@nw.senat.gov.pl
  홈페이지 http://www.senat.gov.pl

- 프랑스(France)

  기록관명 Parliamentary Assembly of La Francophonie
  주   소 19-21 avenue Bosquet • 75007 Paris (France)
  전화번호 +33 1 44 37 33 00

팩스번호　+33 1 45 79 14 98
홈페이지　http://www.francophonie.org/L－Assemblee－parlementaire－
　　　　　de－la.html

기록관명　National Assembly Archives
주　　소　126, rue de l'Université 75355 Paris 07 SP
전자우편　dim@assemblee－nationale.fr.
홈페이지　http://archives.assemblee－nationale.fr

- 핀란드(Finland)

기록관명　Library of Parliament
주　　소　Aurorankatu 6 Helsinki
전화번호　Reference and Archival Services Desk
　　　　　+358 (0)9 432 3423
　　　　　Information Service +358 (0)9 432 3432
　　　　　Interlibrary Loans Service +358 (0)9 432 3450
　　　　　Archive +358 (0)9 432 3419
　　　　　Director of the Library of Parliament +358 (0)9 432 3401
　　　　　Parliament's switchboard +358 (0)9 4321
팩스번호　+358 (0)9 432 3495
전자우편　library@parliament.fi
　　　　　library.archive@parliament.fi
　　　　　library.collections@parliament.fi
　　　　　library.informationservice@parliament.fi
　　　　　library.interlibrary@parliament.fi
　　　　　library.photoarchive@parliament.fi
　　　　　library.service@parliament.fi
　　　　　Personal e－mail: name.surname@parliament.fi
홈페이지　http://lib.eduskunta.fi/Resource.phx/library/index.htx?lng=en

* 필리핀(Philippines)

  기 록 관 명   House of Representatives
  주   소   Constitution Hills, Quezon City, Philippines 1126
  전 화 번 호   +632 931 5001 local 7444
  팩 스 번 호   +632 932 0535
  전 자 우 편   http://www.congress.gov.ph/contact/#
  홈 페 이 지   http://www.congress.gov.ph/index.php

* 헝가리(Hungary)

  기 록 관 명   National Assembly
  주   소   H-1055 Budapest, Kossuth tér 1-3.
  전 화 번 호   +36 1 441-4000
  전 자 우 편   webmaster@parlament.hu
  홈 페 이 지   http://www.parlament.hu/parl_en.htm

II. 주요 의회기록(관)과 정보원 소개

1. 국제기구

ICA/SPP

International Council on Archives/Section of Archives of Parliaments and Political Parties
국제아카이브스협의회의회및정당기록부문

① 기관

1) 소재사항

소재국가	프랑스
주　　소	International Council on Archives 60 rue des Francs-Bourgeois 75003 Paris
전　　화	+33 1 40 27 63 06
홈페이지	http://www.ica-spp.org

2) 성격

국제아카이브스협의회의회및정당기록부문(ICA/SPP: International Council on Archives/Section of Archives of Parliaments and Political Parties)은 '국제아카이브스협의회 정관' 제3장에 근거한 국제아카이브스협의회의 한 부문으로 의회 및 정당기록 관련 전문가의 협동, 위신, 지식 증진 등의 활동을 전문적으로 지원하는 국제적 수준의 기관이다.

3) 설립연혁

의회및정당기록부문은 1992년 9월 11일 몬트리올에서 열린 제12회 국제아카이브스의회 기간 중에 구성되었다. 이에 대한 최종 승인은 1996년 베이징에서 개최된 제13회 국제아카이브스의회에서 이루어졌다.

4) 목적

① 의회, 의회그룹 및 정치정당기록의 본질적인 중요성에 대한 강조
② 기록 중요성에 대한 국제적 차원에서의 강조
③ 전문화된 기록관 지식을 모든 주(洲)로 확대하여 적합한 기록방법의 수준 높은 표준의 달성 그리고 정치 문화적 목적의 국제적 관심으로의 달성
④ 개척자 단계를 넘어 국경을 초월하는 문제해결자로의 발전
⑤ 회의를 통해 정보 및 경험의 전수
⑥ 의회 및 정치정당 간 연결과 관계증진을 위한 기록관 직원교류를 위한 노력

⑦ 기록과학의 개빌과 언구에 의한 기록전문가에게 요구되는 의회 및 정치정
   당의 역사 정치적 전통의 융화
⑧ 다른 국가 및 주(洲)의 역사 정치적 본질과 역사에 대한 이해증진을 위한
   해당 국가 및 주(洲)의 의회, 정치정당, 정치인 기록관의 소장기록에 대한
   홍보
⑨ 적극적인 홍보를 통한 주 및 사회의 보다 나은 인식과 보다 강한 지원의 획득

5) 비전 및 임무

① 의회 및 정당기록전문가 간의 전문적이고 학자적인 협동과 커뮤니케이션의
   촉진
② 의회 및 정당기록의 국제적인 존재성 설립 및 관심의 장려
③ 의회 및 정당기록 담당직원을 위한 기록관의 전문적 위신의 인정
④ 역사적 유산의 보존과 그 유산에 대한 지식 증진 그리고 그 유산에 대한
   접근 및 이용의 허용
⑤ 의회 및 정당기록의 본질적 중요성 강조
⑥ 의회 및 정당기록의 국제적 분야에서의 중요성 강조
⑦ 특화된 기록 지식전수를 통한 양질의 기록 방법론 획득
⑧ 국경극복 및 국경을 넘는 방법의 강구
⑨ 만남을 통한 정보 및 경험의 전수
⑩ 의회 및 정당 간 관계와 연결을 증진시키기 위한 기록관 직원 교환을 위한
   노력
⑪ 기록전문가에게 요구되는 연구 및 기록과학개발에 의한 의회 및 정당의 역
   사 정치적 전통의 융화
⑫ 정체성 이해증진을 위한 다른 주 및 국가의 의회, 정당, 정치기록 소유권에
   대한 홍보

⑬ 활발한 홍보활동을 통한 보다 많은 인지와 더 많은 지원의 획득

6) 조직

운영위원회(Steering Committee), 회장(President), 비서(Secretary), 부회장(Vice - President) 이하 회원(Members)으로 구성되어 있다.

7) 회원

SPP는 현재 약 90개의 기관(ICA Category C) 및 개인(ICA Category D)을 회원으로 두고 있다.

8) 주요활동(Meetings and Congresses)

국제아카이브스협의회의회및정당기록부문은 각각 다른 주제를 바탕으로 매해 총회 컨퍼런스를 주최하며 관련기관이 논문모집 행사를 지원한다. 1993년 로마 총회에서부터 2010년 세네갈 총회까지의 관련 정보가 홈페이지에 제공되고 있다. 최근의 주요 총회는 다음과 같다.

① 의회및정당기록을 위한 기회 및 도전으로써의 WWW(The WWW as a hallenge and as a chance for Parliamentary and Party Archives). 본, 독일, 2006년 11월 2 - 4일.

② 의회, 정당, 정치인 기록 관련기관들(Parliamentary, party and politicians' archives and their neighbouring institutions). 코르푸, 그리스, 2007년 11월 1 - 3일.

③ 기록웹사이트: 기록의 새로운 도전(Archiving websites: a new challenge to archives), 제16회 기록국제의회 쿠알라룸푸르 워크숍(XVI International Congress on Archives Kuala Lumpur, Workshop)

④ 기록과 민주주의(Archives and Democracy). 비엔나, 오스트리아, 2009년 10월 29-30일.

⑤ 21세기의 현대화, 지속성, 법제정 지원(Modernisation and Sustainability, Lawmaking Support in the 21st Century). 다카, 세네갈 2010년 10월 20-23일.

9) 관련법률

- SPP/ICA Regulation

  홈페이지 http://wad426ar.homepage.t-online.de/spp/SPP_Regulations.htm

  굿거버넌스에 대한 관심과 2004년에 채택된 ICA 정관 제19조 61항을 근거로 하여 SPP/ICA 및 기관의 활동과 기능을 다루고 있는 기본원칙과 규칙을 체계적으로 분류하고 있다.

② 정보원

1) 정보원 열람 및 배포 정책

국제아카이브스협회의회및정당기록부문(ICA/SPP: International Council on Archives/Section of Archives of Parliaments and Political Parties)의 소장정보원은 업무도큐먼트와 출판물로 분류된다. 업무도큐먼트의 경우 각종 회의보고서 및 관련문서를 영어 및 독일어로 열람할 수 있다. 출판물의 경우 2004년부터 2008년까지의 출판물 리스트 및 간략한 설명을 출판 당시의 제공언어를 통한 열람이 가능하다.

2) 업무도큐먼트

(1) 회의보고서

1993년부터 2009년까지의 회의보고서의 전문이 홈페이지에 업로드되어 있
다. 2008 - 2009년도의 회의보고서는 다음과 같다.

- *Minutes of the SPP/ICA Steering Committee Meeting April 2008 in Vienna*
- *Minutes of the SPP/ICA Steering Committee Meeting July 2008 in Kuala Lumpur*
- *Minutes of the SPP/ICA Plenary Meeting July 2008 in Kuala Lumpur*
- *Minutes of the SPP/ICA Steering Committee Meeting May 2009 in Vienna*
- *Minutes of the SPP/ICA Steering Committee Meeting October 2009 in Vienna*

(2) 회의문서

2002년부터 2009년까지의 회의문서의 전문이 홈페이지에 업로드되어 있
다. 2008 - 9년도의 회의문서는 다음과 같다.

- *Kuala Lumpur: Quadrennial Report August 2004 － April 2008.*
- *Vienna: Annual Report 2009.*

3) 출판물

- *Archivi Storici Parlamentari: Teoria ed Esperienze in Europa.* 1994 La Memoria del Parlamento.(Ricerche e Convegni 10)
- *The Memory of the Parties: Party archives in Europe.* 1996 Das Gedächtnis

der Parteien.

- *Parties in Parliament.* 1997.
- *Archivalien von Mitgliedern und Fraktionen des Europäischen Parlaments in Archiven der Mitgliedsländer.* 1997.
- *Electronic Data Processing and the Access to the Archives of Parliaments and Political Parties.* 1998.
- *Access to Parliamentary Records and Audio−Visual Materials in Archives of Parliaments and Political Parties.* 2008.
- *Archives of Members and Parliamentary Groups of the European Parliament in Archives of Member States. Inventory.* Second Edition 2003.(cf number 4)
- *General Guidelines for drafting regulations on Parliamentary Archives.* 2004.
- *Parliamentary Institutions: The Criteria for Appraising and Selecting Documents.*
- *The WWW as a Challenge and as Chance for Parliamentary and Party Archives.* Beiträge der Tagung SPP/ICA Annual Meeting, 2−4. 11. 2006.

IPU
Inter – Parliamentary Union
국제의회연맹

① 기록관

1) 소재사항

소재국가　　스위스
주　　　소　　5, chemin du Pommier Case postale 330 CH – 1218 Le
　　　　　　Grand – Saconnex Geneva
전　　　화　　+4122 919 41 50
팩　　　스　　+4122 919 41 60
홈페이지　　http://www.ipu.org/english/whatipu.htm

2) 성격

국제의회연맹(IPU: Inter – Parliamentary Union)은 세계의 국회회담을 조명하
며 간접 민주주의와 평화, 국제협력의 증진을 위한 노력을 하는 기관이다. 이
기관은 국제연합(UN: United Nations)과의 협력을 통해 공통의 목적을 달성하
기 위해 노력하고 있으며, 그 외 지역별 의회 기관들과 정부 및 비정부기관들
과도 함께 일하고 있다.

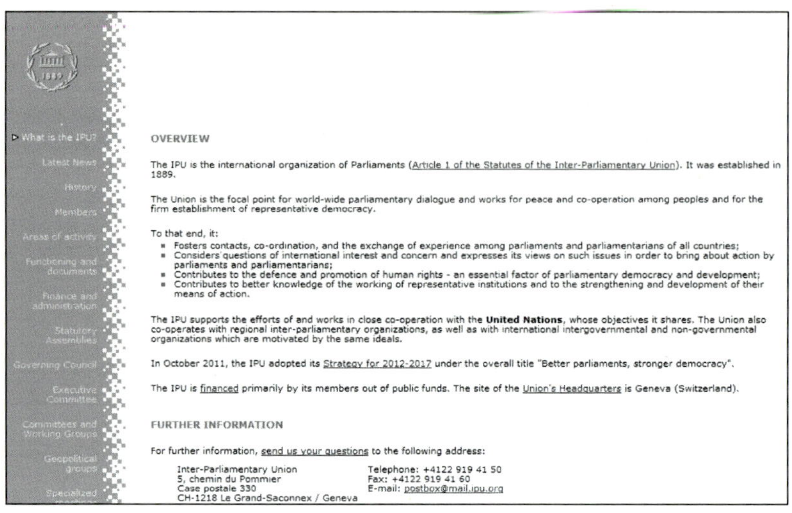

OVERVIEW

The IPU is the international organization of Parliaments (Article 1 of the Statutes of the Inter-Parliamentary Union). It was established in 1889.

The Union is the focal point for world-wide parliamentary dialogue and works for peace and co-operation among peoples and for the firm establishment of representative democracy.

To that end, it:

- Fosters contacts, co-ordination, and the exchange of experience among parliaments and parliamentarians of all countries;
- Considers questions of international interest and concern and expresses its views on such issues in order to bring about action by parliaments and parliamentarians;
- Contributes to the defence and promotion of human rights - an essential factor of parliamentary democracy and development;
- Contributes to better knowledge of the working of representative institutions and to the strengthening and development of their means of action.

The IPU supports the efforts of and works in close co-operation with the **United Nations**, whose objectives it shares. The Union also co-operates with regional inter-parliamentary organizations, as well as with international intergovernmental and non-governmental organizations which are motivated by the same ideals.

In October 2011, the IPU adopted its Strategy for 2012-2017 under the overall title "Better parliaments, stronger democracy".

The IPU is financed primarily by its members out of public funds. The site of the Union's Headquarters is Geneva (Switzerland).

FURTHER INFORMATION

For further information, send us your questions to the following address:

Inter-Parliamentary Union
5, chemin du Pommier
Case postale 330
CH-1218 Le Grand-Saconnex / Geneva

Telephone: +4122 919 41 50
Fax: +4122 919 41 60
E-mail: postbox@mail.ipu.org

3) 설립연혁

- 1888년 전 세계의 의회 의원들이 한 자리에 모여 평화와 중재 관련 문제를 논의하기 위해 파리 그랜드 호텔(Grand Hotel)에서 프랑스의회 의원 프레데리크 파시(Frédéric Passy)를 회장으로 선출하였으며 영국의회 의원 윌리엄 크레머(Willian Randal Cremer)와 조지 뱀프벨(Sir George Vampbell)을 부회장으로 선출하였다.

- 1889년 두 번째 회의에는 프랑스와 영국의회 의원 외 이탈리아, 벨기에, 스페인, 덴마크, 헝가리 그리고 미국 의원들이 참여하였다.

- 1889 6월 30일에 크레머와 파시에 의해 정치적 협상을 위한 최초의 다국가 고정포럼이 설립되었다. 이후 IPU는 의회 의원들의 개별적인 협력 노력에서 자주국가의회들의 국제적 협력기관(Article 1 of the Statutes of the Inter-Parliamentary Union)으로 발전하였다.

4) 설립목적

① 세계 모든 정치적 제도와 정치적 정보 학습을 대표하는 입법자들에게 있어 의회 간 외교와 국회회담을 통해 중심적인 역할을 수행하며, 그 외 정치적인 의견, 정치적 트렌드에 대한 통찰을 제공한다.

② IPU의 법령집회(Statutory Assemblies)와 특별집회는 평화와 국제적 협력의 목적 달성을 위하여 새로운 계획과 방안을 제시하는 기회를 제공한다.

5) 비전 및 임무

① 세계 각국의 의회와 의원들 상호간 연락과 조직화 그리고 정보의 교류의 촉진을 돕는다.

② 국제적 관심사와 목표에 대한 의원들 간의 의사를 표명하며 그들의 입장을 반영한다.

③ 의회 민주주의와 그 발전에 있어서 중요한 요소인 인권옹호와 보호에 기여한다.

④ 대표기관들과 역할증진을 위해 심층적 이해를 돕는다.

6) 조직

(1) IPU 회의(IPU Assembly)

IPU 회의는 정치적 이슈에 대한 국제의원연맹의 입장을 표명할 수 있도록 하는 법적 조직으로, 의원들을 소집해 국제적인 문제에 대해 토의하며 이에 대한 대처 방안을 제안할 수 있도록 한다.

(2) 이사회(The Governing Council)

구 국제의원연맹의 총회 정책 결정 조직으로 몇몇의 위원회 및 이행 부서

로 구성되어 있다. 국제의원연맹의 장은 정책위원회의 공동장을 억임하기
도 한다.

(3) 행정위원회(Executive Committee)

행정위원회는 총 17개의 조직으로 구성되어 있으며, 국제의원연맹의 행정
에 대한 업무를 총괄하고 있다. 이 조직은 또한 운영위원회에 조언을 하기
도 한다.

(4) 위원회들과 그 외 기관들(Committees and Working groups)

국제의원연맹의 위원회, 이행 부서 및 기타 조직은 모두 운영위원회에 의
해 설립된다. 현재 조직의 구성위원회는 다음과 같다.

① 평화와 국제안보 상임위원회(Standing Committee on Peace and International
Security)
② 지속가능한 개발 상임위원회(Standing Committee on Sustainable Development,
Finance and Trade)
③ 민주주의와 인권상임위원회(Standing Committee on Democracy and
Human Rights)
④ 인권과 의회의원위원회(Committee on the Human Rights of Parliamentarians)
⑤ 중동문제위원회(Committee on Middle East Questions)
⑥ 사이프러스촉진자회(Group of Facilitators for Cyprus)
⑦ 국제인도법증진위원회(Committee to Promote Respect for Internation-
al Humanitarian Law)
⑧ IPU국제연합사무고문단(Advisory Group of the IPU Committee on
United Nations Affairs)
⑨ HIV/AIDS고문단(Advisory Group on HIV/AIDS)

⑩ 여성의회의원모임조정위원회(Co‑ordinating Committee of the Meeting of Women Parliamentarians)

⑪ 성별간협력회(Gender Partnership Group)

(5) 지역별 단체(Geopolitical Groups)

지역별 단체는 각기 국제의원연맹의 활동에 참여할 수 있는 최적의 방향으로 운영되며 장관에게 각각의 활동, 실무자 성명, 진행 방법 등의 정보를 보고한다. 다음의 6개의 지역별 단체가 현재 IPU의 일부로 기능하고 있으며, 그 활동 방향과 연락처는 다음과 같다.

① 아프리카(Africa)

45개 회원국을 두고 있다.

회   장   파라 마알림(Hon. Farah Maalim)
직   위   켄야 의회 부의장(Deputy Speaker of the National Assembly of Kenya)
전자우편   dspeaker@parliament.go.ke

연락담당   지코피(Mr. N'ZI Koffi)
직   위   아프리카 의회연맹 사무총장(Secretary General, African Parliamentary Union)
주   소   30, Bd. Roume, B.P. V314 Abidjan, Côte d'Ivoire
팩   스   +225 20 30 44 05, +225 20 30 44 09
전화번호   +225 20 30 39 70, +225 20 30 39 74
전자우편   upa1@aviso.ci, upa2@aviso.ci

② 아랍그룹(Arab group)

19개의 회원국을 두고 있다.

회	장	모하마드 벤 무부락 알코올리피(Mr. Mohammad Ben Muburak Al - Kholeifi)
직	위	카타르 자문회 의장(Speaker of the Advisory Council of Qatar)

코디네이터		누르 에딘 부크(Mr. Nour Eddine Bouchkouj)
직	위	아랍 의원연맹 사무총장(Secretary General, Arab Inter - Parliamen tary Union)
주	소	Mezzeh Est, Rue Chafei no. 6 P.O. Box 4130 Damascus, Syrian Arab Republic
팩	스	+963 11 613 02 24
전 호 번 호		+963 11 613 00 42 / 613 02 23
전 자 우 편		info@arab - ipu.org

③ 아시아 · 태평양(Asia - Pacific)

7개 회원국을 두고 있으며, 우리나라도 아시아 · 태평양 지역회원이다.

회	장	알리 라리자니(Dr. Ali Larijani)
직	위	Speaker of the Islamic Parliament of Iran

비	서	후세인 쉐이쿠울 이슬람(Mr. Hossein Sheikh - ul - Islam)
직	위	이란 의회 사무총장(Secretary General of the Islamic Parliament of Iran)
주	소	Baharestan Sq. Tehran - Islamic Republic of Iran
전 화 번 호		+9821 33 44 02 36, 33 44 03 06
팩	스	+9821 33 44 02 36, 33 44 03 09
전 자 우 편		Ipugroup@parliran.ir and hashemi110@yahoo.com

④ 유라시아(Eurasia)

7개의 회원국을 두고 있다.

회　　장　샘벨 니코얀(Mr. Samvel Nikoyan)
직　　위　아르메니아 의회 부대통령
주　　소　19 Marshal Baghramyan Avenuem, Yerevan 0095 Armenia
전화번호　+374 10 529 540, 588 475
팩　　스　+374 10 529 540
전자우편　samvel.nnikoyan@parliament.am
　　　　　zabela.ghazaryan@parliament.am

⑤ 남미와 카리브 해(Latin America and the Caribbean)

21개의 회원국을 두고 있다.

회　　장　카를로스 이메에즈 마치아스(Senator Carlos Jiménez Macías, Mexico)
주　　소　Torre Caballito, Piso 15, Oficina 9, Reforma 10 Col. Tabacalera, México, D. F., 06930
전화번호　+5255 5345 3000 ext. 3072, 5172
팩　　스　+5255 5345 3000 ext. 5326
전자우편　cjimenezmacias@senado.gob.mx

연락담당　오스카 피키넬라(Mr. Oscar Piquinela)
직　　위　GRULAC 비서, 카메라(Cámara) 대표
주　　소　Palacio Legislativo, Av. de las Leyes, Montevideo, Uruguay
전화번호　+598 2924 8686, +598 2924 8119
팩　　스　+598 2924 8774
전자우편　ipuuru@parlamento.gub.uy
홈페이지　http://www.secretariagrulacuip.org

⑥ 투웰브 플러스(Twelve Plus)

알바니아(Albania)

안도라(Andorra)

호주(Australia)

오스트리아(Austria)

크로아티아(Croatia)

사이프러스(Cyprus)

체코공화국(Czech Republic)

덴마크(Denmark)

에스토니아(Estonia)

핀란드(Finland)

프랑스(France)

조지아(Georgia)

독일(Germany)

그리스(Greece)

헝가리(Hungary)

아이슬란드(Iceland)

아일랜드(Ireland)

이스라엘(Israel)

이탈리아(Italy)

라트비아(Latvia)

리히텐슈타인(Liechtenstein)

리투아니아(Lithuania)

룩셈부르크(Luxembourg)

몰타(Malta)

벨기에(Belgium)

보스니아 - 헤르체코비아(Bosnia and Herzegovina, Bulgaria)

캐나다(Canada)

모나코(Monaco)

몬테네그로(Montenegro)

네덜란드(Netherlands)

뉴질랜드(New Zealand)

노르웨이(Norway)

폴란드(Poland)

포르투갈(Portugal)

로마니아(Romania)

산마리노(San Marino)

세르비아(Serbia)

슬로바키아(Slovakia)

슬로베니아(Slovenia)

스페인(Spain)

스웨덴(Sweden)

스위스(Switzerland)

구 마케도니아 유고슬라비아 공화국 (The former Yugoslav Republic of Macedonia)

터키(Turkey)

이상과 같은 46개의 회원국을 두고 있으며, 이들 국가의 관리감독 및 연락
처는 다음과 같다.

유럽평의회의회(PACE: Parliamentary Assembly of the Council of Europe,
European Parliament)

회   장 로버트 델 피치아(Mr. Robert del Picchia, France)
비   서 필리페 보라세(M. Philippe Bourassé)
주   소 Chef du Secrétariat des Douze Plus Groupe français de l'Union
         interparlementaire, Palais du Luxembourg 75291 Paris cedex
         06 France
전화번호 +33 1 42 34 27 93 / 43 61 / 26 12
팩   스 +33 1 42 34 27 99
전자우편 secretariat12plus@senat.fr

7) 회의

(1) 차후 국제의회연맹 회의(Future Inter-Parliamentary Assemblies)

국제의회연맹의 제126회 총회는 우간다의 캄팔라(Kampala)에서 2012년 3
월 31일부터 4월 5일까지 개최되고, 제127회 총회가 캐나다의 퀘백에서
2012년 10월 21일부터 26일까지 개최되었다.

(2) 특별회의

국제의원연맹 및 위원회 등의 법적 조직 총회 외에도 IPU는 국제 규모 및
지방 규모의 회의 및 심포지엄을 개최하여 전문가 및 의원들이 특정 이슈들
에 관한 연구를 진행할 수 있도록 한다. 향후 회의 및 기타 활동 예정은 2년
에 한 번 운영위원회에 의해 검토된다.

② 정보원

1) 정보원 열람 및 배포 정책

- 국제의회연맹(IPU: Inter - Parliamentary Union)의 각 기관들의 운영 방침, 현재 가입국가들과 더불어 회의와 집회들에 대한 정보가 제공된다. 이는 회의에 참석한 이들의 명단부터 시작해 간략한 아젠다, 향후 계획 회의스케줄 등을 포함하고 있다.

- IPU의 운영에 소요되는 예산을 다룬 보고서 역시 공개되어 있으며 IPU의 활동에 대한 뉴스를 '최근뉴스(latest news)'란을 통해 제공하고 있다. 또한, '보도자료(press releases)'에서는 국제의회연맹에 관한 기사들이 링크되어 있어 전문 열람이 가능하다.

- 또한 IPU의 홈페이지에는 'PARLINE'과 'Women in Politic'이라는 데이터베이스가 있는데, 전자의 경우 전 세계 모든 의회에 대한 정보가 제공되고 있으며 후자는 여성 정치가들에 대해 기술한 전기적 자료가 제공되고 있다.

- 보고서와 설문자료의 경우 영어, 불어, 스페인어, 아랍어 등으로 구축된 전문과 요약문 그리고 포스터 등이 PDF로 구축되어 홈페이지에서 다운로드 방식으로 무료로 제공되고 있다.

- 연속간행물의 경우 기본적으로 영어판과 불어판으로 간행되고 있다. 그 외 스페인어, 아랍어 등으로도 간행되기도 하였으며, PDF로 구축되어 홈페이지에서 무료로 제공되고 있다. 단행본의 경우 영어, 불어 및 스페인어판으로 저술되었으며, 온라인과 오프라인 방식으로 유료로 제공되고 있다. 핸드북의 경우 1999년부터 2011년까지 출판된 핸드북 또한 PDF로 구축되어 무료로 제공되고 있다. 영어 전문의 보도자료 역시 홈페이지에 제공되고 있다.

2) 정보원 검색

정보원 검색은 데이터베이스를 통하여 이루어지며, 국제의회연맹 홈페이지에서 제공하는 데이터베이스에는 두 가지가 있다.

(1) 국가의회데이터베이스(PARLINE database)

정식명칭은 '국가의회데이터베이스(PARLINE Database on National Parliaments)' 이다. 이 데이터베이스는 국가법이 존재하는 세계 190개국의 267개의 의회 관련 단체 정보를 보유하고 있다. 세계의 입법부에 대한 자료를 검색할 수 있도록 하는 데이터베이스로 국가와 의장, 모듈, 지역에 의한 검색을 할 수 있다. 원문 전체를 이용하기 위해서는 키워드 검색을 이용한다.

(2) 입법부여성전기자료 데이터베이스(Women in Politics – Biographic Database)

입법부의 여성들에 대한 전기자료를 수집해 놓은 데이터베이스로 문서의 종류, 지리와 기관 및 주제별 키워드와 작가, 간행물의 종류, 출판일, 언어 를 통한 검색이 가능하다. 원문 전체의 이용이 키워드 검색과 건의를 통해 가능하며, 이는 완전한 무료 서비스다.

3) 출판물

국제의회연맹은 정기적으로 책, 정기간행물, 안내서, 보고서와 설문자료를 작 성해 출판한다. 이러한 출판물은 제네바에 있는 IPU 사무국을 통해 제공받을 수 있으며, 이는 재고가 남아 있거나 출판사의 동의하에 이루어진다. 소장 자 료 중 대다수는 온라인으로 주문할 수 있다.

(1) 보고서와 설문자료(Reports and Surveys)

이는 시리즈로 출판되며 국제의회연맹의 다양한 활동을 설명하며, 연맹이

개회하는 특별 활동들에 대한 브로슈어가 포함되어 있다. ① 2000년부터 현재, ② 1997년부터 1999년, ③ 1991년부터 1996년까지의 세 부분으로 분류되어 있으며, PDF로 구축되어 무료로 제공되고 있다. 전문과 요약문과 포스터 등이 영어, 불어, 스페인어 및 아랍어 등으로 구축되어 있다. 대표적으로 2010년과 2011년의 보고서류는 다음과 같다.

- ***Gender Sensitive Parliaments***(2011)
- ***Annual 2011 Session of the Parliamentary Conference on the WTO***(2011)
- ***The Representation of Minorities and Indigenous Peoples in Parliament: A Global Overview***(2010)
- ***Diversity in Parliament: Listening to the Voices of Minorities and Indigenous Peoples***(2010)
- ***Case Studies on the Representation of Minorities and Indigenous Peoples in Parliament***(2010)
- ***World e - Parliament Report 2010***
- ***Women in Politics: 2010*** (포스터)

(2) 연속간행물(Periodicals)

국제의회연맹의 연속간행물은 연간으로 발간되며 연맹뿐만 아니라 각국 의회들의 발전에 대한 정보 또한 제공하고 있다. 대부분 영어와 불어판으로 간행되며, 일부 스페인어와 아랍어판 등으로도 간행되고 있다. PDF로 구축되어 무료로 홈페이지에서 제공되고 있으며, 다음과 같다.

- ***IPU Strategy 2012 - 7***
- ***Annual report on the activities of the Inter - Parliamentary Union***
- ***Panorama of Parliamentary Elections***

- *IPU Information Brochure*
- *Women in Parliament: The year in perspective*
- *The World of Parliaments*
- *IPU Assembly and relating meetings − Results*
- *Chronicle of Parliamentary Elections*
- *World Directory of Parliaments*
- *Inter − Parliamentary Bulletin*(부정기)
- *Statutory Assemblies: Summary Records of the Proceedings*
- *List of books and articles catalogued*(부정기)
- *World − wide Bibliography of Parliaments*(부정기)
- *ASGP publication: Constitutional and Parliamentary Information*

(3) 단행본(Books)

국제의회연맹의 후원하에 작성된 의회와 국제관계전문가들에 의해 출판된 도서들은 의회도서관들과 정치학에 관심을 가진 모든 이들에게 필수이다. 대부분 영어, 불어 및 스페인어판으로 저술되었으며, 유료로 제공되고 있다. PDF로 구축된 것은 홈페이지에서 주문을 통해 다운로드 가능하며, 그 외의 경우 오프라인으로 주문가능하다. 홈페이지에 제공되고 있는 단행본은 다음과 같다.

- *Tools for Parliamentary Oversight*(2008)
- G.S. Goodwin − Gill. *Free and Fair Elections*. New expanded edition.(2006)
- Jean Mohr. *The House of Parliaments*(2004)
- *The Parliamentary Mandate*(2000)
- *Democracy: its Principles and Achievement*(1998)
- G.S. Goodwin − Gill. *Codes of Conduct for Elections*(1998)

- G. Bergougnous. *Presiding Officers of National Parliamentary Assemblies*(1997)
- G.S. Goodwin-Gill *Free and Fair Elections: International Law and Practice*(1994)
- V.-Y. Ghebali. *The Conferences of the Inter-Parliamentary Union on European Co-operation and Security(1973-1991)*(1993)
- L. Despouy. *Functioning and "Jurisprudence" of the IPU Committee on the Human Rights of Parliamentarians*(1993)
- Y. Zarjevski. *The People have the Floor: A History of the Inter-Parliamentary Union*(1989)
- P. Laundy. *Parliaments in the Modern World*(1989)
- *Parliaments of the World: A Comparative Reference Compendium*(1986)

(4) 핸드북(Handbooks)

국제의회연맹의 새로운 출간물의 하나인 핸드북은 입법관들을 위하여 출판되었다. 각 안내서는 자료 요소, 모델 유형과 입법이나 규제 관행에 초점을 둔 전문지식을 제시하고 있다. 1999년부터 2011년까지 출판된 핸드북에 대한 정보가 홈페이지에 제공되고 있으며, PDF로 구축되어 무료로 제공되고 있다. 영어, 불어, 스페인어, 아랍어 외에 일부 핸드북은 중국어로도 출판되었다. 그중 2009년부터 2011년까지의 핸드북은 다음과 같다.

- *Handbook on Child Participation in Parliament*(2011)
- *Advocacy Kit for Parliamentarians "Disaster Risk Reduction: An Instrument for Achieving the Millennium Development Goals"*(2010)
- *Mobilizing Parliamentary Support for the Brussels Programme of Action for the Least Developed Countries*(2009)
- *Missing persons. A Handbook for Parliamentarians*(2009)

- ***Handbook for Parliamentarians on Combating Trafficking in Persons***(2009)

4) 보도자료(Press Release)

국제의원연맹의 언론과 정보 서비스는 위원회, 총회, 특별회의 등과 연맹의 활동과 관련된 언론보도자료를 제공한다. 자료는 1996년부터 현재까지의 연대기적 순서로 정리되어 있으며 '소급장서(retrospective collection)' 명칭으로 각 연도별로 구축되어 있다. 영어 전문이 홈페이지에 제공되고 있으며, 2011년 말부터 현재까지의 대표적인 보도자료는 다음과 같다.

- ***Parliamentarians under threat in many countries***(Geneva, 16 January 2012)
- ***New Year Message from the IPU President, Mr. Abdelwahad Radi***(Geneva, 31 December 2011)
- ***The President of the Inter-Parliamentary Union deeply concerned by the violence in Egypt***(Geneva, 23 November 2011)
- ***IPU President calls for an end to violence in Syria***(Geneva, 18 November 2011)

5) e공보(eBulletin)

이는 전자 뉴스레터(electronic newsletter)로서 IPU의 최근 활용들에 대한 정보를 제공해 주고 있다. 이는 격월간으로 영어와 불어로 간행되고 있다. 2012년 현재 2011년 12월 19일판인 제29호의 전문이 홈페이지에 탑재되어 있다.

2. 의회기록(관)

CACCA

Carl Albert Center Congressional Archives
칼앨버트센터의회기록관

① 기록관

1) 소재사항

소재국가	미국
주　　소	Carl Albert Center Archives 630 Parrington Oval, Rm 101 Norman, OK 73019
전　　화	+1 405 325 5835
전자우편	cacarchives@ou.edu
홈페이지	http://www.ou.edu/special/albertctr/archives

2) 성격

- 칼앨버트센터(CAC: Carl Albert Center)는 고등교육오클라호마주평의원 (Oklahoma State Regents for Higher Education)과 호클라호마대학평의원위원회(Board of Regents of the University of Oklahoma)에 의해 1979년에 설립되었으며, 본 센터는 미국하원의 제46대 의장이자 로도스학자(Rhodes Scholar), 오클라호마 대학 졸업생으로서의 명예로운 칼 앨버트(Carl Albert)의 업적을 기리기 위하여 운영되고 있다.

- 칼앨버트센터의회기록관(CACCA: Carl Albert Center Congressional Archives)
  은 50인 이상의 전(前) 의회회원들의 기록과 의회직원, 학자, 기자들의 기록은
  보유하고 있다. 기부자의 특별허가가 없이 일부 최근 기록들은 대중공개가 불가능
  하나, 이를 제외한 대부분의 기록은 연구원들에게 이용 가능하도록 되어 있다.
  기본적으로 본 기록관 소장 중 가장 대표적인 것은 전 하원 대변인이었던 칼
  알버트의 기록물이다.

3) 온라인전시회

의회기록관은 다음과 같은 온라인전시회를 주최한다.

① 오클라호마를 다시 일하는 도시로(Putting Oklahoma Back to Work)

② 우리는 우리가 이 땅에 속해있다는 것을 안다: 수백 년 역사의 오클라호마와
  의회(We Know We Belong to the Land: A Hundred Years of Oklahoma and
  the Congress)

③ 오클라호마 출신의 의회의원(Members of Congress from Oklahoma)

④ 암실 밖으로(Out of the Darkroom)

⑤ 칼 앨버트, 미국하원 대변인(Carl Albert, Speaker of the U.S. House of Representatives)

⑥ 헬렌 가하간 더글라스: 삶(Helen Gahagan Douglas: A Life)

⑦ 신개척정신정책 당시의 화물수송책임자(Wagon Master of the New Frontier)

⑧ 프레드 해리스: 그의 정치적 생애(Fred R. Harris: His Political Career)

⑨ 분리된 지역?(Divided District?)

⑩ 미국공화당 축하(Celebrating the Grand Old Party)

4) 여행전시회

여행전시회는 참가자들에게 무료로 제공하고 있으나, 전시품목의 배송 및 전시준비는 참가자가 책임져야 한다. 현재까지 여행전시회를 이용해온 주최자들은 대중도서관, 대학, 역사협회 그리고 박물관 등이다. 여행전시회의 예는 다음과 같다.

① 우리는 우리가 이 땅에 속해있다는 것을 안다: 수백 년 역사의 오클라호마와 의회(We Know We Belong to the Land: A Hundred Years of Oklahoma and the Congress)

② 그들의 역할하기: 오클라호마와 제2차 세계대전의 경험(Doing Their Part: Oklahomans and the World War II Experience)

5) 객원연구원프로그램

- 의회기록관은 학교 내 연구를 위한 재정지원을 제공한다. 객원연구원 프로그램은 진정성을 가진 모든 학자가 지원가능하며, 미국의회 및 의원들에 대한 연구 제안이 대표적이며 그 외 다른 기록관 소장품과 관련된 다양한 주제에 대한 연구제안도 지원가능하다.

- 박사 후 연구과정을 수행하고자 하는 역사학 및 정치학 전공자들의 본 프로그램 지원도 가능하다.

6) 관련기관

(1) 의회연구기관

- 미국하원(The U.S. House of Representatives)
  홈페이지 http://www.house.gov
- 미국상원(The U.S. Senate)
  홈페이지 http://www.senate.gov
- 전기안내가이드(Bioguide)
  홈페이지 http://bioguide.congress.gov/biosearch/biosearch.asp
- 정치묘지(Political Graveyard)
  홈페이지 http://politicalgraveyard.com/index.html

(2) 미국국립기록청(U.S. National Archives and Records Administration)

- 입법부기록센터(The Center for Legislative Archives)
  홈페이지 http://www.archives.gov/legislative
- 미국역사문서(America's Historical Documents)
  홈페이지 http://www.archives.gov/historical‒docs
- 대통령도서관(Presidential Libraries)
  홈페이지 http://www.archives.gov/presidential‒libraries
- 토마스(THOMAS)
  홈페이지 http://thomas.loc.gov/home/thomas.php
  의회도서관의 입법관련 정보제공 사이트이다.
- 정부포털(FirstGov)

홈페이지 http://www.usa.gov

미국정부의 공식포털사이트이다.

- 연방정부선거통계(Federal Election Statistics)

  홈페이지 http://clerk.house.gov/index.aspx

  미국상원대변인사무소(U.S. House Office of the Clerk) 통계자료 제공 사이트이다.

- 오클라호마주정부선거위원회(Oklahoma State Election Board)

  홈페이지 http://www.ok.gov/elections/index.html

(3) 기타 정치기록관(Other Political Archives)

- 의회연구센터협회(Association of Centers for the Study of Congress)

  홈페이지 http://www.congresscenters.org

- 의회논문원탁회의 – 미국아키비스트협회(Congressional Papers Roundtable – Society of American Archivists)

  홈페이지 http://www.archivists.org/saagroups/cpr

- 입법연구부문 – 미국정치학협회(Legislative Studies Section – American Political Science Association)

  홈페이지 http://www.apsanet.org/~lss/links.html

(4) 오클라호마대학기관

- 비젤도서관(Bizzell Library)

  홈페이지 http://libraries.ou.edu

- 정부도큐먼트부(Government Documents Department)

  홈페이지 http://libraries.ou.edu/locations/?id=9

- 서양역사컬렉션(Western History Collection)

  홈페이지 http://libraries.ou.edu/locations/?id=22

- 정치상업기록(Political Commercial Archive)

  홈페이지 http://cas.ou.edu/pcc
- 국제프로그램센터외교기록(International Programs Center Diplomatic Archive)
- 프레이법률도서관특별컬렉션(Pray Law Library Special Collections)

  홈페이지 http://www.law.ou.edu/content/donald－e－pray－law－library
- 코노코 필립스기록센터(Conoco Phillips Writing Center)

  홈페이지 http://www.ou.edu/writingcenter

(5) 오클라호마 국회의원단(Oklahoma Delegation)

- 제임스 인호피 상원의원(Senator James Inhofe)

  홈페이지 http://inhofe.senate.gov/public
- 통 코번 상원의원(Senator Tom Coburn)

  홈페이지 http://www.coburn.senate.gov/public
- 존 설리반 의원(Rep. John Sullivan)

  홈페이지 http://sullivan.house.gov
- 댄 보렌 의원(Rep. Dan Boren)

  홈페이지 http://boren.house.gov
- 프랭크 루카스 의원(Rep. Frank Lucas)

  홈페이지 http://lucas.house.gov/index.shtml
- 톰 콜리 의원(Rep. Tom Cole)

  홈페이지 http://www.cole.house.gov
- 제임스 랭크포드 의원(Rep. James Lankford)

  홈페이지 http://lankford.house.gov

(6) 정당

- 민주당전국위원회(Democratic National Committee)

홈페이지 http://www.dcmocrats.org
- 공화당전국위원회(Republican National Committee)
  홈페이지 http://www.gop.com/SOTU2012Vid/SOTU2012Vid.htm
- 오클라호마민주당(Oklahoma Democratic Party)
  홈페이지 http://www.okdemocrats.org
- 오클라호마공화당(Oklahoma Republican Party)
  홈페이지 http://www.okgop.com

② 정보원

1) 정보원 열람 및 배포 정책

- 칼앨버트센터의회기록관(CACCA: Carl Albert Center Congressional Archives)은 주로 20세기 중반의 기록물로 미국남북전쟁 때부터 현재까지의 의회기록물을 소장하고 있다.
- 의회기록관 소장기록물들은 몇몇의 훌륭한 연구와 유명한 활동에 이용되었다. 예를 들어, 잉그리드 스코비(Ingrid Scobie)의 '헬렌 가하간 더글라스(Helen Gahagan Douglas)', '삶 그리고 팔림세스트(Palimpsest): 고어 비달(Gore Vidal)의 회상' 등이 있다. PBS가 방송한 미국의 경험(The American Experience), A&E 프로그램 일대기(A&E program Biography), 그리고 영화 '닉슨(Nixon)'에 나온 사진 및 도큐먼트들은 모두 본 기록관의 소장기록물에서 발췌된 것이다.
- 의회기록관은 오클라호마대학 및 전 세계 연구원들을 위해 서비스를 제공하고 있다. 본 기록관은 열람실, 복사서비스, 전자스캔, 제본 등의 서비스를 제공하고 있다. 방문을 원하는 연구원들은 사전예약을 하는 것이 좋으며, 자료요청은 전화와 우편 및 전자우편을 통해 가능하다.

2) 소장기록물

- 미국남북전쟁 때부터 현재까지의 자료들을 소장하고 있으며, 1930년대부터 1970년대까지의 도큐먼트가 대부분이다. 원고모음뿐 아니라 2만여 점의 사진, 다수의 지도, 그리고 소량의 시청각자료를 소장하고 있다.
- 이 소장기록물들은 의회의 역사, 의회지도층, 국가 및 오클라호마 정치 그리고 선거유세 관련 정보를 포함하고 있다. 또한 이 자료들은 농업, 미국원주민, 에너지, 외교, 환경, 경제에 영향을 미치는 공공정책에 대한 연구를 위한 자원이 되기도 한다. 그 외의 주제들은 대공황, 홍수조절, 토질보호, 오클라호마 및 미국역사 등을 포함하고 있다.

3) 최근 온라인자료

- 전문(Full – text) 온라인목록
  주제별 검색 또는 좌측 툴바의 기록컬렉션 링크 클릭을 통한 컬렉션 목록 브라우징이 제공되고 있다.
- 짐 바커 컬렉션(The Jim Barker Collection)

4) 연구컬렉션(Research Collection)

연구장서는 성명과 키워드로 검색 가능하며, 다음과 같이 구성되어 있다.
① 메뉴스크립트컬렉션(Manuscript Collections)
② 사진컬렉션(Photograph Collections)
③ 구술기록(Oral Histories)

5) 구술기록물(Oral History Collections)

1969년 5월 7일의 칼 앨버트(Carl Albert)의 구술기록물에서부터 2006년 9월

27일의 릭 리틀필드(Rick Littlefield)까지의 구술기록물을 소장하고 있다. 성명순 이하 날짜순으로 분류되어 있으며, 대표적으로 다음과 같다.

- 칼 앨버트(Albert, Carl – April 28, 1969; July 1969; May 9, 1979; December 6, 1979; Summer 1984)
- 카터 브래들리(Bradley, Carter – December 8, 1993)
- 찰스 포드(Ford, Charles – December 6, 2004)
- 샘 헬튼(Helton, Sam – December 20, 2004)
- 프랭크 이카드(Ikard, Frank – June 15, 1970)
- 마이크 마나토스(Manatos, Mike – August 25, 1969)
- 허브 로젤(Rozell, Herb – July 12, 2005)
- 스튜어트 우달(Udall, Stewart L. – June 22, 1997)

CLA

CLA

The Center for Legislative Archives
입법기록센터

① 기록관

1) 소재사항

소재국가	미국
주　　소	National Archives and Records Administration 700 Pennsylvania Avenue, NW, Washington, DC 20408
전　　화	+1 202 357 5350
팩　　스	+1 202 357 5911
전자우편	legislative.archives@nara.gov
홈페이지	http://www.archives.gov/legislative

2) 성격

입법기록센터(CLA: The Center for Legislative Archives)는 국립기록청(NARA: National Archives and Records Administration) 산하기관이다. 미국 의회와 미국을 대표하는 정부의 역사에 대한 더 나은 이해 증진과 연구원들의 미국하원 및 상원의 역사기록물을 집중적으로 관리하여 열람에 봉사하는 센터이다.

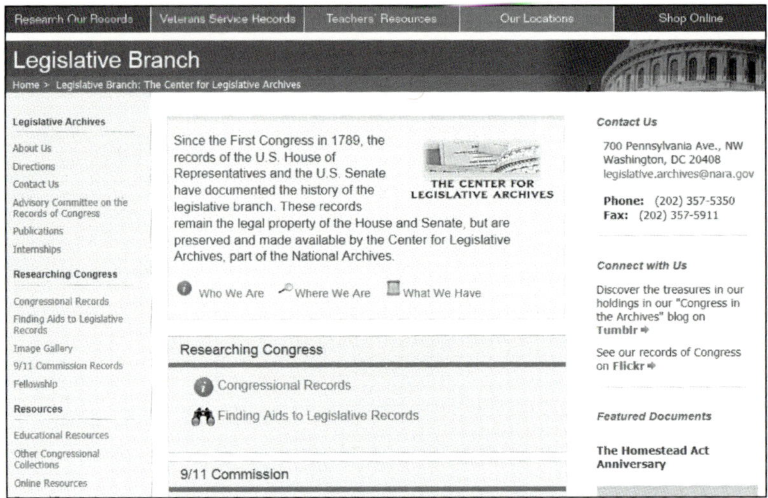

3) 설립연혁

1789년에 열린 첫 국회 때부터 미국하원과 상원의 기록은 입법부의 역사기록물로 문서화 되어왔다. 이 기록들은 하원 및 상원의 법적재산으로 구분되나 국립기록청의 산하기관인 입법기록관센터에 이전(移轉), 보존되어 이용에 제공되고 있다.

4) 비전 및 임무

- 공공관계프로그램을 통해 미국정부역사 및 의회에 대한 더 나은 이해 증진
- 미국하원 및 상원의 역사적 기록 열람 및 활용에 기여

5) 조직(Staff)

본 센터는 센터장 이하 전문가들로 구성되어 있다. 즉, 1인의 센터장, 7인의 기록전문가, 3인의 정치과학 및 교육전문가, 7인의 기록관리자, 1인의 역사가,

1인의 행정지원 등 총 20명으로 구성되어 있다.

6) 연구실

워싱턴의 국립기록청에 위치한 입법기록센터는 연구원들에게 현장지원이 가능한 참고서적을 제공하기 위해 연구실을 운영하며, 국회학자 및 역사가에서 법적목적에 의한 변호사 및 계보학자에 이르는 다양한 연구원들이 이용한다. 연구실은 하원 및 상원저널, 국회기록, 미국안내, CIS 인덱스 및 국회역사자료 등의 출간자료를 소장·검색 가능하며, 법률기록 이용에 대하여 기록전문가에게 문의할 수 있다.

7) 의회기록자문위원회(Advisory Committee on the Records of Congress)

- 의회기록자문위원회는 '공법 101 – 509(Public Law 101 – 509)'에 의거하여 의회기록의 관리 및 보존에 대해 의회 및 미국의 기록전문가에게 조언하기 위해 설립되었다.
- 자문위원회는 의회기록에 책임이 있는 공무원들 및 의회기록 행정을 담당하는 기록전문가들로 구성된다.
- 역사가, 정치과학자, 국회기록전문가 또는 입법기록관리 이용자 등을 대표하는 본 위원회의 대중구성원은 하원 및 상원의 지도자들이 임명한다.
- 본 위원회는 1년에 두 차례 소집된다.

8) 관련기관

(1) 미국의회(U.S. Congress)

- 미국상원(The U.S. Senate)
  홈페이지 http://www.senate.gov

- 상원역사국(Senate Historical Office)
  홈페이지 http://www.senate.gov/artandhistory/history/common/generic/
  Senate_Historical_Office.htm
- 미국하원(The U.S. House of Representatives)
  홈페이지 http://www.house.gov
- 미국하원서기국(Office of the Clerk of the House of Representatives)
  홈페이지 http://clerkweb.house.gov
- 미국국회의사당설계자(Architect of the Capitol)
  홈페이지 http://www.aoc.gov
- 미국국회의사당방문자센터(United States Capitol Visitor Center)
  홈페이지 http://www.aoc.gov/cvc/cvc_overview.htm
- 의회도서관(The Library of Congress)
  홈페이지 http://marvel.loc.gov
- 토마스(Thomas)
  홈페이지 http://thomas.loc.gov
- 입법의 한 세기(A Century of Lawmaking)
  홈페이지 http://lcweb2.loc.gov/ammem/amlaw/lawhome.html
- 1774 – 현재 미국의회 전기사전(Biographical Directory of the U.S. Congress, 1774 – Present)
  홈페이지 http://bioguide.congress.gov/biosearch/biosearch.asp
- 미국출판국(GPO: U.S. Government Printing Office)
  홈페이지 http://www.access.gpo.gov
- 의회예산국(Congressional Budget Office)
  홈페이지 http://www.cbo.gov

(2) 의회센터(Congressional Centers)

- 의회연구센터협회(ACSC: Association of Centers for the Study of Congress)

  홈페이지 http://www.congresscenters.org

- 의회연구센터협회 회원 사이트(ACSC Member Sites)

  홈페이지 http://www.congresscenters.org/websites.htm

- 문서보관소 의회컬렉션(Congressional Collections at Archival Repositories)

  홈페이지 http://www.archives.gov/legislative/repository - collections/index.
    html

- 칼 앨버트 의회연구 및 조사센터(The Carl Albert Congressional Research & Studies Center)

  홈페이지 http://www.ou.edu/special/albertctr/main.html

- 하워드 베이커 주니어 공공정책센터(The Howard H. Baker Jr. Center for Public Policy)

  홈페이지 http://bakercenter.utk.edu/education.html

- 토마스 도드 연구소(The Thomas J. Dodd Research Center)

  홈페이지 http://www.lib.uconn.edu/DoddCenter/ASC

- 로버트 돌 정치연구원(The Robert Dole Institute of Politics)

  홈페이지 http://www.doleinstitute.org

- 앨버트 고어 연구소(The Albert Gore Research Center)

  홈페이지 http://janus.mtsu.edu

- 리처드 러셀 도서관(The Richard Russell Library)

  홈페이지 http://www.libs.uga.edu/russell

- 마거릿 체이스 스미스 도서관(The Margaret Chase Smith Library)

  홈페이지 http://www.mcslibrary.org/index.html

- 스테니스 공공서비스센터(The Stennis Center for Public Service)

  홈페이지 http://www.stennis.gov

(3) 기타기관

- 연방보고도서관(Locate a Federal Depository Library)

  홈페이지 http://www.gpo.gov/libraries
- 연방관보(The Federal Register)

  홈페이지 http://www.archives.gov/federal－register/index.html
- 미국선거인단(U.S. Electoral College)

  홈페이지 http://www.archives.gov/federal－register/electoral－college
- 연방선거위원회(Federal Election Commission)

  홈페이지 http://www.fec.gov
- 의회조직: 주정부와 연방 입법자안내(Congress.org: A guide to State and Federal legislators)

  홈페이지 http://www.congress.org/congressorg/home
- 연방네트(FedNet)

  홈페이지 http://www.fednet.net

② 정보원

1) 정보원 열람 및 배포 정책

입법기록센터(CLA: The Center for Legislative Archives)의 소장정보원은 크게 '의회연구(Researching Congress)'와 '정보원(Resources)'의 두 부분으로 구성되어 있다. '의회연구' 부분은 다시 연구원들을 위한 국회기록과 입법기록

탐색안내 그리고 9·11 위원회 기록으로 나뉜다. '정보원'의 경우는 교육정보, 의회자료, 온라인자료 그리고 특별의회도큐먼트로 분류하여 열람에 제공되고 있다. 특히 다양한 인쇄매체의 검색 안내서를 전자매체로 구축하여 홈페이지에 검색가능토록 제공하고 있다.

2) 의회연구(Researching Congress)

수많은 의회기록 및 공식적인 위원회의 기록으로 관련 검색도구를 통해 탐색가능하며, 특별기록의 경우 별도로 제공하고 있다.

(1) 의회역사기록(The Historical Records of Congress)

본 센터는 공식의회기록 및 상·하원의 법적자산으로 남아 있는 관련 기록들로 역사적으로 가치 있는 것들을 소장하고 있다.

(2) 특별기록

이는 구술역사, 연구인터뷰 그리고 정치시사만화로 구성되어 있으며, 다음과 같다.

- 클리포드 베리만 정치만화모음(Clifford K. Berryman Political Cartoon Collection)
- 구술기록물과 연구인터뷰(Oral History and Research Interviews)
- 아이작 바셋 원고모음(Isaac Bassett Manuscript Collection)

(3) 입법기록 탐색안내

본 센터는 다양한 안내문, 참고정보문서, 리스트, 그리고 기타 의회기록 관련 연구에 유용한 자료검색을 제공하고 있다. 이하 검색안내서는 홈페이지에서 검색가능하다.

- 1789년에서 1989년 사이의 미국하원기록 안내(Record Group 233)

  이는 다음을 웹버전으로 제공하고 있는 것이다.

  Charles E. Schamel, Mary Rephlo, Rodney Ross, David Kepley, Robert W. Coren, and James Gregory Bradsher. *Guide to the Records of the United States House of Representatives at the National Archives, 1789－1989*. Bicentennial Edition(Doct. No. 100－245). Washington, DC: National Archives and Records Administration, 1989.

- 1789년에서 1989년 사이의 미국상원기록 안내(Record Group 46)

  이는 다음을 웹버전으로 제공하고 있는 것이다.

  Robert W. Coren, Mary Rephlo, David Kepley, and Charles South. *Guide to the Records of the United States Senate at the National Archives, 1789－1989*. Bicentennial Edition(Doct. No. 100－42). Washington, DC: National Archives and Records Administration, 1989.

- 국회합동위원회기록 안내(Guide to the Records of the U.S. House of Representatives at the National Archives, 1789－1989(Record Group 233) Chapter 23. Records of the Joint Committees of Congress 1789－1968(Record Group 128)).

  이는 기록그룹 128과 의회 합동위원회기록을 구성하는 기록을 설명하고 있으며, 합동위원회는 상·하원 모두의 구성원이 모인 위원회이다. 이는 상술의 '1789년에서 1989년 사이의 미국하원기록안내'에 포함되어 있다.

- 미국상원위원회 자료안내(U.S. Senate Committee Resource Guides)

  미국하원기록안내 기록물이나 현재 이용 불가하다.

- 미국정부출판물 안내(Publications of the U.S. Government(Record Group 287)).

  이 기록그룹은 미국정부인쇄국(GPO: Government Printing Office) 도큐먼트감독사무실(Office of the Superintendent of Documents)에 의하여 고안된 분류시스템(SuDoc System)에 의해 정리된 미국정부기관 컬렉션 기록그룹이다.

(4) 9·11 위원회기록(9·11 Commission Records)

9·11위원회의 임무는 2001년 9월 11일 공격에 대한 '전체적이고 완벽한 설명'을 제공하고 이러한 공격을 앞으로 어떻게 예방할 것인지에 대한 권고사항을 제공하는 것이다. 2003년에서 2004년부터 위원회는 청문회를 주최하고 인터뷰 및 보고서를 작성하였으며, 다음은 9·11 위원회 기록 시리즈이다.

- Memorandums for the Record(MFR)
- Front Office Files
- Subject Files of General Counsel Daniel Marcus
- Subject Files of Deputy General Counsel Steve Dunne
- Subject files of Special Assistant and Managing Editor Stephanie Kaplan
- Subject Files of Counsel Dana Hyde
- Team 1, 1A, 2, 3, 4, 5, 7, 8 Files
- Team 6 Files – closed
- Press Clippings
- Files of the New York City Office

3) 정보자원(Resources)

(1) 교육정보(Educational Resources)

국가기록관의 일부인 본 센터는 미국 상·하원의 기록과 함께 연방정부에 의해 작성된 가장 역사적이고 가치있는 일부 기록물들도 소장하고 있다. 이러한 역사기록물들의 경우 미국역사상 의회가 행한 중요한 역할 관련 교육자료로도 이용 가능하다.

(2) 의회자료(Congressional Collections)

의회자료는 기록관별, 주별 및 국회위원 이름별 색인 검색이 가능하다. 다만, 공공기록물 및 일부 개인기록물의 경우 국가기록관 입법기록센터에 보관되어 있으나, 실제 대부분의 개인기록물은 전국적으로 흩어져 있다.

(3) 온라인정보원(Online Resources)

다음과 같은 기록관들로의 링크를 제공한다.
- 미국상원역사사무소
- 미국하원서기관사무소
- 미국국회의사당방문센터
- 의회도서관
- 1774년에서 현재까지의 미국국회성명록
- 미국정부인쇄소
- 국회예산사무소

(4) 특별의회도큐먼트(Featured Congressional Documents)

이는 의회의 특별도큐먼트로써 1732년 2월 22일에서부터 1917－2010년까지 포함하고 있으며, 대표적으로 다음과 같다.

- ***Kansas Statehood***(January 29, 1861)
- ***George Washington's Birthday***(February 22, 1732)
- ***Draft Bill of Rights***(September 9, 1789)
- ***Benjamin Franklin's Petition to Congress Asking for the Abolition of Slavery***(February 3, 1790)
- ***Tally of Electoral Votes***(February 11, 1801)
- ***Historical State of the Union Messages***(1801, 1862, 1961, 1986)
- ***San Francisco Earthquake***(April 18, 1906)
- ***Hepburn Rate Bill***(May 15, 1906)
- ***Martha Griffiths's Discharge Petition for the Equal Rights Amendment*** (June 11, 1970)
- ***Reagan's Nomination of O'Connor***(August 19, 1981)
- ***A tribute to Senator Robert C. Byrd***(1917 - 2010)

4) 의원서비스(Services to Members of Congress)

입법기록센터의 의회업무실(Congressional Affairs)은 국회의사당(Capitol Hill) 과 국립기록청을 위한 주 연락처이며, 헌법관련 사무소를 지원하고 정부기관 정책 및 절차관련 질문에 답변한다. 주요 봉사업무는 다음과 같다.

(1) 의회공식기록(Official Records of Congress)

입법기록센터는 상하원의 공식기록을 소장하고 있다.

(2) 무료기록보관소(Complimentary Records Storage)

국립기록청은 이용되고 있지 않는 문서들을 위한 무료의 안전한 보관소를 제공하고 있다.

- 국회의사장(Capitol Hill Offices)문서 보관처
  메릴랜드 슈틀랜드 워싱턴국가기록센터(Washington National Records Center in Suitland, Maryland)
  전화 +301 778 1650
- 주정부 및 지방사무소 문서보관처(Storage Location for papers from State and District Offices)
  국립기록청 지역기록 서비스시설(NARA Regional Records Services Facilities)
  의회사무소를 통해 가까운 지역시설로 연락 가능하며, 국가기록관의 의회사무실직원에게 직접 문의도 가능하다.
  전화 +1 202 357 5100

(3) 무료출판(Complimentary Publications)

국회의원은 다음 출판물에 대한 무료복사 및 무료출판을 의뢰할 수 있다.
- ***The Federal Register***
- ***Weekly Compilation of Presidential Documents***
- ***Public Papers of the President***
- ***Code of Federal Regulations(CFR)***
- ***U.S. Government Manual***
  미국정부인쇄국(GPO)에 의해 운영되는 연방정부의 디지털시스템에 의한 전자출판은 무료이다.

(4) 국가기록관 견학(Tours of National Archives Locations)

CPA
The Conservative Party Archive
보수당기록관

① 기록관

1) 소재사항

소재국가　　영국
주　　　소　　Bodleian Library, Broad Street, Oxford OX1 3BG
전　　　화　　+44 01865 277181
전자우편　　Jeremy.McIlwaine@bodleian.ox.ac.uk.
홈페이지　　http://www.conservativepartyarchive.org.uk

2) 성격

- 보수당기록관(CPA: The Conservative Party Archive)은 영국 보수당의 중앙조직의 공식기록관이다. 기록관은 수천 개의 정책문서, 연설문, 선거리플릿, 포스터, 사진을 포함하며, 전 세계 학계 연구원들에 의해 널리 이용되고 있다.
- 보수당기록관은 옥스퍼드의 보들리언 도서관에 위치하고 있으며, 특별컬렉션 및 서양메뉴스크립트부분(Department of Special Collections & Western Manuscripts) 현대정치문서섹션(Modern Political Papers Section)에서 가장 많이 이용되는 자료 중 하나이다.

- 동일 성격의 옥스퍼드대학 보들리언도서관 운영의 기록관 홈페이지(http://www.bodley.ox.ac.uk/dept/scwmss/cpa/index.html)가 있다.

3) 보수당기록관 신탁 및 수탁자(The CPA Trust and Trustees)

보수당기록관은 수탁자들의 단체에 의해 후원받고 경영되고 있다. 만약 이 수탁자들 중 한 명이 되거나 보수당기록관을 후원하고 싶으면, 수탁자 의장인 필립브라운(Philip Brown) 박사에게 전자우편(pjobrown@btopenworld.com)으로 연락하면 된다.

4) 관련기관

(1) 일반(General)

- 정치기록가이드(Guide to Political Records)
  홈페이지 http://www.bodley.ox.ac.uk/pppag－records.htm
- 정치기록물보존가이드(Guide to Repositories Holding Political Records)

홈페이지 http://www.bodley.ox.ac.uk/pppag‐repositories.htm
- 에섹스대학 앨버트 슬로만 도서관(Albert Sloman Library, University of Essex)

  홈페이지 http://libwww.essex.ac.uk
- 보들리언도서관(Bodleian Library)

  홈페이지 http://www.bodley.ox.ac.uk/dept/scwmss/modpol/index.html
- 런던경제대학 영국정치경제학도서관(British Library of Political and Economic Science, London School of Economics)

  홈페이지 http://www.lse.ac.uk/library
- 의회기록관(The Parliamentary Archives)

  홈페이지 http://www.parliament.uk/publications/archives.cfm
- 국민사박물관(People's History Museum)

  홈페이지 http://www.phm.org.uk
- 스코틀랜드국가도서관(National Library of Scotland)

  홈페이지 http://www.nls.uk
- 북아일랜드공공기록보존소(Public Record Office of Northern Irelan)

  홈페이지 http://www.proni.gov.uk
- 웨일즈정치기록물(Welsh Political Archive)

  홈페이지 http://www.llgc.org.uk

(2) 보수당 관련 사이트(Conservative Related Sites)
- 공식보수당사이트(The Official Conservative Party Site)

  홈페이지 http://www.conservatives.com
- 선거구유용링크(Useful links to constituencies, MP's, Clubs etc.)

  홈페이지 http://www.conservative‐party.net

  홈페이지 http://www.conservativefoundation.co.uk

- 미거릿 대처(Margaret Thatcher)

  홈페이지 http://www.margaretthatcher.org
- 보수당역사그룹(The Conservative History Group)

  홈페이지 http://www.conservativehistory.org.uk
- 처칠 아카이브센터(Churchill Archives Centre)

  홈페이지 http://www.chu.cam.ac.uk/archives

(3) 정책그룹과 싱크탱크(Policy Groups and Think Tanks)

- 보우그룹(The Bow Group)

  홈페이지 http://www.bowgroup.org
- CIVITAS

  홈페이지 http://www.civitas.org.uk

② 정보원

1) 정보원 열람 및 정책

보수당기록관(CPA: The Conservative Party Archive)의 이용자들은 보들리언 도서관에서 발행하는 유효 열람표가 있어야 한다. 열람권, 이용시간 등에 대한 정보는 홈페이지(http://www.ouls.ox.ac.uk/bodley/library/specialcollections)에 제공되어 있다. 가족 역사를 연구하거나 짧은 기간의 프로젝트에 종사하는 이들을 위해 'A2A(Access to the Archive)'의 이용이 가능하며, 전자우편(Jeremy.McIlwaine@bod leian.ox.ac.uk)으로 문의도 가능하다.

2) 소장기록물과 기록그룹

문서, 포스터, 정책, 연설 및 이미지를 통한 보수당 기록물 등으로 다음과 같이 분류된다.

(1) 보수당연구부서문서(Conservative Research Department papers)

1929년 설립된 보수당의 정책 이해에 매우 중요하다. 특히 중요한 부분은 의회당의 위원회 문서 및 회의기록과 많은 정책단체의 문서들이다.

(2) 재야내각문서(Shadow Cabinet papers)

1945년부터의 보수당 재야내각의 모든 종류의 회의기록 보고서와 1959년에서 1979년 사이의 운영위원회 기록 즉, '내부재야내각' 등을 포함하고 있다.

(3) 연설문 초안 및 필기록(Speech drafts and transcripts)

다른 곳에서는 발견할 수 없는 1930년대부터 현재까지의 수천 개의 보수당 총리, 야당지도층, 장관, 재야장관들의 연설문의 원문 그리고 그 이전의 초안 등을 포함하고 있다.

(4) 당 정치포스터(Party political posters)

1886년부터 현재까지의 보수당 선거포스터가 현재 모두 온라인상으로 이용가능하다. 보들리언은 또한 1930년에서 1974년 사이의 노동당 포스터와 1951년에서 1974년의 자유당 포스터의 사본도 소장하고 있다. 보수당포스터는 게티 이미지를 바탕으로 상업적 목적으로 사용할 수 있다. 자세한 사항은 홈페이지(http://www.gettyimages.com/archival)에서 검색가능하다.

(5) 보수당 및 통일당협회 전국연합 기록물(National Union of Conservative & Unionist Association's records)

컬렉션의 가장 오래되고 가장 완벽한 부분인 보수당과 통일당협회 전국연합 기록은 디즈레일리(Disraeli) 시절부터의 기록이며, 회의기록과 보수당의 근원적 문서로 구성된다. 문서들은 보수당컨퍼런스총회(the annual Conservative Conference, 1867년부터), 지방지역사무소(the regional Area Offices, 1886년부터), 그 외 여성, 직종별 노동연합, 지방정부, 교육을 위한 많은 국가자문위원회(National Advisory Committees, 1945년부터)에 기술되어 있는 것처럼 전국의 지방 보수당 연합의 의견을 대변하고 있다.

3) 도서관 인쇄물 및 출판자료

1868년부터 현재까지 보수당에 의해 출판된 정치팸플릿, 1886년에서 현재까지의 뉴스레터 및 잡지, 1887년부터 현재까지의 총선 당시 모든 당의 모든 후보자의 선거주소를 포함한 리플릿(1922–79), 1923년부터 현재까지의 보수당 선거선언문의 많은 컬렉션을 포함하고 있다.

4) 시청각기록물

1970년대부터의 당 선거방송 및 당 컨퍼런스 총회연설문의 아날로그 비디오 및 오디오 카세트와 DVD의 늘어나는 컬렉션과 1928년부터의 당지도자들의 연설을 담은 축음기기록으로 구성되어 있다. 시청각기록물은 현재 디지털 형태로 바뀌었다. 이용 가능한 자료에 대한 문의는 제레미 맥웨이네(Jeremy McIlwaine)에게 전자우편(Jeremy.McIlwaine@bodleian.ox.ac.uk)으로 연락하면 된다.

5) 전자기록물(Electronic Archive)

현재 84,000파일로 구축되어 있으며, 빠르게 증가하는 많은 자료를 전자형태로 생성, 이전하고 있다. 대표적으로 '윌리엄 헤이그문서(William Hague's papers)'의 경우 1997년에서 2001까지의 윌리엄 헤이그의 리더십 기간 동안의 당 활동의 모든 면을 담고 있는 거대한 컬렉션이다.

6) 사진컬렉션(Photographic Collection)

1903년에서 현재까지의 당의 상부인물과 행사에 대한 사진기록물로 구성되어 있다.

7) 보들리언도서관의 보수당기록물

- 영국의 현대정치문서의 가장 중요한 컬렉션 중 하나로 인정받고 있는 보들리언 현대정치문서섹션의 보수당기록물로서 다른 컬렉션을 보완하고 있다.
- 현대정치문서섹션은 정치가, 공무원, 기자, 방송인 및 다른 공공생활을 하는 이들에 의해 생성된 다양하고 흥미진진한 컬렉션으로 구축되어 있다. 1840년부터 시작되는 이 자료들은 킴벌리(Kimberley) 경, 윌리엄 하코트(William Harcourt) 경, 조지 브라운(George Brown) 경, 레이디 에밋(Emmet)과 같은 정치적 선두자들과 벤저민 디즈레일리(Benjamin Disraeli), 클레멘트 애틀리(Clement Attlee), 헤럴드 맥밀런(Harold Macmillan), 헤럴드 윌슨(Harold Wilson)과 같은 여러 총리의 개인기록물을 포함하고 있다.

8) 포스터와 이미지(Posters and Images)

- 보수당기록관은 보수당정치캠페인 포스터 컬렉션의 본고장이다. 컬렉션은 1886년에서 시작하여 현재까지의 자료를 소장하고 있다.

- 20세기 첫 절반시기에 직접 그린 캐리커처과 만화이미지에서부터 1970년대 사치와 사치(Saatchi & Saatchi)에 의해 제작된 충격적인 미디어에 정통한 포스터의 탄생까지를 포함하고 있다.
- 포스터이미지는 특정한 정치역사 분야를 다루는 학교서적에서 텔레비전 드라마 및 영화에 이르기까지 다양한 미디어에 의해 널리 이용된다.
- 전체 포스터컬렉션은 별도로 구축된 홈페이지(http://www.bodley.ox.ac.uk/dept/scwmss/cpa/poster-home.html)를 통해 낮은 해상도로 검색, 열람, 다운로드가 가능하다.

9) 비디오기록물(Video Archive)

보수당기록관은 당 정치방송, 지도층의 연설 및 캠페인 생산물을 담고 있는 700여 종이 넘는 비디오기록물을 소장하고 있다.

CPA/BL

CPA/BL

Conservative Party Archive, Bodleian Library

보들리언도서관보수당기록관

① 기록관

1) 소재사항

소재국가   영국
주   소   Broad Street, Oxford OX1 3BG
전   화   +44 01865 277181
전자우편   jeremy.mcilwaine@bodleian.ox.ac.uk.
홈페이지   http://www.bodleian.ox.ac.uk/cpa

2) 성격

- 보들리언도서관보수당기록관(CPA/BL: Conservative Party Archive, Bodleian Library)은 영국 옥스퍼드대학교 보들리언 도서관에 설립되어 있는 영국 보수당기록컬렉션이다.
- 동일 성격의 영국 보수당운영의 기록관(http://www.conservativepartyarchive.org.uk)이 있다.

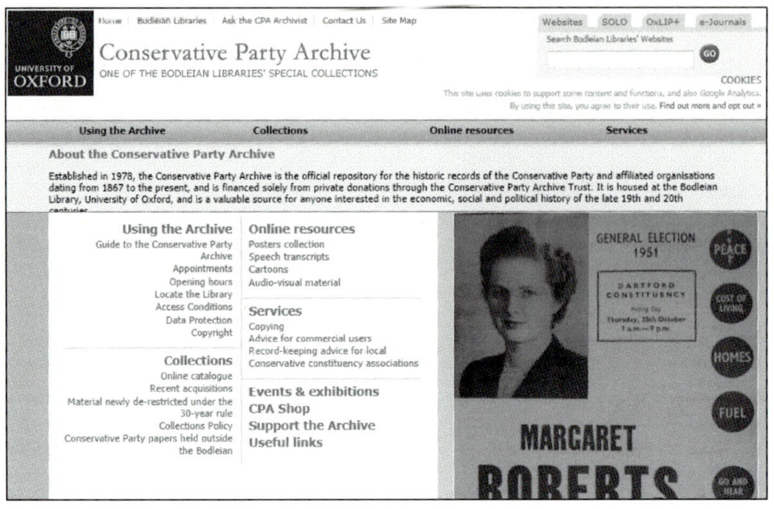

3) 설립연혁

- 보수당기록관은 1978년 옥스퍼드의 보들리언도서관(Bodleian Library)에 학계연구를 위한 보고로 설립되었다. 본 기록관 설립 이전에 보수당의 기록은 런던에 위치한 보수당중앙사무소(CCO: Conservative Central Office)와 뉴캐슬대학교 도서관 두 곳에 분리되어 보관되었다. 그러나 문서에 대한 관리 및 목록화는 뉴캐슬대학교 도서관의 웨스턴메뉴스크립트부서의 기록전문가 1인에 의해서 이루어졌다.

- 상술의 두 곳에서 옥스퍼드로의 기록이전을 함으로써 영국보수당기록관은 21세기 경제, 사회 및 정치역사에 관심이 있는 역사가들에게 소중한 자원의 보고가 되었다.

- 현재 보들리언도서관의 보수당기록들은 영국의 현대 정치문서의 가장 중요한 4가지 컬렉션의 하나가 되고 있다.

4) 관련기관

(1) 정치기록관

- 영국정치정당및의회기록그룹(Political Parties and Parliamentary Archives Group, United Kingdom)

  홈페이지 http://www.bodley.ox.ac.uk/pppag.htm
- 처칠기록관센터

  홈페이지 http://www.chu.cam.ac.uk/archives

(2) 정치정당

- 보수당

  홈페이지 http://www.conservatives.com
- 스코틀랜드보수당

  홈페이지 http://www.scottishconservatives.com
- 웨일즈보수당

  홈페이지 http://www.welshconservatives.com
- 노동당

  홈페이지 http://www.labour.org.uk
- 자유민주당

  홈페이지 http://www.libdems.org.uk/home.aspx

(3) 기타

- 마거릿대처재단(Margaret Thatcher Foundation)

  홈페이지 http://www.margaretthatcher.org
- 보수역사그룹(Conservative History Group)

  홈페이지 http://www.conservativehistory.org.uk
- 보수역사블로그Conservative History blog)

홈페이지 http://conservativehistory.blogspot.com
- 보수당문서블로그(Conservative Party Archive blog: Gleanings & Memoranda)
  홈페이지 http://conservativepartyarchive.blogspot.com

② 정보원

1) 정보원 열람 및 배포 정책

- 보들리언도서관보수당기록관(CPA/BL: Conservative Party Archive, Bodleian Library)의 소장정보원은 보수당중앙사무소에서의 업무 중 형성된 개인기록물들과 보수당 캠페인본부 기록물들이 대부분이며, 사적인 개인기록들은 보관하지 않는다. 기록들 중 가장 오래된 것은 1867년의 기록이며, 현재 기록관의 '보수당국가연맹(National Union of Conservative)'과 '연맹협회(Unionist Associations)' 부분에 보관되어 있다. 안타깝게도 많은 기록들이 세계대전 당시 파괴되었으며, 특히 1939년 이전의 기록들은 중앙사무소에서 기록관으로 이전하는 도중 많이 손상되었다. 결과적으로 제2차 세계대전 이후의 자료들이 대부분이다.
- 대부분의 발표되지 않은 자료들과 메뉴스크립트들은 30년을 주기로 정리되고 있다. 2011년 1월 1일을 기준으로 하여 1980년 12월 31일까지의 자료는 연구를 위한 이용이 가능하고, 1981년 1월 1일부터 1995년 12월 31일까지의 자료는 보수당 캠페인 본부의 허가에 의해서만 열람이 가능하다. 1995년 12월 31일 이후의 자료는 현재 열람이 불가능하다.

2) 기록물의 이용(Using the Archive)

① 보수당기록관(Conservative Party Archive) 자료는 올드 보들리언(Old Bodleian)

도서관 안뜰의 2층에 위치한 듀크 험프리(Duke Humfrey) 열람실에서 찾아볼 수 있다. 예약은 필수이며, 예약을 위해서는 전자우편(duke.humfrey@bodleian. ox.ac.uk)으로 문의하여야 한다.

② 보수당기록관의 출간되지 않은 메뉴스크립트 자료의 경우 이용 절차가 필요하다. 기록관의 일부 섹션은 이용이 제한적이기도 하며, 각 섹션 이용에 관한 자세한 사항은 온라인목록을 이용하면 된다.

③ 연설문의 필기록(transcripts of speeches), 당 정치방송 및 선거내용, 총선 포스터, 당 출판물을 포함한 모든 출판된 인쇄자료는 연구를 위해 이용가능하다.

3) 기록물의 이용제한

① 보수당기록관의 접근은 대학원생과 학계 연구원(A등급 열람카드)에게만 제한되고 있다. 대학생들은 일반적으로 마이크로필름 자료의 이용만이 허용되며, 자세한 사항은 대학생 홈페이지에서 찾아볼 수 있다. 허가절차에 대한 정보 및 지원서 양식은 '읽어야 할 지원신청(Application to Read)'에서 찾아볼 수 있다. 지원서 작성 후 메뉴스크립트, 희귀본 또는 희귀자료에 대한 이용을 요구하는지에 대한 항목을 다시 한 번 확인 후 추천인의 서명을 받아야 한다.

② 일반이용조건(General Access Conditions)으로 대부분의 출판되지 않은 메뉴스크립트는 30년 동안 보관되며, 2011년 1월 1일부터의 조건은 다음과 같다.

- 1980년 12월 31일까지의 자료는 연구를 위해 이용가능하다.
- 1981년 1월 1일에서 1995년 12월 31일까지의 자료는 보수당 캠페인 본부의 허가 시에만 열람가능하다. 이용허가서의 작성이 필요하며, 이는 홈페이지에 PDF로 제공되어 있다.
- 1995년 12월 31일 이후의 자료는 비공개 자료이다.

4) 기록그룹

보수당기록관은 특정 지역기록과 함께 보수당의 중앙조직과 국가조직인 기존의 1930년대의 보수당중앙사무소(Conservative Central Office), 보수주의단체 전국연합(National Union of Conservative)과 통일당협회(Unionist Associations), 1867년부터의 근본 회원기구의 기록을 보존하고 있다.

(1) 원내정당(The Parliamentary Party)

재야내각(Shadow Cabinet)(또는 지도자 자문위원회(LCC: Leaders Consultative Committee)), 운영위원회(SC: Steering Committee), 휩사무소(Whips Office), 1922 위원회(1922 Committee), 보수적동료협회(Association of Conservative Peers), 원내정당위원회(Committees of the Parliamentary Party), 보수당하원의원들(Conservative MPs), 보수당유럽의회의원(Conservative MEP) 단체의 기록을 포함하고 있다.

(2) 자발정당(The Voluntary Party)

보수당과 통일단협회전국연합(NUA: National Union of Conservative & Unionist Associations)과 지역분야(ARE: Provincial Areas), 국가자문위원회(National Advisory Committees), 토론포럼(Discussion Forums), 국립보수당대회(National Conservative Convention), 지역선거구협회(Local Constituency Associations) 기록을 포함하고 있다.

(3) 전문당(The Professional Party)

보수당중앙사무국(Conservative Central Office) 보수당캠페인본부(Conservative Campaign Headquarters)[CCO]와 각 부서, 보수당정치센터(Conservative Political Centre) 보수당정책포럼(Conservative Policy Forum)[CCO150], 보수

당연구부서(Conservative Research Department)[CRD]의 기록을 포함하고 있다. 이 섹션은 또한 고위급 정책 또는 정책자문위원회(Advisory Committee on Policy)[ACP], 전술위원회(Tactical Committee), 연락위원회(Liaison Committee), 정책이니셔티브 및 방법위원회(Policy Initiatives & Methods Committee), 전략 및 전술위원회(Strategy & Tactics Committee), 의장위원회(Chairman's Committee), 국장위원회(Directors' Committee), 연구스터디그룹(Research Study Group)을 포함한 당 조직의 모든 부서를 나타내는 전술위원회의 문서를 포함하고 있다.

(4) 싱크탱크(Think Tanks)

보우그룹(Bow group), 정책연구센터(Centre for Policy Studies), 월요일클럽(The Monday Club), 시민사회연구소(The Institute for the Study of Civil Society), 경제연구소(Institute of Economic Affairs), 재정연구소(Institute of Fiscal Studies), 사회시장재단(Social Market Foundation), 셀스던그룹(Selsdon Group)을 포함한 키비타스(Civitas)의 기록을 포함하고 있다.

(5) 유스조직을 포함한 보수당 연합그룹(Conservative Party-affiliated Groups, including youth Organizations)

폴란드 보수당협회(Conservative Friends of Poland), 보수당클럽협회(Association of Conservative Clubs), 보수당의원협회(Conservative Councillors Association), 유럽보수당그룹(Conservative Group for Europe), 보수당의료협회(Conservative Medical Society), 보수당여성조직(Conservative Women Organization), 유럽의회보수당(Conservatives in the European Parliament), 보수당변호인단(Society of Conservative Lawyers)의 기록을 포함하고 있다.

(6) 개인기록물(Private Papers)

마이클 프레이저(Michael Fraser) 경, 버틀러(R. A. Butler) 경, 키스 조제프(Keith Joseph) 경, 셜리 매튜(Shirley Mathews) 경의 기록물[OBE]을 포함하고 있다.

(7) 인쇄자료 및 출판자료 도서관(Library of Printed and Published Material)

당에 의해 출판된 팸플릿, 뉴스레터, 잡지를 포함한 선거리플릿, 포스터, 선언서, 보도자료, 연설문기록 및 마이크로필름을 포함하고 있다.

(8) 사진 및 시청각컬렉션(Photographic and audio-visual collections)

1903년에서 현재까지의 보수당(Conservative Party) 컨퍼런스, 행사, 인물에 대한 통신사 사진, 당 컨퍼런스 및 당 정치방송 비디오테이프 및 오디오카세트, 구술역사프로그램의 일부 도는 다른 곳에서 기증된 주요 보수당 인물들의 인터뷰 사본을 포함하고 있다.

5) 현대정치문서

① 현대정치문서 섹션에 소장되어 있는 기록물들은 정치인, 공무원(특히 외교관), 기자 및 방송인 등에 의해 1840년대부터 현재까지 작성된 문서들이다. 특히 몇몇 총리들의 문서 및 보수당 외에 노동당과 자유민주당의 유명한 정치인들의 문서들도 포함되어 있다.

② 특히 벤저민 디즈레일리(Benjamin Disraeli, 비콘스필드(Beaconsfield) 자작), 애스퀴스(H. H. Asquith, 옥스퍼드와 애스퀴스의 첫 번째 자작), 클레멘트 애틀리(Clement Attlee, 애틀리의 첫 번째 자작), 헤럴드 맥밀런(Harold Macmillan, 스톡턴(Stockton)의 첫 번째 자작), 헤럴드 윌슨(Harold Wilson, 리보(Rievaulx)의 윌슨 남작), 제임스 캘러헌(James Callaghan, 캘러헌 남

작)을 포함한 총리들의 문서 및 제4대 클래런던(Clarendon) 자작과 그의 아내 레이디 클래런던, 킴벌리(Kimberley) 경, 브라이스(Bryce) 경, 윌리엄 하코트(William Harcourt) 경과 그의 아들 루이스(Lewis), 밀너(Milner) 경, 피셔(H. A. L. Fisher), 에디슨(Addison) 경, 울튼(Woolton) 경, 조지-브라운(George-Brown) 경, 레이디 에밋(Emmet), 카(Carr) 경을 포함한 보수당뿐 아니라 노동당과 자유민주당의 유명한 정치인들의 문서들이 포함되어 있다.

③ 보들리언 도서관은 국가 및 국제적으로 중요한 자원이 되는 현대 영국 정치 메뉴스크립트 및 기록 중 가장 방대한 부분을 소장하고 있다. 컬렉션은 공무원(주로 외교관)뿐 아니라 세 개의 주요 정치정당의 정치가들의 개인문서, 기자 등의 문서를 기본으로 이루어져 있다. 컬렉션은 2천 박스에서 하나의 다이어리까지 다양한 크기의 소장품으로 이루어져 있다.

④ 총리와 내각(Prime Ministers and the Cabinet) 기록물로써 애스퀴스(H.H. Asquith, 1852-1928), 클레멘트 애틀리(Clement Attlee, 1883-1967), 헤럴드 맥밀런(Harold Macmillan, 1894-1986), 헤럴드 윌슨(Harold Wilson, 1916-95), 제임스 캘러헌(James Callaghan, 1912-2005)의 영국의 21세기 다섯 명의 총리들과 19세기 총리 중 한 명인 벤저민 디즈레일리(Benjamin Disraeli, 1804-81)의 문서들이다. 도서관은 또한 자유당총리 존 몰리(John Morley, 1838-1923)에서 자유당 내각총리 및 운동가인 바버라 캐슬(Barbara Castle, 1910-2002)에 이르기까지 40명이 넘는 영국의 내각총리들의 메뉴스크립트와 기록을 소장하고 있다.

6) 보수당기록관콘텐츠(Content of the Conservative Party Archive)

① 당 중앙조직 기록관인 보수당기록관은 개인문서를 보존하지 않는다. 보수당기록관의 문서들은 보수당중앙사무국 및 그 후속 기관인 보수당캠페인본

부(Conservative Campaign Headquarters) 내 개인 생성 기록물을 포함하고 있다.

② 보수당기록관의 가장 오래된 기록물은 1867년부터 시작하는 보수당과 통일당협회 전국연합(National Union of Conservative and Unionist Associations) 컬렉션에 포함되어 있다. 많은 기록들이 전쟁 중에 분실되었으며, 특히 1939년 이전 시절의 문서들은 중앙사무국의 이동 중 분실되었다. 그 결과 기록관은 제2차 세계대전 이후의 자료들이 주를 이루게 되었으며, 보수당 캠페인본부(Conservative Campaign Headquarters)에 의해 보수당기록관의 자료들로 최근의 것들을 유지 보존하고 있다.

③ 기록관 및 보수당 역사에 대한 더 자세한 정보는 2009년 4월에 출간된 보수당기록관 가이드로 PDF로 구축된 온라인버전에서 찾아볼 수 있다. (http://www.bodley.ox.ac.uk/dept/scwmss/cpa/CPA_guide.pdf)

7) 보수당중앙사무국(CCO)에서 이전(移轉)된 자료

- 전국보수 및 조합주의자협회조합(National Union Of Conservative And Unionist Associations(NUA)
- 지역 사무소(Area Offices(ARE))
- 1922 위원회(1922 Committee)(1922)
- 정책자문위원회(Advisory Committee on Policy(ACP))
- 지도자자문위원회(Leader's Consultative Committee(LCC))
- 노스한츠보수연합(North Hants. Conservative Association (NHCA, NWHCA, WHCA))
- 공식그룹(Official Group(OG))
- 개인기록물(Private Papers(KJ, MF, RAB))
- 스코틀랜드조합 회원위원회(Scottish Unionist Members' Committee(SUMC))

- 집행위원회(Steering Committee(SC))
- 스윈튼대학(Swinton College(S))
- 휩사무소(Whips' Office(WHIP))
- 출판 및 인쇄물도서관(Library of Published and Printed Material(PPB, PUB, Microform, Posters))

8) 마이크로 형태의 자료

- Part 1: 1868 – 1901(할로겐화 양화 마이크로피시)
- Part 2: 1902 – 1914(할로겐화 양화 마이크로피시)
- Part 3: 1915 – 1925(할로겐화 양화 마이크로피시)
- Part 4: 1926 – 1937(할로겐화 양화 마이크로피시)
- Part 5: 1938 – 1949(할로겐화 양화 마이크로피시)
- Part 6: 1950 – 1956(할로겐화 양화 마이크로피시)
- Part 7: 1957 – 1963(할로겐화 양화 마이크로피시)
- Part 8: 1964 – 1969(할로겐화 양화 마이크로피시)
- Part 9: 1970 – 1978(할로겐화 양화 마이크로피시)
- Part 10: 1979 – 1986(할로겐화 양화 마이크로피시)
- Minutes of the National Union Executive Committee, 1897 – 1956; Minutes of the Central Council
- Meetings, 1899 – 1956; Annual Reports of the Executive Committee to the Central Council, 1919 – 1945(할로겐화 양화 마이크로피시)
- Minutes and Reports of the Conservative Party Annual Conferences, 1867 – 1946(할로겐화 양화 마이크로피시)
- British General Election Campaign Guides, 1885 – 1950(할로겐화 양화 마이크로피시)

- Annual Conference Reports, 1947 - 1963; Campaign Guides, 1951 - 1974; Conservative Agents'
- Journal, 1902 - 1983(할로겐화 양화 마이크로피시)
- Annual Conference Reports, 1965 - 1991; Campaign Guides, 1977 - 1992 (할로겐화 양화 마이크로피시)
- National Union Gleanings and Continuations, 1893 - 1968 (35mm 할로겐화 양화 마이크로피시)
- Conservative Party Committee Minutes, 1909 - 1964(35mm 할로겐화 양화 마이크로피시)
- Advisory Committee on Policy Correspondence, Minutes and Papers, 1946 - 1964(할로겐화 양화 마이크로피시)

FAE

FAE

First Among Equals: The Prime Minister in Canadian Life and Politics
평등한이들의선구자: 캐나다수상의삶과정치

① 기록관

1) 소재사항

소재국가　　캐나다
주　　소　　Library and Archives Canada 395 Wellington Street Ottawa,
　　　　　　ON K1A 0N4 Canada
전　　화　　+1 866 578 7777
팩　　스　　+1 613 995 6274
홈페이지　　http://www.collectionscanada.ca/primeministers/index－e.html

2) 성격

평등한이들의선구자(FAE: First Among Equals)는 캐나다 수상들의 역대 삶과
정치를 조명해주는 관련 기록물을 집중적으로 보존·관리하고 있다. 라틴어로
'처음으로 평등한 이들의 선구자'를 뜻하는 'primus inter pares'로 칭해진 캐
나다의 수상은 내각과의 관계뿐만 아니라 대중과의 관계에서 또한 이러한 뜻
을 실천한다. 이에 '평등한 이들의 선구자'들은 다양한 종류의 문서와 자료들
을 통해 이러한 캐나다의 수상들의 삶을 다각도로 조명하고 있다.

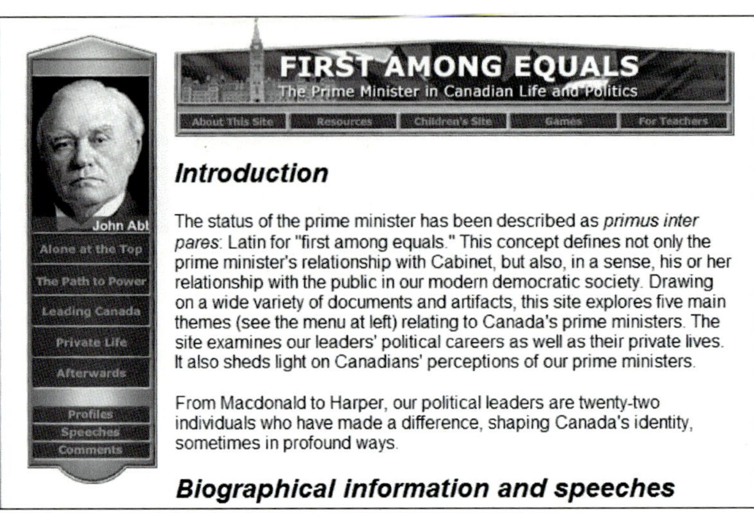

3) 설립연혁

① 1994년 평등한 이들의 선구자

캐나다의 수상에 대한 국가 아카이브 전시(First Among Equals: A National Archives Exhibition on Canada's Prime Ministers)가 존 벨(John Bell)과 모린 후겐라드(Maureen Hoogenraad)에 의해 시행되었다.

② 1996년 '캐나다가 말하다(Canada Speaks)'와 '캐나다의 수상들(Prime Ministers of Canada: 1867 – 1996)'이 평등한 이들의 선구자라는 캐나다수상에 대한 국가 아카이브로 통합되었다.

4) 설립목적

① 1994년 5월 20일부터 1955년 1월 3일까지 개최되었던 전시를 웹상에서 재구성하고자 하는 목적에서 탄생하였다.

② 역대 캐나다수상들에 대한 상세한 개인적 그리고 정치적 정보원들을 체계적으로 정리하여 대중과 더불어 학생과 선생님들에게 교육적 콘텐츠로 제

공하기 위해 설립되었다.

5) 비전 및 임무

① 역대 캐나다수상들의 삶 조명 및 캐나다인들이 자신들의 수상에 대해 가지고 있는 생각의 정의

② 캐나다를 건립하는 데 깊은 영향을 끼치고 그 과정에 무수한 변화를 가져왔던 수상들의 삶을 소장 자료를 통해 보존

③ '평등한이들의선구자'라는 캐나다수상에 대한 국가 아카이브 전시에서 사용되었던 자료들을 온라인화하여 대중에게 공급

④ 캐나다수상들 관련 타 자료들에 대한 링크 제공 및 학생들을 위한 교육적 자료의 홈페이지 내 개별적 페이지를 통한 제공

6) 조직

평등한이들의선구자는 캐나다 사서와 기록전문가에 의해 운영되고 있으며, 총책임자를 필두로 세 개의 경영부와 이외 부서로 구성되어 있다.

(1) 캐나다 사서와 기록전문가 부장(Deputy Head and Librarian and Archivist of canada)

(2) 중역 비서(Corporate Secretary)

(3) 주요 경영 기능(Core Business Functions)

　① 수집

　　• 자료수집 부장(Assistant Deputy Minister, Acquisitions)

　　• 이해관계자 관리직 고위 단체장(Senior Director General, Stakeholder Relations)

- 정부기록물 단체상(Director General, Government Records)
- 캐나다아카이브와 특별소장품 단체장(Director General, Canadian Archives &Special Collections)
- 인쇄유물 단체장(Director General, Published Heritage)

② 장서 관리(Collections Management)
- 장서관리 부장(Assistant Deputy Minister, Collections Management)
- 아날로그자료 보존 단체장(Director General, Analog Preservation)
- 디지털자료 보존 단체장(Director General, Digital Preservation)
- IT 감독(Director, IT)

③ 자원발견(Resource Discovery)
- 자원발견 부장(Assistant Deputy Minister, Resource Discovery)
- 경영융합 고위 단체장(Senior Director General, Business Integration)
- 서비스 단체장(Director General, Services)
- 프로그램 단체장(Director General, Programs)

④ 수권(授權)기능(Enabling Functions)
- 공동자원 고위 단체장(Senior Director General, Corporate Resourcing)
- 인사자원 단체장(Director General, Human Resources)
- 금융감독(Director, Finance)
- 협동안전 서비스 매니저(Manager, Corporate Security Services)
- 유산관리 매니저(Manager, Property Management)
- 전략적 조정 매니저(Manager, Strategic Accommodations)
- 물품조달 매니저(Manager, Procurement)
- 커뮤니케이션 단체장(Director General, Communications)

- 전략적 커뮤니케이션 감독(Director. Strategic Communications)
- 전략적 연구 감독(Director, Strategic Research)
- 기관 내 행정 감사(Internal Audit Executive)

7) 관련기관

(1) 일반사이트

- 캐나다사이트

  홈페이지 http://canada.gc.ca/acanada/ViewCategory.htm?lang=eng
- 캐나다정부사이트

  홈페이지 http://www.canada.gc.ca/howgoc/howind_e.html
- 캐나다의회: 행동하는 민주주의: 의회 도서관(Canada's Parliament: Democracy in Action: Library of Parliament)

  홈페이지 http://www.parl.gc.ca/information/library/idb/democracy/
  democracy‐e.htm
- 캐나다연합: 캐나다국가도서관(Canadian Confederation: National Library of Canada)

  홈페이지 http://www.collectionscanada.gc.ca/confederation/e‐1867.htm
- 캐나다의회기타자료(의회도서관)(Canadian Parliamentary Trivia (Library of Parliament))

  홈페이지 http://www.parl.gc.ca/information/about/people/key/18‐e.htm
- 세계의 캐나다인들: 캐나다 국제관계사‐스쿨 넷/외교통상부(Canadians in the World: History of Canada's International Relations: SchoolNet/ Dept. of Foreign Affairs and International Trade)

  홈페이지 http://www.canschool.org/relation/history/menu‐e.asp
- 캐나다자서전온라인사전(Dictionary of Canadian Biography Online)

홈페이지 http://www.biographi.ca/index − e.html
- 캐나다인들의 자치방식: 의회도서관(How Canadians Govern Themselves: Library of Parliament)

  홈페이지 http://www.parl.gc.ca/information/library/idb/forsey/how − e.htm
- 캐나다수상묘소 국가프로그램: 캐나다공원관리국(National Program for the Grave Sites of Canadian Prime Ministers: Parks Canada)

  홈페이지 http://pc.gc.ca/pm/english/gravesites_e.htm
- 수상: 연설들(Prime Ministers: speeches)

  홈페이지 http://www.canadahistory.com/sections/politics/politics.htm

(2) 수상

① 연합국(Confederation)～제1차 세계대전 시기

- 존 맥도날드(John A. Macdonald)

  홈페이지 http://www.collectionscanada.gc.ca/primeministers/h4 − 3040 − e.html

  http://www.biographi.ca/009004 − 119.01 − e.php?BioId=40370
- 알렉산더 매켄지(Alexander Mackenzie)

  홈페이지 http://www.collectionscanada.gc.ca/primeministers/h4 − 3065 − e.html

  http://www.biographi.ca/009004 − 119.01 − e.php?BioId=40374
- 존 조셉 칼드웰 애보트(John Joseph Caldwell Abott)

  홈페이지 http://www.collectionscanada.gc.ca/primeministers/h4 − 3090 − e.html

  http://www.biographi.ca/009004 − 119.01 − e.php?BioId=40043
- 존 스패로우 데이비드 톰슨(John Sparrow David Thompson)

  홈페이지 http://www.collectionscanada.gc.ca/primeministers/h4 − 3115

　　　　　－e.html

　　　　　　　http://www.biographi.ca/009004－119.01－e.php?BioId=40584

- 매켄지 보웰(Mackenzie Bowell)

　　홈페이지 http://www.collectionscanada.gc.ca/primeministers/h4－3140
　　　　　－e.html

　　　　　　　http://www.biographi.ca/009004－119.01－e.php?BioId=41353

- 찰스 투퍼(Charles Tupper)

　　홈페이지 http://www.collectionscanada.gc.ca/primeministers/h4－3165
　　　　　－e.html

　　　　　　　http://www.biographi.ca/009004－119.01－e.php?BioId=41869

- 윌프리드 로리어(Wilfrid Laurier)

　　홈페이지 http://www.collectionscanada.gc.ca/primeministers/h4－3190
　　　　　－e.html

　　　　　　　http://www.biographi.ca/009004－119.01－e.php?BioId=41636

- 로버트 레어드 보덴(Robert Laird Borden)

　　홈페이지 http://www.collectionscanada.gc.ca/primeministers/h4－3215
　　　　　－e.html

② 제1차 세계대전 후～제2차 세계대전 시기

- 아서 미언(Arthur Meighen)

　　홈페이지 http://www.collectionscanada.gc.ca/primeministers/h4－3240－
　　　　　e.html

- 윌리엄 라이온 매켄지 킹(William Lyon Mackenzie King)

　　홈페이지 http://www.collectionscanada.gc.ca/primeministers/h4－3265－
　　　　　e.html

- 리처드 베드포드 베넷(Richard Bedford Bennett)

홈페이지 http://www.collectionscanada.gc.ca/primeministers/h4 - 3290 -
e.html

③ 제2차 세계대전 이후 시기(The Post World War II)
- 루이 스티븐 세인트 로랑(Louis Stephen St. Laurent)

  홈페이지 http://www.collectionscanada.gc.ca/primeministers/h4 - 3315
  - e.html

  http://www.pc.gc.ca/eng/lhn - nhs/qc/stlaurent/index.aspx
- 존 조지 디펜베이커(John George Diefenbaker)

  홈페이지 http://www.collectionscanada.gc.ca/primeministers/h4 - 3340
  - e.html

  http://www.ggower.com/dief/
- 레스터 볼스 피어슨(Lester Bowles Pearson)

  홈페이지 http://www.collectionscanada.gc.ca/primeministers/h4 - 3365
  - e.html
- 피에르 엘리어트 트루도(Pierre Elliott Trudeau)

  홈페이지 http://www.collectionscanada.gc.ca/primeministers/h4 - 3390
  - e.html

  http://www.canadahistory.com/sections/politics/politics.htm
- 찰스 조셉 클락(Charles Joseph Clark)

  홈페이지 http://www.collectionscanada.gc.ca/primeministers/h4 - 3415
  - e.html
- 존 네이피어 터너(John Napier Turner)

  홈페이지 http://www.collectionscanada.gc.ca/primeministers/h4 - 3440
  - e.html
- 마르틴 브라이언 멀로니(Martin Brian Mulroney)

홈페이지 http://www.collectionscanada.gc.ca/primeministers/h4 - 3465
　　　- e.html
- 에이 킴 캠벨(A. Kim Campbell)

　홈페이지 http://www.collectionscanada.gc.ca/primeministers/h4 - 3490
　　　- e.html

　　　http://www.collectionscanada.gc.ca/women/index - e.html
- 조셉 자크 장 크레티앵(Joseph Jacques Jean Chrétien)

　홈페이지 http://www.collectionscanada.gc.ca/primeministers/h4 - 3515
　　　- e.html

② 정보원

1) 정보원 열람 및 배포 정책

- 평등한이들의선구자(FAE: First Among Equals)는 국민들이 캐나다 수상과 관련된 자료들을 간단하게 조회할 수 있도록 주요 주제별로 분류해 제공하고 있으며, 각 수상 프로파일을 통해서도 열람 가능하도록 구성하여 놓았다.
- 이외 수상들이 남긴 연설에 대한 자료를 홈페이지에 탑재하여 공개적으로 이용할 수 있도록 각 수상별로 개별 홈페이지가 구축되어 있다.
- '어린이 페이지(children's page)'를 별도로 개발하여 수상들과 관련된 학습 자료 및 게임 등을 이용할 수 있도록 하였으며, 선생님들이 수업시간에 사용할 수 있는 수상 관련 자료들을 업로드해 놓고 있다.

2) 정보원 검색

(1) 주제별 검색

캐나다수상들에 대한 기록은 다음과 같은 다섯 개의 주제로 분류하여 정리되어 있으며, 관련 삽화 또는 이미지도 함께 제공하고 있다.

① 지도자의 입장에서(Alone at the Top)

지도자로서의 수상의 위치와 역할, 의회와의 관계 관련 주제의 기록물을 분류하고 있다.

② 권력으로의 길(the Path to Power)

수상이 되기 전의 후보들의 경력과 당내 리더십, 선거를 거치는 과정 관련 정보원을 분류하고 있다.

③ 캐나다를 이끄는 힘(Leading Canada)

수상 당선 후 수행업무로써 내각, 대중, 언론과의 관계부터 의복에 이르기까지의 기록물을 분류하고 있다.

④ 개인사(Private Life)

정치적인 삶과 관계없는 개인으로서의 캐나다 수상들의 삶에 대한 기록을 분류, 수록하고 있다.

⑤ 임기 후의 삶(Afterwards)

수상직에서 물러난 이후의 삶을 그리고 있는 기록물을 분류하고 있다.

(2) 프로파일 검색

- 역대 수상들을 연대별로 분류하여 정리하고 있으며, 각 인물에 대한 개괄적인 정보가 공개적으로 홈페이지에 탑재되어 있다. 수상들의 신상정보와 더불어 전기, 특별한 일화 그리고 그들의 중요 연설을 포함한다.
- 수상들마다 이상의 주제별 분류 중 해당사항이 있는 부분을 개인 프로

필 페이지에도 기재해 놓았는데, 각 하이퍼링크를 구축하여 관련 내용 열람이 가능하다. 다음과 같다.

- 보수당 존 알렉산더 맥도날드(John Alexander Macdonald Cons. July 1, 1867 - Nov. 5, 1873.)

  홈페이지 http://www.collectionscanada.gc.ca/primeministers/h4 - 3025 - e.html

- 자유당 알렉산더 매켄지(Alexander Mackenzie Liberal. Nov. 7, 1873 - Oct. 8, 1878.)

  홈페이지 http://www.collectionscanada.gc.ca/primeministers/h4 - 3050 - e.html

- 보수당 존 알렉산더 맥도날드(John Alexander Macdonald Cons. Oct. 17, 1878 - June 6, 1891.)

  홈페이지 http://www.collectionscanada.gc.ca/primeministers/h4 - 3025 - e.html

- 보수당 존 조셉 칼드웰 애보트(John Joseph Caldwell Abbott Cons. June 16, 1891 - Nov. 24, 1892.)

  홈페이지 http://www.collectionscanada.gc.ca/primeministers/h4 - 3075 - e.html

- 보수당 존 스패로우 데이비드 톰슨(John Sparrow David Thompson Cons. Dec. 5, 1892 - Dec. 12, 1894.)

  홈페이지 http://www.collectionscanada.gc.ca/primeministers/h4 - 3100 - e.html

- 보수당 매켄지 보웰(Mackenzie Bowell Cons. Dec. 21, 1894 - Apr. 27, 1896.)

  홈페이지 http://www.collectionscanada.gc.ca/primeministers/h4 - 3125 - e.html

- 보수당 찰스 투퍼(Charles Tupper Cons. May 1, 1896 - July 8, 1896.)

  홈페이지 http://www.collectionscanada.gc.ca/primeministers/h4 - 3150 - e.html

- 자유당 윌프리드 로리어(Wilfrid Laurier Liberal. July 11, 1896 - Oct. 6, 1911.)

  홈페이지 http://www.collectionscanada.gc.ca/primeministers/h4 - 3175 - e.html

- 보수당 로버트 레어드 보덴(Robert Laird Borden Cons. Oct. 10, 1911 - Oct. 12, 1917.)

  홈페이지 http://www.collectionscanada.gc.ca/primeministers/h4 - 3200 - e.html

- 국가연합당 로버트 레어드 보덴(Robert Laird Borden Unionist. Oct. 12, 1917 - July 10, 1920.)

  홈페이지 http://www.collectionscanada.gc.ca/primeministers/h4 - 3200 - e.html

- 국가연합당 아서 미언(Arthur Meighen Unionist. July 10, 1920 - Dec. 29, 1921.)

  홈페이지 http://www.collectionscanada.gc.ca/primeministers/h4 - 3225 - e.html

- 자유당 윌리엄 라이온 매켄지 킹(William Lyon Mackenzie King Liberal. Dec. 29, 1921 - June 28, 1926.)

  홈페이지 http://www.collectionscanada.gc.ca/primeministers/h4 - 3250 - e.html

- 보수당 아서 미언(Arthur Meighen Cons. June 29, 1926 - Sept. 25, 1926.)

홈페이지 http://www.collectionscanada.gc.ca/primeministers/h4 - 3225
- e.html
- 자유당 윌리엄 라이온 매켄지 킹(William Lyon Mackenzie King
Liberal. Sept. 25, 1926 - Aug. 7, 1930.)
홈페이지 http://www.collectionscanada.gc.ca/primeministers/h4 - 3250
- e.html
- 보수당 리처드 베드포드 베넷(Richard Bedford Bennett Cons. Aug.
7, 1930 - Oct. 23, 1935.)
홈페이지 http://www.collectionscanada.gc.ca/primeministers/h4 - 3275
- e.html
- 자유당 윌리엄 라이온 매켄지 킹(William Lyon Mackenzie King
Liberal. Oct. 23, 1935 - Nov. 15, 1948.)
홈페이지 http://www.collectionscanada.gc.ca/primeministers/h4 - 3250
- e.html
- 자유당 루이 스티븐 세인트 로랑(Louis Stephen St. Laurent Liberal.
Nov. 15, 1948 - June 21, 1957.)
홈페이지 http://www.collectionscanada.gc.ca/primeministers/h4 - 3300
- e.html
- 진보보수당 존 조지 디펜베이커(John George Diefenbaker P.C. June
21, 1957 - Apr. 22, 1963.)
홈페이지 http://www.collectionscanada.gc.ca/primeministers/h4 - 3325
- e.html
- 자유당 레스터 볼스 피어슨(Lester Bowles Pearson Liberal. Apr. 22,
1963 - Apr. 20, 1968.)
홈페이지 http://www.collectionscanada.gc.ca/primeministers/h4 - 3350
- e.html

- 자유당 피에르 엘리어드 트루도(Pierre Elliott Trudeau Liberal. Apr. 20, 1968 - June 3, 1979.)

  홈페이지 http://www.collectionscanada.gc.ca/primeministers/h4 - 3375 - e.html

- 진보보수당 찰스 조셉 클라크(Charles Joseph Clark P.C. June 4, 1979 - March 2, 1980.)

  홈페이지 http://www.collectionscanada.gc.ca/primeministers/h4 - 3400 - e.html

- 자유당 피에르 엘리어트 트루도(Pierre Elliott Trudeau Liberal. March 3, 1980 - June 30, 1984.)

  홈페이지 http://www.collectionscanada.gc.ca/primeministers/h4 - 3375 - e.html

- 자유당 존 네이피어 터너(John Napier Turner Liberal. June 30, 1984 - Sept. 17, 1984.)

  홈페이지 http://www.collectionscanada.gc.ca/primeministers/h4 - 3425 - e.html

- 진보보수당 마틴 브라이언 멀로니(Martin Brian Mulroney P.C. Sept. 17, 1984 - June 25, 1993.)

  홈페이지 http://www.collectionscanada.gc.ca/primeministers/h4 - 3450 - e.html

- 진보보수당 에이 킴 캠벨(A. Kim Campbell P.C. June 25, 1993 - Nov. 3, 1993.)

  홈페이지 http://www.collectionscanada.gc.ca/primeministers/h4 - 3475 - e.html

- 자유당 조셉 자크 장 크레티앵(Joseph Jacques Jean Chrétien Liberal. Nov. 4, 1993 - Dec. 12, 2003.)

홈페이지 http://www.collectionscanada.gc.ca/primeministers/h4 - 3500
- e.html
- 자유당 폴 에드거 필리페 마틴 주니어(Paul Edgar Philippe Martin, Jr. Liberal. Dec. 12, 2003 - Feb. 6, 2006.)
홈페이지 http://www.collectionscanada.gc.ca/primeministers/h4 - 3525
- e.html
- 스티븐 조셉 하퍼(Stephen Joseph Harper)
홈페이지 http://www.collectionscanada.gc.ca/primeministers/h4 - 3550
- e.html

(3) 스피치 검색

주제별로 정리되어 있는 수상들의 연설 대본으로 구성되어 있으며, 먼저 주제를 선택한 후 연설을 한 수상의 이름을 선택하면 대본으로 연결된다. 대부분은 영어로 제공되나 일부는 캐나다 공식 언어인 불어와 영어 두 가지 언어로 제공되고 있기도 하다. 대표적 연설문주제는 다음과 같다.

- 자치 및 독립운동(Autonomy and independence movements)
- 캐나다 정치와 정부(Canada: Politics and government, 1867 - 96)
- 국제무역(International trade)
- 시민권(Civil rights)
- 냉전(Cold War)
- 군사정책(Military policy)
- 천연자원(Natural resources)
- 교육(Education)
- 뉴펀들랜드(Newfoundland)
- 선거(Elections)
- 시월위기(October Crisis, 1970)

GRS
Government Records Service of Hong Kong
홍콩정부기록서비스

① 기록관

1) 소재사항

소재국가	중국 홍콩
주　　소	Hong Kong Public Records Building 13 Tsui Ping Road, Kwun Tong, Kowloon, Hong Kong
전　　화	+852 2195 7700
팩　　스	+852 2804 6413
홈페이지	http://www.grs.gov.hk/ws/english/home.htm

2) 성격

- 홍콩정부기록서비스(GRS: Government Records Service of Hong Kong)는 홍콩의 특별행정지역 정부를 위한 기록을 관리하는 데 크게 이바지하고 있는 기관이다. 홍콩정부기록서비스는 오늘날 정부의 성공에 기여하는 한편, 현 정부에 대한 기록을 미래를 위해 보존하는 역할을 맡고 있다.
- 홍콩정부기록서비스는 홍콩의 정치사와 홍콩 정부의 성장과 관련된 문서, 사진, 영화, 포스터 및 다양한 기록을 제공하며, 정부기록은 자료의 보존을 위한 일정 규정 준수하에 제공된다.

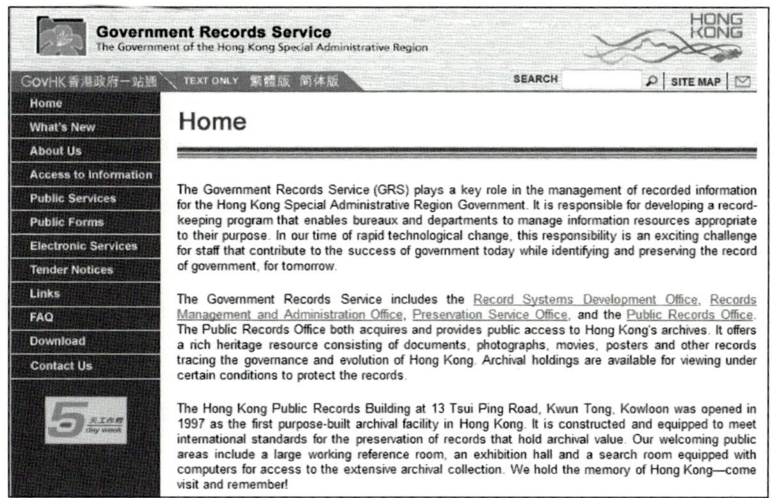

3) 설립연혁

1997년에 아카이브 시설로 이용하기 위해 홍콩에 특별히 건설된 건물에 베이스를 두고 건립되었다. 이 건물은 아카이브 자료 보존에 있어 세계적인 기준을 만족시킬 만한 조건과 환경을 갖추고 있으며, 적극적으로 관련 서비스를 제공하고 있다.

4) 설립목적

① 홍콩정부에 정보를 제공하는 동시에 현 정부기록물을 보존하기 위해 설립되었다. 이러한 정보는 또한 연구 목적 외 서비스 이용자에게도 제공될 수 있도록 하고 있다.

② 홍콩정부에 대한 정보와 기록들을 다양한 형태로 분류하여 기준에 부합하는 상태로 보존하며, 이러한 자료를 사무실과 각 부서들이 필요로 할 경우 그에 맞게 공급할 수 있는 서비스를 마련한다.

5) 비전 및 임무

① 정부기록물을 보관 관리하는 것이 홍콩정부기록서비스의 가장 큰 목표이다.

② 기록관리 및 운영부와 기록시스템발전부를 통해 문서, 디지털, 음성, 사진 그리고 다른 형태의 정보를 시대의 흐름에 맞도록 보완하고 저장하며 계획한다.

③ 역사적 가치를 지닌 기록을 오랜 시간 동안 사용 가능할 수 있도록 합당한 상태로 보존하고 그에 대한 정보를 제공할 수 있도록 한다.

④ 공공재산인 홍콩의 광동(廣東)공공기록관에 있는 정보들을 연구와 검토 목적을 위해 제공할 수 있도록 한다.

⑤ 전시관 및 다른 공간에서 행해졌던 전시들을 온라인상으로 볼 수 있게 하여 아카이브컬렉션 검색 기회를 제공한다.

⑥ 국가정책과 그 결정과정에 대한 이해를 제공하여 국민의 이해도를 높이며, 사회적 이슈에 대한 참여를 유도하며 홍콩 정부에 대한 자부심과 믿음을 배양한다.

6) 조직

홍콩정부기록서비스는 기록시스템개발(Record Systems Development Office), 기록관리 및 행정(Records Management and Administration Office), 자료보존서비스(Preservation Service Office), 공공기록부(Public Records Office)로 구성되어 있다. 공공기록부는 홍콩의 아카이브들로부터 자료를 공급받기도 하며, 역으로 자료를 공급하기도 한다. 각 인적자원 조직은 다음과 같다.

① 정부기록서비스 총감독자(Government Records Service Director)

② 공공기록부 아카이비스트(PRO: Public Records Office Archivist)

③ 자료보존 서비스부 큐레이터(PSO: Preservation Service Office Curator)

④ 기록시스템발전부 최고행정관(RSDO: Records Systems Development Office

Chief Executive Officer)

⑤ 기록관리 및 운영부 최고행정관(RMAO: Records Management and Administration Office Chief Executive Officer)

7) 주요서비스

① 도서관의 자료들과 녹음파일들을 검색실에서 2시간 내에 찾을 수 있도록 직접봉사를 제공한다.

② 저작권이 정부의 것으로 되어 있는 경우, 5일 이내로 정부기록물로 서비스 제한 자료의 경우 출판 혹은 창작 관련 업무활용허가를 받을 수 있도록 관련 서비스를 제공한다.

③ 홍콩에 거주하고 있는 인사의 단체 방문을 5일 안에 가능하도록 처리한다.

8) 관련기관

(1) 관련정부부서(Related Government Departments/Organizations)

- 행정부비서실장(Chief Secretary for Administration's Office)
  홈페이지 http://www.admwing.gov.hk/eng/home/home.htm

(2) 관련사이트

① 기타정보원
  - 홍콩온라인역사적법률(Historical Laws of Hong Kong Online)
  - 홍콩정부온라인보고서(Hong Kong Government Reports Online 1842 – 1941)
    홈페이지 http://sunzi.lib.hku.hk/hkgro/index.jsp
  - INDEX TO CO 129 (1842 – 1951)
    홈페이지 http://obelix.lib.hku.hk/co129

② 기다홍콩기록관(Other Hong Kong Archives)
- 홍콩가톨릭교구기록관(Hong Kong Catholic Diocesan Archives
  홈페이지 http://archives.catholic.org.hk
- 포룽국박물관(Po Leung Kuk Museum)
  홈페이지 http://www.poleungkuk.org.hk/en/20090831534/cultural -
    services/cultural - services.html
- 홍콩과기대학교대학기록관(University Archives, HK University of
  Science and Technology)
  홈페이지 http://library.ust.hk/archives

③ 전문가협회(Professional Association)
- 국제아카이브스협회의(ICA: International Council on Archives)
  홈페이지 http://www.ica.org
- 국제아카이브스협의회 동아시아지부(EASTICA: East Asian Regional
  Branch of International Council on Archives)
  홈페이지 http://www.eastica.org
- 미국기록전문가협회(Society of American Archivists)
  홈페이지 http://www.archivists.org
- 호주기록전문가협회(Australian Society of Archivists)
  홈페이지 http://www.archivists.org.au

② 정보원

1) 정보원 열람 및 배포 정책

- 홍콩정부기록서비스(GRS: Government Records Service of Hong Kong)

소장 정보원은 19세기 중반부터 현재까지의 것을 포괄하고 있다. 단일 파일, 묶음, 사진, 포스터, 지도, 계획서와 영상 등 다양한 형태로 만들어져 있으며, 온라인 목록으로 구축되어 있다.

- 다수의 자료들은 원거리에서도 쉽게 검색할 수 있고, 인터넷 상에서도 검색 가능하도록 디지털화되어 있다.

- 영구기록물들은 그 상태가 훼손되지 않기 위해 정해진 규정 아래 이용 가능하다. '1996년 공공기록규정'에 의해 30년 이상 경과된 기록물은 공개되고 있으며, 30년 이하 기록물의 경우 GRS의 총책임자에게 우선적으로 허가를 구한 후 인증을 받아야 이용 가능하다.

- 검색실 규정(Search Room Rule) 역시 자료열람방법에 따르게 되어 있다. 도서관의 자료는 연구원들과 학자들 이외에도 공공에 공개가 되며 검색실에서는 관련 서비스가 제공된다.

- 직접 방문하는 이용자들은 이용자 카드를 만들 수 있다.

- 복사와 인증 서비스, 디지털 복사 서비스(PDF 형식) 이용이 가능하며, 해외요청에 의한 간단한 연구 수행도 진행되고 있다.

- 자료 및 정보열람요청은 편지 및 요청서 작성을 통하여 이루어지며, 연락처는 다음과 같다.

담 당 자   Administration Wing, Chief Secretary for Administration's Office
주   소   7/F Central Government Offices, West Wing 11 Ice House Street, Central Hong Kong
전자우편   admwing@cso.gov.hk
팩스번호   +852 2845 2091

- 출판물 및 정보는 종류에 따라 무료 및 유료로 이용 가능하며, 자료를 복사하기 위해서는 법률상의 예외나 재무부, 재무부 장관(Secretary for Financial Services)의 허가가 있지 않은 경우 한 장당 홍콩 화폐 단위로 1달러를 지불해

야 한다. 비용은 때에 따라 변동이 있을 수 있다.
- 그 외 관련 문의사항은 전화(+852 2810 2560)를 통해 접수된다.

2) 기록물검색

자료 검색은 기록관과 도서관 자료로 나뉘어져 검색이 가능하다. 자료 검색은 주제어, 제목, 데이터 범위(data range), 자료 유형(material type) 등으로 가능하다. 기록관의 경우 기록생산기관(creating agency)에 의해서도 검색할 수 있도록 되어 있다.

3) 온라인전시회(online exhibitions)

- 홍콩의 1950년대와 1960년대의 경공업 개관(Snapshots on Hong Kong's Light Industries in the 1950s & the 1960s)
- 일본점령하의 홍콩(Hong Kong under Japanese Occupation)
- 산역사 인쇄자료(Living History in Print)
- 완차이 전시(Display Wan Chai, 1841 – 1997)
- 정부 포스터(Government Posters)
- 기록물을 통한 야우마테이 개발의 추적(Tracing the Development of Yau Ma Tei through Archives, 1870s – 1930s)

4) 서비스(Service)

다음과 같은 공공서비스(Public Service)와 전자서비스가 제공되고 있다.

(1) 공공서비스(Public Service)

① 공공프로그램(Public Programs)

이는 공공기록부(PRO: Public Records Office)에서 실시하는 정기적인 전시, 세미나, 워크숍, 단체 방문 및 기타 교육 활동을 대상한다. 이와 같은 활동은 홈페이지에 공지되며 대부분이 무료로 참가할 수 있다.

② 자료와 연구(Reference and Research)

공공기록부자료들은 학자, 연구자들 외에 일반 대중에게도 제공되고 있다. 자료이용은 공공기록물 접근 및 검색실(Search Room) 사항을 준수하는 선에서 제공되고 있다. 사용자들은 현장에서 사용자 티켓을 접수할 수 있으며, 자료의 복사와 인증, 복사 서비스의 경우 유료로 제공되고 있다.

③ 정보원 갤러리(Resource Gallery)

④ 교육 자료 포탈(Educational Resources Portal)

(2) 전자서비스(Electronic Service)

① 온라인 목록(Online Catalogues)

1996년 공공기록물법(The Public Records (Access) Rules 1996)은 몇 몇 예외적인 경우 외에 공공에 개방되는 자료는 30년 이상 경과된 것으로 규정하고 있다. 30년 이하의 공공기록물은 사전에 관리자의 허가(http://www.grs.gov.hk/ws/english/engimages/publicforms/access.pdf)를 받을 경우에 이용할 수 있다.

② 온라인 전시(Online Exhibitions)

③ 정보원 갤러리(Resource Gallery)

④ 교육정보원 포탈(Educational Resources Portal)

홈페이지 http://www.grs.gov.hk/ws/erp/en/home/index.html

HCPP

House of Commons Parliamentary Papers
하원의회기록관

① 기록관

1) 소재사항

홈페이지 http://parlipapers.chadwyck.co.uk/marketing/index.jsp

2) 성격

하원의회기록관(HCPP: House of Commons Parliamentary Papers)은 1715년
도부터 현재까지의 200,000여 개의 하원의회기록과 1688년도부터의 보조자료
를 보존하고 있는 의회기록관이다.

3) 설립연혁

① 1980년과 1983년 사이에 출간된 채드윅‒힐리(Chadwyck‒Healey) 컬렉션
의 77,671여 개 문서 마이크로피시 이미지를 포함한 4.2만여 장의 자료와
피터 콕튼(Peter Cockton)의 '하원의회기록물 주제목록(Subject Catalogue
of the House of Commons Parliamentary Papers, 1801‒1900)이 첫 의회
보고서 모음이다.

② 1901부터 1979년까지의 기록과 '의회온라인정보서비스(POLIS: Parliamentary

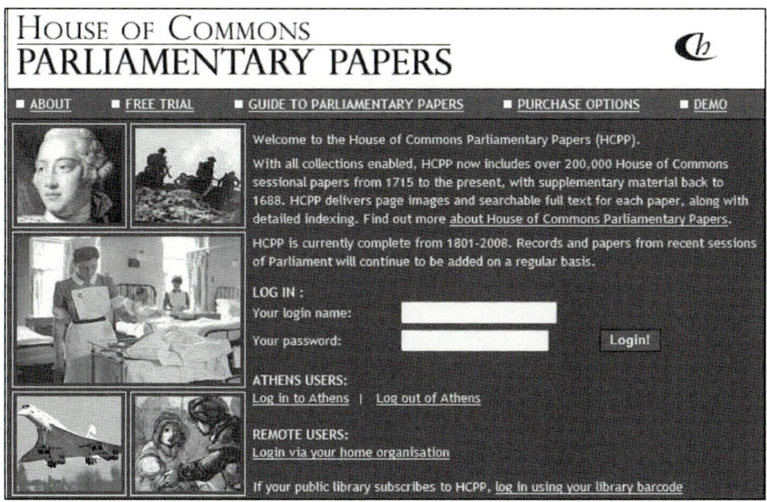

On－Line Information Service)'의 데이터가 디지털화되었다.

③ 1801년부터 1900년까지의 의회보고서에 대한 정리가 2008년에 이르러 거의 완성되었다. 최근의 기록은 지속적으로 추가될 예정이다.

④ 현재 BOPCRIS의 '18세기 의회기록물 컬렉션(The Eighteenth Century Parliamentary Papers Collection)'을 포함하고 있다.

4) 설립목적

하원의회기록물 컬렉션을 구축하여 과거부터 현재까지의 의회기록 검색에 대비한다.

5) 주요서비스

① 하원의회기록물에 대한 상세한 설명과 예를 제공하고 있으며, 의회기록의 역사적인 중요성과 컬렉션의 설립과정 등에 대한 전문홈페이지로 전반적인 정보를 얻을 수 있도록 한다.

② 유로서비스를 통하여 홈페이지에서 영국하원의회기록물을 검색 열람할 수 있도록 한다. 도서관과 대학 및 고등 연구기관 등의 단체에게는 무료 시용(Trial Access) 서비스를 제공한다.

③ 국외서비스
   - 북미의 경우 프로퀘스트 북미링크(ProQuest North America Link, http://www.il.proquest.com/acctreps)로 접근 가능하다.
   - 북미 이외의 경우 프로퀘스트 국제링크(ProQuest International Link, http://www.il.proquest.com/acctreps)로 접근 가능하다.

② 정보원

1) 정보원 열람 및 배포 정책

하원의회기록관(HCPP: House of Commons Parliamentary Papers)의 의회기록은 유료서비스로 프로퀘스트(ProQuest)를 통해 이용할 수 있다. 여러 도서관과 대학 및 연구기관들에게는 무료 시용(Free Trial)의 특별 서비스가 제공되고 있다. 무료 시용을 위해서는 홈페이지 상의 신청문서(Request Form)를 작성 제출하여야 한다. 다만 개인의 경우 이러한 시용서비스는 제공되지 않고 있다.

2) 의회기록물(Parliamentary Papers)

① 의회기록물은 모든 사회적, 정치적, 경제적, 외교적 방면을 탐구하며, 법제정 관련 기록을 보여준다. 디지털화된 의회기록물을 소장하고 있으나, 한사드(Hansard) 분야인 토의, 의회저널, 명령문서나 투표, 소송(proceedings)에 대한 문서는 포함하고 있지 않다.

② 의회기록물은 일명 '파란 책(blue books)'으로 불리기도 한다. 이는 정책과 국정에 대한 정보를 제공하며 하원의 의정활동에 있어 필요한 정보이다. 이러한 문서에는 세 종류가 있으며, 다음과 같다.

ⓐ 법안(Bills)

법의 초안으로 의회에 의해 여러 절차에 거쳐 검토된다. 법안이 통과되면 이는 의회 조례(Act of Parliament)가 된다.

ⓑ 하원기록(House Papers)

하원과 위원회들의 의정활동 결과 기록물이다.

ⓒ 명령문서(Command Papers)

총리들에 의해 생산된 정부기록물로써 정부가 하원에게 어떤 정보나 결정이 필요한 경우 전달되는 내용을 담고 있다.

③ 의회기록물의 형태가 발전하면서 각각 고유의 일련번호를 갖게 되었다. 이후 19세기 초반부터는 개회별 분책(sessional volumes)으로 구성되었으며, 모든 문서는 하나의 시리즈로 1801부터 번호를 부여하였다. 또한, 의회의 입법부 기능, 준사법적 기능, 조사자 기능 그리고 정부의 감독인 규제 기능 등에 따라 보다 다양한 분류가 이루어졌으며, 다음과 같다.

ⓐ 법안(Bills)

ⓑ 위원회 보고서(Reports of Committees)

하원의 전체나 일부로 구성되며 특정 이슈를 조사하기 위해 구성된 위원회의 보고서이다.

ⓒ 위원들의 보고서(Reports of Commissioners)

왕권에 의해 발탁된 위원회로서 특정 사회적 문제를 조사하기 위해 구성되며, 입법 준비과정을 담당한다. 논의 중심에 있는 문제의 전문가들로 구성된다.

ⓓ 장부와 문서(Accounts and Papers)

재무부, 무역연합(Board of Trade)과 육군 또는 해군에 의해 제공되는 통계자료와 다음과 같은 문서들로 구성되어 있다.

- 해외 외교관, 주지사, 장교들의 무역, 상업, 항해기록
- 통계자료(Statistical Abstracts): 법 관련, 세금 등
- 국세조사자료(Census Data)
- 노예문서와 노예거래문서(Slavery and Slave Trade Documents)
- 조약(Treaties)

④ 하원과 상원 모두 의회기록물이 생성되는데, 영원하원의회기록관은 하원기록물을 위한 것임에도 불구하고 상원기록물도 다수 소장하고 있다. 이는 상원에서 하원에 그 문서를 제시하는 경우가 있기 때문인데, '상원선택위원회(Lords Select Committees)'의 보고서들이 그 예이다.

⑤ 의회기록물 설명 부분에는 19세기 내각 중 '대표총리목록(http://parlipapers.chadwyck.co.uk/marketing/mini sters.jsp)'이 제공되어 있으며, 다음과 같이 분류되어 있다.

- 재무장관(Chancellor of the Exchequer)
- 대법관(Lord Chancellor)
- 내무장관(Home Secretary)
- 외무장관(Foreign Secretary)
- 국방부장관(1854년까지 식민지 장관 겸임)(Secretary for War (and the Colonies, until 1854))
- 해군장관(First Lord of the Admiralty)

- 국제업무장관(1858년 이후 인도 담당 장관) (President of the Board of Control(Secretary for India after 1858))
- 무역위원회장(President of the Board of Trade)
- 식민지장관(Secretary for the Colonies)
- 대아일랜드장관(Chief Secretary for Ireland)
- 우정장관(Postmaster General)
- 구빈법위원회장(1871년 이후 지방 정부 위원회장) (President of the Poor Law Board(Local Government Board after 1871))
- 대스코틀랜드장관(Secretary for Scotland)

3) 18세기 의회기록컬렉션(Eighteenth Century Parliamentary Papers Collection)

18세기 의회기록컬렉션은 사우스햄스턴대학(University of Southampton)의 영국 도서관(British Library) 자료를 대상으로 'BOPCRIS(British Official Publications Collaborative Reader Information Service)'가 선별 정리하여 디지털화하였다. 장서의 목록들은 1688년 명예혁명(Glorious Revolution) 시기부터 시작하여 웨스턴궁(Palace of Westminster)의 화재까지 두루 포괄하고 있을 정도로 다양하다. 이 장서는 Chardwyck‑Healey HCPP 인터페이스를 사용하며 이용자들이 18세기부터 20세기까지의 의회문서들을 자유롭게 검색할 수 있도록 하고 있다. 18세기 문서들에는 상하원의원의 총회 기록 외에도 개별 법안, 제정 및 토론내용, 역사기록물 등도 포함되어 있다. 이용자들은 이와 같은 자료를 목록에서 선택할 수 있으며, 특정 장서를 개별적으로 검색할 수도 있다. 다음과 같다.

- 18세기영국하원총회문서(House of Commons Sessional Papers of the Eighteenth Century 1715‑1800)

- 하원위원회기록(Reports from the Committees of the House of Commons 1715 – 1801)
- 상원의원총회문서(House of Lords Sessional Papers 1714 – 1805)
- 하퍼개인법안장서(Harper Collection of Private Bills 1695 – 1814)
- 지역 및 개인법률(Local and Personal Acts 1797 – 1834)
- 개인법률 및 법안(Private Acts 1702 – 1727 and Private Bills 1727 – 1814)
- 개인법률(Private Acts 1815 – 1834)
- 영국하원기록(Journals of the House of Commons 1688 – 1834)
- 영국상원기록(Journals of the House of Lords 1688 – 1834)
- 의회등록부(Parliamentary Register 1774 – 1780, 1780 – 1796, 1796 – 1802 and 1802 – 1805)
- 영국하원역사 및 성과(The History and Proceedings of the House of Commons 1660 – 1743)
- 영국상원역사 및 성과(The History and Proceedings of the House of Lords 1660 – 1742)

4) 한사드(Hansard)

하원의원기록관은 현재 1803년부터 2005년까지 상하원회의에서 기록된 토의 내용을 모두 한사드(Hansard)를 통해서 보급하고 있다. 하원의 정보서비스와 상원의 도서관이 주축이 된 '한사드 디지털 프로젝트'에 의해 완성된 XML 파일은 대중에 공개되어 있으며 이 자료들의 저작권은 의회에 있다. 자료들은 전문 홈페이지 (http://hansard.millbanksystems.com)에서도 검색 가능하다.

LSE

LPA

London School of Economics and Political Science Library, The Liberal Party Archives

런던정치경제대학교도서관자유당아카이브

1 기록관

1) 소재사항

소재국가	영국
주　　소	London School of Economics Library 10 Portugal Street London, Great Britain
전　　화	+44 20 7955 7229
팩　　스	+44 20 7955 7454
홈페이지	http://www2.lse.ac.uk/library/home.aspx http://lib - 1.lse.ac.uk/archivesblog/?tag=liberal - party

2) 성격

- 영국의 런던정치경제대학교(LSE: London School of Economics and Political Science)의 도서관은 영국정치경제학도서관(British Library of Political and Economic Science)으로 알려져 있기도 하다. 경제학과 사회과학 분야의 세계에서 가장 큰 도서관 중 하나이다.

- 자유당(The Liberal Party)은 19세기와 20세기 초에 주축을 이루었던 두 정당 중 하나였다. 20세기 초반 이후로는 다소 주목받지 못하는 제3당에 속했으며

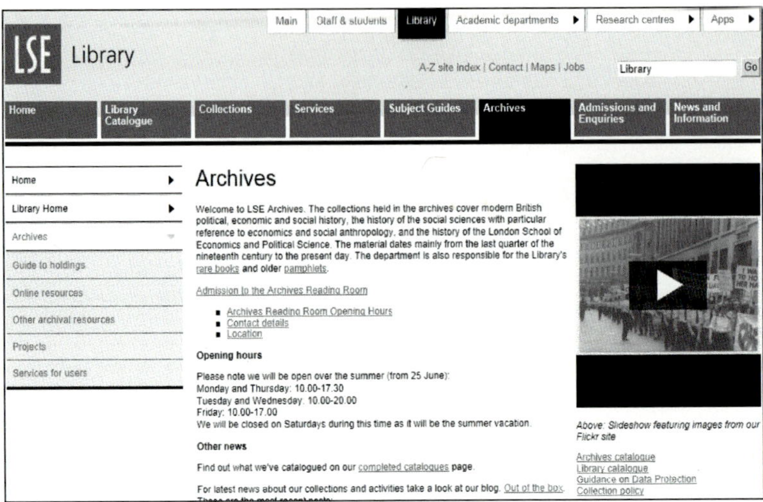

1989년 사회 민주당(SDP: Social Democratic Party)과 병합하면서 현재의 자유민주당을 이루었다. 이 정당은 고전적인 자유주의를 옹호하며 정치적으로 중립에 가까운 좌파의 성격을 띠고 있다. 원래 1859년 보수파에 대항하기 위해 휘그당(Whig Party)의 후예로 설립되었다. 1981년 사회 민주당(Social Democratic Party)의 등장으로 자유당의 전략적 중요성이 대두되었다. 이는 1979년의 선거 이후 부진하던 자유당의 입지를 굳혀주었다. 1989년 사회 민주당과의 결합이 투표에 부쳐져 자유민주당(Liberal Democratic Party)으로 융합되었다.

② 정보원

1) 정보원 열람 및 배포 정책

- 런던정치경제대학교도서관자유당아카이브스(LPA: The Liberal Party Archives)

기록물은 24개의 기록그룹으로 분류 관리되고 있다.
- 영국정부출판물 및 다양한 정부 간 출판물을 수집 및 보유하고 있으며, 미국정부출판물 취급권리도 보장받고 있다.
- 저작권자와 도서관의 동의 없이 자료의 내용이 출판되는 것을 금지되어 있다. 출판을 위한 허가를 얻기 위한 지원은 우선적으로 기록전문가에게 제시되어야 하나, 저작권 문제의 해결을 위한 의무는 사용자에게 부가된다.

2) 도서관 장서(Library Collection)

런던정치경제대학교도서관(LSE: London School of Economics and Political Science Library)은 사회과학 관련 방대한 양의 자료를 보관 및 수집 중에 있으며, 그 중에서도 경제, 통계, 정치학, 행정학에 중점을 두고 있다.

(1) 연속간행물

기사는 저널과 연속간행물의 형태로 출판되며, 출판물과 더불어 때로는 온라인 형태로만 자료를 제공하기도 한다. e-저널은 포탈에서 조회할 수 있으며, 검색은 제목과 내용 모두로 가능하며 주제어가 검색을 위해서 제공되고 있기도 하다. 연속간행물과 관련된 정보는 '상호검색(Cross Searcher)'을 이용해서 간편히 검색할 수 있다.

(2) 절판 연속간행물

도서관은 현재까지 약 만여 개의 연속간행물과 2만여 개의 사학 저널을 발행하여 왔으며 이 중 일부는 더 이상 발행되지 않고 있다. 이들 가운데는 일차적인 자료들도 포함되어 있으며, 학술저널이 아니더라도 사학 관련 내용을 다루고 있는 것도 있다. 이 자료들은 다양한 주제와 국제적인 영역을 다루고 있다. 소장 중인 절판 연속간행물로는 다음과 같다.

- *Bank Publications from the Early 20th Century*
- *Trads Union Journals and Magazines*
- *Industry and Trade Journals from the Early 20th Century*
- *Women's Suffrage Journals*
- *Political Journals and Magazines from the 19th and Early 20th Centuries*
- *Local Government Journals*
- *Journals of Friendly Societies*
- *Transport Journals*
- *Political Newspapers*

한편 다음과 같은 주제 분야의 절판 연속간행물도 소장하고 있다.

① 운송(Transport)

영국과 미국에서 간행된 다양한 운송관련 연속간행물이 소장되어 있으며, 1840년대에 간행된 관련 연속간행물도 있다. 다음과 같다.

- *Railway Times*
- *Railway Gazette*
- *Railway Magazine*
- *International Railway Congress*(미국)

미주리퍼시픽(Missouri – Pacific)과 같은 미주 지방 철도회사의 보고서도 소장하고 있다. 한편, 해상운송 관련 연속간행물은 다음과 같다.

- *Navigation du Rhin*
- *Canal de Suez*(1898 – 1958)
- *Fairplay*(1891 – 1981)

- ***Shipping world***

② 산업(Industry)

다수의 산업 관련 1차 정보자료도 소장하고 있으며, 인디언의 직물산업 관련 연속간행물과 우유 및 과일산업 연간물도 소장하고 있다. 다음과 같다.

- ***Wheat Studies***(1920년대 -)
- ***Cotton Gazette***(1922 -)
- ***Egyptian Cotton Gazetteer***
- ***Wool Review***(1920년대 -)
- ***Mineral Industry***(1898 -)
- ***Iron and Aoal Trades Review***
- ***Black Diamond***(미국)
- ***Colliery Yearbook***
- ***Petroleum Times***
- ***Motor Gazette***

③ 은행 및 무역(Banking and Commerce)

대부분 유럽 국가와 알제리와 이집트와 같은 국가의 19세기 및 20세기 초기부터의 은행관련 보고서류도 소장하고 있다. 그 외 재정 및 무역관련 연속간행물도 있으며, 다음과 같다.

- ***Bankers Magazine***(1840 -)
- ***Journal of the Institute of Bankers***(1920년대 -)
- ***Investors Review***(1892 -)
- ***Stock Exchange Record***(1911 - 56)
- ***Statist***(1879 - 1967)
- ***Review of the River Plate***(아르헨티나, 1921 - 95)

④ 노동조합 연속간행물(Trades Union Journals)

20세기 초기의 345종의 노동조합 관련 연속간행물을 소장하고 있다.

- ***Bee-hive***(1862-76)
- ***American Federalist***(미국노동협회, American Federation of Labour), 1922-73)
- ***Voix du Peuple***(CGT)
- ***Der Arbeiterfreund***(1864-99)

⑤ 자선 및 지방 정부(Charities and Local Government)

- ***Charity Organization Quarterly***
- ***Reports of the Poor Law Guardians***(1877-1911)
- ***National Municipal Review***
- ***Local Government Directory***
- ***Local Authorities Companion***

(3) 데이터 도서관(The Data Library)

데이터 도서관은 접근성이 높은 다음과 같은 자료들을 보유 중에 있다.

- 마이크로데이터(Microdata)

  정부 설문, 장기적인 데이터, 의견 조사 등 데이터
- 축적 데이터(Aggregated Data)

  OECD, EUROSTAT, IMF, World Bank 등 기관들의 사회경제적 측도 데이터
- 경제적 데이터베이스(Financial Databases)

  시장, 기업, 환율 등에 대한 정보, EU 행정 구간과 군수품 조사 데이터를 포괄하는 지리정보원(GIS: Geographic Information Resources)
- 국제 데이터 센터와 통계 기관(International Data Centres and Statistical

　　　Institutes)

　　온라인 정부 통계(Government Statistics Online) 데이터

(4) 통계(Statistics)

도서관은 정부 및 간정부기관들에서 기록한 현재 및 과거의 통계자료를
대량으로 보유하고 있다. 이 자료에는 연별 통계자료 및 인구, 무역, 경제,
금융 및 사회 통계 전반에 걸친 자료들이 포함된다.

(5) 정부 및 정부간 출판물(Governmental and Intergovernmental Publications)

도서관은 영국 정부의 출판물 외에도 다양한 정부 및 정부간 출판물을 보
유하고 있다. 도서관은 타 국가들의 중앙정부출판물도 수집하고 있다. 이
와 같은 국외출판물은 정부 운영방침 및 공공행정, 사회경제적 통계자료를
포함하고 있는 것으로 선별할 수 있도록 한다. 1903년부터 이어져 온 본
자료 관련 계약은 도서관이 보유하고 있는 미국정부출판물을 취급할 수
있는 권리를 보장하기도 하였다.

(6) 전자책(e-Books)

도서관은 1,000개가 넘는 수의 e-Book을 이용할 수 있으며, 그 규모는
계속해서 확장되고 있다. 이용 가능한 자료 목록은 로그인을 통해 도서관
온라인목록에 접속하여 확인 가능하다. 방문자와 동문자들은 도서관 내에
있는 방문자 PC를 통해 도서관 내 자료 일부에 접근권한을 확인할 수 있
다. 관련 자료의 목록은 다음과 같다.
- ACLS인문과학도서(ACLS Humanities E-Books)
- 비즈니스자원(Business Source Complete)
- 캐비환경영향(Cabi Environmental Impact)
- 캠브리지단행본온라인(Cambridge Books Online)

- 캠브리지역사온라인(Cambridge Histories Online)
- 도슨시대(DawsonEra)
- 초기영문단행본온라인(Early English Books Online)
- 18세기장서온라인(Eighteenth Century Collections Online)
- 경제학핸드북시리즈(Handbooks in Economics series)
- 클루어 중재 전자도서(Kluwer Arbitration Ebooks)
- 내i도서관(MyiLibrary)
- OECDi도서관(OECD iLibrary)
- 옥스퍼드장학제도온라인(Oxford Scholarship Online)
- 옥스퍼드참고온라인(Oxford Reference Online)
- 옥스퍼드핸드북온라인(Oxford Handbooks Online)
- Past Masters
- 팰그래이브 코넥트 과학(Palgrave Connect Sciences)
- SocIndex
- Springer eBooks

한편 도서관은 무료로 이용 가능한 e - Book 컬렉션을 작성하였으며 그중 일부의 제목은 추천도서를 통해 확인 가능하다.

(7) 신문자료

도서관은 현재 최근뉴스와 과거뉴스, 보도자료, 잡지, 무역 저널(trade journals), 뉴스레터, 방송 대본, 비디오, 블로그 등에 자료에 대한 접근권한을 보유하고 있다. 이 외의 자료에 대한 정보는 주제 가이드를 통해 확인할 수 있으며, 해당 자료들은 무료로 이용 가능한 자료 외에는 로그인으로 이용할 수 있다.

(8) 석·박사학위논문(Theses and Dissertations)

학위논문들은 인쇄 및 온라인상의 형태 모두로 조회 가능하다. 주로 박사학위 논문이 석사학위 논문보다는 조회하기 용이하며, 본 도서관과 영국 외 외부에서 조회 가능하다. 자세한 사항은 홈페이지에 기재되어 있다.

(9) 팸플릿장서(Pamphlet Collection)

도서관은 약 9만여 개의 팸플릿을 소장하고 있으며, 그중에는 19세기 및 20세기 초반에 출판된 자료도 포함된다. 본 자료들은 일차적인 자료에 해당되며, 프레스그룹, 정당, 개인, 캠페인 등에 의해 출판되었다. 대다수의 자료는 도서관 설립 당시에 기증되었으며 역사연구의 소중한 자료로 관리되고 있다.

(10) 디지털장서(Digital Collections)

본 도서관의 장서는 대학과 세계 사회과학 학계의 연구에 이바지하는 중요한 연구자원으로 각광받고 있다. 도서관은 100년에 걸쳐 희귀한 자료를 수집하는 등 그 규모를 확장시켜 왔다. 여기에는 도서관의 디지털 자료도 포함되며, 미래 도서관 발전을 위해 지속적으로 도서관 내 하이브리드 자료의 폭을 넓히고 있다.

3) 자유당기록물

(1) 런던정치경제대학교도서관 자유당기록물은 다음과 같이 구성되어 있다.

① 배후(Behind the Scenes) 58종
② 장서(Collections) 86종
③ 디지털기록물(Digital Archives) 6종

④ 디지털화(Digitisation) 3종

⑤ 행사와 전시(Events and Exhibitions) 30종

⑥ 조지 버나드 쇼 사진기록물(George Bernard Shaw Photographs) 23종

⑦ 뉴스자료(News) 125종

⑧ 온라인 정보원(Online Resources) 26종

⑨ 프로젝트(Projects) 22종

(2) 자유당기록물 분류

자유당기록물군은 다음과 같은 기록물계열(series)로 분류되어 있다.

① 국립행정위원회(National Executive Committee)

　　기존 당의 행정기관이다.

② 자유당조직(Liberal Party Organization)

③ 자유당자문위원회(Party Council)

④ 상임위원회/정책위원회(Stranding Committee, later Policy Committee)

⑤ 중심위원회(Central Committees)

⑥ 연보고서와 정산(Annual Reports and Accounts)

⑦ 예산(Finance)

⑧ 집회(Assemblies)

⑨ 총선거(General elections)

⑩ 보궐선거(By-elections)

⑪ 진보와 유럽(Liberals and Europe)

⑫ 당의 정치적 홍보(Party political broadcasts)

⑬ 언론보도(Press Cuttings and Releases)

⑭ 출판(Publications)

⑮ 발언자와 후보들의 안내서(Speakers' and Candidates' Handbooks)

⑯ 정책요약(Policy Summaries)

⑰ 지역기관들(Regional Organization)

⑱ 진보 기관들(Liberal Organizations)

⑲ 자유당-노동당 협정(Lib-Lab Pact)

⑳ 사회민주당(Social Democratic Party)

㉑ 자유당-사회민주당 연합(Liberal-SDP Alliance)

㉒ 테이프(Tapes)

㉓ 기타(Miscellaneous)

㉔ 영국 국제 진보 협회 의사록(Liberal International British Group Minutes)

4) 정보원 링크

(1) 온라인정보원(Online Resources)

- National Register of Archives

  홈페이지 http://www.nationalarchives.gov.uk/nra/default.asp

- AIM25

  홈페이지 http://www.aim25.ac.uk

- Archives Hub

  홈페이지 http://archiveshub.ac.uk

- A2A: Access to Archives

  홈페이지 http://www.nationalarchives.gov.uk/a2a

- Archives Network Wales

  홈페이지 http://www.archivesnetworkwales.info

- ARCHON

  홈페이지 http://www.nationalarchives.gov.uk/archon

- INTUTE

  홈페이지 http://www.intute.ac.uk

- MICHAEL

  홈페이지 http://www.michael‐culture.org/en/home
- SCAN: Scottish Archive Network

  홈페이지 http://www.scan.org.uk
- UNESCO Archives Portal

  홈페이지 http://www.unesco.org/webworld/portal_archives

(2) 전기정보원(Biographical Resources)

- 옥스퍼드 국가자서전 사전(DNB: Oxford Dictionary of National Biography)

  홈페이지 http://www.oxforddnb.com/index.jsp
- 누가 누구고 누가 누구였나(Who's Who and Who was Who)

  홈페이지 http://www.ukwhoswho.com/public/home.html?url=%2Fapp%
  Fservice%3Dexternalpagemethod%26page%3DIndex%26metho
  d%3Dview%26&failReason

(3) 소장기록물

① 인류학(Anthropology)

- 문서보관소 인류학 현장보고서 및 원고지침(Guide to Anthropological Fieldnotes and Manuscripts in Archival Repositories)

  홈페이지 http://copar.org/fieldnotes.htm

② 경영 및 경제역사(Business and Economic History)

- 경제학자 문서(Economists' Papers 1750‐2000)

  홈페이지 http://www.economistspapers.org.uk
- 비즈니스역사원(Sources for Business History)

홈페이지 http://www.nationalarchives.gov.uk/records/research – guides/
business – history.htm
- WWW 가상도서관(WWW Virtual Library: Business and Economic History)
홈페이지 http://www.neha.nl/w3vl

③ 가족 및 지역역사(Family and local history)
- 국가문서보관소소장 연구 지침(Research guides maintained by The National Archives)
홈페이지 http://www.nationalarchives.gov.uk/records/default.htm
- 가족사: 자원안내(Family History: Your Guide to Resources)
홈페이지 http://www.nationalarchives.gov.uk/records/looking – for
– place/default.htm
- 지역 역사: 자원안내(Local History: Your Guide to Resources)
홈페이지 http://www.nationalarchives.gov.uk/records/looking – for
– place/default.htm
- 국회역사: 자원안내(House History: Your Guide to Resources)
홈페이지 http://www.nationalarchives.gov.uk/records/looking – for
– place/default.htm

④ 정부 및 정치활동(Government and Politics)
- 정당 및 국외문서그룹(PPPAG: Political Parties and Parliamentary Archives Group)
홈페이지 http://www.bodley.ox.ac.uk/pppag.htm

⑤ 국제역사(International History)
- 제국 및 연방 정보원(Sources for Imperial and Commonwealth History)

  홈페이지 http://www.nationalarchives.gov.uk/records/research－guides/
  imperial－ciommonwealth－history.htm

⑥ 노동역사(Labour history)
- 노동역사원(Sources for Labour History)

  홈페이지 http://www.nationalarchives.gov.uk/records/research－guides/
  labour.htm
- WWW가상도서관: 노동당(WWW Virtual Library: Labour History)

  홈페이지 http://www.iisg.nl/w3vl

⑦ LGBT역사(LGBT History)
- 국가문서보관소에서의 게이와 레즈비언 역사: 입문(Gay and Lesbian
  History at The National Archives: an Introduction)

  홈페이지 http://www.nationalarchives.gov.uk/records/research－guides/
  gay－lesbian.htm
- 아웃 데어(Out There)

  홈페이지 http://www.nationalarchives.gov.uk/about/projects.htm/outthere
- LGBT역사링크(LGBT History Links)

  홈페이지 http://hallcarpenter.tripod.com/hca/links.html

⑧ 여성역사(Women's History)
- 기원(Genesis)

  홈페이지 http://www.londonmet.ac.uk/genesis
- WWW. 가상도서관: 여성사 (WWW Virtual Library: Women's History)

홈페이지 http://www.iisg.nl/w3vlwomenshistory

⑨ 기타

- CASBAH

  홈페이지 http://www.casbah.ac.uk

- DANGO 비정부기관 문서 데이터베이스(Database of Archives of Non
  - Governmental Organizations)

  홈페이지 http://www.dango.bham.ac.uk/

- 문서보관소연구 안내(The National Archives Research Guides)

  홈페이지 http://www.nationalarchives.gov.uk/records/research - guide
  - listing.htm

(4) 기록물이용안내

- 문서연구기법 및 기술(ARTS: Archival Research Techniques and Skills)

  홈페이지 http://www.arts - scheme.co.uk/index.htm

- 국가문서학술연구지침 (The National Archives Academic Research Guide)

  홈페이지 http://www.nationalarchives.gov.uk/about/research - scholarship.htm

- 캐나다도서관 · 기록관(Library and Archives Canada: Using Archives)

  홈페이지 http://www.collectionscanada.gc.ca/04/0416_e.html

- 쉽게 배우는 기록보관(Archives Made Easy)

  홈페이지 http://www.archivesmadeeasy.org

- 학습곡선(Learning Curve)

  홈페이지 http://www.nationalarchives.gov.uk/education

- 고문서학: 고 필적 판독(Palaeography: Reading Old Handwriting)

  홈페이지 http://www.nationalarchives.gov.uk/palaeography

NA

National Assembly of the Republic Korea
대한민국국회

① 기록관

1) 소재사항

주　　소　(150-701) 서울특별시 영등포구 의사당대로 1(여의도동)
전　　화　+82 31 788 2114
홈페이지　http://nas.na.go.kr

2) 성격

- 대한민국국회(The National Assembly of the Republic of Korea, 大韓民國國會)는 대한민국 입법부의 주축이며 국민을 대표하는 단체로, 대한민국 국회의원으로 이루어진다.
- 국회사무처(NAS: National Assembly Secretaria, http://nas.na.go.kr/ site?siteId=site-20111206-000001000&pageId=page-20111206-000001001t)는 국회의장의 지휘 감독을 받아 국회 및 국회의원의 입법활동을 지원하고, 국회의 행정업무를 수행하는 곳이다.
- 국회정보시스템은 의안정보시스템, 예결산정보시스템, 회의록시스템, 국정감사정보시스템, 국회영상회의록시스템, 미디어자료관, 맞춤입법콘텐츠시스템, 법률지식정보시스템, 인터넷의사중계 등으로 구성되어 있다.

② 정보원

1) 정보원 열람 및 배포 정책

- 공공기관이 보유·관리하는 정보를 국민에게 공개하는 정보공개제도에 의 거하여 관련 기록물을 열람하거나 사본을 받아 볼 수 있다. 정보공개에 대 한 수수료 및 우편료 등에 소요되는 비용은 청구인이 부담하여야 한다.
- 30년 경과 기록물은 공개를 원칙으로 하며, 개인정보 및 국가안보에 관한 최소의 정보만 비공개하고 있으며, 비공개대상정보가 포함된 기록물은 정 보공개가 제한적으로 제공된다. 30년 미경과 기록물은 정보공개법 및 각 부처의 비공개대상정보, 사전정보공표자료 등을 참고하여 비공개 사유가 소멸한 경우 공개한다. 단, 이 경우도 개인정보 및 국가안보에 관한 정보는 비공개로 관리하고 있다.
- 국회정보시스템으로 의안정보시스템, 예결산정보시스템, 회의록시스템, 국

정감시정보시스템, 국회영상회의록시스템, 미디어자료관, 맞춤입법콘텐츠시스템, 법률지식정보시스템, 인터넷의사중계 등으로 기록관련 정보서비스가 제공되고 있다.

2) 의안정보시스템

홈페이지 http://likms.assembly.go.kr/bill/jsp/main.jsp

- 국회의 본질적인 기능은 법률안·예산안·동의안 등 의안을 심의하는 기능이며, 국회는 의안심의과정을 통하여 헌법이 요구하는 국회의 기능을 수행하고 국민의 의사를 국정에 반영하게 된다.
- 의안상세검색, 심사보고서본문검색, 발의법률안검색의 방법으로 검색가능하다.
- 처리의안, 계류의안, 본회의부의예정의안, 의언통계, 청원, 연차보고서에 대한 정보를 제공하고 있다. 그 외에 최근통과의안과 최근접수의안 정보도 검색가능하다.

3) 예결산정보시스템

홈페이지 http://nafs.assembly.go.kr:83

- 관련부처는 기획재정부, 감사원, 국회예산정책처이다.
- 예산정보는 회계연도별 예산안, 기금운용계획안, 추가경정예산안에 대한 정보를 제공하며, 결산정보는 회계연도별 결산·기금결산에 대한 정보를 제공한다.
- 그 외에 회의록에 대한 정보와 용어사전이 제공되고 있다.
- 관련법령으로 예산회계관련법령, 특별회계관련법령, 기금관련법령, 조세및 지방재정관련법령이 적용된다.

4) 회의록시스템

홈페이지 http://likms.assembly.go.kr/record/index.html
- 2011년 12월 1일부터 2012년 6월 현재까지의 회의록은 최근회의록으로 공개되어 있다.
- 목차검색과 상세검색의 두 방법으로 회의록 검색이 가능하다.

5) 국정감사정보시스템

홈페이지 http://likms.assembly.go.kr/inspections/index.html
- 2000년부터 2011년까지 국정감사계획서, 국정감사결과보고서, 정부시정 및 처리결과보고서에 대한 검색이 제공되고 있다.
- 교육과학기술위원회, 국방위원회, 국토해양위원회, 국회운영위원회, 기획재정위원회, 농림수산식품위원회, 문화체육관광방송통신위원회, 법제사법위원회, 보건복지위원회, 여성가족위원회, 외교통상통일위원회, 정무위원회, 지식경제위원회, 행정안전위원회, 환경노동위원회의 2011년 국정감사에 대한 계획서, 회의록, 결과보고서 및 시정 및 처리결과보고서의 원문이 한글 및 PDF 등으로 제공되고 있다.
- 참고자료와 관련 법률도 제공하고 있다.

6) 국회영상회의록시스템

홈페이지 http://w3.assembly.go.kr/vod/index.jsp
- 최근회의, 본회의, 예결위, 상임위, 특별위, 청문회·공청회, 국정감사의 영상회의록을 제공하고 있다.
- 상세검색의 방법으로 제6대부터 제18대까지 276회부터 307회까지의 모든 회의를 대상으로 청문회, 공청회, 국정감사로 구분하여 검색 가능하다.

7) 미디어자료관

홈페이지 http://w3.assembly.go.kr/multimedia/index.jsp
- 이는 '다시 보는 의정 영상'으로 국회관련 주요 기록 동영상 서비스와 국회홍보 동영상 및 사진 등을 제공하고 있다.
- 사진자료관, 영상자료관, 국회가 걸어온 길의 세 부분으로 구성되어 있으며, 각국의회사진 및 국회기자회견 다시보기도 제공하고 있다.
- 자료검색의 경우 기간과 국회보 Zoomin, 본회의 및 주요회의, 주요행사, 자료사진, 각국의회사진, 국회기자회견, 행사·홍보영상, 의원청문회, 기록영화로 구분하여 색인검색 가능하다.

8) 맞춤입법콘텐츠시스템

홈페이지 http://naph.assembly.go.kr/login.do
- 최근접수의안과 최근통과의안 검색시스템이다.
- 본문, 태그 또는 전체검색이 가능하며 대수, 위원회, 의원명을 제한하여 상세검색이 가능하다.

9) 법률지식정보시스템

홈페이지 http://likms.assembly.go.kr/law/jsp/law/Main.jsp
- 법률지식, 폐지법률, 최근제정·개정법률, 법률관련정보, 입법과정개관으로 구성되어 있으며, 국회법률지식DB로 헌법지식DB, 국회관계법지식DB, 국회의원관계법지식DB로 통해 관련 법률을 제공하고 있다.
- 법령상세검색과 판례상세검색이 가능하다.

NAL

National Assembly Library

한국국회도서관

1 기록관

1) 소재사항

소 재 국 가	한국
주　　　소	(150－703) 서울특별시 영등포구 의사당대로 1(여의도동)
전　　　화	82 2 788－4211, +82 80 788 4211(수신자부담)
팩　　　스	+82 54 480 6609
전 자 우 편	webw3@nanet.go.kr
홈 페 이 지	http://www.nanet.go.kr/main.jsp

2) 성격

- 한국국회도서관(NAL: National Assembly Library, 國會圖書館)은 국회의 입법 및 국정 심의활동과 정부, 대학, 연구기관 및 일반국민의 연구에 필요한 정보를 수집, 분석, 제공하는 국립도서관으로 1952년 개관하였다.
- 2009년 기존의 국회기록보존소의 소속처가 국회도서관으로 변경되면서 관련 서비스를 시작하였고, 국회기록관련 의회정보서비스와 법률정보서비스를 제공하고 있다.

3) 설립연혁

- 원래 국회기록보존소는 '공공기록물관리에관한법률' 제10조 헌법기관기록
  물관리기관에 의거, 국회사무처 소속 국회기록보존소로 200년 1월 1일 설
  립되었다.
- 2001년 11월 국회기록관리에 대한 최초의 법규인 '국회기록관리규칙'이 마
  련되었다.
- 2009년 4월 27일 국회소속기관 직제 개정으로 국회사무처에서 국회도서관
  으로 이관되었다.
- 2004년 9월 '국회전자문서시스템'이 도입된 이래, 국회 전자기록물 생산은
  매년 급증하고 있다. 2011년 9월 현재 '국회기록관리시스템'이 인수받은
  전자기록물은 전체 이관기록의 72%인 24만여 건에 달한다.
- 2011년 4월 '공공기록물관리에관한법률' 제10조의 헌법기관기록물관리기관
  에 대한 내용 중 국회에 영구기록물관리기관 설치 및 운영 규정을 반영한
  현행의 '국회기록물관리규칙' 제4조에 의거하여 국회도서관이 '국회에 설치

하는 영구기록물관리기관'으로, 그 소속에 '국회기록보존소'를 두고 있다.

4) 비전

국회도서관의 비전은 다음과 같다.
① 국회의원에 대한 무한봉사로 지식 입법부 실현에 기여
② 최상의 법률도서관 서비스로 입법활동의 전문성을 제고
③ 국가 지식정보를 수집하고 글로벌 정보네트워크를 확장
④ 언제 어디서나 접근 가능한 전자도서관 구축으로 국가 지식역량 제고
⑤ 국민 속에서 국민과 함께 성장하는 열린 도서관 환경 구축

5) 주요업무

국회도서관직제 제10조 국회기록보존소에 대한 규정에 의하면 국회기록보존소
장의 주요업무는 다음과 같다.
① 국회기록물 관리정책에 관한 사항
② 국회기록물의 수집, 보존, 열람 및 데이터베이스 구축
③ 국회기록물 관리에 관한 지도, 감독
④ 중앙기록물관리기관과의 협조에 의한 기록물의 상호활용 및 보존의 분담
⑤ 도서관 기록물에 대한 정보공개청구에 관한 사항
⑥ 국회기록물 및 도서관자료의 복원, 복제, 제본
⑦ 국회기록물 및 도서관자료의 마이크로폼화 등에 관한 사항
⑧ 전자기록물의 평가, 폐기 및 관리 등에 관한 사항
⑨ 국회기록물의 공개여부 분류 및 비공개기록물의 재분류에 관한 사항
⑩ 국회 관련 행정박물 등의 보존에 관한 사항

② 정보원

1) 정보원 열람 및 배포 정책

국회도서관(NAL: National Assembly Library, 國會圖書館)은 국회기록보존소의 소속기관으로 전문적인 의회정보서비스와 법률지식정보서비스를 구축 운영하고 있다. 관련 데이터베이스를 구축하여 관련 정보를 공개 제공하고 있으나, 일부 전화문의와 메일링서비스도 제공하고 있다.

2) 의회정보서비스

홈페이지 http://www.nanet.go.kr/02_lawinfo/06_legservice/legservice.jsp

- 국회도서관에서 입법 및 국정현안 자료를 국회의원 및 입법 관련 부서에 의회정보회답, 팩트북 및 자료발간, 데이터베이스 구축 및 서비스, 이메일서비스 등 다양한 유형으로 제공하는 입법지원 활동이다.
- 입법지식DB와 일일외국신문정보를 구축 운영하고 있다. 입법지식DB의 경우 입법 및 의정활동에 참고가 될 지식을 제공하는 데이터베이스로서 입법지식DB 이용에 대한 전화문의(+82 2 788 4374)가 가능하며, 일일외국신문정보의 경우 외국 주요 일간지 등 온라인 언론매체에 게재된 외국의 의회·입법 동향, 정치·사회·경제 관련 기사 및 한국관련 주요 기사 리스트를 주 5회 제공하고 있다.

3) 법률정보서비스

홈페이지 http://www.nanet.go.kr/02_lawinfo/08_newlawinfo/01/lawinfo.jsp

- 법률정보서비스란 국내외 법률관련 자료를 국회의원 및 입법보좌직원과 일반국민에게 제공하는 종합적인 법률정보제공 서비스로 법률정보회답, 법률

관련 DB구축 및 서비스, 법률 관련 자료발간 및 메일링 서비스, 법률정보 검색, 법률자료열람 등을 포함하고 있다.

- 관련 데이터베이스로 법률쟁점DB(+82 2 788 4763), 외국법률정보DB(+82 2 788 4061), 국내법령 제정·개정 이슈DB(+82 2 788 4062), 최신 외국법률소식DB(+82 2 788 4890), 세계법률정보망DB(+82 2 788 4060)가 구축되어 있으며, 전화문의와 메일링서비스가 제공된다.

4) 국회법률도서관

홈페이지 http://law.nanet.go.kr/kor/index.do

- 국내외 법률자료의 수집·관리, 외국법률의 조사·번역, 국내외 법률자료의 색인 및 법률이력관리사업 등을 통해 국회의 법률제정 개정에 필요한 참고자료 제공과 대국민 법률정보서비스 제공활동을 수행하고 있다.
- 국회법률도서관은 입법활동에 필요한 국내외 법률정보서비스 제고 및 온·오프라인 법률정보의 대국민 서비스를 위해 양질의 법률장서와 최고의 정보서비스 전문인력을 기반으로 국가 법률정보의 통합관리기능을 수행하고 있다. 이를 통해 입법활동지원 강화와 더불어 정부기관 및 연구기관에서 법률정보를 편리하게 이용할 수 있도록 다양한 사업을 추진하고 있으며 그 내용은 다음과 같다.

① 법률도서관 기획 및 홍보 입력
   법률도서관 주요사업의 중장기 기획 및 체계적인 운영관리를 통해 양질의 법률정보를 수집 제공하고, 법률도서관 자문위원회 운영 및 국내외 법률정보 유관기관과 법학전문대학원 등과 정보교류, 정보지원 관련 대외협력사업을 수행한다.

② 의회법령자료 및 국제기구자료 열람실 운영

각국 의회회의록, 정부제출 자료 등 의회관련 자료와 대한민국 현행법령과 판례집을 비롯한 미국과 영국 등 주요국의 법령관련자료, UN·EU·World Bank 등 국제기구 기탁 자료와 온라인자료를 활용한 국제정보를 제공한다.

③ 법률자료질의회답 및 외국법률 정보서비스

국회의원 및 국회 입법관련부서의 요청에 따라 입법활동에 필요한 국내외 입법사례 및 현안 관련 법률정보를 조사·번역하여 제공함으로써 법률의 입안 또는 개정에 참고할 수 있는 법률정보를 제공한다.

④ 외국법률소식

회답요청이 많은 현안법률과 입법관련 이슈 중 참고가 될 만한 외국의 입법사례, 법률 원문 및 번역문 등을 정리하여 발간·배포하고 메일링서비스를 제공한다.

⑤ 입법현안법률정보

국내의 주요 신문 등 언론매체에서 문제점을 제기한 법령관련 기사를 선정하여 국회 상임위원회 별로 구분하여 발간·배포하고 메일링서비스를 제공하고 있다.

⑥ GLIN Korea 사업

미국의회법률도서관이 주관하는 세계 각국의 법률정보를 공유하기 위한 세계법률정보망(Global Legal Information Network) 사업에 국회도서관은 1996년부터 우리나라를 대표하여 회원국이자 집행위원국으로 참여하고 있으며, 국내 법령 제정·개정 이유 및 주요내용에 대한 영문요약문을 작성하여 국내 법령전문과 함께 GLIN·DB에 구축하고 있다. GLIN 홈페이지에서 37개국 GLIN 회원국의 법령 제정·개정의 주요 내용을 확인할 수 있다.

⑦ 최신법률소식

국내 및 국외의 법률정보를 신속히 제공하기 위하여 신문 및 정기간행물에서 국내법령의 제정·개정 관련 기사를 선정하여 내용요약 및 관련 정보 서비스, 경제협력개발기구(OECD) 주요회원국·중국·러시아 등 17개국과 유럽연합(EU)의 최신 제정·개정 법률을 조사 및 번역하여 제공한다.

⑧ 법률정보자원색인DB

이는 2012년 예정 서비스로 현재 국내에서 발간되는 법률관련 단행본, 학술지 기사 및 학위논문 등을 법률 주제별로 분류하여 검색시스템에서 주제색인어로 검색할 수 있도록 할 예정이다.

⑨ 법률쟁점DB

단편적으로 유통되고 있는 입법부, 사법부 및 행정부에서 생산되는 개별 법률의 법령연혁, 입법예고, 해석례, 판례, 헌재결정례, 법률안, 외국 법령 등의 법령정보와 해당 법률의 쟁점과 관련된 단행본, 학위논문, 학술기사, 세미나, 인터넷자료, 기사 및 칼럼 등의 문헌정보를 수집·연계하여 제공한다.

PA
Parliamentary Archives
의회기록관

① 기록관

1) 소재사항

소재국가	영국
주 소	Houses of Parliament, London, SW1A 0PW
전 화	+44(0)20 7219 3074
팩 스	+44(0)20 7219 2570
전자우편	archives@parliament.uk
홈페이지	http://www.parliament.uk/business/publications/parliamentary-archives

2) 성격

의회기록관(PA: Parliamentary Archives(UK Parliament))은 하원도서관 역사메뉴스크립트 영국 상원과 하원 기록물 이용 및 의회와 관련된 기록물의 이용을 가능하게 하며, 영국의회를 위한 기록관리 서비스를 제공한다.

3) 기록관리

의회기록관은 영국의회의 상원과 하원 행정부 및 국회의원들에게 기록관리 및

기록관 서비스를 제공한다. 기록관리팀은 의회직원들에 의해 생성되고 전달된 기록들이 조직적으로 관리되고 올바른 장소에 정리되어 있으며 기록관으로 이전되거나 폐기되어야 할 자료들이 스케줄에 맞추어 처리될 수 있도록 관리과정 및 절차를 확고히 한다. 의회행정부에 의해 매일 기록되는 기록들을 관리함으로써, 기록관리팀은 역사적으로 중요한 기록들을 찾아내서 기록관에 보존될 수 있도록 한다. 또한 본 팀은 'ISO15489 국제기준'과 '영국정보자유법(2000)'의 제46조항에 입각한 '기록관리에 대한 대법관 행동강령과 기록관리'에 맞추어 기록관리 실행절차를 준수한다.

4) 서비스

(1) 기록관문의서비스(Archive Inquiry Services)
예약 및 문의의 경우 우편, 전화, 팩스 및 이메일을 통해 연락이 가능하다.

(2) 의회기록관 방문서비스

(3) FAQ 서비스

(4) 이용시비스

(5) 출판물이용서비스

카탈로그, 보고서, 참고문헌의 무료 다운로드가 가능하다.

(6) 기록복사서비스

직접 방문, 우편 또는 전자우편을 통한 유료의 복사 및 스캔 서비스를 제
공한다.

5) 관련법률

- 의회기록관리안내(*Parliamentary Records Management Guidance*) 인터넷 이용
  가능의 시리즈들
- 의회기록의 수집정책(*Parliamentary Archives' Collection & Acquisition Policy*)
- 기록관리관련실행규약집(*Code Of Practice On The Management Of Records,
  Issued Under Section 46 Of The Freedom Of Information Act 2000,
  November 2002*)
- *International Standard ISO 15489 −1:2001 Information And Documentation
  − Records Management*
- 상원및하원 Date 보호정책성명(*House Of Lords And House Of Commons'
  Date Protection Policy Statements*)
- 의회정보기능보안정책(*Parliamentary Information Technology Security Policy*)
- IDA 2010(*Identity Documents Act 2010*)
- 의회기록관리정책 2006(*Parliament Archives Management Policy 2006*)
  홈페이지 http://www.parliament.uk/documents/upload/records−management
  　　　　−policy.pdf
- 공인된기록폐기업무 2008(Authorised Records Disposal Practice 2008)
  홈페이지 http://www.parliament.uk/documents/upload/ardp.pdf

- 전자보존검색(*Digital Preservation Policy*)

  홈페이지 http://www.parliament.uk/documents/upload/digitalpreservationpolicy
      1.0.pdf

- 전자보존전략(*Digital Preservation Strategy*)

  홈페이지 http://www.parliament.uk/documents/upload/digital-preservation-
      strategy-final-public-version.pdf

6) 관련기관

- 한사드(Hansard)

  홈페이지 http://www.publications.parliament.uk/pa/pahansard.htm

- 하원정보원(House of Commons Information Office)

  홈페이지 http://www.parliament.uk/mps-lords-and-offices/offices/commons/
      hcio

- 상원정보원(House of Lords Information Office)

  홈페이지 http://www.parliament.uk/mps-lords-and-offices/offices/lords/house
      -of-lords-information-office/

- 아일랜드 관련 강화된 영국의회기록물 강화(EPPI: Enhanced British Parliamentary
  Papers on Ireland, 1801-1922)

  홈페이지 http://www.southampton.ac.uk/library/ldu/projects.html

- 스토몬트 기록물-북아일랜드한사드(The Stormont Papers-Northern Ireland
  Hansard 1921-72)

- 기록물접근(Access to Archives)

  홈페이지 http://www.nationalarchives.gov.uk/a2a

- 하원의회기록물(House of Commons Parliamentary Papers)

  홈페이지 http://parlipapers.chadwyck.co.uk/marketing/index.jsp

- 1988 - 현재 온라인 의회법령(Online Acts of Parliament 1988 - present)

  홈페이지 http://www.legislation.gov.uk/ukpga

- 국립정부기록보관소(The National Archives for Government archives)

  홈페이지 http://www.nationalarchives.gov.uk

- 국가기록물관보(National Register of Archives)

  홈페이지 http://www.nationalarchives.gov.uk/nra

- 노동사문서(The Labour History Archive)

  홈페이지 http://www.phm.org.uk

- 보수당문서(The Conservative Party Archive)

  홈페이지 http://www.bodley.ox.ac.uk/dept/scwmss/cpa

- 자유당문서(The Liberal Party Archives)

  홈페이지 http://www2.lse.ac.uk/library/archive/Home.aspx

- 처칠기록센터(Churchill Archives Centre)

  홈페이지 http://www.chu.cam.ac.uk/archives

- 옥스퍼드보들리언도서관(Bodleian Library, Oxford)

  홈페이지 http://www.bodley.ox.ac.uk/dept/scwmss/wmss/index.html

- 영국도서관(The British Library)

  홈페이지 http://www.bl.uk

- 의회프로젝트역사(History of Parliament Project)

  홈페이지 http://www.histparl.ac.uk

- 런던사진(Photo London)

  홈페이지 http://www.photolondon.org.uk

② 정보원

1) 정보원 열람 및 배포 정책

- 의회기록관(PA: Parliamentary Archives)의 소장정보원은 1497년부터 영국 의회와 관련된 수백만 개에 달하는 역사적 기록들로서 영국 상원 및 하원의 기록, 의회의 공식기록, 법령, 저널(의회회보), 기획안, 항소사건자료, 그 외 의회자료들 및 정치 정당과 관련된 개인문서 등을 포함하고 있다.
- 전문적인 목록으로 'Portcullis'가 있으며, 'Access to Archives'를 통해 주제검색이 제공되고 있고 의회 공식기록물 안내가 PDF로 제공되고 있다.
- 의회기록관의 상하원기록물 중 영국의회의사록은 공공도서관에서도 이용가능하며, 일부 하원기록과 상원기록의 경우 의회홈페이지의 의회의사록 부분에 공개되어 있다.
- 의회일지는 인쇄본에서 일반도서관에서 이용 가능하여, 18C 초기의 하원기록과 상원기록은 '영국역사온라인' 사이트에서 검색가능하다. 대부분의 출간된 의회자료는 많은 기관의 인터넷을 통해 이용가능토록 전산화되어 있다.
- 한편 개인기록물컬렉션도 소장하고 있는데 '국가등록기록물' 데이터베이스를 통하여 검색 가능토록 구축되어 있다. 구체적인 안내가 PDF로 공개되어 있으며, 일부 개인기록물은 'Access to Archives'로 이용가능하다.

2) 목록(Portcullis)

포트컬리스(Portcullis)는 의회기록관의 목록으로 이하 다섯 가지 주요 컬렉션으로 구성되어 있다.

① 1497년 모든 공공, 민영, 지역, 개인의 의회법
② 1498 – 1718년 영국상원 주요문서
③ 1854 – 1976년 영국하원 비인쇄물 및 문서

④ 로이드 조지(Lloyd George) 문서
⑤ 보너 로(Bonar Law) 문서

3) 소장 의회기록물

의회기록관은 1497년부터의 의회와 관련된 몇 백만 개의 역사적 기록을 소장하고 있으며, 다만 1834년 국회의사당 화재로 소실된 메뉴스크립트 의회일지 및 회의록, 의사당 인쇄록 이외의 이전 하원기록은 소장하고 있지 않다. 다음과 같다.

(1) 상하원기록(Records of the House of Lords and House of Commons)

법, 의회일지, 등기번호, 항소사건 등을 포함한 국회의사당의 공식기록으로 일부기록은 공개되었으며, 가까운 도서관에서도 온라인으로 이용가능하다.

(2) 기타의회컬렉션(Other Parliamentary Collections)

그레이트 챔버레인(Great Chamberlain) 경과 의회 트러스트(Parliament Trust)의 역사를 포함한 의회 관련 컬렉션이다.

(3) 개인기록물(Private Papers)

로이드 조지(Lloyd George), 보너 로(Bonar Law), 비버브룩(Beaverbrook) 경을 포함한 개인정치문서 및 정치조직 그리고 압력단체의 기록 컬렉션이다.

4) 상하원기록물(Records of the House of Lords and House of Commons)

이는 의회기록관에 소장되어 있는 상하원 기록의 가장 중요한 시리즈들이나, 상술하였듯이 1834년 이전의 하원기록은 메뉴스크립트 의회일지 및 인쇄록을 제외하고 모두 화재로 인하여 소실되었다. 의회의 공식기록물에 대한 자세한 안내가 현재 홈페이지에 PDF(http://www.parliament.uk/documents/upload/4577 – parli – records – vn1 – 0.pdf)로 업로드되어 있다.

(1) 의회법(Acts of Parliament)

1497년의 최초 권위적인 의회법을 소장하고 있는데, 1849년 자료까지는 롤의 형태로 되어 있고, 그 이후의 자료는 고급피지에 인쇄되어 있다. 대부분의 공공법 및 다른 사법 및 지방법은 인쇄물로 되어 있고, 이용을 위해 사본이 배치되어 있다. 포트컬리스 온라인목록을 통해 주제검색이 가능하며, 'Access to Archives' 웹사이트를 통해 이용가능하다. 인쇄된 법은 공공도서관에서 이용가능하고, 1988년 이후의 공공법과 1991년 이후의 지방법의 전문이 영국 정부입법(UK Government Legislation) 홈사이트에서 열람가능하다.

(2) (상하원)위원회문서(Committee Papers(Commons and Lords))

인쇄물로 보관되고 있지 않는 국회의사당에 보고되는 위원회 보충자료들(Committee Memoranda)이다. 이것들은 위원회 보고서 앞에 리스트되어 있다.

(3) 영국의회의사록(Hansard)

이는 의회토론(Parliamentary Debates) 또는 공식보고서(Official Report)로도 알려져 있으며, 1803년부터의 의회에서의 연설 및 질문에 대한 의사록이다. 각각의 권 및 세션의 마지막에 인덱스가 제공되고 있다. 영국의회의사록은 공공도서관에서 이용가능하고, 1988년부터의 하원기록과 1995년부터의 상원기록은 의회 홈페이지의 의회의사록 페이지에서 이용가능하다. 1803년에서 2005년 사이의 전문 또한 홈페이지에서 이용가능하다.

(4) 의회일지(Journals)

1510년부터의 상원기록과 1547년부터의 하원기록을 담은 원본 메뉴스크립트 의회일지 또는 매일의 회의록이다. 의회일지는 인쇄되어 있으며, 이용에는 사본이 제공된다. 인쇄된 의회일지는 큰 연구도서관에서 찾아볼 수 있다. 1700년까지의 하원기록과 1717년까지의 상원기록에 대한 초창기 의회일지는 '영국역사온라인(British History Online)'에서 찾아볼 수 있다.

(5) 사법기록(Judicial records)

1621년부터의 항소사건 및 그 외 사법권한과 관련된 상원기록으로 1996년 11월부터의 판결은 의회 홈페이지에서 검색가능하다.

(6) 귀족청구기록(Peerage claim records)

1604년부터의 사면위원회 기록(Committee for Privileges)을 포함한 인쇄된 사건들, 탄원서, 청구와 관련된 증거물들이다.

(7) 운하, 도로, 철도 및 그 외 공공사업 계획서(Plans of canals, roads, railways and other public work)

1794년부터의 개별법안(private bills)과 관련된 수천 개의 계획서들로 참고서적, 소유자 목록, 가격평가 등을 포함한 종종 다른 관련 문서들이 보관되기도 한다.

(8) 인쇄회기문서(Sessional papers(printed))

의회의 옛 문서이자 인쇄된 문서로서 '의회문서(Parliamentary Papers)' 또는 '청서(Blue Books)'라고도 불린다. 이것들은 법안(Bills), 의회위원회 보고서(Parliamentary Committee reports) 및 회보, 명령에 의해 인쇄된 비의회문서(즉, 칙령서, Command Papers)를 포함하고 있다. 이것들은 의회기록관에 의해 관리되나 회기문서는 또한 영국 전역의 많은 연구도서관에서도 이용가능하다. 1801년에서 2004년(일부는 그 이전 자료도 포함)의 하원 의회문서는 채드윅-힐리(Chadwyck-Healey)에 의해 디지털화되었으며 정기구독에 한하여 대학도서관 등에서도 이용되고 있다.

(9) 비인쇄회기문서(Sessional papers(unprinted))

의회의 옛 문서이자 비인쇄물로 '주요문서(Main Papers)' 또는 '평행문서(Laid Papers)'라고 불리며, 1531년부터의 상원기록과 1850년부터의 하원기록들을 말한다. 문서들은 매우 다양하며 1642년의 항의반환(Protestation Returns) 및 일부 탄원서(petitions)를 포함하고 있다.

5) 디지털화된 역사적 의회자료(Digitised Historical Parliamentary Material)

출간된 의회자료는 많은 기관들이 인터넷에서 사용이 가능하도록 전산화되었으며, 다음과 같은 분류되고 있다.

(1) 기본법률 및 보조법안

기본법률은 의회에 의해 제정된 법으로써 '의회법'이라 알려져 있다. 보조법안은 보통 기존의 의회법의 자세한 개정사항들과 관련되어 있다.

(2) 의회논쟁

의회 상하원의 주요업무는 주로 법안 및 주요 사안에 대한 정당 간의 논쟁이라 할 수 있다. 'Hansard'라 불리는 영국의 의회의사록에 모든 논쟁들이 매일 기록되어 발표된다.

(3) 의회문서

회기별 의회문서들은 의회 'Hansard'를 포함한 워킹페이퍼 및 의회와 위원회 등에 의해 기록된 문서, 의회 외 기관이 의회로 제출한 문서들을 포함하고 있다.

(4) 회보 및 저널

중세영국의 의회 회보인 'Parliament Rolls'의 원본은 현재 영국국가기록관에 보관되어 있다. 전산화된 기록은 영국의회기록관 홈페이지에서 열람이 가능하다. 현 시대의 영국의회 상하원의 회보는 현재 '저널(Journal)'이라 불린다.

(5) 영국상원판결문

영국상원은 2009년 7월 30일까지 항소에 대한 고등법원의 역할을 하였다. 1996년 11월 14일부터 2009년 7월 30일까지의 모든 판결은 본 의회기록관 홈페이지에서 열람 가능하다. 그 이전의 자료들은 의회기록관에 직접 방문하여 열람하여야 한다.

(6) 양도의회 및 입법의회

모든 최근의 웨일즈와 북아일랜드 입법의회 및 스코틀랜드 양도의회에 관한 기록 및 북아일랜드와 스코틀랜드의 이전 문서들을 포함한다.

6) 기타의회컬렉션(Other Parliamentary Collections)

상하원의 기록 이외에도 의회기록관은 웨스트민스터궁전(Palace of Westminster)에 보관된 다른 기록물 관리를 담당하고 있다. 다음은 완전한 리스트는 아니지만 대부분의 중요한 컬렉션들이다.

(1) 의회의장협회(ASGP: Association of Secretaries General of Parliaments)

1938년에서 1996년까지의 의회의장협회(Association of Secretaries General of Parliament)의 워킹페이퍼(Working papers)이다.

(2) 국가부관협회(ALC: Association of Lord – Lieutenants of Counties)

제1, 2차 세계대전 당시 국가부관의 임무에 대한 문서를 포함하고 있으며, 1908년에서 1972년까지의 국가부관협회(Association of Lord – Lieutenants of Counties) 문서이다.

(3) 브라이예 메뉴스크립트(BRY: The Braye Manuscripts)

의회사무관 존 브라운(John Browne)과 그의 후손들의 문서(1608 – 1691)로써 브라이예 메뉴스크립트의 많은 부분은 공식관리를 벗어난 17세기부터의 상원 공식기록들이다. '낙서책(scribbled books)', 의회일지 초고, 의회절차에 관한 문서, 의회일기를 포함하고 있으며, 윌리엄 로드(William Laud 1573 – 1645) 재판, 캔터베리(Canterbury) 대주교와 토머스 웬트워스(Thomas Wentworth 1593 – 1641), 스트래퍼드(Strafford)의 첫 번째 백작에 관한 문서들도 포함되어 있다. 일부 서신, 연설문 필기록, 연구노트, 족보, 브라운(Browne), 엘신지(Elsynge), 보이어(Bowyer) 등의 가족들에 관한 내용도 있다.

(4) 크라운서기관(CC: Clerk of the Crown)

1837년에서 1929년 사이의 크라운 서기관의 의회직무에 관한 기록이다.

(5) 코먼웰스의회협회(CPA: Commonwealth Parliamentary Association)

1912년에서 1980년 사이의 협회와 관련된 재무기록, 회원장부, 보고서, 사진, 시청각자료, 민화, 증명서들이다.

(6) 재부무국장 어셔(ECU: Exchequer Chief Usher)

1790년에서 1842년 사이의 재무부국장 어셔의 기록물이다.

(7) 도서관메뉴스크립트(Library Manuscripts)

의회기록관은 하원도서관 역사메뉴스크립트(HC/LB/1: House of Commons Library) 컬렉션에 속해 있으며, 상원도서관의 역사메뉴스크립트 컬렉션으로 이용에 제공되고 있다. 컬렉션들은 의회 구성원의 사진을 포함하여 다양하고 많은 분량으로 구성되어 있다.

(8) 그레이트 챔버레인 경(LGC: Lord Great Chamberlain)

1558년에서 1980년 사이의 그레이트 챔버레인 경에 대한 기록으로 지불명령서 장부, 회의기록, 외부서신, 회계장부, 유니폼, 의식용 검 그리고 많은 서적 등을 포함하고 있다. 특히 의식과 관련된 웨스트민스터궁(Palace of Westminster)의 행정에 대한 뛰어난 기록물이다.

(9) 테이블서기관협회(SCT: Society of Clerks at Table)

협회 및 그 조직의 행정 및 경영과 관련된 문서를 포함하고 있으며, 1920년대에서 1984년까지의 테이블서기관협회와 관련된 기록들이다.

(10) 법령법률위원회(SLC: Statute Law Committee)

의회문서(Parliamentary Papers), 위원보고서, 회의기록, 의사록, 서신, 법령법률위원회의 인쇄기록을 포함한 1835년에서 1991년 사이의 법령법률위원회(Statute Law Committee) 문서들이다.

7) 개인기록물(Private Papers)

의회기록관은 정치가, 압력단체, 일부 대변인을 포함한 의회공무원의 약 200개의 개인기록물컬렉션을 소장하고 있다. 모든 컬렉션은 'Portcullis' 온라인목록으로 구축되어 있으며, 기록관 및 영국전역의 기록사무소(record offices)의 개인문서 소장처를 검색할 수 있는 데이터베이스인 '국가등록기록물(National Register of Archives)'에도 구축되어 있다. 개인정치문서에 대한 보다 구체적인 안내가 홈페이지에 PDF(http://www.parliament.uk/documents/upload/personal-papers-for-web.pdf)로 업로드되어 있으며, 개인기록물은 다음과 같이 리스트되어 있다.

(1) 비버브룩 문서(BBK: The Beaverbrook Papers)

첫 번째 남작 비버브룩 경인 윌리엄 맥스웰 에이킨(William Maxwell Aitken, 1879-1964) 경의 기록물이다. 이들은 정치가이자 신문사 소유주였던 비버브룩 경의 1869년에서 1972년에 이르는 삶과 일의 모든 면을 담고 있는 서신과 다양한 종류의 문서, 사진 및 다른 이미지, 지도, 몇몇의 공예품을 포함하고 있다.

(2) 보너 로 기록물(BL: The Bonar Law Papers)

정치인 앤드루 보너 로(Andrew Bonar Law, 1858-1923)의 기록물이다. 그는 1911년 통일당(Unionist Party)의 수장이 되었으며, 그 후 1915년에 식민지의 국무장관(Secretary of State for the Colonies)이 되었다. 1916년에서 1918년에는 재무장관, 1916년에서 1921년까지는 하원 원내총무, 그리고 1922년에는 총리가 되었다. 보너 로 기록물은 특히 1911년에서 1923년까지의 통일당과 통일당의 의견에 관한 많은 내용을 포함하고 있다. 주요주제는 당 조직, 관세개혁, 아일랜드문제, 전쟁개시, 연립자유주의자들(Coalition Liberals)과의 관계, 전후 국내사 및 외교정책을 다루고 있다.

보니 로 기록물 목록은 'Access to Archives' 데이터베이스에서 이용가능
하다.

(3) 유럽 내 영국 캠페인(BIE: Britain in Europe Campaign)

1970년대 초기 유럽경제공동체(European Economic Community)로의 영국
의 접근에 관한 캠페인 단체에 관한 기록물이다.

(4) 데이비슨 기록물(DAV: The Davidson Papers)

하원의원이자 첫 번째 자작인 존 콜린 캠벨 데이비슨(John Colin Campbell
Davidson, 1889 – 1970)의 정치문서와 개인기록물이다. 데이비슨기록물은 랭
커스터공국(Duchy of Lancaster)의 장관 및 보수당(Conservative Party) 의장
으로서의 데이비슨의 활동뿐만 아니라, 루이스 하코트(Lewis Harcourt), 앤드
루 보너 로(Andrew Bonar Law) 그리고 스탠리 볼드윈(Stanley Baldwin)과의
긴밀한 관계와 그들의 문서로 많은 관심을 받고 있다.

(5) 숲과공유지보존협회(FCP: Forests and Commons Preservation Society)

19세기의 영국의 그린벨트 보존을 위한 캠페인 단체의 기록과 지역역사
및 초기 환경캠페인에 대한 정보로 구성되어 있다.

(6) 로이드 조지기록물(LG: The Lloyd George papers)

정치가이자 드와이퍼(Dwyfor)의 백작인 데이비드 로이드 조지(David Lloyd
George, 1863 – 1945) 기록물이다. 이는 데이비드의 정치문서로 구성되어 있
으며, 9개의 부분으로 정리되어 있다.
① LG/A: 1905년까지의 문서
② LG/B: 1905년에서 1908년 로이드 조지 상무부 회장 때 제작된 문서
③ LG/C: 1908년에서 1915년의 재무장관 시절

④ LG/D: 1915년에서 1916년 군수품장관 시절

⑤ LG/E: 1916년 6월에서 12월 전쟁 시 국무대신

⑥ LG/G: 1922년에서 1945년 그의 수상 시절의 문서

⑦ LG/H: 신문스크랩

⑧ LG/I: 연설을 위한 노트를 포함한 개인서신 및 문서

등으로 구성되어 있다. 또한 로이드 조지의 두 번째 부인인 프랜시스 스티븐슨(FLS: Frances Stevenson)의 문서를 소장하고 있다. 로이드 조지의 기록물 목록은 'Access to Archives' 데이터베이스에서 이용가능하다.

(7) 허버트 사무엘(SAM: Herbert Samuel)

첫 번째 자작인 허버트 루이스 사무엘(Herbert Louis Samuel, 1870 – 1963)의 개인 기록물이다. 사무엘 문서는 소년시절부터 그의 사망에 이르기까지 그의 삶과 업적을 다루고 있다. 이는 사무엘 경이 거의 보관하고 있지 않던 문서인 '부서별문서(Departmental Papers)'와 몇몇을 제외하고 그가 반환한 내각사무처 문서들이다.

(8) 존 세인트 로 스트레치(STR: John St. Loe Strachey)

이 컬렉션은 기자이자 편집자이며 '스펙테이터(Spectator)'의 소유주인 존 세인트 로 스트레치(St. Loe Strachey, 1860 – 1927)의 정치 및 문어적 서신을 포함하고 있다. 스트레치기록물은 20세기의 초기부터 1926년 '총파업(General Strike)' 때까지 정치 및 사회 환경, 특히 통일당(Unionist Party) 내에 좋은 영향을 미쳐왔다.

8) 의회의사록(Hansard)

(1) 공적법안위원회 논쟁

공적법안위원회 기록물은 다음과 같이 구성되어 있다.

- Finance(No. 2) Bill Committee
- Health and Social Care Bill Committee
- Identity Documents Bill Committee
- Local Government Bill [Lords] Committee
- Localism Bill
- National Insurance Contributions Bill
- Police Reform and Social Responsibility Bill
- Postal Services Bill Committee
- Savings Accounts and Health in Pregnancy Grant Bill Committee

(2) 일반위원회 논쟁

2010년과 2011년의 일반위원회 논쟁기록물이 홈페이지에 탑재되어 공개열람에 제공되고 있다. 그중 2010년의 일부 논쟁기록물은 다음과 같다.

- ***Comprehensive Spending Review***(Implications for Northern Ireland)-7 December 2010;(Implications for Wales)-2nd sitting-1 December 2010;(Implications for Wales)-1st sitting-1 December 2010.
- ***Legislative Programme and Budget Statement***(Wales)-2nd Sitting-30 June 2010; 1st Sitting-30 June 2010.
- ***Draft State Pension Credit Pilot Scheme Regulations 2010*** -7 July 2010.
- ***Draft Conduct of Employment Agencies and Employment Businesses***(Amendment) ***Regulations 2010***-6 July 2010.
- ***Draft National Assembly for Wales(Legislative Competence)(Housing and Local Government) Order 2010***-5 July 2010.

9) 상원기록물

상원기록물 또한 홈페이지에 탑재되어 공개열람에 제공되고 있으며, 대표적으로 다음과 같다.

- *Standing Orders of the House of Lords relating to Public Business*
- *Standing Orders of the House of Lords relating to Private Business*
- *Companion to the Standing Orders and guide to the Proceedings of the House of Lords*
- *Guide for Deputy Speakers and Deputy Chairmen*
- *House of Lords Annual reports*
- *House of Lords Business Plans*
- *Register of Hereditary Peers*
- *House of Lords Resource Accounts*
- *Register of Lords Interests*

10) 하원기록물

하원 기록물 또한 홈페이지에 탑재되어 공개열람에 제공되고 있으며, 대표적으로 다음과 같다.

- *Weekly Information Bulletin*
- *Sessional Information Digest*
- *Sessional Returns*
- *Standing Orders of the House of Commons* – Public Business
- *Standing Orders of the House of Commons*-Private Business
- *Code of Conduct and Guide to Rules*
- *Parliamentary Commissioner for Standards*
- *House of Commons Supply Estimates*

11) 학습자료

다양한 교육용 학습자료가 홈페이지에 탑재되어 다양한 의회기록 관련 교육
에 제공되고 있으며, 다음과 같다.

- *A Changing House: The Life Peerages Act 1958*
- *Parliament and the British Slave Trade 1600 − 1807*
- *The Gunpowder Plot: Parliament and Treason 1605*
- *The Act of Union between England and Scotland 1707*
- *The Palace of Westminster*
- *Citizenship*
- *Cornerstones of the Constitution*
- *Parliament and the Thames*

PD
Parliaments Dokumentation
하원기록

① 기록관

1) 소재사항

소재국가   독일
주   소   Deutscher Bundestag, Parliaments Dokumentation, Platz der
            Republik 1, 11011Berlin, Germany
전   화   +4930 22735111
팩   스   +4930 22736107
홈페이지   http://www.bundestag.de/htdocs_e/documents/index.jsp

2) 성격

- 독일의회(The Parliament of the Federal Republic of Germany)는 베를린
  (Berlin)에 위치해 있다. 현재 620명의 의원으로 구성되어 있으며, 1949년 설
  립 이후 17번째로 선별된 의원들이다. 의회 장은 독일에서 두 번째로 높은 지
  위를 가지며 현재 2005년도부터 CDU/CSU(Fraktion im Deutschen Bunde-
  stag) 소속의 노베르트 람머트(Norbert Lammert) 교수가 재임 중에 있다.

- 하원기록(PD: Parliaments Dokumentation)은 의원들의 의회에서의 정치적
  인 사무를 도우며 전문가의 정보, 분석과 조언을 제공한다. 리서치 분류 항

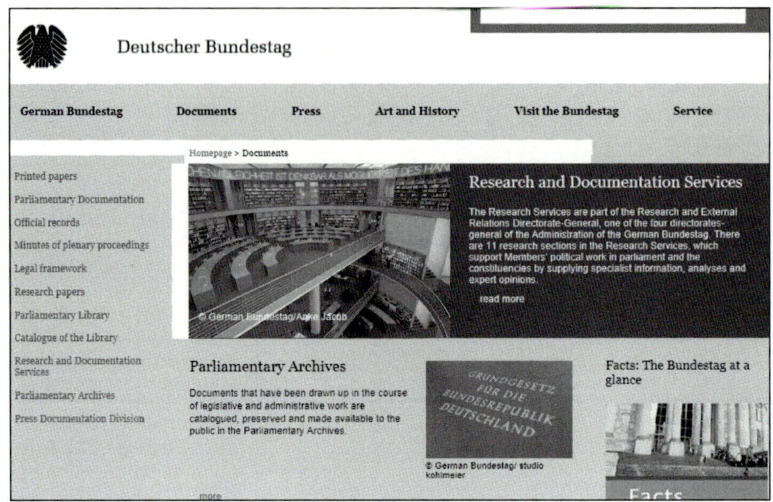

목들은 법과 정치에 대한 모든 분야를 전반적으로 포괄하고 있다.

3) 기능

① 정보 및 기록서비스(Information and Documentation Services)

정보 및 기록 총재관(Information and Documentation Directorate - General)에 의하여 자료의 수집과 보관서비스가 제공된다.

② 검색 서비스의 제공

연구와 대외관계 총재관(Research and External Relations Directorate - General)에 의하여 검색서비스가 제공된다.

4) 조직

의회기록 관련 업무를 수행하는 부서는 의회도서관(Parliamentary Library), 의회기록관(Parliamentary Archive), 의회도큐멘테이션(Parliamentary Documentation

Division) 그리고 언론도큐멘테이션(Press Division)으로 조직되어 있다. 구체적인 서비스는 다음과 같은 인적 자원에 의하여 수행된다.

- 독일 하원의 연구와 대외관계 총재관(Research and External Relations Directorate - General)
- 정보 및 기록 총재관(Information and Documentation Directorate - General)

5) 관련기관

(1) 유럽 내 의회(Parliaments in Europe)

- 유럽의회(Europäisches Parlament EUROPARL)
  홈페이지 http://www.europarl.europa.eu/news/public/default_de.htm
- 알바니아(Albanien)
  홈페이지 http://www.parlament.al
- 안도라(Andorra)
  홈페이지 http://www.andorra.ad
- 벨라루스(Belarus)
  홈페이지 http://www.sovrep.gov.by
- 벨기에(Belgien)
  홈페이지 http://www.fed - parl.be
  홈페이지 http://www.senate.be
- 보스니아와 헤르체고비나(Bosnien und Herzegowina)
  홈페이지 http://www.parlament.ba
- 불가리아(Bulgarien)
  홈페이지 http://www.parliament.bg
  홈페이지 http://www.president.bg
- 덴마크(Dänemark)

홈페이지 http://www.folketinget.dk

- 에스토니아(Estland)

  홈페이지 http://www.riigikogu.ee

  홈페이지 http://www.vm.ee

- 핀란드(Finland)

  홈페이지 http://www.eduskunta.fi

- 프랑스(Frankreich)

  홈페이지 http://www.senat.fr

  홈페이지 http://www.assemblee-nat.fr

- 그루지아(Georgien)

  홈페이지 http://www.parliament.ge

- 그리스(Griechenland)

  홈페이지 http://www.parliament.gr

- 아일랜드(Irland)

  홈페이지 http://www.irlgov.ie

- 아이슬란드(Island)

  홈페이지 http://www.althingi.is

- 이탈리아(Italien)

  홈페이지 http://www.parlamento.it

- 크로아티아(Kroatien)

  홈페이지 http://www.sabor.hr

- 라트비아(Lettland)

  홈페이지 http://www.saeima.lanet.lv

- 리투아니아(Litauen)

  홈페이지 http://www.lrs.lt

- 룩셈부르크(Luxemburg)

    홈페이지 http://www.chd.lu

- 몰타(Malta)

    홈페이지 http://parliament.gov.mt

- 마케도니아(Mazedonien)

    홈페이지 http://www.sobranie.mk

- 몰도바공화국(Moldau, Republik)

    홈페이지 http://www.parlament.md

- 몬테네그로공화국(Montenegro, Republik)

    홈페이지 http://www.gov.me

- 네덜란드(Niederlande)

    홈페이지 http://www.parlement.nl

- 노르웨이(Norwegen)

    홈페이지 http://www.stortinget.no

- 오스트리아(Österreich)

    홈페이지 http://www.parlinkom.gv.at

- 폴란드(Polen)

    홈페이지 http://www.sejm.gov.pl

- 포르트갈(Portugal)

    홈페이지 http://www.parlamento.pt

- 루마니아(Rumänien)

    홈페이지 http://www.cdep.ro

- 러시아(Russland)

    홈페이지 http://www.duma.ru

- 스웨덴(Schweden)

    홈페이지 http://www.riksdagen.se

- 스위스(Schweiz)

홈페이지 http://www.parlament.ch

홈페이지 http://www.parlament.rs

- 슬로바키아 공화국(Slowakische Republik)

홈페이지 http://www.government.gov.sk

- 슬로베니아(Slowenien)

홈페이지 http://www.sigov.si

- 스페인(Spanien)

홈페이지 http://www.congreso.es

홈페이지 http://www.senado.es

- 체코 공화국(Tschechische Republik)

홈페이지 http://www.psp.cz

홈페이지 http://www.senat.cz

- 터키(Türkei)

홈페이지 http://www.tbmm.gov.tr

- 우크라이나(Ukraine)

홈페이지 http://www.rada.kiev.ua

- 헝가리(Ungarn)

홈페이지 http://www.mkogy.hu

- 영국(Vereinigtes Königreich)

홈페이지 http://www.parliament.uk

- 사이프러스 공화국(Zypern, Republik)

홈페이지 http://www.parliament.cy

(2) 독일 의회(Parliamente, Regierungen und Behörden in Deutschland)

① 연방대통령(Bundespräsident)

홈페이지 http://www.bundespraesident.de

- 연방수상(Bundeskanzler)

  홈페이지 http://www.bundeskanzler.de

- 연방정부(Bundesregierung)

  홈페이지 http://www.bundesregierung.de

- 연방(Verwaltung des Bundes)

  홈페이지 http://www.bund.de

- 참의원(Bundesrat)

  홈페이지 http://www.bundesrat.de

- 연방헌법재판소(Bundes－verfassungsgericht)

  홈페이지 http://www.bundesverfassungsgericht.de

- 연방재판소(Bundesgerichtshof)

  홈페이지 http://www.bundesgerichtshof.de

② 연방내각 및 산하기관하위(Bundesministerien und nachgeordnete Behörden)

- 연방노동및사회성(Bundesministerium für Arbeit und Soziales)

  홈페이지 http://www.bmas.bund.de

- 외무성(Auswärtiges Amt)

  홈페이지 http://www.auswaertiges－amt.de

- 연방내무성(Bundesministerium des Innern)

  홈페이지 http://www.bmi.bund.de

- 연방정치교육센터(Bundeszentrale für politische Bildung)

  홈페이지 http://www.bpb.de

- 연방통계청(Statistisches Bundesamt)

  홈페이지 http://www.destatis.de

- 연방법무성(Bundesministerium der Justiz)

  홈페이지 http://www.bmj.bund.de

- 연방재무성(Bundesministerium der Finanzen)
  홈페이지 http://www.bundesfinanzministerium.de
- 연방농무및기술성(Bundesministerium für Wirtschaft und Technologie)
  홈페이지 http://www.bmwi.de
- 연방 식품, 농업 및 소비자 보호성(Bundesministerium für Ernährung, Landwirtschaft und Verbraucherschutz)
  홈페이지 http://www.bml.de
- 연방가족노인여성청소년성(Bundesministerium für Familie, Senioren, Frauen und Jugend)
  홈페이지 http://www.bmfsfj.de
- 연방보건성(Bundesministerium für Gesundheit)
  홈페이지 http://www.bmgesundheit.de
- 연방교통건설 및 도시개발성(Bundesministerium für Verkehr, Bau - und Stadtentwicklung)
  홈페이지 http://www.bmvbw.de
- 연방 환경, 자연보호, 및 원자로안전성(Bundesministerium für Umwelt, Naturschutz und Reaktorsicherheit)
  홈페이지 http://www.bmu.de
- 연방건설 및 연구성(Bundesministerium für Bildung und Forschung)
  홈페이지 http://www.bmbf.de
- 연방경제협력 및 발전성(Bundesministerium für wirtschaftliche Zusammenarbeit und Entwicklung)
  홈페이지 http://www.bmz.de
- 연방국방성(Bundesministerium der Verteidigung)
  홈페이지 http://www.bmvg.de

③ 주의회(Landtage)

- 바덴-뷔르팀베르크주의회(Landtag von Baden-Württemberg)

  홈페이지 http://www.landtag-bw.de

- 바이어리쉬어르주의회(Bayerischer Landtag)

  홈페이지 http://www.bayern.landtag.de

- 베를린국회의사당(Abgeordnetenhaus von Berlin)

  홈페이지 http://www.parlament-berlin.de

- 브란덴부르크주의회(Landtag Brandenburg)

  홈페이지 http://www.landtag.brandenburg.de

- 브레멘시민의회(Bremische Bürgerschaft)

  홈페이지 http://www.bremische-buergerschaft.de

- 함부르크시민의회(Hamburgische Bürgerschaft)

  홈페이지 http://www.hamburgische-buergerschaft.de

- 헤시셔주의회(Hessischer Landtag)

  홈페이지 http://www.landtag.hessen.de

- 메클렌부르크 포어메른 주의회(Mecklenburg-Vorpommern)

  홈페이지 http://www.landtag-mv.de

- 니데르섹시셔주의회(Niedersächsischer Landtag)

  홈페이지 http://www.landtag-niedersachsen.de

- 노르트라인베스트팔렌주의회(Landtag Nordrhein-Westfalen)

  홈페이지 http://www.landtag.nrw.de

- 라인란트팔츠 주의회(Landtag Rheinland-Pfalz)

  홈페이지 http://www.landtag.rlp.de

- 사란데스주의회(Landtag des Saarlandes)

  홈페이지 http://www.landtag-saar.de

- 작센안할트주의회(Landtag von Sachsen-Anhalt)

홈페이시 http://www.landtag.sachsen-anhalt.de
- 잭시셔주의회(Sächsischer Landtag)
홈페이지 http://www.landtag.sachsen.de
- 쉴레스비히홀스타인주의회(Schleswig-Holsteinischer Landtag)
홈페이지 http://www.sh-landtag.de
- 튄린거주의회(Thüringer Landtag)
홈페이지 http://www.thueringer-landtag.de

(3) 유럽 내 기구(Institutionen in Europa)

① 유럽연합(Die Europäische Union)
- 유럽연합포탈(BDas Portal der Europäischen Union)
홈페이지 http://www.europa.eu
- 유럽의회(Europäisches Parlament)
홈페이지 http://www.europarl.europa.eu
- 유럽의회권고(Rat der Europäischen Union)
홈페이지 http://www.consilium.europa.eu
- 유럽의회위원회(Europäische Kommission)
홈페이지 http://www.ec.europa.eu
- 유럽연합공동체상급법원(Gerichtshof der Europäischen Gemeinschaften)
홈페이지 http://www.curia.europa.eu
- 유럽중앙은행(uropäische Zentralbank)
홈페이지 http://www.ecb.int

② 독일과 EU(Deutschland und die EU)
- 유럽각료연합(Europaministerkonferenz)
홈페이지 http://www.europaminister.de

- 유럽정보센터 니더직센 소재(Europäisches Informationszentrum(EIZ) Niedersachsen)

  홈페이지 http://www.eiz-niedersachsen.de
- 유로파라트(Europarat)

  홈페이지 http://www.coe.int

(4) 국제기구(Internationale Organizationen)

- IPU

  홈페이지 http://www.ipu.org
- NATO PV

  홈페이지 http://www.nato-pa.int
- WEU

  홈페이지 http://www.weu.int
- OSZE

  홈페이지 http://www.osce.org
- Europarat

  홈페이지 http://www.coe.int/de
- UN

  홈페이지 http://www.unsystem.org
- UNIC Bonn

  홈페이지 http://www.uno.de
- NATO

  홈페이지 http://www.nato.int

  홈페이지 http://www.oecd.org
- WHO

  홈페이지 http://www.who.org

- IWF

  홈페이지 http://www.imf.org
- IOM

  홈페이지 http://www.iom.int

② 정보원

1) 정보원 열람 및 배포 정책

- 하원기록(PD: Parliaments Dokumentation) 정보원은 의회도서관, 의회기록관, 의회도큐멘테이션부 그리고 언론도큐멘테이션부에 의하여 의회기록에 대한 업무가 수행되고 있으며, 체계적인 기록그룹으로 분류하여 의원들을 대상으로 검색 및 열람서비스를 제공하고 있다.
- 의회도큐멘테이션의 경우 의회자료용도큐멘테이션시스템인 의회자료시스템(DIP)으로 구축되어 공개된 의회활동 및 의정활동 관련 기록물 검색이 제공되고 있다.
- 본회의사록의 경우 녹음 후 텍스트파일이나 PDF로 공개되고 있으며, 의회 연구논문에 대한 요약검색서비스가 제공되고 있다.
- 하원의 다양한 출판물의 경우 영문으로 발간되어 전자우편으로 제공하거나 홈페이지에서 PDF로 무료 제공되고 있다.

2) 연구 및 도큐멘테이션 서비스(Research and Documentation Services)

이는 검색 서비스로 검색과 대외 관계 총재관 업무의 일부로 총 11가지 주제별로 구성되어 있다. 이 서비스의 목적은 의회의 회원들에게 전문가의 조언과 분석, 그리고 정보를 제공하여 그들의 의정업무를 성공적으로 보조하기 위함이다.

3) 정보자료(Information Materials)

독일하원에서 발간되는 다양한 출판물은 영문으로 보급하고 있으며, 전자우편 외에 PDF로 홈페이지에 구축되어 있어 다운로드 형식을 통해서 무료로 제공되어 있어 자유로운 이용이 가능하다.

(1) 기본정보원(Basic information)

① 헌법(Basic Law),
② 사실(Facts),
③ 식견(Insights),
④ 관점(Outlooks),
⑤ 독일 분데스탁-기능과 절차(The German Bundestag - Functions and procedures),
⑥ 독일 분데스탁의 절차법(Rules of Procedure of the German Bundestag),
⑦ 분데스탁과 유럽-유럽연합과 의회에서의 유럽 관련 업무(The Bundestag and Europe-The European Union and European affairs in Parliament)의 일곱 가지 주제로 구분하여 관련 기본 정보원을 제공하고 있다.

(2) 위원회 홍보자료(Committee leaflets)

다음과 같은 위원회의 홍보 및 전단자료가 홈페이지에 PDF로 업로드되어 있어 열람 및 다운로드 가능하다.

- 경제발전 및 성장위원회(The Committee on Economic Cooperation and Development)
- 안보위원회(The Defence Committee)
- 도주의적 지원 및 인권위원회(The Committee on Human Rights and Humanitarian Aid)

- 문화와 언론활동위원회(Flyer The Committee on Cultural and Media Affairs)
- 식품, 농업과 소비자 보호 위원회(The Committee on Food, Agriculture · and Consumer Protection)

(3) 전자매체(DVDs & CD-ROMs)

- Das Reichstagsgebäude in der deutschen Geschichte (DVD)
- Datenhandbuch zur Geschichte des DBT 1990 bis 2010(CD)

(4) 독일어 출판물(Publications in German)

다양한 분야의 독일어로 저술된 출판물이 주제별로 구별되어 제공되고 있다.

(5) 홍보자료(Leaflets)

- *Visiting the German Bundestag 2011*
- *The Information and Documentation services of the German Bundestag*
- *The Library of the German Bundestag*
- *The Parliamentary Archives of the German Bundestag*
- *The Press Documentation Division of the German Bundestag*
- *Parliamentary Documentation*

(6) 단행본(Books)

- *The German Bundestag in the Reichstag Building*
- *Milestone – Setbacks – Sidetracks: The Path to Parliamentary Democracy in Germany*

(7) 기타 언어 출판물

불어, 스페인어, 이탈리아어, 폴란드어, 아랍어 등으로 저술된 출판물이 제공되고 있다.

4) 기록물(Documents)

(1) 하원의 인쇄기록물(Printed papers)

인쇄기록물과 의사록 검색의 경우 의회회기와 문서자료용 도큐멘테이션 번호, 참석 의원 수를 입력한다. 문서 번호를 모르는 경우, '의회시스템(DIP: Documentation System for Parliamentary Materials)'에서 검색가능하다. 2012년 현재 홈페이지에 제공되고 있는 인쇄기록물의 경우 다음과 같이 분류되어 있다.

- 분데스닥 인쇄기록물(Bundestag Printed Papers) (PDF 파일)
- 분데스닥 본회의사록(Minutes of Bundestag plenary proceedings) (PDF 파일)
- 인쇄기록물과 본회의사록 출력자료(Hard Copies of Printed Papers and Minutes of Plenary Proceedings)

(2) 공식기록(Official Records)

본회 의사록 속기록(minutes of plenary proceedings in stenographic record) 외에 모든 하원의 회의에서 이루어진 결정들은 공식기록으로 남게 된다. 이 공식 기록은 멤버들에게 보급되며 다음날까지 이의 제기가 없으면 공식적인 승인을 받은 것으로 간주된다. 이것은 독일어로 기재되며 원본의 목록은 홈페이지에서 하이퍼링크를 통해 제공되고 있다.

(3) 본회의사록(Minutes of Plenary Proceedings)

하원의 모든 회의는 녹음되며 이것은 의사록의 형태로 대중에 공개된다(스테노
그래픽 녹음으로도 알려져 있다). 모든 발언자는 자신의 발언을 이러한 기록이
출간되기 전에 검토하며, 발언의 뜻이나 개별적인 요소들을 바꿀 수는 없다.
의사록의 첫 페이지는 회의가 끝나기 전에도 미완성 출간본으로 인터넷에 공개
된다. 지적과 기타 발언들은 의사록에 포함되어 있다. 이것은 다음날 텍스트
파일이나 PDF로 다운로드가 가능하며 1976년대 이전의 기록은 'PARFORS
다큐멘트 서버'를 통해 다운로드할 수 있다. 이 자료는 독일어로 제공된다.

(4) 연구논문(Research Papers)

의회 연구논문들에 대한 기본적인 요약검색서비스를 제공하고 있으며, 독일어
로 쓰여 있다. 제공되고 있는 자료는 2005년부터 2011년의 것이다.

5) 의회도서관(Parliamentary Library)

(1) 독일하원도서관

1949년에 시작되었으며 의회 위원회로부터 1,000권 이상의 자료를 기증받았
다. 오늘날 1.4만여 권의 자료를 소장하고 있으며 이는 문학도서와 더불어 의회
에 대한 자료들, 그리고 공식 발행물이 포함되어 있다. 도서관은 또한 세계적,
범정부적 기관들 자료의 보고이기도 하며 관련 기관들에게 정기적으로 간행물
을 제공받고 있다. 이 도서관은 대중 전체에게 자료를 공개하지 않는 참고자료
도서관이며 자료대출을 하지 않는다.

(2) 도서 목록(Catalogue)

정치, 사회, 법, 경제, 그리고 행정학을 포함해 근현대사에 대한 특수 연구서를

대상으로 구축되어 있다. 에세이와 저널 텍스트 역시 인덱스화되어 있다. 자료의 검색은 기본질의검색, 고급검색, 동의어 사전의 방식으로 제공되며 직접봉사를 통한 검색서비스도 제공되고 있다.

6) 의회도큐멘테이션부(Parliamentary Documentation Division)

의회도큐멘테이션부의 가장 중요한 서비스는 의회자료시스템(DIP)에 필요한 기록을 제공하는 것이다. 의회자료용 도큐멘테이션시스템은 공개된 독일 상하원의 의회기록들을 대중이 열람할 수 있도록 한다. 이름과 제목순으로 정리되어 있다. 현재는 두 시스템이 운영되고 있는데, 그중 하나는 제8대부터 제15대까지의 자료(1976 – 2005)이며, 또 하나는 제16대 이후의 자료(2005년 이후)이다. 의회자료용 도큐멘테이션시스템을 통해 의회의 활동(논의, 법안, 활동, 질문, 보고 등)과 정부 관계자들 및 의회 멤버들의 의정 활동에 대해 검색할 수 있다.

7) 의회기록관(Parliamentary Archive)

- 의회기록관은 독일하원의 기록들을 기술(記述), 보존 인덱스화하여 이용을 대비하는 곳이며, 기록관은 기록의 자료화에 이바지하기도 한다.
- 기록관의 자료들 중에는 파일, 인쇄된 문서, 의사록, 인터넷 페이지, 사진과 이미지, 비디오와 출석, 공공위원회 회의, 그 외 기타 의회 행사관련 자료를 포함하고 있다.
- 기록관은 독일하원의 역할관련 중요 발간물을 책임지고 있다. 이 예로는 '독일하원공식안내서 1부(Part I of the Official Handbook of the German Bundestag)'와 '독일하원역사에대한데이터안내서(Data Handbook on the History of the German Bundestag)', 그리고 '독일하원에등록된협회공공리스트(Public List of Associations Registreted with the German Bundestag)' 등이 있다.

8) 언론도큐멘테이션(Press Documentation Division)

언론 기록부의 임무는 의회와 의원 그리고 관련기관의 활동에 대한 언론의 대외적 반응을 조사, 그에 대한 정보를 제공하는 것이다. 또한 의회의 전반적인 정치, 경제, 문화적 활동에 대한 언론의 반응도 함께 살피고 있다. 이러한 역할을 효과적으로 수행하기 위해 이 부서는 매 근무일마다 언론 리뷰를 생산하고 언론 아카이브를 유지하는 한편 정보와 검색서비스를 제공하고 있다.

9) 뉴스레터(Newsletter)

- ***hib – Meldungen des Deutschen Bundestages***
- ***Mitteilungen aus dem Pressezentrum des Deutschen Bundestages***
- ***Analysen und Gutachten der Wissenschaftlichen Dienste***
- ***Kunst im Bundestag***

10) 연구보고서(Research Papers)

- ***International Day of People with Disability on 3 December***
- ***Recent Rulings by the Federal Court of Justice Affecting Maintenance to Care for a Child***
- ***Fifty Years Ago: the Establishment of the Central Registry in Salzgitter***
- ***Tax Simplification Act of 2011***
- ***Flying of Flags at Half Mast***

PMA

Parliamentary Museum and Archives

인도의회박물관 · 기록관

① 기록관

1) 소재사항

소재국가　인도
홈페이지　http://www.parliamentofindia.nic.in/ls/intro/p12.htm
　　　　　http://parliamentmuseum.org/indextry.html

2) 성격

인도의회박물관 · 기록관(PMA: Parliamentary Museums and Archives)은 인도와 세계 의회에 대한 정보를 제공하는 박물관이자 의회와 의회 기관, 의원들의 자료와 기록들을 보관하는 기록관이다.

3) 설립연혁

- 의회박물관 · 기록관은 1989년 의장 록 사브하(Lok Sabha)에 의해 개설되었다.
- 현재 의회박물관 · 기록관은 산사디야 갼피스(Sansadiya Gyanpeeth) 신 의회도서관 건물에 위치하고 있으며 의회하원의 부속기관으로 기능하고 있다.

4) 설립목적

인도의회박물관·기록관은 과거를 보존하고 현재와 미래를 위해 기록하는 것을 목표로 하고 있다. 이러한 자료는 헌법과 의회에 대한 역사적인 문서들과 기사 등으로 구성되어 있으며, 이러한 의회기록물을 수집 보존 관리하여 미래의 의회기관들과 정치체계의 발전에 기여토록 함을 목적으로 한다.

5) 조직

현재 인도의회박물관·기록관은 다음과 같은 세 기관으로 구성되어 있다.
① 의회박물관(Parliamentary Museum)
② 의회사진 및 필름부(Parliamentary Photographs and Films Section)
③ 의회기록관(Parliamentary Archives)

6) 기능

- 적절한 시기가 되면 인도의회박물관·기록관은 기록들을 연구 목적과 의회와 민주주의에 대한 이해를 위해 제공될 것이며, 연구와 커뮤니케이션 자료의 보고로 자리하게 될 전망이다.
- 인도의회박물관·기록관은 공공기관들과 함께 의회 회원들을 위해 또한 대중을 위해 다양한 주제로 이루어진 전시와 의회, 민주적 기관들의 역할에 대한 설명회를 주최하고 있다.

② 정보원

1) 정보원 열람 및 배포 정책

인도의회박물관·기록관(PMA: Parliamentary Museums and Archives)의 주요 정보원들은 의회 및 인도 내외의 의회 관련 기관들에게 제공함을 기본으로 하고 있다. 특히 디지털자료센터를 구축하여 위원 외에 학생과 학자들의 연구·출판에 제공되고 있다.

2) 박물관

- 의회박물관은 모델과 차트, 삽화, 모형, 사진과 다른 시각적 테크닉을 통해 의회와 인도 내외의 의회 관련 기관들에 대한 지식을 보존·전달한다.
- 박물관은 세 부분으로 조직되어 있다.
  ① 첫 번째 부분은 베딕 시대(Vedic Age)부터 내려 온 인도의 민주주의적 기관들의 본질과 조직에 대한 내용을 다루며 이후의 역사적 기간, 영국의 통치 기간, 독립 이후의 현대 의회기관의 성장까지를 포함한다.

② 두 번째 부분은 해외 의회의 사신들을 전시하고 있다.

③ 세 번째 부분은 국법에 대한 설명을 제시하고 있다.

- 박물관은 디지털화된 자료센터를 설립하였으며, 다양한 문자 및 이미지 자료들을 소장하고 있다. 이 자료는 학생, 사학자 및 의회 의원들의 연구, 출판 등의 목적으로 활용 가능하며, 플라즈마 스크린 및 그래픽 시설을 갖추고 있다.

3) 의회사진 및 필름부(Parliamentary Photographs and Films Section)

의회사진 및 필름부는 인증된, 이해하기 쉬운, 완전하고 근래에 업데이트된 의회 기관들의 활동과 주요 인물, 역사와 시각적 자료들을 소장하고 있다. 특히 사진기록물의 경우 현재 의회 활동 및 주요 인물들과 관련되는 10,000여 장 이상의 자료를 포함하고 있다.

4) 의회기록관(Parliamentary Archives)

인도의회박물관·기록관의 의회기록관 섹션은 인도헌법의 작성과 관련된 기록들을 보존하고, 의회기관들의 성장과 업무와 정치적 의견이 반영되지 않은 의원들의 개인 문서들을 관리한다. 자신의 문서를 공개하지 않고자 하는 의원들은 시설을 제공받고 있으며, 의회 회원들 중 다수가 의회기록관에 자신들의 기록과 정보, 국가 중요 인물들과의 서신, 사진과 기타 의회와 관련된 기록들을 수탁하고 있다.

PNSW

Parliament of New South Wales

뉴사우스웨일스주의회

① 기록관

1) 소재사항

소재국가   호주
주   소   Parliament House, Macquarie Street, Sydney 2000, Australia
전   화   +61 2 9230 2615
팩   스   +61 2 9230 - 3015
홈페이지   http://www.parliament.nsw.gov.au

2) 성격

- 뉴사우스웨일스주의회(PNSW: Parliament of New South Wales)는 호주의 뉴사우스웨일스주의 주요 입법기관이다.
- 양립제 의회로서 주의 시민들의 보통 선거에 의해 유지되며, 호주의 연방의회와 입법권을 나누어 관리하고 있다. 이 기관은 호주의 가장 오래된 입법부로서 뉴사우스웨일스주의 의회는 호주의 엘리자베스 2세 여왕(Queen Elizabeth II)으로부터 그 권리를 부여받으며, 뉴사우스웨일스주지사이자 행정위원회장이 이 기관을 대표한다. 의회의 모든 의원은 4년에 한 번씩 거행되는 선거에 의해 직접 선출된다.

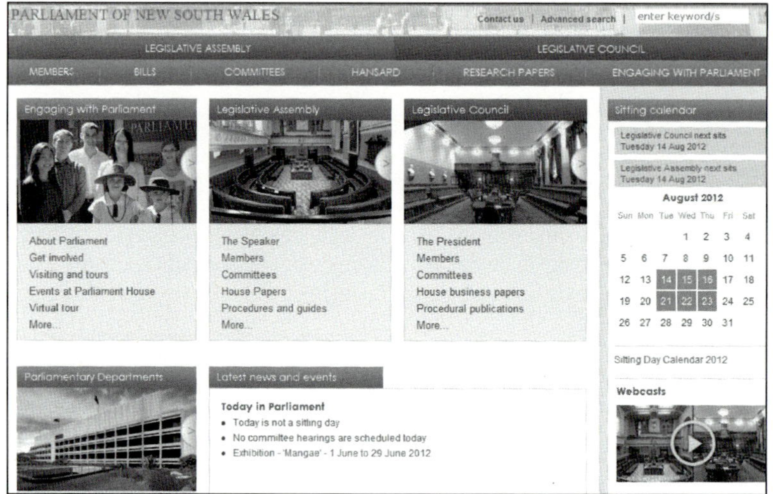

- 뉴사우스웨일스주의회의 홈페이지로서 뉴사우스웨일스 주의 주요기록물과 관련 기록물에 대한 수집 및 제공 통로이다.

3) 설립연혁

① 1853년 윌리엄 웬트워스(William Wentworth)의 주도 아래 자주적인 정부의 건설을 위한 헌법 작성 목적의 위원회가 조직되었다.

② 1855년 7월 16일 헌법이 제국 의회에 의해 법으로 통과되었으며, 뉴사우스웨일스 주의회가 양립제로 운영될 것을 규정하였다.

③ 1856년 5월 22일 처음으로 뉴사우스웨일스 주의회가 개최되었다. 54명의 하원(legislative assembly)의원들이 참여했으며 21명의 새로운 의원들을 위해 두 번째 회의실이 마련되었다.

④ 1901년 뉴사우스웨일스주가 독립되어 호주정부의 관장 아래 놓이게 되었다.

⑤ 1902년 여성이 투표권을 얻었으며 뉴사우스웨일스주 현 헌법이 개정되었다.

⑥ 1918년 여성이 뉴사우스웨일스 주의회 의원이 될 수 있는 자격을 얻었다.

⑦ 1978년 랜 레이버 정부(Wran Labor Government)에 의해 상원(Council)이 직접 선거를 통해 의원을 선출하게 되었다.

4) 비전 및 임무

① 상원은 정부의 법을 면밀히 검사하며 정부와 책임을 함께한다. 입법과 관계된 일 이외에도 상원은 정부를 감시하는 역할을 다방면으로 수행하는데, 이와 같은 임무를 수행하는 사례로는 질의시간(Question Time)에 수상에게 질문하거나 위원회 시스템을 통한 방법 등이 있다. 이 때문에 상원은 '감시원(House of Review)'으로 칭해지기도 한다.

② 상원의 주 임무는 국민을 대표하고, 법을 만들며, 정부를 감시하는 것이다.

③ 하원의 주요 임무는 국민을 대표하고, 뉴사우스웨일스주의 행정적 정부를 구성하며, 법을 만들고, 정부의 예산지원 요청을 검토하고 승인하는 것이다.

5) 조직

뉴사우스웨일스 주의회의 조직은 먼저 하원, 상원으로 나뉘며, 각 의장을 보조하는 직위로 구성되어 있다.

(1) 상원(Legislative Council)

① 상원의장(The President)

② 상원의장 보좌관(The Deputy President)

③ 상원부의장(The Assistant President)

④ 임시보좌관(Temporary Chairs)

⑤ 서기(The Clerk)

⑥ 검은 지팡이의 수호자(The Usher of the Black Rod)

(2) 하원(Legislative Assembly)

① 하원의장(Speaker)

② 하원의장 보좌관과 보조 의장(Deputy Speaker and Assistant Speaker)

③ 임시의장(Temporary Speakers)

④ 하원내총무 (Leader of the House)

⑤ 당파관리장(Manager of Opposition Business)

⑥ 연락장교(Party Whips)

⑦ 의회비서(Parliamentary Secretaries)

⑧ 하원서기(Clerk of the Legislative Assembly)

⑨ 하원병장(Servant - at - Arms)

6) 주요 서비스

① 뉴사우스웨일스 주의회에 대한 정보를 수록하고 있는 홈페이지로서, 의회
의 운영부터 하원(legislative assembly)과 상원(legislative council)에 대한
설명을 제공한다.

② 뉴사우스웨일스 주의회의 상원과 하원에 대한 의회기록과 운영 및 서비스
부와 관련된 자료를 관리한다.

7) 관련기관

- 뉴사우스웨일스주정부(NSW Government)
  홈페이지 http://www.nsw.gov.au
- 뉴사우스웨일스주입법부(NSW Legislation)
  홈페이지 http://www.legislation.nsw.gov.au
- 뉴사우스웨일스주예산기록(NSW Budget papers)

홈페이지 http://www.treasury.nsw.gov.au/Publications_Page/Budget_Papers
- ECCP(Electoral Commission Commonwealth Parliament)
  홈페이지 http://www.elections.nsw.gov.au

② 정보원

1) 정보원 열람 및 배포 정책

- 호주뉴사우스웨일스주의회(PNSW: Parliament of New South Wales) 정보원의 열람을 위해서는 방문 전 최소 1주전에 사전 방문 허가를 얻어야 하며, 이 경우 연구 목적을 상세하게 밝혀야 한다. 소장회의기록물 중 25년 이하의 것은 일반적으로 열람이 힘든 편이며, 연구 목적을 위한 자료가 아닌 경우에 의회 감독관의 허가를 받은 후 이용 가능하다.
- 소장기록물과 도서, 저널, 그리고 원본 녹음 복사 서비스도 제공되고 있으며, 의원정보·법안·의회보고서 등의 원문에 대한 홈페이지 상에서의 공개적인 다운로드 서비스도 제공되고 있다.

2) 기록물(정보원) 검색

소장 및 제공 기록물은 의회 멤버, 의회 의사록, 법안, 상하원 문서, 위원회, 상하원 운영 규정으로 분류되어 있다. 일반적인 정보, 멤버의 현재 의회 내 상태(status), 상하원 여부, 이름, 관할지, 당, 내각 등의 상세 여부를 선택적으로 검색할 수 있는 고급 검색도 가능하다.

3) 의원 정보

- 의회 의원들의 간략한 프로필의 조회와 검색이 가능하다. 또한 상하원의 내각과 재야내각 멤버의 정보도 열람 가능하며 인터넷상에서 다운로드하는 것 역시 가능하다.
- 또한 의원들의 행동 규정(code of conduct)에 대한 정보를 제공하고 있으며, 행동 규정은 전문이 공개되어 있다.

4) 법안

상하원에 의해 현개정법안과 1997년 이후에 통과된 법안 등의 전문이 공개되어 있다.

(1) 현개정법안(Current Session Bills)

현재 개정 법안을 다음과 같이 분류 제공하고 있으며, 이하 각 해당 법안 전문을 홈페이지에 탑재하여 공개열람에 제공하고 있다.

① 정부에 의해 발의된 법안(Government Bills)
② 일반 의원에 의해 발의된 법안(Private Member's Bills)
③ 새로운 법안(New Bills)
④ 하원에 의해 발의된 법안(In the LA)
⑤ 통과되기를 기다리는 법안(In the LC)
⑥ 통과된 법안(Assented)
⑦ 통과되지 못한 법안(Negative/Withdrawn/Discharged)

(2) 1997년 이후 통과된 법안(Assented Bills 1997+)

1997년 이후 법안들 중 통과된 것들만을 모아놓았으며, 연도와 알파벳순으로 목록화되어 있다.

(3) 1997년 이후 모든 법안(All Bills 1997+)

1997년도 이후의 모든 법안들을 모아두었으며, 알파벳 순 혹은 개정안순으로 목록화되어 있다. 구체적 목록은 제목순으로 정리되어 있으며 발원지와 연도, 통과 여부 등이 표기되어 있다.

(4) 입법 과정의 설명(Legislative Process Explained)

법과 입법과정, 법안의 종류 등이 자세하게 설명되어 있다.

(5) 법안 용어사전(Bills Glossary)

법안에 사용되는 용어에 대한 설명 사전으로 알파벳순으로 구축되어 있다.

5) 위원회기록물

위원회는 의원들로 구성되어 있으며 의회업무 수행상의 보조적인 역할을 한다. 홈페이지를 통하여 위원회에서 결정된 상황을 월별로 보고하는 한편, 위원회 문의를 목록으로 구축하여 조회 가능하다. 위원회를 통해 질의, 건의를 하거나 보고서를 쓸 수 있는 방법들 또한 소개하고 있다.

(1) 문의(Inquiries)

이는 2011년 현 제55대 의회 구성 이후의 모든 문의 목록을 날짜순으로 기록하고 있다. 문의에 대한 상세 정보는 홈페이지에서 확인할 수 있다.

(2) 보고서(Reports)

- 홈페이지 상의 본 페이지는 2011년 현 제55대 의회 구성 이후의 모든 보고서의 목록을 날짜순으로 나열하고 있다. 보고서의 내용 또한 홈페이지에서 조회 가능하다.

- 1999년 9월 이후의 모든 보고서의 목록 또한 날싸순으로 제공하고 있으며 내용은 홈페이지에서 조회 가능하다.

(3) 정부 대응(Government Responses)

위원회 제안 보고서는 작성 후 정부로 보내어지며, 회신은 보고서가 작성된 이후 6개월 이내에 받을 수 있다. 2011년 제55대 의회 구성 이후 및 현재 대기 중에 있는 모든 정부 대응보고서 목록을 조회할 수 있다.

6) 의회의사록

- 의회의사록은 의회에서 수행하는 직무의 진행 상태를 공적으로 기록해놓은 문서이다. 이는 검증되고 정확한 기록으로 단순한 반복이나 실수는 수정되어 있으며 주요 발언자에 의해 승인되지 않은 발언은 삭제되어 있다. 의회의사록은 정확성과 지속성 외에 별다른 기록의 규정이 존재하지 않는다.
- 의사록은 날짜와 발언권자 분류 구성되어 손쉽게 조회가 가능하며, 상하원으로 구분된 목록을 통해서도 확인할 수 있다.
- 모든 의회 의사록을 종합적으로 조회할 수 있는 색인검색도 가능하다.

7) 연구논문(Research Papers)

연구 논문은 의원들을 위해 의회 도서관이 준비한 것으로 의회와 주의 규정과 연관된 법률과의 상호관계 속에서 쓰인 것들이다. 자료의 조회는 날짜와 주제별로 가능하며, 논문의 상세한 요약(background papers)과 간단한 개관(briefing papers) 역시 제공되어 있다.

8) 교육정보원(Education resources)

교육정보원에서 출판한 자료들은 의회의 교육 부서에서 특별히 관리하며 교원, 학생들과 대중에게 보급될 수 있도록 하고 있다. 그 목록은 홈페이지에 탑재되어 있으며 '모든 교육출판물(All Education Publications)' 항목에서 찾아볼 수 있다. 뉴사우스웨일스주의회 항목 하의 '역사 공고(History Bulletins)'는 의회 교육부서와 의회기록관의 협력하에 마련되었다. 교육정보원은 다음과 같이 분류된다.

- 모든 교육출판물(All Education Publications)
- 호주 최초의 의회도서(Australia's First Parliament Book)
- DVD Playing Your Part - The NSW Parliament
- 교육서비스(Educational Services)
- 선거와 투표(Elections and Voting)
- 뉴사우스웨일즈주의회의 역사(History of the New South Wales Parliament)
- 상원 출판물(Legislative Council Publications)
- 뉴사우스웨일스 의회 브로슈어(Parliament of New South Wales Brochure)
- 교원과 학생을 위한 자료(Resources For Teachers and Students)
- 학부생을 위한 자료(Resources For University Students)
- 정부 시스템 도표(System of Government Information Sheets)

9) 입법절차관련출판물(Procedural Publications)

① 뉴사우스웨일스주 상원활동*(New South Wales Legislative Council Practice)*
  뉴사우스웨일스 상원 활동의 관례와 입법절차, 역사 등에 대한 정보를 수록하고 있다.

② 의회에 대한 평가*(The House in Review)*

뉴사우스웨일스 주의회의 활동에 대한 정기적인 업데이트를 제공하고 있다. 위원회가 활동을 전개한 주와 의회 상원회의 이후가 주요 업데이트 시기이다.

③ 주요 입법절차*(Procedural Highlights)*

상원의 흥미로운 입법절차 등에 대한 요약을 제공한다. 이는 1월부터 6월까지, 또 7월부터 12월까지의 상원 활동에 대한 내용을 다루는 연 2회 간행되는 연속간행물이다.

④ 알파벳순 법률 목록*(The Alphabetical List of Acts)*

뉴사우스웨일스 주의회가 1856년부터 제정한 모든 법률을 알파벳순으로 정리한 목록이다.

⑤ 사실 기록*(Fact sheets)*

하원의 활동과 입법절차에 대한 설명을 담고 있다.

10) 하원운영기록물(House business papers)

하원의 공식 운영기록물(Official Business Papers of the House)로서 다음과 같다.

(1) 공지(Notices)

하원에서 고려되어야 할 발안과 의안 등의 목록으로 의원들이 제기하고자 하는 사항(notice of motion)과 이미 논의되고 있는 사항(orders of the day)을 포괄한다.

(2) 일일 프로그램(Daily Program)

다음 회의에 대한 간략한 의사일정이다.

(3) 회의록(Minutes)

상원 절차의 공식 기록으로 어떤 의제들이 논의되었으며, 어떤 법률이 어떻게 제정되고 의원들이 의사결정 과정에서 어떻게 투표하였는지 등의 사안을 포함하고 있다.

(4) 의회의사록(Hansard)

하원에서의 발언에 대한 기록으로 반복된 말이나 불필요한 말은 제해지고 실수는 수정되어 기록되고 있다.

(5) 공지관련질문(Questions on Notice)

장관에게 보낸 질문과 그에 대한 장관의 답을 담고 있다. 각 회의 당일마다 질문과 답지가 제작되며, 가장 우수한 질문과 답안들이 작성될 수 있도록 한다. 새로운 회의 때마다 새로운 질문과 답이 제시되고 출판된다.

(6) 법에 명시된 규칙과 사항(Statutory rules and Instruments)

새로이 발표된 규칙과 기타 법에 명시된 사항들을 중 하원이 공식적으로 인정하지 않을 가능성도 있는 것도 포함하고 있다.

(7) 진행 중 기록(Running Record)

이는 상원회의의 실시간 기록으로 회의 당일마다 업데이트 되며 법안 제정 과정의 진전을 보여주는 기능을 한다. 진행 중 기록은 또한 그 내용으로 의안과 관련된 중요한 사항을 포함하고 있으며, 이외에도 문서화된 데이터와 발의를 다루고 있다. 그러나 진행 중 기록은 보조 자료일 뿐 공식기록은 아니다.

이상의 하원운영기록물과 관련하여 보다 상세한 정보를 위한 연락처는 다음과 같다.

전화번호 +6 2 9230 2431

팩   스 +6 2 9230 2876

전자우편 council@parliament.nsw.gov.au

PPPAG

PPPAG

Political Parties and Parliamentary Archives Group, UK
영국정당및의회기록

① 기록관

1) 소재사항

소재국가   영국
주   소   Dr Maria Castrillo (Secretary), National Library of Scotland George
            IV Bridge Edinburgh, Scotland
홈페이지   http://www.bodley.ox.ac.uk/pppag-records.htm

2) 성격

영국정당및의회기록(PPPAG: Political Parties and Parliamentary Archives Group, UK)은 영국의 내각문서에서부터 공산당 등의 여러 정당의 기록물과 의회기록물을 총체적으로 관리, 소개 및 제공하는 홈페이지이다.

3) 비전 및 임무

① 정당과 정치인, 의회들(현재는 사라지고 없는 것 포함)에 대한 아카이브 필드로 이어지는 채널로서의 기능
② 정치적 지식을 널리 보급

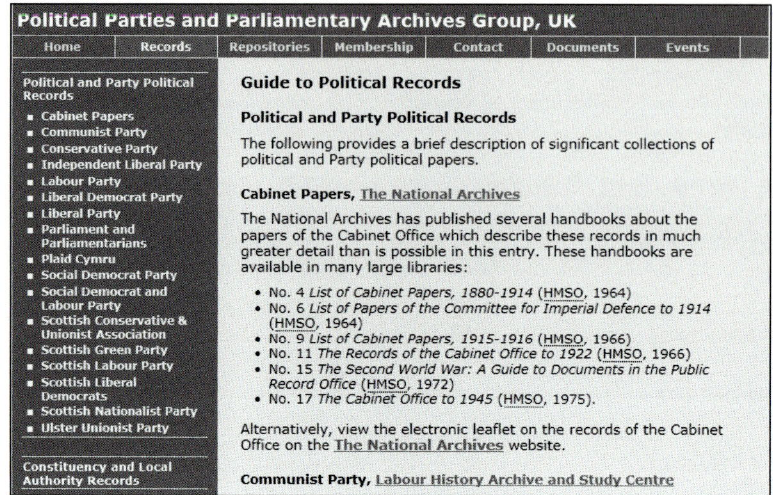

③ 여러 특별한 자료 보고들간의 이용의 평준화

④ 영국의 정치적 자료 컬렉션을 국내외에 적극적으로 홍보

4) 구성

다음과 같이 세 부분으로 구성되어 있다.

① 정치 및 정당 정치활동 기록

   (Political and Party Political Records)

② 선거구 및 지방 정부당국 기록

   (Constituency and Local Authority Records)

③ 정치인 개인기록(Private Papers of Politicians)

5) 회원(Membership)

정치적 아카이브를 전문적으로 담당하는 국가, 지역, 학계 관련 기록전문가와
사서로 조직되어 있으며 다음과 같다.

성   명 줄리 페들리(Julie Pedley)
직   위 기록전문가(Archivist)
소   속 Labour History Archive & Study Centre, People's History Museum
주   소 Left Bank, Spinningfields Manchester M3 3ER
전자우편 archive@phm.org.uk

성   명 나이절 코치레인(Nigel Cochrane)
직   위 사서보(Deputy Librarian)
소   속 The Albert Sloman Library, Essex University
주   소 Wivenhoe Park Colchester CO4 3SQ
전자우편 nigelc@essex.ac.uk

성   명 캐롤라인 셴톤(Dr Caroline Shenton)
직   위 기록서기(Clerk of Records)
소   속 Parliamentary Archives, Houses of Parliament
주   소 London SW1A 0PW
전자우편 shentonc@parliament.uk

성   명 존 그레이엄 존스(Dr John Graham Jones)
직   위 기록전문가(Archivist)
소   속 Welsh Political Archive, Department of Manuscripts and Records,
         National Library of Wales
주   소 Aberystwyth SY23 3BU
전자우편 jgj@llgc.org.uk

성   명 아이언 몽고메리(Ian Montgomery)
소   속 Public Record Office of Northern Ireland
주   소 66 Balmoral Avenue, Belfast BT9 6NY
전자우편 Ian.montgomery@dcalni.gov.uk

성　　명　제레미 맥웨이네(Jeremy McIlwaine)
직　　위　기록전문가(Archivist)
소　　속　Conservative Party Archive, Special Collections and Western Manuscripts, Bodleian Library
주　　소　Oxford, OX1 3BG
전자우편　jeremy.mcilwaine@bodleian.ox.ac.uk

성　　명　마리아 캐스트리오(Dr Maria Castrillo)
직　　위　메뉴스크립트 큐레이터(Manuscripts Curator)
소　　속　Manuscripts Division, National Library of Scotland
주　　소　George IV Bridge, Edinburgh, EH1 1EW
전자우편　m.castrillo@nls.uk

성　　명　멀린다 헌튼(Dr Melinda Haunton)
소　　속　The National Archives
주　　소　Kew, Richmond, Surrey, TW9 4D
전자우편　Melinda.Haunton@nationalarchives.gsi.gov.uk

성　　명　주디 버그(Judy Burg)
소　　속　Hull History Centre, Hull University Archives
주　　소　Worship Street, Hull, HU2 8BG
전자우편　J.Burg@hull.ac.uk

6) 관련기관

정치 및 정당관련 기록물보존소는 다음과 같다.

- 에섹스대학 앨버트슬로만도서관(Albert Sloman Library, University of Essex)
  홈페이지 http://libwww.essex.ac.uk
- 보드리언도서관(Bodleian Library)
  홈페이지 http://www.bodleian.ox.ac.uk/bodley/library/specialcollections

- 영국정치경제학도서관(British Library of Political and Economic Science)
  홈페이지 http://www2.lse.ac.uk/library/home.aspx
- 의회기록물(Parliamentary Archives)
  홈페이지 http://www.portcullis.parliament.uk/dserve/DServe.exe?dsqApp=
  Archive&dsqCmd=Index.tcl
- 노동사문서 및 연구센터(Labour History Archive and Study Centre)
  홈페이지 http://www.phm.org.uk
- 스코틀랜드국립도서관(National Library of Scotland)
  홈페이지 http://www.nls.uk
- 북아일랜드공공기록원(Public Record Office of Northern Ireland)
  홈페이지 http://www.proni.gov.uk
- 웨일즈정치문서(Welsh Political Archive)
  홈페이지 http://www.llgc.org.uk/index.php?id=670lc/awg_s_awg.htm

② 정보원

1) 정보원 열람 및 배포 정책

- 영국정당및의회기록(PPPAG: Political Parties and Parliamentary Archives Group, UK)은 주요기관 및 도서관에 소장 및 제공되고 있는 영국의 정당들과 의회의 정치 기록에 대한 안내 및 소개 포털사이트로서의 역할을 수행하고 있다.
- 정치 및 정당기록물의 경우 국가기록관의 내각문서에서부터 웨일스, 스코틀랜드, 북아일랜드 등 각 정당별로 주요기록과 접근 목록을 소개하고 있다. 특히 내각문서(Cabinet Papers)의 경우 국기기록관에서 출판한 안내서

외에 온라인 조회도 가능하여 의회도서관에서도 제공되고 있다.

- 의회기록의 경우 '상원기록사무실의 안내서', 'A2A 온라인목록' 그리고 'Portcullis 온라인목록'을 통하여 검색 가능하다.
- 정치인개인기록물로의 접근 방법과 내용소개도 제공하고 있으며, 최근 약 10년간의 회의록이 홈페이지에 탑재되어 열람 가능하다.

2) 정치 및 정당기록물(Political and Political Party Records)

국가기록관, 공산당, 보수당, 독립자유당, 노동당, 자유민주당, 자유당, 상원기록사무실의 정치기록 외에 웨일스, 스코틀랜드, 북아일랜드 등의 각 정당기록으로 분류·소개하고 있다. 다음과 같다.

(1) 국가기록관의 내각문서(Cabinet Papers, The National Archives)

홈페이지 http://www.nationalarchives.gov.uk

국가기록관은 영국 국무조정실에 대한 다양한 안내서를 출판하였으며 상세한 기록에 대한 설명을 담아내고 있다. 국무 조정실에 대한 온라인 안내서를 조회하는 방법도 있으며, 대도서관들에서도 검색 가능하다. 기록그룹은 다음과 같다.

- No. 4 List of Cabinet Papers, 1880 – 1914(HMSO, 1964)
- No. 6 List of Papers of the Committee for Imperial Defence to 1914(HMSO, 1964)
- No. 9 List of Cabinet Papers, 1915 – 1916(HMSO, 1966)
- No. 11 The Records of the Cabinet Office to 1922(HMSO, 1966)
- No. 15 The Second World War: A Guide to Documents in the Public Record Office(HMSO, 1972)
- No. 17 The Cabinet Office to 1945(HMSO, 1975).

(2) 공산당의 노동역사아카이브 및 연구센터(Communist Party, Labour History
   Archive and Study Centre)

홈페이지 http://www.phm.org.uk

영국공산당(CPGB: The Communist Party of Great Britain)의 아카이브는
해크니(Hackeny)에 있는 공산당도서관에 집중 소장되어 있다. 1986년까지
정보에 대한 접근은 차단되었으나 1990년대에 프랜시스 킹(Francis King)
에 의해 공개되었다. 현재는 노동역사 아카이브 및 연구센터에 보존되어
있으며, 이는 영국대중역사박물관의 주사무실에 위치하였고 맨체스터 존 라
이랜드 대학 도서관(John Rylands University Library of Manchester)에 의
해 운영되고 있다. 자료는 공산당과 주요 인물, 지방 관련 기관 등에 대한
것이 있다. 주요 기록그룹은 다음과 같다.

- 공산당집행위원회(Communist Party Executive Committee, 1943 – 91)
- 정치국(Political Bureau, 1924 – 5)
- 정치위원회(Political Committee, 1946 – 91)
- 정치소위원회(Political Sub – Committee, 1954 – 91)
- 경제위원회(Economic Committee, 1946 – 87)
- 국제부(International Department, 1945 – 91)
- 의회(National Congresses, 1920 – 91)
- 산업파일(Industrial Files, 1950 – 91)
- 기구파일(Organization Files, 1944 – 91)
- 인민출판기구(The People's Press Printing Society, 1945 – 90)
- 청년공산연맹(Young Communist League, 1922 – 87)
- 여성부기록물(Women's Department papers, 1933 – 91)
- 해리 폴리트(Harry Pollitt, 1905 – 59)
- 라자니 파미 더트(Rajani Palme Dutt, 1908 – 71)

- 윌리 갤러처(Willie Gallacher, 1920 81)
- 존 골란(John Gollan, 1931 - 77)
- 월 해닝턴(Wal Hannington, 1934 - 66)
- 아이버 몬태규(Ivor Montague, 1924 - 83)
- 버트 라멜슨(Bert Ramelson, 1945 - 91)
- 제임스 클루그만(James Klugmann, 1928 - 76)
- 케이 뷰챔프(Kay Beauchamp, 1961 - 79)
- 벤 브래들리(Ben Bradley, 1929 - 69)
- 도나 토르(Dona Torr)
- 잭 위디스(Jack Woddis, 1937 - 77)
- 지방의회(District Congresses, 1926 - 88)
- 잡무자문위원회(Miscellaneous Advisory Committees, 1950 - 88)
- 회원(Membership, 1948 - 88)
- 인종관계(Race Relations, 1950 - 83)
- 당지부(Party Branches, 1944 - 81)

(3) 보수당기록관(Conservative Party Archive)

홈페이지 http://www.bodley.ox.ac.uk/dept/scwmss/cpa

보수당기록관은 1978년 보들리언도서관(Bodleian Library)에서 연구 목적을 위해 설립되었다. 기존에 있던 소장 자료 중 다수가 세계대전과 관리부실을 이유로 소실되었기 때문에 현재의 기록들은 대부분 제2차 세계대전 이후의 것들이다. 보수당 아카이브의 자료는 중앙 보수파 사무실에서 지속적으로 자료를 제공받아 업데이트된다. 크게 아카이브를 구성하는 세 개의 자료 제공자 항목으로 목록이 구성되어 있다.

① 국립보수 및 연합협회(NUA: National Union of Conservative and Unionist

Associations)

② 지역사무실파일(ARE: Area Office(s) files)

③ 중앙보수파사무실(CCO: Conservative Central Office)

(4) 독립자유당의 영국정치및경제학도서관(Independent Liberal Party, British Library of Political and Economic Science)

홈페이지 http://www2.lse.ac.uk/library/home.aspx

- 주요 기록그룹은 다음과 같다.
- 초기 의사록(Early Minute Books, 1893 – 1931)
- 본부 회람(Head Office Circulars, 1904 – 22)
- 국가 행정 위원회 의사록 및 관련 기록물(National Administrative Council Minutes and Related Records)
- 프란시스 존슨 비서 서한(The correspondence of Francis Johnson, Secretary, 1888 – 1950)
- 개별회원 및 지부 관련 문서(Papers Relating to Individual Members and Branches)
- ILP 출판물 및 관련기관 출판물(ILP printed Material and Print Material from Related Organizations)

(5) 노동당의 노동역사 기록물및연구센터(Labour Party, Labour History Archive and Study Centre)

홈페이지 http://www.phm.org.uk

주요 기록그룹은 다음과 같다.

- 1990년 첫 회담에서 1996년까지 국가행정위원회 의사록. 1918년에서 1970 년까지 소위원회 의사록(Minutes of the National Executive Committee from its First Meeting in 1900 until 1996. Sub – committee Minutes Dating from 1918 up to thc 1970s)

- 1900년 - 1990년대 국내 서한(Domestic Correspondence from 1900 until the 1990s)
- 1919년 - 1980년대 국제소위원회의사록(Minutes of the International Sub - Committee from 1919 to the 1980s)
- 1929년 - 1970년대 국제서한(International Correspondence from 1929 up to the 1970s)
- 1931년 - 1980년대 조직소위원회의사록(Organization Sub - Committee Minutes from 1931 to the 1980s)
- 1919년 - 1970년대 각종여성위원회의사록(Various Women's Committee Minutes Dating from 1919 to the 1970s)
- 1906 - 18 여성노동연맹(Women's Labour League, 1906 - 18)
- 1914 - 9 전쟁비상노동전국위원회(War Emergency Workers National Committee, 1914 - 9)
- 1920 - 1 행동의회(Council of Action Papers, 1920 - 1)
- 아서 핸더슨 기록물(Arthur Henderson Papers, 1915 - 35)
- 1884 - 8, 카이어 하디 메모와 일기(Keir Hardie Notes and Diary, 1884 - 8)
- 1838 - 9 인민헌장주의자 헨리 빈센트 기록물(Papers of the Chartist Henry Vincent, 1838 - 9)
- 1882 - 1993 초기 사회주의자 프레드릭 피클즈 기록물과 1882 - 1933 H. A. 바커(Papers of the Early Socialists Frederick Pickles, 1885 - 1907 and H. A. Barker, 1882 - 1933)
- 1929 - 31 노동당 초대 노동당 임원이자 이후 선더랜드 하원의원을 지낸 마틴 필립스 관련 기록물(Papers of the Labour Party's First Women's Officer and Later MP for Sunderland, Marion Phillips 1929 - 31)
- H. N. 브래일즈포드 기록물(Papers of H. N. Brailsford, 1912 - 58)

(6) 자유민주당의 영국정치및경제학도서관(Liberal Democratic Party, British Library of Political and Economic Science)

홈페이지 http://www2.lse.ac.uk/library/home.aspx
자유민주당의 자료들은 당이 개설된 1988년 이후 영국정치 및 경제학도서관에 꾸준히 축적 소장되어 왔다. 그러나 대다수의 자료들은 여전히 런던에 있는 자유민주당 본부에 보관되어 있다.

(7) 자유당의 영국정치및경제학도서관(Liberal Party, British Library of Political and Economic Science)

홈페이지 http://www2.lse.ac.uk/library/home.aspx
자유당의 자료는 주로 당의 주 기관들에 대한 것이지만 정책 파일과 당의 출판물도 포함되어 있다. 주요 기록그룹은 다음과 같다.
- 1954-87 국가행정부 의사록 및 실무문서(Minutes and Working Papers of the National Executive Committee, 1954-87)
- 1940-88 자유당조직 문서(Papers of the Liberal Party Organization, 1940-88)
- 1958-79년의 의사록(minutes), 1940-43년의 공보(公報, bulletins) 그리고 1938-87년의 서신(correspondence)이 포함되어 있다.
- 실무 행정 기록물(Working and Administrative Papers)
- 1970-87 정당 의회 문서(Papers of the Party Council, 1970-87)
- 상임위원회, 이후 정책 위원회 의사록, 실무 문서 및 서한(Minutes, Working Papers and Correspondence of the Standing Committee, Later the Policy Committee, 1960-87)
- 중앙위원회 조성 자료(Material Created by Central Committees, 1936-87)

다음과 같이 분류되어 있다.

조직위원회(Organizing Committee, 1961 - 5)

헌법심의위원회(Constitutional Review Committee, 1936 - 87)

홍보소위원회(Publicity Sub - Committee, 1980 - 3)

정부각료위원회(Officer's Committee, 1975 - 7)

기업항소위원회(Corporate Appeals Committee, 1977 - 9)

후보위원회(Candidates Committee, 1973 - 87)

회원위원회(Membership Committee, 1983 - 7)

선거운동 및 선거위원회(Campaigns and Elections Committee, 1965 - 87)

- 연례 보고서 및 회계보고서(Annual Reports and Accounts, 1934 - 87)
- 재무자료(Financial Material, 1963 - 87)

  재정 및 행정부(Finance and Administration Board)의 의사록과 서신 그리고 모금 관련 기록물이 포함되어 있다.
- 자유주위 입법기관 관련 기록물(Papers relating to Liberal Assemblies, 1912 - 87)
- 총선 및 보궐선거 관련 자료(Material Concerning General Elections and By - elections, 1945 - 87)
- 자유당 및 유럽 관련 기록물(Papers Relating to the Liberal Party and Europe, 1976 - 87)
- 각종 영국 정당 유래 정당 정치 방송 보도 원고(Transcripts of Party Political Broadcasts from Various British Political Parties, 1981 - 8)
- 정당의 언론 발췌 및 보도자료(Press Cuttings and Releases of the Party, 1924 - 36 and 1960 - 87)

(8) 의회·의원들의 의회기록관(Parliament and Parliamentarians, The Parliamentary Archives)

홈페이지 http://www.parliament.uk/archives

상원기록사무실(HLRO: House of Lords Record Office)이 소장하고 있는 안내서(Memorandum No. 60 A Guide to the Historical Collections of the Nineteenth and Twentieth Centuries)에서 자료목록을 확인할 수 있다. 또한 A2A(http://www.a2a.org.uk)에서 이용 가능하며, 정치 컬렉션 검색을 위한 도움은 온라인목록 Portcullis 온라인목록(http://www.portcullis.parliament.uk)에서 얻을 수 있다.

(9) 웨일스민족당의 웨일스정치기록관(Plaid Cymru and other Welsh Political Records, Welsh Political Archive)

홈페이지 http://www.llgc.org.uk/index.php?id=2

웨일스정치기록관(WPA: The Welsh Political Archive)은 웨일스의 정치관련 모든 자료들을 소장하고 있다. 정당, 정치인, 준정치기관, 선거기관들의 기록과 문서, 안내서, 팸플릿, 책자, 라디오와 텔레비전프로그램 등의 다양한 종류의 자료를 수집하여 왔다. 이러한 웨일스민족당의 아카이브 컬렉션은 국가적 그리고 지역적으로 활동하는 모든 정당의 기록을 포함하고 있다. 주요 기록그룹은 다음과 같다.

- Labour Party (Wales) Archive
- Records of the Welsh Liberal Party
- Archive of Plaid Cymru; the Party of Wales
- Papers of Several Conservative and Unionist Associations

(10) 사회민주당의 에섹스대학교앨버트슬로만도서관(Social Democratic Party (SDP), Albert Sloman Library, University of Essex)

홈페이지 http://libwww.essex.ac.uk/speccol.htm#SDP

사회민주당의 기록은 PRONI를 통해 조회가 가능한데, 이를 위해서는 각 연구자가 직접 서면으로 PRONI를 통해 기록에 대한 사용 허가를 받아야 한다. 주요 기록그룹은 다음과 같다.

- Organizational Files and Papers, 1970 – 90
- Policy Files, 1971 – 91
- Election Files and Papers, 1973 – 89
- Files and Papers
- Letter Files
- SDLP Office Holders and Politicians Files, 1971 – 91
- Party Publications, Election Posters, etc, 1974 – 89

(11) 스코틀랜드국립도서관의 스코틀랜드보수및연합회(Scottish Conservative & Unionist Association(SCUA), National Library of Scotland)

홈페이지 http://www.nls.uk

주요 기록그룹은 다음과 같이 분류 관리되고 있다.

- 국가, 지역 및 일부지역 단체
- 보수클럽 및 앵초단(Primrose League)
- 선거자료
- 기구 기록물
- 알렉 더글라스 – 홈(Sir Alec Douglas – Home)의 스코틀랜드헌법위원 회기록물(1968 – 70)

(12) 스코틀랜드국립도서관의 스코틀랜드녹색당(Scottish Green Party (SGP), National Library of Scotland)

홈페이지 http://www.nls.uk

이 컬렉션에 있는 자료에는 접근 권한에 대한 별다른 제한이 없으며, 다음과 같은 기록그룹으로 분류 관리되고 있다.

- 의사록(minutes)
- 정당기구 및 행정 관련 서신 및 기록물
- 1977 - 2002 선거캠페인

(13) 스코틀랜드국립도서관의 스코틀랜드노동당(Scottish Labour Party(SLP), National Library of Scotland)

홈페이지 http://www.nls.uk

주요 기록그룹은 다음과 같이 분류 관리되고 있다.

- 달키스(Dalkeith, 1935 - 51)
- 에딘버그 사우스(Edinburgh South, 1922 - 75)
- 리스와 에딘버그 파비안회(Leith & Edinburgh Fabian Society, 1939 - 56, 1909 - 60)
- 락스버그와 셀커크(Roxburgh & Selkirk, 1918 - 55)
- 스코틀랜드노동자대표위원회와 에덴버그노동장지부(Scottish Workers' Representation Committee & Edinburgh branch, LP, 1905 - 19)
- 에딘버그 중앙 독립노동장(Edinburgh Central ILP, 1911 - 24)
- 스코틀랜드 에딘버그지부 노동당의사록·서신·기록물(Minutes, Correspondence and Papers of the Scottish Labour Party [1976] Edinburgh branch, 1976 - 9)

(14) 스코틀랜드국립도서관의 스코틀랜드자유민주당(Scottish Liberal Democrats (SLD), National Library of Scotland)

홈페이지 http://www.nls.uk
주요 기록그룹은 다음과 같이 분류 관리되고 있다.
- 집행위원회(Executive Committee)와 스코틀랜드 자유연대(Scottish Liberal Federation) 및 스코틀랜드자유당(Scottish Liberal Party)의 연례총회 기록물(1877 - 1987)
- 던바턴셔 자유당집회(Dunbartonshire Liberal Association)의 의사록과 기타 기록물(1874 - 1950)
- 스코틀랜드 개혁클럽(Scottish Reform Club)과 스코틀랜드자유당클럽(Scottish Liberal Club) 기록물
- 동에딘버그 자유당 하원의원 J. M. 호기(J. M. Hogge)의 정치관련기록물(1905 - 24)
- 남에딘버그협회(South Edinburgh Association, 1885 - 1922)
- 킨로스셔협회(Kinross - shire Association, 1889 - 1931)
- 뷰치어(Buteshire, 1892 - 1918), 킬마르녹(Kilmarnock, 1892 - 1918), 그리고 아드로산(Ardrossan, 1908 - 29) 협회
- 자유당연맹(Liberal League) 기록물

(15) 스코틀랜드국립도서관의 스코틀랜드국민당(Scottish Nationalist Party(SNP), National Library of Scotland)

홈페이지 http://www.nls.uk
다양한 기록그룹으로 분류관리되고 있으며, 그중 대표적인 것은 다음과 같다.
- 의회(National Council)와 집행위원회(Executive Committee) 의사록

　　　(1936 - 45)
　　- 의회와 집행위원회 보고서(1964 - 5)
　　- 스코틀랜드 협의회(Scottish Convention)와 스코틀랜드 국민서약협회
　　　(Scottish Covenant Association)의 의사록과 기록물(1942 - 61)

(16) 북아일랜드공공기록관의 북아일랜드울스터연합당(Ulster Unionist Party, Public Record Office of Northern Ireland)

　　홈페이지 http://www.proni.gov.uk
　　- 의사록단행본
　　- 재정, 선거 및 헌법기록물
　　- 인쇄자료
　　- 울스터연합당 서기록(Secretaries to the UUC) 서신자료
　　- 의회당(Parliamentary Party)과 선거구(constituency) 기록물 그리고 1912년 울스터국민서약(Ulster Covenant) 서명인축적물(http://www.proni.gov.uk/ulstercovenant/index.html)

3) 선거구와 지방정부당국기록(Constituency and Local Authority Records)

　　홈페이지 http://www.nationalarchives.gov.uk/archon
　　지방 정부 당국 기록부와 기록관, 도서관들은 지방 정부 당국의 도심지역, 군 의회와 지역 정당 연합 등에 대한 자료를 보관, 관리한다. 또한 가족과 사유지에 대한 문서도 보관하며, 소수의 정치인 개인 기록물도 소장하고 있다.

4) 정치인 개인기록물(Private Papers of Politicians)

(1) 온라인데이터베이스(NRA: National Register of Archives Database)

　　홈페이지 http://www.nationalarchives.gov.uk/nra/default.asp

정치인 개인 기록물 검색을 위한 기본데이터베이스로 구성되어 있어 영국 사 관련 방대한 수의 기업, 인물과 가족들에 대한 자료로 구성되어 있다.

(2) A2A(Access to Archives)

홈페이지 http://www.nationalarchives.gov.uk/a2a
영국 전역의 지역 기록관, 도서관, 대학, 박물관과 국가 혹은 특수 기관들에 보관된 자료에 대한 온라인 목록이다.

(3) Archives Hub

홈페이지 http://archiveshub.ac.uk
영국대학교 소장의 기록물 검색에 유용하다.

5) 회의록(PPPAG, UK Documents)

2001년 9월 14일부터 2010년 4월 22일까지의 PPPAG의 의사록(Minutes)전문이 홈페이지에 제공되고 있다.

참 고 문 헌

The American Presidency Project. http://www.presidency.ucsb.edu.

The American Presidency Tours. http://www.field－guides.com/tours/ss/prez/_tourlaun ch1.htm.

The American President. http://www.americanpresident.org.

American Presidents: Life Portraits. http://www.americanpresidents.org.

Bellardo. Lewis J. and Bellardo Lynn Lady. 1992. *A Glossary for Archivists. Manuscript Curators. and Records Managers*. Chicago: SAA.

The Center Legislative Archives, National Archives.
http://www.archives.gov/legislative/index.html.

Central Intelligence Agency－National Intelligence Estimates on China.
http://www.foia.cia.gov/nic_china_collection.asp

China－PBS: Nixon's China Game. http://www.pbs.org/wgbh/amex/china/index.html

China－With Nixon in China: A Memoir.
http://digitaljournalist.org/issue0501/halstead.html

Elections and Campaigns. http://livingroomcandidate.movingimage.us.

Electoral College. http://www.archives.gov/federal－register/electoral－college.

First Ladies－National Library of First Ladies. http://www.firstladies.org.

History and Politics Out Loud. http://www.hpol.org.

Interviews－Nixon and Frank Gannon.
http://www.libs.uga.edu/media/collections/nixon/index.html

Library of Congress. http://www.loc.gov.

National Archives. http://www.archives.gov.

National Security Archive. http://www.gwu.edu/~nsarchiv.

Paul Karen Dawley. 1999. *Records Management Handbook for United States Senate Committees*. Washington D.C: U,S, Senate Historical Office.

Paul Karen Dawley. ed. 1992. *The Documentation of Congress*(Report of the Cogressional Archivists Roundtable Task Force on Congressional Documentatio). Washington D.C.: U.S. Senate.

Philip Faye. 1995. "Congressional Papers: Collection Development Policies." The *American Archivist*. V.58(Summer): 258－269.

Photojournalism and the American Presidency: Reading America's Photos.
http://www.cah.utexas.edu/photojournalism/index.php.

Portraits of American Presidents and First Ladies.
        http://lcweb2.loc.gov/ammem/odmdhtml.
Power - The American President. http://www.pbs.org/wnet/amerpres.
Presidential Inaugurations. http://memory.loc.gov/ammem/pihtml/pihome.html.
Presidential Libraries. http://www.archives.gov/presidential - libraries.
Presidential Pardons. http://jurist.law.pitt.edu/pardons.htm.
Search the Public Papers. http://www.presidency.ucsb.edu/index.php.
Tapes - White House Tapes.org. http://www.whitehousetapes.org.
Tapes - White House Tapes: The President Calling.
        http://americanradioworks.publicradio.org/features/prestapes.
Teaching American History.
        http://teachingamericanhistory.org/library/index.asp?subcategory=30.
UK Paliament. http://www.paliament.uk.
United States of House of Representative. http://www.house.gov.
United States Senate. http://www.senate.gov.
Vincent Voice Library. http://vvl.lib.msu.edu/showfindingaid.cfm?findaidid=NixonR
Walne. Peter(ed). 1988. *Dictionary of Archival Terminology*. Munchen, New York , London, Paris: K
        · G · Saur.
Washington Post: Watergate Revisited.
        http://www.washingtonpost.com/wp - srv/politiics/special/watergate/index.html.

공공기록물관리에관한법률 시행규칙.
공공기록물관리에관한법률 시행령.
공공기록물관리에관한법률.
국회기록물관리규칙.
국회도서관법.
국회도서관직제.
국회법.
김성수, 서혜란. 2002. "대통령기록관의 설립 및 정부기록보존소의 위상에 관한 연구." *한국기록관
        리학회지* 2(1): 41 - 66.
김유승. 2011. "국회 영구기록물관리기관에 관한 연구: 국회기록물관리규칙을 중심으로." *한국기
        록관리학회지* 11권 2호: 95 - 119.
대통령기록물관리에관한법률 시행령.
대통령기록물관리에관한법률.
徐姸周. 2005. *국가기록물의 효율적 관리 방안: 국회기록보존소를 중심으로* 숭실대학교 대학원 컴
        퓨터학과 박사학위논문.

신동호. 2006. "미국은 개별 기록관 운영한다." *경향신문 & 미디어칸*. 5월 26일.

의안정보시스템. http://likms.assembly.go.kr/bill/jsp/main.jsp.

이원영. 2002. "의회기록의 특질과 종류." *기록학연구* 9: 110-142.

이원영. 2003. "국회기록의 관리 방안." *국회도서관보* 33: 30-37.

이원영. 2005. "국회 외부관계 기능의 다큐멘테이션 전략에 관한 연구." *한국문헌정보학회지* 39권 3호: 5-32.

이원영. 2005. "국회기록 인터넷 정보서비스 개선 방안." *情報管理學會誌* 22卷 1號: 5-20.

人民網黨史人物紀念館. http://cpc.people.com.cn/GB/69112/index.html.

정태영, 김유승. 2012. "국회 전자기록물 관리체계 개선방안에 관한 연구." *한국기록관리학회지* 12권 1호: 141-165.

최연주. 2006. "로컬 거버넌스 실현을 위한 지방의회 기록관리 모형에 관한 연구." *기록학연구* 14: 241-288.

한미경, 노영희. 2011. *기록 및 기록관리의 이해*. 파주: 한국학술정보(주).

한은정, 임진희. 2009. "국회의원 호라동기록의 특성과 관리방향." *기록학연구* 21: 117-167.

황난희, 이성숙. 2011. "지방의회 회의기록물 관리방안 연구." *정보관리연구* 42권 1호: 221-244.

회의록시스템. http://likms.assembly.go.kr/record/index.html.

약 어 표

국제기구 약어표(기록·기록관리 지식정보원 시리즈 ①)

주요 기구 약어표(기록·기록관리 지식정보원 시리즈 ②)

국가기록관 약어표(기록·기록관리 지식정보원 시리즈 ③)

주요 기록관 약어표(기록·기록관리 지식정보원 시리즈 ④)

국제기구 약어표

(기록 · 기록관리 지식정보원 시리즈 ①)

ACARM

Association of Commonwealth Archivists and Records Managers
영연방기록전문가와기록물관리자협회

AIAF

Association Internationale des Archives Francophones
프랑스어권국가의국제기록전문가협회

ARMA International

Association of Records Managers and Administration, International
국제기록관리자및행정가협회

ARMS

UN Archives and Records Management Section
유엔기록관리부

ARSC

Association for Recorded Sound Collections
음향기록컬렉션협회

AsF

Archivists without Borders
국경없는기록전문가

BAAC

Baltic Audiovisual Archival Council
발트해연안국시청각기록협의회

CE – LAD

Council of Europe, Library and Archives Division
유럽의회도서관 · 기록국

EBLIDA

European Bureau of Library, Information and Documentation Association
도서관 · 정보 · 도큐멘테이션협회유럽지부

ECPA	European Commission on Preservation and Access
	유럽기록보존및접근위원회
GA	General Assembly
	유엔총회
IADA	International Association of Book and Paper Conservators
	국제서적및문서보존가협회
IAMIC	International Association of Music Information Centers
	국제음악정보센터협회
IAML	International Association of Music Libraries, Archives and Documentation Center
	세계음악도서관 · 기록관및도큐멘테이션센터협회
IASA	International Association of Sound and Audiovisual Archives
	국제음향및시청각기록관협회
ICA	International Council on Archives
	국제아카이브스협의회
ICBS	International Committee of the Blue Shield
	국제블루실드위원회
ICCROM	The International Center for the Study of the Preservation and Restoration of Cultural Property
	세계문화유산보존및복구연구센터
ICOMOS	International Council on Monuments and Sites
	세계유물및유적지협의회
ICRM	Institute of Certified Recirds Managers
	기록관리사인증기구

IDA	Informieren Dokumentieren Archivieren 여성도서관 · 기록관 · 도큐멘테이션센터기구
IFFA/FIAF	International Federation of Film Archives 국제영상기록연맹
IFHRO	International Federation of Health Record Organization 국제건강기록기구연맹
IFLA	International Federations of Library Association and Instotutions 국제도서관협회연맹
IFTA/FITA	International Federation of Television Archives 국제텔레비전기록연맹
IIC	International Institute for Conservation of Historic and Artistic Works 국제역사작품및미술작품보존협회
ILAB	International League of Antiquarian Booksellers 국제고서적상리그
IRMT	International Records Management Trust 국제기록관리신탁
JICPA	Joint IFLA/ICA Committee for Preservation in Africa 아프리카기록보존IFLA/ICA합동위원회
OSA	The Open Society Archives 개방사회기록관
PAC	International Federation of Library Association Core Programme for Preservation and Conservation IFLA보존과유지를위한핵심프로그램

PARBICA	Pacific Regional Branch International Council on Archives
	국제아카이브스협의회태평양지역위원회
PIAF	Portail International Archivistique Francophone
	프랑스어권국가의국제기록전문가포털
SOLINET	Southeastern Library Network, INC
	미국남동부도서관네트워크
UN Documentation Centre	
	유엔도큐멘트센터
UNESCO Archives	
	유네스코기록관
UNESCO MOW	UNESCO Memory of the World
	유네스코세계기록유산
UNESCO MOWCAP	UNESCO Memory of the World Committee for Asia/Pacific
	유네스코아시아 · 태평양세계기록위원회
WBGA	The World Bank Group Archives
	세계은행기록관
WITNESS	위트니스

주요 기구 약어표

(기록 · 기록관리 지식정보원 시리즈 ②)

AAA
Association des Amis des Archives Diplomatiques
외교아카이브스동맹협회

AABC
Archives Association of British Columbia
브리티시컬럼비아기록협회

AAC
Archivists and Archives of Color Roundtable
유색인종관련기록전문가및기록라운드테이블

AACF
Association Archives du Communisme Français
프랑스어권공산주의아카이브스협회

AAF
Association des Archivistes Français
프랑스기록전문가협회

ABAA
Antiquarian Booksellers Association of America
미국고서적상협회

ACA
Academy of Certified Archivists
공인기록전문가아카데미

ACA
Association of Canadian Archivists
캐나다기록전문가협회

ACPEI
Archives Council of Prince Edward Island
프린스에드워드섬아카이브스협의회

ACWR
Archivists for Congregations of Women Religious
여성종교집회기록전문가

AMA
Association for Manitoba Archives
매니토바주기록협회

AMARC	Associations for Manuscripts and Archives in Research Collections 연구장서메뉴스크립트및기록협회
ANLA	Association of Newfoundland and Labrador Archives 뉴펀들랜드및래브라도기록협회
ARANZ	Archives & Records Association of New Zealand 뉴질랜드기록및레코드협회
ART	Archivists Round Table of Metropolitan New York 메트로폴리탄뉴욕기록전문가라운드테이블
ASA	Australian Society of Archivists 호주기록전문가사회
ASGRA	Association of Scottish Genealogists and Research in Archives 스코틀랜드기록계보학자및연구자협회
ASLAA	Association of St. Louis Area Archivists 세인트루이스지역기록전문가협회
BAC	Business Archives Council 경영기록협의회
BAPH	British Association of Paper Historians 영국종이역사가협회
BCA	Bureau of Canadian Archivists/Bureau Canadiens des Archivists 캐나다기록전문가지부
BRA	British Records Association 영국기록협회

CAARA	Council of Australian Archives and Records Authorities)
	호주기록및기록당국협의회
CAML	Canadian Association of Music Libraries, Archives, and Documentation Centers
	캐나다음악도서관 · 기록관및도큐멘테이션센터협회
CAR	Cleveland Archival Roundtable
	클리블랜드기록라운드테이블
CCA	Canadian Council of Archives
	캐나다아카이브스협의회
CHS	California Historical Society
	캘리포니아역사사회
CNSA	Council of Nova Scotia Archives
	노바스코샤기록관협의회
CoSA	Council of State Archivists
	주정부기록전문가협의회
EABH	European Association for Banking & Financial History e.V.
	유럽은행업무및금융역사협회
FoRA	Friends of Rotherham Archives
	로더함기록프렌즈
FRMA	Florida Records Management Association
	플로리다기록관리인협회
GNOA	Greater New Orleans Archivists
	뉴올리언스기록전문가기구
HKAS	Hong Kong Archives Society
	홍콩기록협회

JSAI	The Japan Society of Archives Institutions
	全國歷史史料保存利用機關連絡協議會
	전국역사사료보존이용기관연락협의회
JSAS	The The Japan Society for Archival Science
	日本アーカイブズ學會
	일본아카이브스학회
KAAM	Korean Association of Archives Management
	한국기록관리협회
KCA	Kentucky Council on Archives
	켄터키기록협의회
KSAS	Korean Society of Archival Studies
	한국기록학회
LAMA	Louisiana Archives and Manuscripts Association
	루이지애나기록및메뉴스크립트협회
MAA	Michigan Archival Association
	미시간기록협회
MARAC	Mid-Atlantic Regional Archives Conference
	애틀랜틱중부지역기록컨퍼런스
MLA	Museums, Libraries and Archives Council
	박물관·도서관·기록관협의회
NAGARA	National Association of Government Archives and Records Administrators
	정부기록관및레코드관리자국가협회
NCA	National Council on Archives
	영국국가아카이브스협의회

NEA	New England Archivists 뉴잉글랜드기록전문가기구
NEARI	New England Archivists of Religious Institutions 뉴잉글랜드종교기관기록전문가협회
NEHGS	New England Historic Genealogical Society 뉴잉글랜드역사계보협회
NWA	Northwest Archivists 노스웨스트기록전문가기구
NWRCA	North West Regional Archive Council 북서부아일랜드기록협의회
NY SHRAB	New York State Historical Records Advisory Board 뉴욕주역사기록자문위원회
NYAC	New York Archives Conference 뉴욕기록컨퍼런스
RIKAR	Research Institute for Korean Archives and Records 한국국가기록연구원
RMAA	Records Management Association of Australia 호주기록관리협회
RMAS	Records Management & Archives Society of Korea 한국기록관리학회
RMI	Records Management Institute 기록관리연구소
RMS	Records Management Society 기록관리협회

RMSJ	The Record Management Society of Japan
	日本記錄管理學會
	일본기록관리학회
SA	Society of California Archivists
	캘리포니아기록전문가협회
SAA	Society of American Archivists
	미국기록전문가협회
SAAC	The State Archives Administration of the People's Republic of China
	中華人民共和國檔案局
	중화인민공화국당안국
SAG	Scientific Archivists Group
	과학기록전문가그룹
SALA	Society of Alabama Archivists
	앨라배마기록전문가협회
SCAA	Saskatchewan Council for Archives and Archivists
	서스캐처원기록및기록전문가협의회
SCAA	South Carolina Archival Association
	사우스캐롤라이나기록협회
SEAPAVAA	Southeast Asia-Pacific Audio Visual Archives Association
	동남아시아및태평양시청각기록협회
SFA	Society of Florida Archivists
	플로리다기록전문가협회
SIA	Society of Indiana Archivists
	인디애나기록전문가협회

SMA	Society of Mississippi Archivists 미시시피기록전문가협회
SNCA	Society of North Carolina Archivists 노스캐롤라이나기록전문가협회
SoA	Society of Archivists 기록전문가협회
SOA	Society of Ohio Archivists 오하이오기록전문가협회
SOGA	Society of Georgia Archivists 조지아기록전문가협회
SRMA	Society of Rocky Mountain Archivists 로키산맥기록전문가협회
STA	Society of Tennessee Archivists 테네시기록전문가협회
UArchives	University Archives & Records Center 한국대학기록관협의회
檔案科學技術研究所	당안과학기술연구소

국가기록관 약어표

(기록 · 기록관리 지식정보원 시리즈 ③)

AF

Archives of the Federation – Bosnia and Herzegovina

보스니아 · 헤르체코비나연방기록관

AG

Archives of Georgia

그루지야기록관

AGAD

Central Archives of Historical Records in Warsaw

Archiwum Główne Akt Dawnych w Warszawie

바르샤바중앙역사기록관

ANZ

Archives New Zealand

뉴질랜드기록관

ARS

Archives of Republic of Srpska

스르프스카공화국국가기록관

ARS

Archives of the Republic of Slovenia

슬로베니아공화국기록관

ASA

Archives State Agency

불가리아정부기록관

ASM

Archives of Serbia and Montenegro

세르비아 · 몬테네그로기록관

CSA

Croatian State Archives

크로아티아정부기록관

JARD

Jamaica Archives & Records Department

자메이카기록국

KNADS	Kenya National Archives and Documentation Service
	케냐국가기록·도큐멘테이션서비스
LAC	Libraries and Archives Canada
	캐나다도서관·기록관
LSAS	Lithuanian State Archival System
	리투아니아정부기록시스템
NA	National Archives
	영국국가기록관
NAA	National Archives of Andorra
	안도라국가기록관
NAA	National Archives of Australia
	호주국가기록관
NAAT	National Archives Administration of Taiwan
	臺灣檔案管理局(國家檔案典藏所)
	대만당안관리국(국가당안전장소)
NAB	National Archives of Bahamas
	바하마국가기록관
NAE	National Archives of Estonia
	에스토니아국가기록관
NAF I	National Archives of France I
	프랑스국가기록관 I
NAF II	National Archives of France II
	프랑스국가기록관 II
NAF III	National Archives of France III
	프랑스국가기록관 III

NAH	National Archives of Hungary 헝가리국가기록관
NAI	National Archives of India 인도국가기록관
NAI	National Archives of Ireland 아일랜드국가기록관
NAJ	National Archives of Japan 日本國立公文書館 일본국립공문서관
NAK	National Archives of Korea 한국국가기록원
NALE	National Archives of Library of Ethiopia 에티오피아국가기록관·도서관
NAM	National Archives of Malaysia 말레이시아국가기록관
NAN	National Archives of Netherlands 네덜란드국가기록관
NAN	National Archives of Norway 노르웨이국가기록관
NARA	National Archives and Records Administration(The National Archives) 미국국립기록청(미국국가기록관)
NARS－SA	Natioal Archives and Records Service－South Africa 남아프리카공화국국가기록서비스
NAS	National Archives of Sweden 스웨덴국가기록관

NAS	National Archives of Singapore
	싱가포르국가기록관
NAT	National Archives of Tunis
	튀니지국가기록관
SAAC	The State Archives Administration of the People's Republic of China
	中華人民共和國檔案局(中央檔案館)
	중화인민공화국당안국(중앙당안관)
SAP	State Archives of Poland
	폴란드정부기록관
SARM	The State Archives of the Republic of Macedonia
	마케도니아공화국정부기록관
SASL	State Archival System of Latvia
	라트비아정부기록시스템
SHAC	The Second Historical Archives of China
	中國第二歷史檔案館
	중국제이역사당안관
SNA	Slovak National Archives
	슬로바키아국가기록관
中國第一歷史檔案館	중국제일역사당안관

주요 기록관 약어표

(기록 · 기록관리 지식정보원 시리즈 ④)

AO   Archives of Ontario
온타리오기록관

ASA   Alaska State Archives
알래스카주정부기록관

AUMC   Archives of Ulsan Metropolitan City
울산광역시기록관

BMA   Beijing Municipal Archives
北京市檔案館
북경시당안관

BMCOEA   Busan Metropolitan City Office of Education Archives
부산광역시교육청기록관

BCA   British Columbia Archives
브리티시컬럼비아기록관

CHNK   Cultural Heritage of North Korea
북한문화재자료관

CSA   California State Archives
캘리포니아주정부기록관

CSA   Colorado State Archives
콜로라도주정부기록관

DA   Diplomatic Archives
외교사료관

DMOERC	Daejeon Metropolitan Office of Education Records Center 대전광역시교육청기록관
DPA	Delaware Public Archives 델라웨어공공기록관
DROMFA	The Diplomatic Record Office of the Ministry of Foreign Affairs of Japan 外交史料館 외교사료관
GRSHK	Government Records Service of Hong Kong 香港政府檔案處 홍콩정부당안처
HSA	Hawai'i State Archives 하와이주정부기록관
MA	Massachusetts Archives 매사추세츠기록관
MAS	THe Military Archives of Sweden Krigsarkivet 스웨덴군기록관
MSA	Maine State Archives 메인주정부기록관
MSA	Maryland State Archives 메릴랜드주정부기록관
MSA	Missouri State Archives 미주리주정부기록관
NAS	National Archives of Scotland 스코틀랜드기록관

NCSA	North Carolina State Archives 노스캐롤라이나주정부기록관
NJDARM	New Jersey Division of Archives & Records Management 뉴저지기록 · 레코드관리부
NMSA	New Mexico Commission of Public Records State Records Center and Archives 뉴멕시코주정부레코드센터및기록관
NSWSR	New South Wales State Records 뉴사우스웨일스주정부기록국
NWTA	Northwest Territories Archives 노스웨스트자치령기록관
NYSA	New York State Archives 뉴욕주정부기록관
OHS	Ohio Historical Society Archives/Library 오하이오역사협회기록관 · 도서관
OSA	Oregon State Archives 오리건주정부기록관
PANB	Provincial Archives of New Brunswick 뉴브런즈윅지방기록관
PRONI	Public Record Office of Northern Ireland 북아일랜드공공기록실
PROV	Public Record Office Victoria 빅토리아공공기록실
PSA	Pennsylvania State Archives 펜실베이니아주정부기록관

QSA	Queensland State Archives 퀸즐랜드주정부기록관
SAF	State Archives of Florida 플로리다주정부기록관
SCDAHC	South Carolina Department of Archives and History Center 사우스캐롤라이나기록관및역사센터부
SCRC	Seoul City Reference Center 서울특별시종합자료관
SDSA	South Dakota State Archives 사우스다코타주정부기록관
SRO	State Records Office of Western Australia 호주서부주정부기록실
SRSA	State Records of South Australia 호주남부주정부기록국
TMA	Tokyo Metropolitan Archives 東京都公文書館 동경도공문서관
TSLA	Tennessee State Library and Archives 테네시주정부도서관 · 기록관
TSLA	Texas State Library and Archives 텍사스주정부도서관 · 기록관
USA	Utah State Archives 유타주정부기록관
VSA	Vermont State Archives 버몬트주정부기록관

WSA	Washington State Archives
	워싱턴주정부기록관
中華人民共和國外交部檔案館	
	중화인민공화국외교부당안관
湖北省檔案館	호북성당안관

색 인

국문색인

영문색인

노영희(魯榮姬) ──────────────────────────────────

• 약력 •
연세대학교 문헌정보학과 정보학 박사
한국과학기술연구원(KIST) 자료실 연구원
한국정보공학(KIES) 정보검색엔진개발팀 팀장
이화여자대학교 국제정보센터 자료실장
현) 건국대학교 문헌정보학과 교수
　　　교육인적자원부 대학도서관 정책자문위원
　　　DLS 표준관리위원회 위원

• 주요 저서 및 논문 •
「개념기반 검색을 위한 시소러스 관계의 효과적 활용방안에 관한 연구」
「주제별 분산 지식베이스에 의한 개념기반 정보검색 시스템의 성능향상에 관한 연구」
「A Study on Automatic Text Categorization of Internet Documents」
「A Study on the Estimation of Performance of Concept Based Information Retrieval Model Using the Web」
「기계학습 기반 피드백 과정을 통한 SDI 시스템의 성능향상에 관한 연구」
「문헌정보학 교육과정의 특성화된 프로그램 개발 및 활용에 관한 연구」
「디지털콘텐츠의 이해」
「인문과학과 예술의 핵심 지식정보원」
「경제학의 핵심 지식정보원」
「2009 한국문헌정보학 교과과정」
「개념기반 정보검색 기법」
「기록·기록관리 지식정보원 시리즈」
외 다수

한미경(韓美鏡) ──────────────────────────────────

• 약력 •
대만 National Taiwan University(國立臺灣大學) 대학원 도서관학 석사
중국 Wuhan University(武漢大學) 정보관리대학 박사과정수학
이화여자대학교 대학원 문헌정보학과 박사
Harvard-Yenching Institute Visiting Scholar
경기대·건국대학교 문헌정보학과 출강
현) 경기대학교 문헌정보학과 교수
　　　국립중앙도서관 고전자료 해제위원

• 주요 저서 및 논문 •
「웹기반 중국인물정보원의 현황조사와 분석 연구」
「A Study on the Suggestions and Analysis on the Education Programs in the Presidential Libraries」
「중국의 도시건설기록물 관리사업에 대한 고찰」
「譯科譜의 譯科入格者 再現에 대한 고찰」
「譯科類輯에 관한 연구」
「하버드옌칭도서관 소장 司馬榜目에 관한 고찰」
「『金泥石屑』千佛銅牌에 관한 연구」
「중국 근대출판물의 출현과 근대도서관의 발달과정」
「초기 한국성서와 중국성서의 서지학적 연구」
「北宋·高麗書籍交流之研究」
「기록·기록관리의 이해」
「기록·기록관리 지식정보원 시리즈」
외 다수

세계의 대통령기록관과
의회기록(관)

지식정보원

초 판 인 쇄 | 2013년 3월 10일
초 판 발 행 | 2013년 3월 10일

지 은 이 | 노영희·한미경
펴 낸 이 | 채종준
펴 낸 곳 | 한국학술정보㈜
주   소 | 경기도 파주시 문발동 파주출판문화정보산업단지 513-5
전   화 | 031) 908-3181(대표)
팩   스 | 031) 908-3189
홈 페 이 지 | http://ebook.kstudy.com
E - m a i l | 출판사업부 publish@kstudy.com
등   록 | 제일산-115호(2000. 6. 19)

ISBN   978-89-268-4175-4 93060 (Paper Book)
        978-89-268-4176-1 95060 (e-Book)